西政文库·教授篇

纠纷解决合作主义：
法院调解社会化研究

曾令健 著

图书在版编目(CIP)数据

纠纷解决合作主义：法院调解社会化研究/曾令健著. — 北京：商务印书馆，2020
（西政文库）
ISBN 978-7-100-18794-7

Ⅰ.①纠… Ⅱ.①曾… Ⅲ.①调解（诉讼法）—研究—中国 Ⅳ.①D925.014

中国版本图书馆CIP数据核字（2020）第130735号

权利保留，侵权必究。

西政文库
纠纷解决合作主义：法院调解社会化研究
曾令健　著

商　务　印　书　馆　出　版
（北京王府井大街36号　邮政编码 100710）
商　务　印　书　馆　发　行
三河市尚艺印装有限公司印刷
ISBN 978-7-100-18794-7

2020年11月第1版　　　开本 680×960　1/16
2020年11月第1次印刷　印张 23 3/4

定价：98.00元

缅怀我的外祖母，张长友老太太。

在我求学时，老人家先我们归去。

治学，是将有尽的生命投向无限的事业。

西政文库编委会

主　任：付子堂
副主任：唐　力　周尚君
委　员：（按姓氏笔画排序）

龙大轩　卢代富　付子堂　孙长永　李　珮
李雨峰　余劲松　邹东升　张永和　张晓君
陈　亮　岳彩申　周尚君　周祖成　周振超
胡尔贵　唐　力　黄胜忠　梅传强　盛学军
谭宗泽

总　序

"群山逶迤，两江回环；巍巍学府，屹立西南……"

2020年9月，西南政法大学将迎来建校七十周年华诞。孕育于烟雨山城的西政一路爬坡过坎，拾阶而上，演绎出而今的枝繁叶茂、欣欣向荣。

西政文库以集中出版的方式体现了我校学术的传承与创新。它既展示了西政从原来的法学单科性院校转型为"以法学为主，多学科协调发展"的大学后所积累的多元化学科成果，又反映了学有所成的西政校友心系天下、回馈母校的拳拳之心，还表达了承前启后、学以成人的年轻西政人对国家发展、社会进步、人民福祉的关切与探寻。

我们衷心地希望，西政文库的出版能够获得学术界对于西政学术研究的检视与指引，能够获得教育界对于西政人才培养的考评与建言，能够获得社会各界对于西政长期发展的关注与支持。

六十九年前，在重庆红岩村的一个大操场，西南人民革命大学的开学典礼隆重举行。西南人民革命大学是西政的前身，1950年在重庆红岩村八路军办事处旧址挂牌并开始招生，出生于重庆开州的西南军政委员会主席刘伯承兼任校长。1953年，以西南人民革命大学政法系为基础，在合并当时的四川大学法学院、贵州大学法律系、云南大学法律系、重庆大学法学院和重庆财经学院法律系的基础上，西南政法学院正式成立。中央任命抗日民族英雄、东北抗日联军第二路军总指挥、西南军政委员会政法委员会主任周保中将军为西南政法学院首任院长。1958年，中央公安学院重庆分院并入西南政法学院，使西政既会聚了法学名流，又吸纳了实务精英；既秉承了法学传统，又融入了公安特色。由此，学校获誉为新中国法学教育的"西南联大"。

20世纪60年代后期至70年代，西南政法学院于"文革"期间一度停办，老一辈西政人奔走呼号，反对撤校，为保留西政家园不屈斗争并终获胜利，为后来的"西政现象"奠定了基础。

20世纪70年代末，面对"文革"等带来的种种冲击与波折，西南政法学院全体师生和衷共济，逆境奋发。1977年，经中央批准，西南政法学院率先恢复招生。1978年，经国务院批准，西南政法学院成为全国重点大学，是司法部部属政法院校中唯一的重点大学。也是在70年代末，刚从"牛棚"返归讲坛不久的老师们，怀着对国家命运的忧患意识和对学术事业的执着虔诚，将只争朝夕的激情转化为传道授业的热心，学生们则为了弥补失去的青春，与时间赛跑，共同创造了"西政现象"。

20世纪80年代，中国的法制建设速度明显加快。在此背景下，满怀着憧憬和理想的西政师生励精图治，奋力推进第二次创业。学成于80年代的西政毕业生们，成为今日我国法治建设的重要力量。

20世纪90年代，西南政法学院于1995年更名为西南政法大学，这标志着西政开始由单科性的政法院校逐步转型为"以法学为主，多学科协调发展"的大学。

21世纪的第一个十年，西政师生以渝北校区建设的第三次创业为契机，克服各种困难和不利因素，凝心聚力，与时俱进。2003年，西政获得全国首批法学一级学科博士学位授予权；同年，我校法学以外的所有学科全部获得硕士学位授予权。2004年，我校在西部地区首先设立法学博士后科研流动站。2005年，我校获得国家社科基金重大项目（A级）"改革发展成果分享法律机制研究"，成为重庆市第一所承担此类项目的高校。2007年，我校在教育部本科教学工作水平评估中获得"优秀"的成绩，办学成就和办学特色受到教育部专家的高度评价。2008年，学校成为教育部和重庆市重点建设高校。2010年，学校在"转型升格"中喜迎六十周年校庆，全面开启创建研究型高水平大学的新征程。

21世纪的第二个十年，西政人恪守"博学、笃行、厚德、重法"的西政校训，弘扬"心系天下，自强不息，和衷共济，严谨求实"的西政精神，坚持"教学立校，人才兴校，科研强校，依法治校"的办学理念，推进学校发展取得新成绩：学校成为重庆市第一所教育部和重庆市共建高校，入选首批卓越法律人才教育培养基地（2012年）；获批与英国考文垂大学合作举办法学专业本科教育项目，6门课程获评"国家级精品资源共享课"，两门课程获评"国家级精品视频公开课"（2014年）；入选国家"中西部高校基础能力建设工程"院校，与美国凯斯西储大学合作举办法律硕士研究生教育项目（2016年）；法学学科在全国第四轮学科评估中获评A级，新闻传播学一级学科喜获博士学位授权点，法律专业硕士学位授权点在全国首次专业学位水平评估中获评A级，经济法教师团队入选教育部"全国高校黄大年式教师团队"（2018年）；喜获第九届世界华语辩论锦标赛总冠军（2019年）……

不断变迁的西政发展历程，既是一部披荆斩棘、攻坚克难的拓荒史，也是一部百折不回、逆境崛起的励志片。历代西政人薪火相传，以昂扬的浩然正气和强烈的家国情怀，共同书写着中国高等教育史上的传奇篇章。

如果对西政发展至今的历史加以挖掘和梳理，不难发现，学校在教学、科研上的成绩源自西政精神。"心系天下，自强不息，和衷共济，严谨求实"的西政精神，是西政的文化内核，是西政的镇校之宝，是西政的核心竞争力；是西政人特有的文化品格，是西政人共同的价值选择，也是西政人分享的心灵密码！

西政精神，首重"心系天下"。所谓"天下"者，不仅是八荒六合、四海九州，更是一种情怀、一种气质、一种境界、一种使命、一种梦想。"心系天下"的西政人始终以有大担当、大眼界、大格局作为自己的人生坐标。在西南人民革命大学的开学典礼上，刘伯承校长曾对学子们寄予厚望，他说："我们打破旧世界之目的，就是要建设一个人民的新世界……"而后，从化龙桥披荆斩棘，到歌乐山破土开荒，再到渝北校区新建校园，几代西政人为推进国家的民主法治进程矢志前行。正是在不断的成长和发展过程中，西政见证了新中国法学教育的涅槃，有人因此称西政为"法学黄埔军校"。其实，这并非仅仅是一个称号，西政人之于共和国的法治建设，好比黄埔军人之于那场轰轰烈烈的北伐革命，这个美称更在于它恰如其分地描绘了西政为共和国的法治建设贡献了自己应尽的力量。岁月经年，西政人无论是位居"庙堂"，还是远遁"江湖"，无论是身在海外华都，还是立足塞外边关，都在用自己的豪气、勇气、锐气，立心修德，奋进争先。及至当下，正有愈来愈多的西政人，凭借家国情怀和全球视野，在国外高校的讲堂上，在外交事务的斡旋中，在国际经贸的商场上，在海外维和的军营里，实现着西政人胸怀世界的美好愿景，在各自的人生舞台上诠释着"心系天下"的西政精神。

西政精神，秉持"自强不息"。"自强不息"乃是西政精神的核心。西政师生从来不缺乏自强传统。在 20 世纪七八十年代，面对"文革"等带来的发展阻碍，西政人同心协力，战胜各种艰难困苦，玉汝于成，打造了响当当的"西政品牌"，这正是自强精神的展现。随着时代的变迁，西政精神中"自强不息"的内涵不断丰富：修身乃自强之本——

尽管地处西南，偏于一隅，西政人仍然脚踏实地，以埋头苦读、静心治学来消解地域因素对学校人才培养和科学研究带来的限制。西政人相信，"自强不息"会涵养我们的品性，锻造我们的风骨，是西政人安身立命、修身养德之本。坚持乃自强之基——在西政，常常可以遇见在校园里晨读的同学，也常常可以在学术报告厅里看到因没有座位而坐在地上或站在过道中专心听讲的学子，他们的身影折射出西政学子内心的坚守。西政人相信，"自强不息"是坚持的力量，任凭时光的冲刷，依然能聚合成巨大动能，所向披靡。担当乃自强之道——当今中国正处于一个深刻变革和快速转型的大时代，无论是在校期间的志愿扶贫，还是步入社会的承担重任，西政人都以强烈的责任感和实际的行动力一次次证明自身无愧于时代的期盼。西政人相信，"自强不息"是坚韧的种子，即使在坚硬贫瘠的岩石上，依然能生根发芽，绽放出倔强的花朵。

西政精神，倡导"和衷共济"。中国司法史上第一人，"上古四圣"之一的皋陶，最早提倡"和衷"，即有才者团结如钢；春秋时期以正直和才识见称于世的晋国大夫叔向，倾心砥砺"共济"，即有德者不离不弃。"和衷共济"的西政精神，指引我们与家人美美与共：西政人深知，大事业从小家起步，修身齐家，方可治国平天下。"和衷共济"的西政精神指引我们与团队甘苦与共：在身处困境时，西政举师生、校友之力，攻坚克难。"和衷共济"的西政精神指引我们与母校荣辱与共：沙坪坝校区历史厚重的壮志路、继业岛、东山大楼、七十二家，渝北校区郁郁葱葱的"七九香樟""八零花园""八一桂苑"，竞相争艳的"岭红樱"、"齐鲁丹若"、"豫园"月季，无不见证着西政的人和、心齐。"和衷共济"的西政精神指引我们与天下忧乐与共：西政人为实现中华民族伟大复兴的"中国梦"而万众一心；西政人身在大国，胸有大爱，遵循大道；西政人心系天下，志存高远，对国家、对社会、对民族始终怀着强烈的责任感和使命感。西政人将始终牢记：以"和衷共济"的人生态度,以人类命运共同体的思维高度,为民族复兴,为人类进步贡献西政人的智慧和力量。这是西政人应有的大格局。

西政精神,着力"严谨求实"。一切伟大的理想和高远的志向,都需要务实严谨、艰苦奋斗才能最终实现。东汉王符在《潜夫论》中写道:"大人不华,君子务实。"就是说,卓越的人不追求虚有其表,有修养、有名望的人致力于实际。所谓"务实",简而言之就是讲究实际,实事求是。它排斥虚妄,鄙视浮华。西政人历来保持着精思睿智、严谨求实的优良学风、教风。"严谨求实"的西政精神激励着西政人穷学术之浩瀚,致力于对知识掌握的弄通弄懂,致力于诚实、扎实的学术训练,致力于对学习、对生活的精益求精。"严谨求实"的西政精神提醒西政人在任何岗位上都秉持认真负责的耐劳态度,一丝不苟的耐烦性格,把每一件事都做精做细,在处理各种小事中练就干大事的本领,于精细之处见高水平,见大境界。"严谨求实"的西政精神,要求西政人厚爱、厚道、厚德、厚善,以严谨求实的生活态度助推严谨求实的生活实践。"严谨求实"的西政人以学业上的刻苦勤奋、学问中的厚积薄发、工作中的恪尽职守赢得了教育界、学术界和实务界的广泛好评。正是"严谨求实"的西政精神,感召着一代又一代西政人举大体不忘积微,务实效不图虚名,博学笃行,厚德重法,历经创业之艰辛,终成西政之美誉!

"心系天下,自强不息,和衷共济,严谨求实"的西政精神,乃是西政人文历史的积淀和凝练,见证着西政的春华秋实。西政精神,在西政人的血液里流淌,在西政人的骨子里生长,激励着一代代西政学子无问西东,勇敢前行。

西政文库的推出,寓意着对既往办学印记的总结,寓意着对可贵西政精神的阐释,而即将到来的下一个十年更蕴含着新的机遇、挑战和希望。当前,学校正处在改革发展的关键时期,学校将坚定不移地以教学为中心，以学科建设为龙头，以师资队伍建设为抓手，以"双一流"建设为契机，全面深化改革，促进学校内涵式发展。

世纪之交，中国法律法学界产生了一个特别的溢美之词——"西政现象"。应当讲，随着"西政精神"不断深入人心，这一现象的内涵正在不断得到丰富和完善；一代代西政校友，不断弘扬西政精神，传承西政文化，为经济社会发展，为法治中国建设，贡献出西政智慧。

是为序。

西南政法大学校长，教授、博士生导师
教育部高等学校法学类专业教学指导委员会副主任委员
2019年7月1日

目　录

第一章　导论 1
　一、问题所在 1
　二、理论关怀 2
　三、文献综述 5
　四、研究进路 18
　五、田野调研 46
　六、结构安排 51

第二章　民间力量何以可能？
　　　　——中国司法的社会化传统 53
　一、问题的提出 53
　二、自噬型社会参与：晚清州县司法中的"官批民调" 55
　三、补充型社会参与：民国基层司法的双层构造 90
　四、建构型社会参与："革命年代"的司法"群众路线" 105
　五、顺应型社会参与：后"革命年代"的个案重叙与政治
　　　意涵 116
　六、法院调解社会化的意涵变迁 123

第三章　法院邀请调解：制度表达与司法实践 129
一、问题的提出 129
二、何盛芙案：邀请调解的过程叙事 133
三、邀请调解的普遍性实践：目的明确与边界模糊 159
四、邀请调解：制度表达与司法实践之背离 179

第四章　法院委托调解：实践样态与学理阐释 186
一、问题的提出 186
二、委托调解的普遍性实践：地方实践的规范化运动 189
三、"判后委托调解"与压力型司法：后街个案 215
四、委托调解："新'第三领域'说"抑或其他 238

第五章　迈向国家—社会互动型委托调解
——法院调解社会化的现代重构 244
一、问题的提出 244
二、法院调解社会化的实践评估 245
三、重回田野："消失"的办公室与"喧嚣"的调处室 254
四、法院调解社会化的学理评价 262
五、法院调解社会化的正当性证成 269
六、法院调解社会化的制度重构 289

第六章　纠纷解决合作主义 303
一、作为"中层理论"的纠纷解决合作主义 303
二、法院调解社会化的外部视角：国家—纠纷解决—社会 306
三、法院调解社会化的内部视角：调解者—纠纷解决—

当事人 308
四、纠纷解决合作主义的四重面向 310
五、纠纷解决合作主义的实践图景 314
六、纠纷解决合作主义的学术意义 316

附　录 319
参考文献 326

第一章 导论[*]

一、问题所在

调解是中国司法之一核心内容，调解的发展面向将决定司法的未来面貌，而法院调解社会化更是个中关键之所在。所谓法院调解社会化，即司法调解之社会参与及其投诸社会治理。[①] 这是中国司法实践的重要现象，却缺乏应有关注，遑论重视。从既有研究看，调解社会化现象常因研究者的熟视无睹或不以为意而轻易消逝于其视阈之中。这主要缘于两个方面：一是法院调解社会化实践往往是司法机关、司法人员乃至党政部门应对纠纷时集体无意识的反应，以至纠纷解决者自身对其缺乏反思性；二是法学界长期因袭规范法学范式，即便非严格意义的诠释法学分析，也以追求规则解释、制度建构、宏大叙事为终极旨趣，故此类问题常常"难入法眼"。

本书之所以探究法院调解社会化，主要缘于两方面。一是司法实

---

[*] 本章第三部分以"法院调解社会化研究：一个法社会学的评述"为题，载《学术论坛》2017年第5期；第四部分以"实践主义法学研究范式"为题，载《浙江大学学报（人文社会科学版）》2018年第4期。

[①] "社会化"（Socialization）原是一个社会学意义上的核心概念，即自然人到社会人之转变（盖奥尔格·西美尔：《社会学：关于社会化形式的研究》，林荣远译，华夏出版社2002年版，第4—5页）。随后，该术语被用于政治学、伦理学、法学诸领域。在法学研究中，该术语最初兴起于法学基础理论领域；尔后，缘于司法制度及诉讼法学自立法中心迈向司法中心，以及司法从内在视角向多元、开放的外在视角延展，该术语始被广泛地运用于纠纷解决范畴。

践对笔者既有法学观念之触动、刺激乃至颠覆。笔者调研发现，一些法院运用、借助司法外力量应对棘手案件。在一起案情并不复杂的人身损害赔偿诉讼中，不仅反复进行司法鉴定，而且人大质询该案，地方政府、基层自治组织亦参与其间；在一起破产案件中，多级法院作出若干裁判文书，申诉上访亦被运用，案件最终凭借基层调解力量得以解决（本书第三、四章详述之）。个案表明，当代中国的司法实践业已超越教科书的教义，而社会力量与司法机关的互动之于纠纷解决具有重要作用。这些作用并非停留于书面意义，而是实实在在地影响纠纷解决。当然，社会力量何时介入司法活动、如何介入、为何产生影响，以及产生何种影响等，均有相应的实践逻辑且不尽雷同。二是既有研究在某种意义上催发的学术使命感，姑且如是称之。回顾既有研究，关注法院调解者甚多，但绝大多数集中于制度探讨，或缘于过度追求体系完整而缺乏问题意识，或立足逻辑层面的理论证成而较少将规范分析与司法实践相结合。

故而，本书关注如下问题：将社会力量导入法院调解后将呈现何种司法样态，为何产生此种或彼种司法形态，调解社会化与司法裁判会否产生冲突，调解社会化与司法审判何以互动，法院调解社会化之于中国司法究竟意味着什么，以及法院调解社会化研究对于纠纷解决一般理论具有哪些意义？本项研究之基本意图在于洞察、剖析、揭示并反思法院调解社会化实践中折射的隐秘信息与符码。在实践层面，这有助于深入理解法院调解社会化现象，为实践中运用社会力量提供制度性建议，具有启发性的智识支撑价值；在学理维度，这将一定程度地弥补法院调解社会化研究之不足，为纠纷解决一般理论建构尝试贡献智识增量。

二、理论关怀

如何实现纠纷解决一般理论建构？尤其是如何通过一项法律制度

实践研究建构纠纷解决一般理论？毋庸置疑，马克斯·韦伯先生倡导的理想类型研究方法（Ideal Type）是一项对后世经济学、社会学、法学、政治学诸领域影响深远的理论建构进路。[①] 韦伯先生运用该方法提出诸多经典的理想型概念，譬如"形式非理性""实质非理性""实质理性""形式理性"等四种法律类型[②]，又如"法制型""传统型""卡里斯玛"等三种支配类型[③]，再如"资本主义精神"[④]。大抵上，韦伯先生基于两种进路运用理想类型方法：四种法律类型、三种支配类型诸例强调理想类型之间的对应性分析；"资本主义精神"一例旨在确立理想型，并基于对"前资本主义""传统主义""享乐主义""卡尔文教派""卫理公会"等观念、教派的考察，探究"新教伦理"与"资本主义精神"之间的亲和性乃至因果关联。[⑤] 理想类型方法影响之广泛、深远，毋庸置喙。仅法学研究而言，譬如诺内特先生与塞尔兹尼克先生运用理想类型方法提出"压制型法""自治型法"及"回应型法"[⑥]，达玛什卡先生探讨权力组织的"科层式理想型"与"协作式理想型"、法律程序的"纠纷解决型"与"政策实施型"等对应概念[⑦]。这些研究均在第一条进路上运用理想类型方法。再如夏皮罗先生以理想型"法院"

---

① Max Weber, *The Methodology of the Social Sciences*, Translated and Edited by Edward A. Shils and Henry A. Finch, the Free Press, 1949, p. 90.

② 马克斯·韦伯：《法律社会学》，康乐、简惠美译，广西师范大学出版社2005年版，第28—29页。事实上，基于四种法律理想型，该书旨在探讨历史上不同法律体系的特征及意义。

③ 马克斯·韦伯：《经济与历史 支配的类型》，康乐、吴乃德、简惠美、张炎宪、胡昌智译，广西师范大学出版社2004年版，第303页。《支配的类型》亦立足三种支配理想型分析支配的历史实践，该话题也见韦伯：《支配社会学》，康乐、简惠美译，广西师范大学出版社2004年版。

④ 马克斯·韦伯：《新教伦理与资本主义精神》，康乐、简惠美译，广西师范大学出版社2007年版，第27—29、186页。

⑤ 马克斯·韦伯：《新教伦理与资本主义精神》，康乐、简惠美译，广西师范大学出版社2007年版，第9—22、34、39、51、64、130页。

⑥ P.诺内特、P.塞尔兹尼克：《转变中的法律与社会：迈向回应型法》，张志铭译，中国政法大学出版社2004年版，第16—20页。

⑦ 米尔伊安·R.达玛什卡：《司法和国家权力的多种面孔——比较法视野中的法律程序》，郑戈译，中国政法大学出版社2004年版，第24—71、145—269页。

为切入点,并将其作为批判性研究的"靶子",通过经验事实探究法院的特征及属性。[①] 这倾向于从第二种进路运用理想类型方法,且极富教益地展示理想类型研究方法的逆向适用。

尽管理想类型方法在人文社会领域取得巨大成功,囿于理想类型过度脱离经验事实,以致其方法论局限被扩大。譬如,韦伯先生对中国固有法的性质误判以及理想类型方法适用之偏颇,业已被充分论证。[②] 达玛什卡先生尤其留意吸取韦伯先生的教训,不仅意识到理想类型与经验事实之间可能缺乏"对应物",且某一经验事实也可能存在多个理想类型的影子。[③] 事实上,相关的方法反思抑或调适均未超越韦伯本人对理想类型的理解,氏对理想类型的方法论局限有着充分认知,甚至揶揄其为"乌托邦"。[④]

纵有清醒认知,仍然失误,缘何? 若说理想类型方法存在固有局限,私以为,除却抽象概括与经验事实之间的对应性缺失,以致给方法的偏颇适用埋下危机,材料收集与经验甄别之失误更是极大地突显该种局限。仍以偏颇认知中国固有法为例,私以为,该误判主要缘于主观意识"战胜"经验事实,以逻辑推演替代事实发现。通俗地说,韦伯之误识缘于经验探究不够,更没"把经验研究进行到底",从而铸就一个"意料之中"的失误。在此意义上,本项研究旨在阶段性地探索一种弥补理想类型局限的研究方法:重新发现经验事实的理论建构

[①] 马丁·夏皮罗:《法院:比较法上和政治学上的分析》,张生、李彤译,中国政法大学出版社 2005 年版,第 1—88 页。

[②] 韦伯先生对中国固有法性质的误读,见黄宗智:《清代的法律、社会与文化:民法的表达与实践》,上海书店出版社 2001 年版,第 210—223 页;林端:《韦伯论中国传统法律:韦伯比较社会学的批判》,中国政法大学出版社 2014 年版,第 47—154 页。理想类型方法之偏颇运用,甚至严重到以文化间对比替代文化内对比。见林书,第 4—47 页。

[③] 米尔伊安·R. 达玛什卡:《司法和国家权力的多种面孔——比较法视野中的法律程序》,郑戈译,中国政法大学出版社 2004 年版,第 7—9 页。

[④] 马克斯·韦伯:《新教伦理与资本主义精神》,康乐、简惠美译,广西师范大学出版社 2007 年版,第 77 页;Max Weber, *The Methodology of the Social Sciences*, Translated and Edited by Edward A. Shils and Henry A. Finch, the Free Press, 1949, p. 90.

意义，基于制度实践建构纠纷解决一般理论。申言之，将一般理论建构的概念化、命题化、体系化过程，分解为立足经验事实尝试概念化，在中间原理（Middle Axioms）关照下进行命题化[①]，以中间原理为介质探索体系化。

根置于理想类型方法，韦伯先生认为，现代社会语境中的非法律职业人士，在参与司法时"容易沦为诡辩的讼棍"，司法也具有"卡地"裁判的性格，故而，成为"削弱形式的法律理性主义的一般要因"，以致"法被驱赶到反形式的轨道上"。[②] 相反，欧根·埃利希先生主张，法院"是作为社会的机关而产生的。……从来就没有完全被国家化"，且"法律上的形式主义是一个必须加以克服的技术性缺陷，而不是一个值得赞赏的法的特性"，因此，"非专业人士"在"未来的实用法学"中仍有可为，陪审团更是非专业人士"创制新法"的典范。[③] 这一经典论争，时逾百年、地跨西东。在法律形式主义占据绝对地位之际，如何评价当代中国法院调解社会化实践，正是本项研究的理论起点与学术归依。

三、文献综述

从掌握的文献来看，迄今国内域外尚无法院调解社会化的专门研究。

[①] 培根先生以 Middle Axioms 指称从具体细节上升至艺术、事物之基本原理过程中的阶段性、中间性理论。参见 Francis Bacon, *Novum Organum*, Book I, Aphorism CIV。转引自 Robert K. Merton, *On Theoretical Sociology: Five Essays, Old and New*, The Free Press, 1967, p. 56。

[②] 马克斯·韦伯：《法律社会学》，康乐、简惠美译，广西师范大学出版社2005年版，第334、335、336、339页。

[③] 欧根·埃利希：《法社会学原理》，舒国滢译，中国大百科全书出版社2009年版，第127、213、374、388—390页。

(一) 国内研究：从"只言片语"到"分散式研究"

关于中国法院调解的著述不少[①]，且不乏精要之作。大多数研究追求论述的系统性，偏重逻辑实证，视阈常限于制度本身；较少实现规范分析与司法实践之结合，遑论纠纷解决一般理论建构。或许缘于研究对象的部门法属性，研究通常限于制度而忽视制度及其实践背后的社会、历史诸因素[②]，更缺乏拓展纠纷解决一般理论的努力，进而寻求具有穿透力的命题，尽管这种拓展是极为自然的、必要的。国内关于法律社会化、司法社会化的研究成果极为有限。除了理论法学领域的相关成果[③]，部门法学研究则集中于实体法领域，如行政权力社会化[④]、环境污染损害承担的社会化等[⑤]，程序法学领域则涉及行刑社会化[⑥]、人民调解[⑦]。此外，部分著述零散地涉及法院调解社会化。这些成果为本书提供了智识启发，使深入研究得以可能。

在探讨传统中国法律与社会结构、社会文化时，瞿同祖先生描述过家长、族长等社会力量处理纠纷，并分析国家法律、正式权力对民

[①] 专著如闫庆霞：《法院调解制度研究》，中国人民公安大学出版社2008年版；武红羽：《司法调解的生产过程：以司法调解与司法场域的关系为视角》，法律出版社2010年版。博士学位论文如雷明贵：《法院调解的实践逻辑——以湖南C县基层法院民事司法为例的考察》，上海大学博士学位论文，2010年；洪冬英：《当代中国调解制度的变迁研究：以法院调解与人民调解为中心》，华东政法大学博士学位论文，2007年。其他论文的数量亦很庞大，如范愉：《诉讼调解：审判经验与法学原理》，《中国法学》2009年第6期；张晋红：《法院调解的立法价值探究——兼评法院调解的两种改良观点》，《法学研究》1998年第5期。

[②] 然而"社会不是以法律为基础的。……相反地，法律应该以社会为基础。法律应该是社会共同的、由一定物质生产方式所产生的利益和需要的表现，而不是单个的个人恣意横行"（卡尔·马克思：《对民主主义者莱茵区域委员会的审判》，《马克思恩格斯全集》第6卷，人民出版社1961年版，第291—292页）。

[③] 郑保华：《法律社会化论》，《法学季刊》1930年第7期；马显德：《社会法学派与法律之社会化》，《政治月刊》1923年第1期；郭榛树：《法律社会化问题导论》，宁夏人民出版社2006年版。

[④] 张吕好：《转型时期行政权力的社会化》，北京大学博士学位论文，2004年。

[⑤] 竺效：《生态损害的社会化填补法理研究》，中国人民大学博士学位论文，2006年。

[⑥] 冯卫国：《行刑社会化研究：开放社会中的刑罚趋向》，北京大学出版社2003年版。

[⑦] 陆春萍：《转型期人民调解机制社会化运作》，中国社会科学出版社2010年版；熊易寒：《人民调解的社会化与再组织：对上海市杨伯寿工作室的个案分析》，《社会》2006年第6期。民事司法领域的相关成果很多来自社会学与法理学界。

间纠纷处理的认可及支持,但对于官府审断、民间调解以及州县衙门借助社会力量调处纠纷未作更多论述。① 在分析 19 世纪帝国乡村控制时,萧公权先生描述过州县官员将纠纷推回民间处理,涉及"或推回或审断"的处理方式、社会力量的动力来源、民间调处效果的有限性及其重要缺陷等②,但对"官批民调"的具体机制未作论述。③ 在研究清代地方审判时,中国台湾地区学者那思陆先生叙及:户婚田土案件每每经调处而息,除了州县得运用其权利调处两造之争讼,也得批令亲族、绅耆调处之;即便是盗贼人命案件,只要不属于诬告等明文规定不得和息之案件,不仅州县官可以亲自调处,也可由两造自行请息,州县官还可批令两造之亲友、地方绅耆调处争讼;对非明文规定不准和息的案件,是否调处以及如何调处,实践中皆似由州县官斟酌而定。④ 这些研究对传统中国的衙门审断与民间调解之互动仅寥寥数语。

20 世纪 70 年代,传统中国的官府审断、民间调解与官府调解之关系研究在日本法史学界掀起新浪潮。从清代"判决"性质入手,滋贺秀三先生认为,地方官对户婚、田土、钱债纠纷的审理实质上是一种"教谕式的调解",即具有"民之父母"性质的州县官凭借自己的威信和见识,基于案件调查,通过威吓、劝说甚或命令,达至两造心服。地方官不仅通过调解处理纠纷,还通常在受理纠纷之后设法让民间自发调解。官府审判与民间调解甚至没有必要作为相互对

---

① 瞿同祖:《中国法律与中国社会》,中华书局 1981 年版,第 13、23—26 页。

② Kung Chuan Hsiao, *Rural China: Imperial Control in the Nineteenth Century*, University of Washington Press, 1960, pp.291-292, 651 (note 117).

③ 萧氏专门分析过帝制中国的民间调解,对"官批民调"也仅只言片语。见 Kung-Chuan Hsiao, *Compromise in Imperial China*, University of Washington, 1979, pp.41, 46, 47.

④ 那思陆:《清代州县衙门审判制度》,范忠信、尤陈俊勘校,中国政法大学出版社 2006 年版,第 103—105、216 页。

立、区别的事物。①这种观点深深地影响此后的日本学者,甚至中国法史学界。②寺田浩明先生进而指出:"把民间通过处理纠纷而形成秩序的过程与官府的审判活动从性质上区别开来加以考察可能是没有意义的,并无必要把国家和社会的分离当作普遍的或不证自明的公理,而应该把两者统一起来作为一个连续的秩序整体考虑其结合形态或内在结构"③;在审判样式与"冤抑""申冤"话语结构一致,且官府审断所指向的目标与民间日常的秩序内容一样的情况下,官方对于民间调解往往持鼓励态度,至少不会积极地否定或排除。④高见泽磨先生则认为,中国的纠纷解决遵循"说理—心服"模式,无论正式的纠纷解决抑或民间的纠纷解决,均"是由通过说理来解决纠纷的第三者(说理者)和被说理从而心中服气的当事人(心服者)一起上演的一出社会戏剧";这不仅体现在传统中国的纠纷解决中,当代中国亦如是;这不仅贯穿于纠纷解决实践,立法也体现了此特性。⑤

不同于滋贺秀三等人的观点,美籍华人学者黄宗智先生从"诉讼

---

① 滋贺氏研究清代司法的代表性作品,如滋贺秀三『清代中國の法と裁判』(創文社,1984年)。该书部分内容业已译成中文,如《清代诉讼制度之民事法源的概括性考察——情、理、法》《清代诉讼制度之民事法源的考察——作为法源的习惯》,均载滋贺秀三、寺田浩明、岩本美绪、夫马进著,王亚新、梁治平编:《明清时期的民事审判与民间契约》,王亚新、范愉、陈少峰译,法律出版社1998年版,第19—96页。

② 持相同、相似观点者,如郑秦:《清代司法审判制度研究》,湖南教育出版社1988年版,第205—246页;徐忠明:《清初绅士眼中的上海地方司法活动——以姚廷遴〈历年记〉为中心的考察》,《现代法学》2007年第3期;邓建鹏:《清代州县讼案的裁判方式研究——以"黄岩诉讼档案"为研究对象》,《江苏社会科学》2007年第3期。有学者则认为,传统中国司法有依律断案的传统,且清代司法发展了该传统。张晋藩:《清朝法制史概论》,《清史研究》2002年第3期。

③ 寺田浩明:《日本的清代司法制度研究与对"法"的理解》,载滋贺秀三、寺田浩明、岩本美绪、夫马进著,王亚新、梁治平编:《明清时期的民事审判与民间契约》,王亚新、范愉、陈少峰译,法律出版社1998年版,第135页。

④ 寺田浩明:《权利与冤抑——清代听讼和民众的民事法秩序》,载滋贺秀三、寺田浩明、岩本美绪、夫马进著,王亚新、梁治平编:《明清时期的民事审判与民间契约》,王亚新、范愉、陈少峰译,法律出版社1998年版,第218、234页。

⑤ 高见泽磨:《现代中国的纠纷与法》,何勤华、李秀清、曲阳译,法律出版社2003年版,第1—2页。

档案出发",基于"实践历史"研究进路,认为清代并非通过官府调解处置诉讼纠纷,而是或由社区、亲族予以调解,或由法官依法听讼断案。黄氏不仅分析清代的审判与调解,还探讨民国、新中国的审判、司法调解与民间调解之互动。基于司法审判、民间调解、司法调解之研究,氏提出法律的表达与实践之背离、纠纷解决的第三领域、集权的简约治理、中国法律实践的实用道德主义诸观点。① 氏进而探讨中国法律实践的主体性,反思当下中国以西方法学为圭臬、言必称法制现代性的研究倾向。②

黄氏研究不仅引发其与日本法史学者的学术论争③,也引起中国学

---

① 黄宗智:《清代的法律、社会与文化:民法的表达与实践》,上海书店出版社2001年版;黄宗智:《过去和现在:中国民事法律实践的探索》,法律出版社2009年版。

② 黄宗智:《经验与理论:中国社会、经济与法律的实践历史研究》,中国人民大学出版社2007年版,第392—408页。

③ 清代审判属于形式裁判型抑或实质调停型,这是黄氏与滋贺氏诸人的主要论争所在,由此及于官府断案与民间调解的关系及性质。此次论争被认为是在双方没有进入同一套话语体系时的"自说自话"。参见黄宗智:《清代的法律、社会与文化:民法的表达与实践》,上海书店出版社2001年版,重版代序,第10—11页;寺田浩明:《清代民事审判:性质及意义——日美两国学者之间的争论》,王亚新译,《北大法律评论》1998年第2期;易平:《日美学者关于清代民事审判制度的论争》,《中外法学》1999年第3期。

此外,据瞿同祖先生考证,清代州县衙门审理案件时,必须遵循现行律令,即便皇帝就某一案件所发裁决诏令,如未颁布为法律者,也不得引作判决依据;在作判决时,州县官只能参照适用于该案的一条特定法律或条例,不得引用两条以上;违反前述规定者可能入罪(瞿同祖:《清代地方政府》,范忠信、晏锋译,何鹏校,法律出版社2003年版,第208页)。滋贺氏则强调区分命盗重案与州县自理案。对于前者,官吏负有必须遵守成文法的义务;对于后者,州县官不依据成文法作判断,也很少起草引用成文法的判决,而考虑情理法之融合(寺田浩明:《日本的清代司法制度研究与对"法"的理解》,载滋贺秀三、寺田浩明、岩本美绪、夫马进著,王亚新、梁治平编:《明清时期的民事审判与民间契约》,王亚新、范愉、陈少峰译,法律出版社1998年版,第121、126页;滋贺秀三:《清代诉讼制度之民事法源的概括性考察——情、理、法》,载滋贺秀三、寺田浩明、岩本美绪、夫马进著,王亚新、梁治平编:《明清时期的民事审判与民间契约》,王亚新、范愉、陈少峰译,法律出版社1998年版,第25—26、28—29页)。黄氏坚持认为,户婚田土钱债纠纷在清代审判中需要遵循律令条文或者律令中体现的法律原则,并认为审判是否遵循律令不能仅仅以裁决中是否引用律令条文为标准(黄宗智:《清代的法律、社会与文化:民法的表达与实践》,上海书店出版社2001年版,第102—106页)。何勤华先生认为,清代司法实践中不仅将法、理、情作为法律渊源,律学著作也是审判机关适用的法律渊源(何勤华:《清代法律渊源考》,《中国社会科学》2001年第2期)。

者的关注。对于官方审断与民间调解互动而生成纠纷解决"第三领域"的观点,梁治平先生表达了质疑:其一,所谓"第三领域"难以成其为一个独立实体,并对该领域是否具有独立于官府审断与民间调解的品质表示怀疑;其二,"第三领域"的分析框架本质上仍脱胎于"社会/国家"二元模式,没有实现超越二元模式的研究初衷,且"社会/第三领域/国家"三元模式建构并不成功。① 与梁氏相仿,林端先生直将黄氏"第三领域"视作哈贝马斯"公共领域"说之再造,主张以"连续体"(continuum)概念替代之,且该谱系上有诸多方式,甚至以诉诸鬼神的阴官司填补国家与社会在纠纷解决中的联系。② 林之"连续体"与滋贺、寺田等人乃至夏皮洛的观点相似③,但逻辑出发点不同。本书的初步判断是,由于学人们的理论资源及分析框架不同,故其结论迥异。相比结论,更紧要的或许是不同理论资源、分析框架的妥当性,尤其各种理论、框架自身可能具有的独到的启发意义。换言之,论争之一核心或许在于方法论而非实体问题。

当代中国司法调解过程中援用社会资源的深入研究则肇始于朱苏力先生。围绕一起乡下开庭的个案,朱氏分析司法调解何以利用基层社会资源处理纠纷,并提炼"送法下乡"主题:在司法调解中运用社会资源,这着重体现为一种司法权力的使用技术,是一种送法下乡的手段与途径;村干部等作为司法调解时可资依凭之本土资源及地方知识之载体,在国家权力深入基层社会的过程中表现出的多面性,不仅体现司法运行的复杂性,更揭示国家权力建设的阶段性,进而折射民

---

① 梁治平:《清代习惯法:社会与国家》,中国政法大学出版社1996年版,第9—14页。
② 林端:《韦伯论中国传统法律:韦伯比较社会学的批判》,中国政法大学出版社2014年版,第98—99、117—125页。对"连续体"的直观描述,见林端:《儒家伦理与法律文化——社会学观点的探索》,中国政法大学出版社2002年版,第299页(表一)。
③ 马丁·夏皮罗:《法院:比较法上和政治学上的分析》,张生、李彤译,中国政法大学出版社2005年版,第221—271页。不囿于中国固有法的语境,夏皮洛一般化了解纷方式的"连续体"意涵。见氏书,第4—7页。

族国家建设之"未竟事功";国家权力需要借助司法这一权力运行方式深入基层社会,从而建立或强化自身权威,最终使国家权力所追求的社会秩序得以实现。[①]这种开拓性研究视角极大地影响了许多中国学人,针对该案亦产生一系列研究成果。强世功先生从权力关系网络入手,分析该案中人情、道理与法律如何体现在法律权力争夺之中,以及国家法律与生活事实如何被连接起来,并认为"法律与其说是被规定,还不如说被实践"[②];围绕该案,沿着权力关系网络视角,氏进而探讨法律权力为什么要通过调解付诸实施,为什么基层力量参与使法律权力之运作得以可能,并指出"国家的法律并不排斥调解,也不是将调解作为判决的一个平等的补充,而是依赖于调解,横穿过调解,并在调解的帮助下实现对社会的有效管理"[③]。针对该案,赵晓力先生分析参与调解的各方主体的行动策略,尤其作为基层力量代表的村支书在其间发挥的作用,并基于村支书等社会力量及其行动策略被剪辑出法律文书的事实,分析法律的叙事及其合法性的赋予。[④]这些研究是当代中国司法调解运用社会力量的早期代表性成果,迄今仍属扛鼎之作。缘于研究者自身的理论关怀与研究旨趣,这些研究侧重于通过分析司法调解实践的社会性以揭橥中国司法实践面貌以及法制建设与社会变迁的关联,故而没有(也无必要)发展一套关于司法调解社会化的中层理论[⑤],甚至没有将法院调解社会化作为专门问题抛出。

---

① 苏力:《送法下乡——中国基层司法制度研究》,中国政法大学出版社 2000 年版,第 1 章。
② 强世功:《"法律"是如何实践的——一起乡村民事调解案的分析》,载王铭铭、王斯福主编:《乡土社会的秩序、公正与权威》,中国政法大学出版社 1997 年版,第 488—520 页。
③ 强世功:《"法律不入之地"的民事调解——一起"依法收贷"案的再分析》,载强世功编:《调解、法制与现代性:中国调解制度研究》,中国法制出版社 2001 年版,第 533—559 页。
④ 赵晓力:《关系/事件、行动策略和法律的叙事——对一起"依法收贷"案的分析》,载王铭铭、王斯福主编:《乡土社会的秩序、公正与权威》,中国政法大学出版社 1997 年版,第 520—541 页。
⑤ 中层理论(Theories of the Middle Range)为美国社会学家罗伯特·金·默顿力倡,主张提炼有助于指导经验探索的中间理论,避免琐碎、操作性分析与建构宏大理论(Grand Theory)。见 Robert K. Merton, *On Theoretical Sociology: Five Essays, Old and New*, The Free Press, 1967, ch. 2。

若干研究涉及中国法院调解社会化或与之有较为密切的关联。基于多元化纠纷解决机制视角,范愉女士分析了诉讼调解及司法社会化问题,并基于比较法学立场与诉讼调解"适度社会化"理念,提出在既有法院调解制度的基础上确立前置性非诉讼调解程序,借助法院的司法审查使相应调解生效,从而激活司法资源与司法外解纷资源。[①]依掌握的文献看,范氏系国内学界较早提及"诉讼调解社会化""司法社会化"等表述的学者。李浩先生亦从多元解纷机制入手,分析协助调解、委托调解的机制性质、案件范围、具体程序、司法效力以及制度改革。李氏作品可谓国内较早对法院调解社会化予以针对性、系统化、深入探讨的成果。[②]该时期,杨秀清女士基于审判结构及审判权行使的角度,分析法院调解主体社会化可能遭遇的法律困境。[③]这可能引发追问甚至拓展,即如何应对同一审判结构导致的判决与调解之冲突,且基于纠纷解决结构论视角,法院调解社会化能否成为突破既有结构性困境的出路。基于当代民事司法实践,肖建国先生将委托调解描述为"三明治式的司法",并视其为民事司法之外延拓展,还主张、论证突破"自愿"要件,导入"强制"因素。[④]基于法理学、法哲学解释进路,刘加良先生认为,民事诉讼调解社会化的理论根据是"司法权的社会性",且民事审判权行使的二元化具有宪法依据;在功能论上,委托调解不仅可"疏减讼压",还可"增进司法公信""扩大司法民主""促

[①] 范愉:《非诉讼纠纷解决机制研究》,中国人民大学出版社2000年版,第6、7章;范愉:《纠纷解决的理论与实践》,清华大学出版社2007年版,第459—463页;范愉:《诉前调解与法院的社会责任:从司法社会化到司法能动主义》,《法律适用》2007年第11期。

[②] 李浩:《委托调解若干问题研究——对四个基层人民法院委托调解的初步考察》,《法商研究》2008年第1期;李浩:《法院协助调解机制研究》,《法律科学》2009年第4期。

[③] 杨秀清:《法院调解主体社会化的思考》,载张卫平、齐树洁主编:《司法改革论评》第7辑,厦门大学出版社2008年版,第1—7页。

[④] 肖建国:《司法ADR建构中的委托调解制度研究——以中国法院的当代实践为中心》,《法学评论》2009年第3期。

进社会治理"以及"发展法律"。① 作为论证中国诉讼调解社会化之根据,从黑格尔法哲学思想等抽象哲学体系中寻求解释及其正当性证明,该路径选择是否直切要里,可能有待探讨。可否从其他路径展开,如中国司法审判与民间调解、司法调解与社会调解之历史脉络及社会因素?毕竟法院调解社会化乃中国司法实践现象,因而"中国"在某种意义上是研究的潜在语境,自是研究的基础与前提。当然,从法哲学层面予以梳理也有必要,如有可能,甚至有助于通过研究中国问题以反思黑格尔法哲学理论的解释限度。基于比较法立场,张嘉军先生认为,20 世纪 60 年代以降两大法系法院调解均呈现社会化走向,主张从衡平处理与诉权保护、审判权旁落、诉讼调解关系等出发,理解 21 世纪的中国法院调解社会化转向。② 从法院调解"内卷化"及调解资源外部植入角度,陈慰星先生讨论人大代表协助诉讼调解实践可能具有的意义:"通过常识性话语资源优势和社会资本优势,为法院调解提供了'意外'资源支持的机遇结构",并反思"调解内卷化"之消解限度。③ 该反思略显保守且有意无意地忽略人大代表协助诉讼调解可能产生的政治溢出效应。此外,一些体系书有论及法院调解社会化。④

概言之,中国法院调解社会化的早期研究通常寥寥数语、略有述及;缘于学术论战,官府审断与民间调解之互动始得更多关注;当代中国实践中的法院调解社会化研究肇始基础法学领域;尔后,缘于多元解纷机制研究热情剧增,遂为学界中人频频顾首,但没有作为一个完整问题予以探讨。国内研究大抵经历了一条从"只言片语"到"分

---

① 刘加良:《民事诉讼调解社会化的根据、原则与限度》,《法律科学》2011 年第 3 期;刘加良:《论委托调解的功能》,《中外法学》2011 年第 5 期;刘加良:《委托调解原论》,《河南大学学报》2011 年第 5 期。
② 张嘉军:《社会化:法院调解的新走向》,《北大法律评论》2012 年第 1 期。
③ 陈慰星:《法院调解"内卷化"与调解资源外部植入——以 Q 市两级法院人大代表协助诉讼调解实践为例》,《现代法学》2013 年第 3 期。
④ 常怡主编:《民事诉讼法学》,中国法制出版社 2008 年版,第 338—340 页。

散式研究"的道路。故而，当代中国法院调解社会化的专门性研究亟待深入，尤其司法实践经验业已具有相当程度的积累，是时候也具备条件展开针对性考察。

（二）"他山之石"：域外研究及其特点

国外较早就有司法社会化之类研究①，调解研究也可谓汗牛充栋②。日本等大陆法系国家民事司法中通常有审判与调解衔接以及非司法人员参与调解的制度安排。③ 此处探讨美、英等司法中心主义国度尤其美国的研究状况。美英诸国司法实践中的调解与中国的情况有较大差别。在早期坚守司法中心主义理念的美国，自司法 ADR 风潮涌起之后④，

---

① 诸如日本学者对行刑社会化的研究，见森本益之『行刑の現代的展開—監獄法改正と行刑の社会化』（成文堂，1985 年）；加拿大学者基于安大略省家事法庭变迁研究，分析司法社会化以及与之密切相关的社会福利改革，见 Dorothy Chunn, *From Punishment to Doing Good: Family Courts and Socialized Justice in Ontario, 1880-1940*, University of Toronto Press, 1992；美国学者基于 20 世纪初加哥城市法院及法律社会化运动研究，认为都市司法社会化的持续努力重塑了美国自由主义及法治观念，并为现代福利国家培育了种子，见 Michael Willrich, *City of Courts: Socializing Justice in Progressive Era Chicago*, Cambridge University Press, 2003。

② 如小岛武司、伊藤真编：《诉讼外纠纷解决法》，丁婕译，中国政法大学出版社 2005 年版；斯蒂芬·B. 戈尔德堡、弗兰克·E. A. 桑德、南希·H. 罗杰斯、塞拉·伦：《纠纷解决：谈判、调解和其他机制》，蔡彦敏、曾宇、刘晶晶译，中国政法大学出版社 2005 年版；Marc Galanter, "The Emergence of the Judge as a Mediator in Civil Cases", *Judicature*, vol. 69, 1986, pp. 257-262；Christopher W. Moore, *The Mediation Process: Practical Strategies for Resolving Conflict*, Jossey-Bass, 2003；Laurence Boulle, Virginia Goldblatt, Phillip Green and Phillip Green, *Mediation: Principles, Process, Practice*, LexisNexis NZ Limited, 2008；Robert A. Baruch Bush and Joseph P. Folger, *The Promise of Mediation: The Transformative Approach to Conflict*, John Wiley & Sons, 2005；David Spencer and Michael C. Brogan, *Mediation Law and Practice*, Cambridge University Press, 2006。

③ 日本情况见范愉：《非诉讼纠纷解决机制研究》，中国人民大学出版社 2000 年版，第 2 章。

④ 对于 ADR 运动（不限于司法 ADR），美国学者欧文·费斯先生提出过强烈质疑并分析个中缺陷，见 Owen M. Fiss, "Against Settlement", *Yale Law Review*, vol. 93, 1984, pp. 1073-1090。迄今，费斯先生仍认为和解等解纷方式不具正当性，见 Owen M. Fiss, "The History of an Idea", *Fordham Law Review*, vol. 78, 2009, pp. 1273-1280。近年就此专门召开学术研讨会 *Against Settlement: Twenty-five Years Later*，见 Howard M. Erichson, "Foreword: Reflections on the Adjudication-Settlement Divide", *Fordham Law Review*, vol. 78, 2009, pp. 1117-1127。

此外，大量研究成果涉及对待 ADR 的立场，如 Carrie Menkel-Meadow, "For and Against Settlement: Uses and Abuses of the Mandatory Settlement Conference", *UCLA Law Review*, vol. 33,

司法体系引入调解旨在将社会力量解决纠纷之努力与法院裁判纠纷之功效相结合,为司法减负。这主要由司法实务界与法学界发起,而对"诉讼社会"(Litigious Society)[①]、"诉讼爆炸"(Litigation Explosion)[②]法律现象的反思则构成重要的智识支撑。

Nader 女士等分析消费者如何未利用律师、法院,而借助非司法机构解决纷争。[③] 作为"或许是"在"庞德会议"上被要求发言的唯一一位社科学者,Nader 女士对过度渲染 ADR 有所保留,并基于消费者维权项目倡导"法律利用者理论"(User Theory of Law)。[④] 围绕法律体系之于美国社会的价值,Auerbach 先生历时性考察调解、仲裁等非诉解纷与社会、经济、文化、政治、法律体系等要素的相互影响尤其非诉解纷的意义变迁,在审视美国法律体系包括对抗制诉讼体制的作用、缺陷时,亦剖析非诉解纷作为法律体系补充手段之于社会的意义及局限。[⑤] 面对 ADR 论争,Hayden 先生基于法律人类学进路,从比较法视角另辟蹊径地考察前南斯拉夫"社会法院"(Social Courts)之一重要形式"工会法院"(Workers' Courts),描述工会法院的时代背

(接上页)1985, pp.485-514; Trina Grillo, "The Mediation Alternative: Process Dangers for Women", *Yale Law Journal*, vol. 100, 1991, pp.1545-1610; Kim Dayton, "The Myth of Alternative Dispute Resolution in the Federal Courts", *Iowa Law Review*, vol.76, 1991, pp.889-958; Joshua D. Rosenberg and H. Jay Folberg, "Alternative Dispute Resolution: An Empirical Analysis", *Stanford Law Review*, vol. 46, 1994, pp.1487-1551; Erin Ryan, "ADR, the Judiciary, and Justice: Coming to Terms With the Alternatives", *Harvard Law Review*, vol. 113, 2000, pp.1857-1875; Stephan Landsman, "ADR and the Cost of Compulsion", *Stanford Law Review*, vol. 57, 2005, pp.1593-1630。

① Jethro K. Lieberman, *The Litigious Society*, Basic Books, 1981.

② Walter K. Olson, *The Litigation Explosion: What Happened When America Unleashed the Lawsuit*, Truman Talley Books, 1992.

③ Laura Nader, ed., *No Access to Law: Alternatives to the American Judicial System*, Academic Press, 1980. 该书笔调较为低沉,且 Nader 女士对撇开法律谈纠纷解决、权利维护亦不看好,见 pp.44, 46, 48-49。

④ 见 Laura Nader, "A User Theory of Law", *Southwestern Law Review*, vol. 38, 1984, pp.951-963; Laura Nader, "A User Theory of Law Change as Applied to Gender", in *The Law as a Behavioral Instrument*, Gary B. Melton, ed., University of Nebraska Press, 1985, pp.1-33; Laura Nader, *The Life of the Law: Anthropological Projects*, University of California Press, 2002, pp.48-49, 52-54, 139-142。

⑤ Jerold S. Auerbach, *Justice without Law?*, Oxford University Press, 1983.

景、机构设置及程序运行、立法论争及制度变迁,并通过工会法院研究回应美国(包括印度)ADR运动及其论争。① 氏认为,司法社会化自带局限基因,而ADR背后实为政治角力且乃当权者维系自身利益计的安排;为跨越司法社会化理论与实践的鸿沟,可在认可多元利益诉求的基础上重视哈贝马斯式的沟通理性。② 氏之个别观点略显悲观。"嵌入式"(embedded)法律机构是否当然地受制于社会场域中的权力架构,"嵌入式"法律机构与地方权力架构之间是否保持以及多大程度上保持间隔,这些亟须深入考察与重新评价;司法社会化实践中更实际的问题,或许是所谓的"弱势方"在ADR与通常的司法途径之间是否拥有以及多大程度上拥有选择权。从政治、文化及社会运动的跨学科视角,有学者梳理并评价四千年ADR发展及实践史,且对ADR未来寄予热切期待。③

在诸种司法ADR中,法院附设调解尤能突显司法体系借力社会资源,相关成果亦可谓卷帙浩繁。④ 基于美国若干初等法院调解项目之法律人类学考察,梅丽女士运用权力分析方法,探讨美国底层民众在

---

① Robert M. Hayden, *Social Courts in Theory and Practice: Yugoslav Workers' Courts in Comparative Perspective*, University of Pennsylvania Press, 1990.

② Robert M. Hayden, *Social Courts in Theory and Practice: Yugoslav Workers' Courts in Comparative Perspective*, University of Pennsylvania Press, 1990, pp. 145, 148.

③ Jerome T. Barrett and Joseph P. Barrett, *A History of Alternative Dispute Resolution: The Story of a Political, Cultural, and Social Movement*, Jossey-Bass, 2004.

④ 诸如Sarah Eaton, "Mandatory Mediation and Summary Jury Trial: Guidelines for Ensuring Fair and Effective Processes", *Harvard Law Review*, vol. 103, 1990, pp. 1086-1104; John Lande, "Using Dispute System Design Methods to Promote Good-Faith Participation in Court-Connected Mediation Programs", *UCLA Law Review*, vol. 50, 2002, pp. 69-141; Julie Macfarlane, "Culture Change? A Tale of Two Cities and Mandatory Court-Connected Mediation", *Journal of Dispute Resolution*, no. 2, 2002, pp. 241-325; Nancy Welsh, "Making Deals in Court-Connected Mediation: What's Justice Got to Do with It?", *Washington University Law Quarterly*, vol. 79, 2001, pp. 787-861; Nancy A. Welsh, "The Place of Court-Connected Mediation in a Democratic Justice System", *Cardozo Journal of Conflict Resolution*, vol. 5, 2004, pp. 117-144; Maureen A. Weston, "Confidentiality's Constitutionality: The Incursion on Judicial Powers to Regulate Party Conduct in Court-Connected Mediation", *Harvard Negotiation Law Review*, vol. 8, 2003, pp. 29-79。

诉讼与调解之间展开的话语争夺，尤其这种争夺在法院裁判与调解程序之间的运作；氏指出，美国底层民众不好讼，不会为琐碎之事动辄诉诸法庭，且法律之于他们往往旨在希冀摆脱社区控制以追求人人平等的理想化形象，这不意味能轻易获取该种资源并掌握该话语权；氏认为，美国法律与底层民众之间实质上是一种渗透、重构和反抗的斗争关系。① 围绕旧金山社区调解项目，梅丽女士等分析州法律影响下的社区调解，探讨社区调解实践概貌、意义、作用、困境乃至替代性解纷机制之未来，并就该项目与美国其他地方、欧洲等地情况做比较。② 英国法律社会学者 Genn 女士则警示："如果说法律是支撑自由民主体制之骨骼，那么民事司法体制则是使骸骨之运动得以可能的肌体与韧带"；长期以来的内外部压力正在削弱民事司法体制，需要重视调解等解纷机制，但不可依循"反法院"（anticourt）、"反法律"（antilaw）的思路。③ 有学者甚至发出"拯救民事司法"（saving civil justice）的呼号。④

概言之，国外学界（尤其美国）的调解（尤其法院附设调解）研究有若干特点：其一，每项研究基本上均有相对明确的侧重点，而非

---

① 萨利·安格尔·梅丽：《诉讼的话语——生活在美国社会底层人的法律意识》，郭星华、王晓蓓、王平译，北京大学出版社 2007 年版。或许，某些读者已经意识到，梅丽女士声称的美国底层民众"不好讼"与前述"诉讼社会"、"诉讼爆炸"等理论貌似存在矛盾。务须留意，对于诉讼爆炸，氏指出"没有明显的证据表明诉讼爆炸已经触及到了初等法院"。参见氏著，第 25 页。此外，本书认为，该矛盾可能仅仅是主观价值判断与客观行动选择之间的一个悖论。这一初步认识深受 Kagan 先生启发。氏认为，尽管推行 ADR，但"对抗型法制主义"（Adversarial Legalism）业已成为美国法的灵魂。即便民众不好讼，但整个社会的政治格局、经济形态、法学教育等客观因素导致美国社会沦为"诉讼社会"。Robert A. Kagan, *Adversarial Legalism: the American Way of Law*, Harvard University Press, 2003, p. 57.

② Sally Engle Merry and Neal Milner, eds., *The Possibility of Popular Justice: A Case Study of Community Mediation in the United States*, University of Michigan Press, 1993. 对于司法大众化之可能性，该书各作者之间也有原则性分歧。

③ Hazel G. Genn, *Judging Civil Justice*, Cambridge University Press, 2010.

④ Elizabeth G. Thornburg, "Saving Civil Justice", *Tulane Law Review*, vol. 85, 2010, p. 247.

追求系统、宏大的概括与论述[1]；其二，相比逻辑实证的研究风格，经验实证风格较为明显[2]；其三，对制度实践的重视超过对制度规范的关注[3]；其四，一些细微却极富启发性的研究特色是，研究成果出自对所在国司法实践的考察，切入点细微、独特，但落脚点极具理论关怀，且结论往往颇具穿透力[4]；其五，一个初步观察是，法律实务界与学界推崇司法 ADR 的偏多，而持谨慎态度乃至反对立场者以法律人类学、法律社会学者居多。

尽管这些成果来自不同语境，且中国司法处于集中型权力架构之中，其法院调解社会化与前述民众参与司法有相当程度的区别，但域外法院附设调解研究较好体现了社会力量参与司法之主题，且相对深入、更趋成熟，可以为分析中国问题提供智识借鉴。无论制度设置抑或研究方法，皆有裨益，而后者尤甚。

四、研究进路

（一）法学研究的跨学科趋势

研究方法之于学术探索，宛若罗盘之于航海，恰如渔具之于垂钓。"选择相对适宜的视角与方法去趋近研究对象与可能的结论，应当

---

[1] 如 Nancy A. Welsh, "Disputants' Decision Control in Court-Connected Mediation: A Hollow Promise without Procedural Justice", *Journal of Dispute Resolution*, no.1, 2002, pp.179-192。

[2] 如 Thomas Stipanowich, "ADR and the Vanishing Trial: The Growth and Impact of Alternative Dispute Resolution", *Journal of Empirical Legal Studies*, vol.1, 2004, pp.843-912。

[3] 这表现为较趋细致的研究风格。如研究调解结果与当事人心理，见 Russellb B. Korobkin, "Psychological Impediments to Mediation Success: Theory and Practice", *Ohio State Journal on Dispute Resolution*, vol.21, 2006, pp.281-328。这种风格利于展示制度实践情况及理论，也利于为制度改革提供切实有效的建议。

[4] 如 Marc Galanter, "'...A Settlement Judge, Not a Trial Judge:' Judicial Mediation in the United States", *Journal of Law and Society*, vol.12, 1985, pp.1-18；Nancy A. Welsh, "The Thinning Vision of Self-Determination in Court-Connected Mediation: The Inevitable Price of Institutionalization?", *Harvard Negotiation Law Review*, vol.6, 2001, pp.1-96。

算是认同研究主观性基础上的相对中立。相当程度上,正是方法与进路决定了对事物的观察与认识"[①]。一位德高望重的学界前辈曾私下言及"目前的学位论文质量普遍不高,却又难以提升"。纵然语态甚是平和,却令人颇为动容。现状背后势必隐藏诸多原因,而研究方法可能是其中之一。迄今,诉讼法学界已有相当部分学者反思研究方法并发表诸多相同或相近观点:"不能就民事诉讼谈民事诉讼,一定要结合实体法……还要结合法理、社会学等相关学科的研究……最大的问题就是,光注重立法的问题,一切都服从于立法……光考虑立法,不考虑实践中出现的问题。(对实践中案例)缺乏回应或者讨论缺乏应有的理论深度……主流应是回答现实中的问题,从理论上进行概括";"需要有田野调查,实证调查,需要重视实践的效果,但是我们要特别注意的是研究的方法";"一个应有的趋势就是实证研究应该会更深入地进行,因为民事诉讼法学本身是实践性很强的学科";如是种种。[②] 诚然,法学系世俗之学,乃经世致用之道。一旦法学研究与司法实践相脱离或缺乏足够联系,则一方面实践抛却理论,另一方面"理论反对实践"[③]。不囿于诉讼法学与司法制度领域,整个中国法学均存在反思研究方法之必要,且正在进行此类反思,而不仅仅是"也许正在发生"(朱苏力先生语)。其中,"三阶段论"属于系统反思中国法学发展及其研究方法的代表性论述。[④] 暂不论"政法法学""诠释法学""社科法学"之类型划分是否具备充分的逻辑自洽,因为这业已无关宏旨,但其通过知识社会学视角对中国法学研究发展历程及发展方向做了深刻的勾勒与大胆的瞻望。基于近些年法学研究状况而言,以探讨当代中

[①] 曾令健:《法人类学视野中的纠纷解决仪式——一个象征主义的分析》,西南政法大学硕士学位论文,2009年,第24页。
[②] 《江伟教授访谈录》《张卫平教授访谈录》《李浩教授访谈录》均载田平安、肖晖编著:《民事诉讼法学改革开放三十年》,法律出版社2010年版,第185—186、235、244页。
[③] 龙宗智:《理论反对实践》,法律出版社2003年版,自序,第1页。
[④] 苏力:《也许正在发生:转型中国的法学》,法律出版社2004年版,第3—5页。

国社会及其法律实践为旨趣的"社科法学"的确正呈稳步上升之势。有学者认为,21世纪以来,中国法学研究至少存在过"经院式""批判式""实践式"三种模式,主张扛举第三面旗帜。[①] 与其说"实践式"与前两者截然有别,毋宁说尝试吸纳"经院式"的精致法治哲理思维,又不"一味批判",而注重建设与合作。

毋庸讳言,前列反思及论断均是积极而中肯的。但如何实现研究方法革新(或谓添置研究手段),选择何种研究视角,如何趋近研究对象及结论,这些均待探讨。具体至本项研究,则涉及采取何种研究进路,如何展示法学研究方法革新,以及如何运用新的研究进路及方法。法院调解社会化是一个可以充分展示中国法律、政治、社会、文化诸要素且富有实践属性的论题,故而跨学科进路是一个恰当的选择,这既有充分的可行性,也有高度的必要性。总体而言,跨学科研究可谓当下中国法学研究方法论创新的核心理路与现实选择,即通过法律社会学、法律人类学、法律政治学、法律经济学等进路分析法律制度及其实践。以法社会学为例,有学者认为,其"所做出的最为显著的贡献,莫过于促使对法律的观念进行了区分并超越了法学所秉持的理解。……法社会学会通过以下方式展现出观念上的区别:直觉中的法与官方的实定法、学理中的法与现实中的法、正式的法与非正式的法、书本上的法与实践中的法"[②]。这种跨学科进路或许可以在一定程度上改观前列方法论困惑,且在一定意义上,法学研究的跨学科进路似乎具有某种时代正当性。百余年前,当法学研究因统计学与经济学之发展而略呈跨学科趋向之际(该种趋向完全可能是基于今日之历史纵深予以的回溯、归纳),霍姆斯先生指出:"理性地研究法律,当前的主宰者或许还是'白纸黑字'的研究者,但未来属于统计学和经济学的研

---

① 钱弘道:《中国法治实践学派正在形成》,《中国社会科学报》2013年2月6日,第A07版。
② 马修·戴弗雷姆:《法社会学讲义:学术脉络与理论体系》,郭星华、邢朝国、梁坤译,北京大学出版社2010年版,第275页。

究者。"[1] 朱苏力先生甚至援引布兰代兹先生那颇具个性的言论以阐述法学对其他人文社会学科之倚重:"一个没有研究过经济学和社会学的法律人极有可能成为人民公敌。"[2] 当然,法学研究的跨学科进路仅仅是一个概括性表达,具言之,存在诸多具体研究进路;及至法律社会学、法律人类学、法律政治学、法律经济学等研究进路,各自拥有更细致、具体的分析方法及框架。这些具体的方法与框架在很大程度上影响研究进程与结果,故言之,"在素材与论断之间,往往是方法之价值得以展示的空间"[3]。有学者甚至认为:"通常情况下,并非问题决定着方法,而是方法形塑了问题。"[4]

(二)实践主义法学研究范式

托马斯·库恩先生率先使用"范式"(Paradigm)概念。该术语源于但不限于科学史研究之需要,最初指那些具有如下特征的研究成就:"空前地吸引一批坚定的拥护者,使他们脱离科学活动的其他竞争模式。同时,这些成就又足以无限制地为重新组成的一批实践者留下有待解决的种种问题"[5]。但范式含义变动不居。有学者指出,库恩本人曾在不同含义上使用该术语,如"科学成就""启迪智慧的问题""教科书""完整的传统""公认的方式""工具的来源""仪器操作规范""观察方法"。[6] 当"范式"一词被引入人文社会学科研究时,其含义又发

---

[1] Oliver W. Holmes, Jr., "The Path of the Law", *Harvard Law Review*, vol. 10, 1897, p.469. 转引自苏力:《也许正在发生:转型中国的法学》,法律出版社 2004 年版,第 8 页。

[2] 参见苏力:《也许正在发生:转型中国的法学》,法律出版社 2004 年版,第 8 页。

[3] 曾令健:《纠纷、仪式与权威——迈向象征主义法人类学》,《民间法》2015 年第 1 期。

[4] Michael Burawoy, *The Extended Case Method: Four Countries, Four Decades, Four Great Transformations, and One Theoretical Tradition*, University of California Press, 2009, p. 71.

[5] 托马斯·库恩:《科学革命的结构》,金吾伦、胡新和译,北京大学出版社 2003 年版,第 9 页。

[6] 玛格丽特·玛斯特曼:《范式的本质》,载伊姆雷·拉卡托斯、艾兰·马斯格雷夫编:《批判与知识的增长》,周寄中译,华夏出版社 1987 年版,第 77—85 页。面对批评与质疑,库恩先生在日文版《科学革命的结构》的后记中进一步阐述范式的含义:(1)范式是一个科学共同体的成员所共有的东西;(2)范式是团体承诺的集合;(3)范式是共有的范例。转引自金吾伦:《范式概念及其在马克思主义哲学研究中的运用》,《中国特色社会主义研究》2009 年第 6 期。

生了诸多变化。[①] 当下中国法学界主要基于方法论层面运用"范式"概念[②]，将其理解为一种学术共同体的认知、信念、惯习、方法的综合与提升。其中，尤需将研究范式与分析框架、研究模式等区别开来。相对而言，范式更为宏大、概括，而分析框架与研究模式则相对具体。从方法论层面运用范式术语较为切合其原初含义、意义及功能，且该层面的范式颇具学术张力。有学者概括过范式的意义与功能，认为范式是开展科学活动的基础，起到世界观和方法论的作用，还是实用的工具，可提供具体的解题方式。[③] 提出或说归纳某种研究范式既是本书期冀的学术增量之一，也攸关本研究之特点。某种意义上，倡导并践行某种研究范式是本研究得以继续、深入之保证。

总体而言，法院调解历来是中国法学的重要议题，也是一项宏大的论题，缘于研究旨趣所居，本书重心集于法院调解社会化维度，不仅从学理层面对法院调解社会化投以理论关怀，且从实践层面展开多学科、多角度考察，并希冀将学理层面分析与实践层面考察充分衔接起来，掀起法学研究方法的革新思潮。既有研究常常不同程度地存在理论与实践"两张皮"的困境，即理论研究与司法实践相互脱离乃至背离。因此，务须寻求法学研究的方法突破，这种尝试与努力不仅对

[①] 有学者提出，社会学研究可在三个层面使用"范式"术语：或将范式用以区分不同的研究共同体甚至不同学科；或用以区分某学科之不同历史阶段；或用以区分同时代、同领域的亚科学家共同体。在最后层面上，"范式是某一学科内有关研究对象的基本意向。它用以界定应该研究什么，提出何种问题，如何反思问题，以及阐释我们的见解应当遵循何种规则。范式乃某研究领域内普遍认知的单元，既可用以区分不同的研究者的共同体或者亚共同体，还可用以将某一研究领域中不同的范例、理论、方法和工具予以归纳、定义并予以整合"。George Ritzer, *Sociology: A Multiple Paradigm Science*, Allyn and Bacon, 1975, p. 7.

[②] 如苏力：《也许正在发生：转型中国的法学》，法律出版社2004年版，第3—25页；高鸿钧：《比较法研究的反思：当代挑战与范式转换》，《中国社会科学》2009年第6期；高鸿钧：《法律移植：隐喻、范式与全球化时代的新趋向》，《中国社会科学》2007年第4期；刘旺洪：《国家与社会：法哲学研究范式的批判与重建》，《法学研究》2002年第6期；张文显、于宁：《当代中国法哲学研究范式的转换——从阶级斗争范式到权利本位范式》，《中国法学》2001年第1期。

[③] 金吾伦：《托马斯·库恩》，台湾远流出版公司1994年版，第65—69页。

于本论题是极其必要的,还可能为整个法学研究范式革新提供新契机乃至确立新典范。此意义上,笔者倡导并尝试一种迈向实践的法学研究范式,或谓之实践主义法学研究范式,即以法律实践作为切入点,基于实践分析来提炼、回应、修正法学理论,通过将学术研究与制度实践、制度改革结合起来,较好地实现理论研究回应实践需要、制度实践反馈学术探讨的良性互动,以开启法学研究新范式。[①]

在实践主义法学研究范式中,法院调解社会化可以从社会事实与社会行为两个视角进行观察,既可将其视为外在于参与者又制约参与者行为的社会现象,也可看作参与者之间相互影响、相互作用的种种表现。这两种视角均有强烈的自然主义趋向。在迈向实践的法学研究范式中,法院调解社会化通过制度考察与学理阐释两种方式予以分析,既可采取从条文结构到制度实践、从法律实践到制度变革的思路,也可采取从理论预设到实践分析、从实践考察到理论提升的进路。无疑,这两种方式皆有明显的人文主义特征。在实践主义法学研究范式中,无论社会事实与社会行为的视角抑或制度考察与学理阐释的方式均可被整合起来,从而将自然主义趋向与人文主义特征相结合。这在技术层面是可行的,但要以相应的研究方法、分析框架为支撑。

然而,传统范式理论认为,"科学革命"之实质在于"范式转换"(paradigm shift),即新的范式对既有范式的超越与替代。及至本书,"迈向实践的法学研究范式"不与"迈向理论的法学研究范式"相对应。因为理论关怀是衡量一项研究是否具有学术品质的核心要素之一,但凡学术研究均应当具有较高或一定的理论关怀,故而,实践主义法

[①] 有学者认为,"从实践出发"之类表述已被用滥,且往往不能提供更具体的指引。氏进而主张,更要紧的是基于对当代知识论成就的把握,发展出有效解释当下经验的方案。见朱晓阳:《纠纷个案背后的社会科学观念》,《法律与社会科学》2006 年第 1 期。该批判针对黄宗智先生"悖论社会"一说(黄宗智:《实践与理论:中国社会、经济与法律的历史与现实研究》,法律出版社 2015 年版,第 1、8 章),具体至中国法学研究语境,倡导迈向实践的法学研究范式仍极其必要。

学研究范式必然强调并重视理论关怀。该范式主要是相对于盛行的诠释主义法学研究范式而言，以突出制度实践及其阐释在法学研究中的基础地位。与其说实践主义法学研究范式旨在超越、替代诠释主义法学研究范式，毋宁说前者的意义是为了给以后者为主流的法学研究注入新的方法、信念、认知与惯习，以形成多元研究范式，乃至实现研究范式的整合，毕竟范式变迁并非一定是"革命性"的。

须指出，实践主义法学研究范式不是在理论与实践之间区分本位属性，之所以在表述中强调并突出实践要素，一个主要原因在于法院调解社会化（包括法院调解乃至其他解纷机制）均不是纯粹的学理问题，毕竟法律与生俱来具有实践性。事实上，任何法律问题都势必更多地体现为关乎动态的法律运行、司法过程的实践性论题，必然与具体的社会环境、政治氛围、文化样态、经济状况等因素产生接触、排斥、调适、融合。某种程度上，纯粹或高度具文化的法律条文既毫无生气，也毫无意义。当然，这不意味着没有丝毫的研究意义（即便考察这种高度或纯粹具文化的法律制度，也需要从其具文化之表现形态入手）。[①] 此意义上，有学者指出："法治是一种实践的事业，而不是一种玄思的事业。"[②] 法律及其实践如此，法学研究亦如是。强调以法律实践为出发点，从司法实践中发掘具有现实关照意义和学术拓展意义的论题，进而催生具有学术增量的智识成果，这种研究范式实际上既注重法律的实践层面，也具有强烈的理论关怀，仅仅表述上更加突出

---

① 总体而言，研究应以实践为出发点，所谓"一个最蠢的学者，往往去研究没有发生过的问题"（张五常先生语，转引自陈瑞华：《论法学研究方法》，北京大学出版社2009年版，第107页）。尔后，笔者通过文献追索（这也是张氏发此感慨前未下过的功夫）查证此言的语境，即旨在嘲讽那种扎在故纸堆里，尾随他人言说而东走西突，可悲的是，他人言说竟然不过是毫无根由的随意捏造（见张五常：《经济解释》，中信出版社2015年版，第37—38页）。在此意义上，借张氏此言评说"从制度到制度、从理论到理论、在制度与理论之间纠结"的法学研究现状，也是过于苛刻了。此处援引旨在强调将目光从文本、制度、理论转移至法律实践及其实社会生活。

② 苏力：《送法下乡——中国基层司法制度研究》，中国政法大学出版社2000年版，第11页。

法律的实践属性而已，以揭橥法学研究应当蕴含的生命力及社会担当。

还须指出，之所以提出实践主义法学研究范式，不仅在于范式的理论意义，还在于倡导一种明确的、旗帜鲜明的研究范式具有时代必要性。所谓"一个理论流派在积累了大量的实证研究以后长时期没有新的突破，它就面临着危机和衰落。一个好的理论也可能衰落，而且一个理论之所以衰退可能恰恰因为它过去的成功"①。以美国法学为例，20 世纪 60 年代以降，作为一个自给自足学科的传统法学日趋式微。同时，新的法学流派与研究方法层出不穷②，且这种变化与美国法学的繁荣互为表里。对于中国法学，一方面，学术传统中长期缺乏实证研究之风，且"一直缺乏对方法论的关注，乃至导致方法的单调与薄弱，除了大讲解释学（或阐释学）几乎没有任何其他替代或互补"③。在法学跨学科趋势下，实践主义法学研究范式强调将研究重心从"书本中的法"（Law in Book）转向"行动中的法"（Law in Action）（罗斯科·庞德先生语），从"书本规则"（Paper Rule）转向"实际规则"（Real Rule）（卡尔·卢埃林先生语），强调对法律实践的实证考察，以克服逻辑法条阐释主义的不足。另一方面，近些年法学研究业已吸收并导入其他人文社会学科的成果及方法，并产生了若干开拓性成果，这为明确、具体地倡导某种研究范式提供了条件。立足于对法律现代化范式的反思与超越，"本土资源"说强调"中国的法治之路必须注重利用中国本土的资源，注重中国法律文化的传统和实际"④；该"本土资源"不仅是历史的，更是现实的，不仅是典章的，更是实践的，且现实与

---

① 转引自周雪光：《组织社会学十讲》，社会科学文献出版社 2003 年版，第 67 页。
② Richard A. Posner, "The Decline of Law as an Autonomous Discipline: 1962-1987", *Harvard Law Review*, vol. 100, 1987, p.761.
③ 苏力：《研究真实世界中的法律》，载罗伯特·C. 埃里克森：《无需法律的秩序——邻人如何解决纠纷》，苏力译，中国政法大学出版社 2003 年版，译者序，第 20 页。
④ 苏力：《法治及其本土资源》，中国政法大学出版社 1996 年版，第 6 页。

实践更为重要。①有学者提倡开展中国法律的实践历史研究,以"建立一种新型的、关心实践和运作的,即现实世界的中国法律史研究"②。业师从统一的社会科学理论视角出发,通过对私力救济的建设性分析,倡导一种迈向社会实践的法学。③有学者提出"从经验到理论的学术道路",而"社会科学方法终究是一条将法学与其他社会科学密切联系起来的研究方法"。④对近些年法学研究的实践趋向,有学者认为,"作为一种方法论,迈向实践的法学让我们重新认识了诸种法律现象。……迈向实践的法学不仅仅是一种方法论,它本身就是一种法治和法学理论"⑤。故而,是时候旗帜鲜明地提出实践主义法学研究范式了。恰如欧根·埃利希先生所言:"任何一个独立的研究者都必须像任何一个原创性艺术家创造其技巧一样来创造自己研究的方法。……独立思考和工作的人才总是会追寻与其个性相适宜的新的方法和技巧。"⑥

(三)问题出发型研究策略

本书的"问题出发型研究策略",乃强调"问题中心"、关注"中国问题"、注重"理论关怀"等研究思路、技术、方法之统称。首先讨论"问题中心"与"理论关怀"。如将实践主义法学研究范式化约为以法律实践为切入点,从而提炼、验证、回应、修正法学理论,那么如何从繁复、琐碎、庞杂的法律实践中提炼出具有学术生命力与理论张力的问题则至关重要。毕竟"恰当的提问与解决问题具有同等重要

---

① 见苏力:《法治及其本土资源》,中国政法大学出版社1996年版,第14页。
② 黄宗智:《过去和现在:中国民事法律实践的探索》,法律出版社2009年版,序,第7页。黄氏倡导的从实践出发的社会科学研究,见黄宗智:《认识中国——走向从实践出发的社会科学》,《中国社会科学》2005年第1期。
③ 徐昕:《论私力救济》,中国政法大学出版社2005年版,第386页。
④ 陈瑞华:《论法学研究方法》,北京大学出版社2009年版,代序言,第3、4页。
⑤ 陈柏峰:《"迈向实践"的法学——读黄宗智著〈过去和现在〉》,《学术界》2010年第3期。
⑥ 欧根·埃利希:《法社会学原理》,舒国滢译,中国大百科全书出版社2009年版,第522页。

性"[1]。有学者认为,"问题"在方法论意义上有三层含义:第一个层面的"问题"(questions)是一种浅层次的"疑问";第二个层面的"问题"(problems)是制度中存在的"缺陷"或"不足";第三个层面的"问题"(issues)是一个理论上难以解释的问题。只有第三个层面的"问题"才是理论意义上的"问题",其必须是一个长时间、普遍发生的疑问,以至用本学科最前沿的理论也难以阐释和解决。只有将该"问题"与"理论"有机联系起来,才能接近理论创新。中国法学研究缺乏对第三个层面的问题之认识,以致法学与法制不分。由是,与经济学研究的"环中南海现象"相仿,法学研究存在"环大会堂现象"。很多学者立志于成为某领域的"立法专家"或"某某法之父",殊不知,一旦该法"死亡",这"某某法之父"也就没了意义。[2] 应当说,将研究视角集中于问题的理论维度,这种对"问题意识"的理解是恰当的,毕竟将此类问题作为研究之出发点才可能具备相应的理论张力及学术生命力。须指出,从立法论视角进行制度研究也是非常重要的,笔者甚至认为,制度研究应在理论探讨达至相当深度、广度之后方可以顺利开展,是理论成果之一现实转换。简言之,基于何种立场开展研究更多取决于研究者旨趣及其时之研究状况,不宜一概而论。

对于通过何种策略以展示、扩张所提炼之问题的学术意义与研究价值,业师提出"小叙事大视野""问题中心"研究进路:

在边缘处发现意义,在无关中寻求关联,在细微点建构宏大,这种从原点到场域、从细微到宽广、从个案到法理、从单线索到多角度、面对中国问题、坚持价值中立、倡导跨学科研究、由纠纷解决至法理通思想而达社会的研究进路和方法,其要点可概括

---

[1] Elizabeth G. Thornburg, "Saving Civil Justice", *Tulane Law Review*, vol. 85, 2010, p. 247.
[2] 陈瑞华:《论法学研究方法》,北京大学出版社2009年版,第113—116、177—179页。

为小叙事大视野。(着重号为原书所有。——引者注)[1]

近年,有学者继续运用并探讨该种研究进路及方法。[2]对于问题出发型研究策略,问题中心与理论关怀意味着从纷繁复杂的法律实践中挖掘出具有理论张力与解释力的问题,并围绕该问题抽丝剥茧、递次展开探讨。如欲在法学研究中展示出足够的理论关怀,则研究者需要秉持一种学术理念:一切为了思想!作为司法实践之一重要现象,分析法院调解社会化不仅可以揭示当代司法的实践状态以及这些法律实践与法律制度、司法理念之间的契合与背离,还可以引申出亟待深入思考的法学问题、社会问题,乃至某些值得认真对待的具有特定意涵的政治问题,从而串联起整项研究。法院调解社会化现象不仅提供透视和剖析当代司法运行、社会状况的极佳视角,还为反思通行的司法理念以及拓展传统的纠纷解决理论提供可能。显然,问题出发型研究策略中的"问题",不仅是一个社会实践与理论探讨中长期存在且普遍发生的问题,也不仅是本学科前沿理论对其缺乏充分解释力的问题,还在于其具有贯穿整项研究并足以催发理论增长点的能量。

其次探讨"中国问题"。这涉及三个方面:关注中国法律实践中现实的、重要的问题;实践主义法学研究范式中的法律实践究竟是谁的"实践",又是谁的"问题";通过探讨前述问题从而寻求、确立中国法学研究的主体性。法学研究需要关注那些实际发生且能够打通实践与理论之间隔的问题,方可揭橥法律实践的真实面貌,引导研究者挖掘出极具理论意义的命题,更好地展示法律与社会的互动,将法律还原为一种流动、有机的社会生活,而非毫无生气的条文或者条文的堆砌。正所谓:

---

[1] 徐昕:《论私力救济》,中国政法大学出版社2005年版,第40—41页。
[2] 蔡斐:《1903年:上海苏报案与清末司法转型》,法律出版社2014年版,第9—14页。

法律是社会产物，是社会制度之一，是社会规范之一。它与风俗习惯有密切的联系，它维护现存的制度和道德、伦理等价值观念，它反映某一时期、某一社会的社会结构，法律与社会的关系极为密切。因此，我们不能像分析学派那样将法律看成一种孤立的存在，而忽略其与社会的关系。任何社会的法律都是为了维护并巩固其社会制度和社会秩序而制定的，只有充分了解产生某一种法律的社会背景，才能了解这些法律的意义和作用。[①]

中国问题的研究策略意味着将中国法律实践以及其蕴含的理论问题视为法学研究的基点，且"中国"这一特定语境也应成为中国学者的终极理论关怀，至少在相当长的时期内应当如此。显然，法院调解社会化是一个极具"中国特色"的论题，从制度运作模式而言，甚至很难在其他法域寻找到属性相同的制度或法律实践，纵然存在若干运作机理及制度目的相似的域外经验。故而，该论题可以引领研究者洞察中国法律与中国社会，透视中国司法的现状与规律，进而寻求中国法学理论的智识增长点。有学者指出：

就实际可能性而言，绝大多数中国学者也不可能在研究其他国家的司法制度上作出重大的贡献。不仅因为司法是实践的，不仅因为对于文化背景的要求，不仅因为文字表现力的有限性，最重要的是就一般而言，中国学者在研究上的比较优势只可能在于研究中国的法律和司法。[②]

换言之，对中国学人而言，关注"法院调解社会化"之类中国问题方

[①] 瞿同祖：《中国法律与中国社会》，中华书局1981年版，导论，第1页。
[②] 苏力：《送法下乡——中国基层司法制度研究》，中国政法大学出版社2000年版，第18页。

可有所作为,甚至可以说,中国学者研究中国问题不仅具有比较优势,更是时代责任与学术担当。有学者警示道:

> 当前中国研究领域弥漫着各种伪理论倾向,很多研究忙于证成或证伪西方理论,使得中国经验似乎已经成了检验各种各样西方理论和命题的实验场。社会科学因此从总体上还缺乏主体性,法学自然不例外。其中最要害的问题是,学者对中国法律实践和法治经验的关注严重不够,而陷入了西方理论和实践的迷雾中,试图按照西方理论和实践来纠正中国实践的逻辑,这样,中国似乎处在"理论"和"普世价值"的边陲,西方化的学术与"理论"在中国通行。①

职是之故,需倡导中国问题的法学研究策略,以在一定程度上克服中国法学的主体性缺失;需秉持"中国的问题、世界的眼光"(陈瑞华先生语),基于中国问题研究而与世界法学对话。② 进言之,这种对话绝非给西方研究作注解,对话西方法学与确立中国法学的主体性应当是同构的、耦合的。质言之,这种主体性在于使中国法律实践及其法学研究成为全球法学的一部分,并为中外学者频频顾首,即在全球法学研究的结构中寻找并确立自己的位置。对此,有学者极富战斗激情地宣称,确立且付诸与世界其他法学竞争的流派意识和实践行动,

---

① 陈柏峰:《"迈向实践"的法学——读黄宗智著〈过去和现在〉》,《学术界》2010年第3期。

② 中国法学主体性及如何在全球结构中实现主体性建构,见邓正来:《中国法学向何处去——建构"中国法律理想图景"时代的论纲》,商务印书馆2011年版;邓正来:《谁之全球化?何种法哲学?——开放性全球化观与中国法律哲学建构论纲》,商务印书馆2009年版。有学者则认为,中国法学正依循"知识—文化法学"的进路前行,以致法学研究越发成为疏离社会现实而自闭、自治和价值自证的文化活动。因此,中国法学应当立基于"法治的中国因素",直面中国的法治实践,对在中国这片土壤中如何实行法治做出自己的回答,为中国法治的创造性实践提供应有的智能(参见顾培东:《也论中国法学向何处去》,《中国法学》2009年第1期)。

弥补"中国法学界的深深遗憾"[①]。诚哉斯言！越是中国的，才越是世界的。现时之中国法学亟需具有各自特色、风骨的流派，而中国法学的未来也寄居于流派之兴起、嬗变、更迭。如何看待中西学术对话与交集，有学者甚至认为，在人文社会领域，"只有特殊的学术模式，没有普适的理论"[②]。

或许有人认为，当代中国法律与中国法学在很大程度上是舶来品，且中国法律实践常常不同程度地存在此种或彼种不足，基于当下法律实践构建具有理论关怀与学术生命力的法学理论是否必要，又是否可能？对此，本书的立场是：有缺陷的解纷机制仍是解纷机制，不完善的法律实践仍是法律实践，且是全球法律实践之不可分割的一部分，况且世上没有至善至美的制度与无偏离的制度实践[③]。正如法院调解社会化现象，无论是否与西方司法社会化理论及其实践有所区别，抑或现象背后是否潜藏着超越法律意义的政治因素与社会原因，但须承认，该现象乃中国司法实践之一部分，而法学研究尤忌"掩耳盗铃"！

（四）延伸个案方法

实践主义法学研究范式及其问题出发型研究策略均不同程度地指向研究的基本要素，即作为分析素材的法律实践。个案是法律实践最形象、最生动、最真实的展现，也最能揭示法律运行的深层结构。分析法院调解社会化，个案亦是一个极佳的切入点。在人文社会领域，个案研

[①] 钱弘道：《中国法治实践学派的基本精神》，《浙江大学学报（人文社会科学版）》2015年第4期。

[②] 黄宗智：《经验与理论：中国社会、经济与法律的实践历史研究》，中国人民大学出版社2007年版，第527页。

[③] 美国刑事审判制度常被奉为业内翘楚，但有学者分析其诸多不足并称之"羸弱的刑事审判制度"。见 William T. Pizzi, *Trials without Truth: Why Our System of Criminal Trials Has Become an Expensive Failure and What We Need to Do to Rebuild It*, New York University Press, 1999, pp. 71-88, 117-220。

究大抵有两大目的：其一，个案分析本身即为研究之目的，即对特定个案条分缕析，达至彻底、通透、恰当之认知，也即"就事论事""就案论案"；其二，个案分析乃研究中介，即基于个案分析以提炼命题、验证论断、修正理论，个案成为理论建构及思想对话的中间介质与表达方式。在理论建构层面，作为研究中介的个案分析通常更具学术价值。

个案本身居于事实层面，因而如何凭借个案分析现实从客观、经验层面向主观、理论层面的"惊人一跳"，这似乎是一个棘手的方法论问题。有观点认为，"个案研究在走出个案本身的道路上面临着一个悖论：个案研究从诞生之初，概括性就不是它所追求的目标。由于社会科学体系化的努力，特别是定量方法的冲击，个案研究若要立足就必须解决这个难题"[1]。延伸个案方法（Extended Case Method）是人类学经典研究方法，也是社会学领域用以消解前述方法论困境之一重要途径。就延伸个案方法亦称情景分析法（Situational Analysis）的知识谱系而言，具有研究进路与司法过程的双重属性：前者指不仅收集和调查个案本身，而且要将个案产生的社会脉络或情景纳入考察范围，焦点在于"争端平息的实际过程"，还须注意个案的前历史（prehistory）以及个案平息的社会后果[2]；后者指将社会关系或社会情景考虑在内的一种断案方式。[3] 作为一种研究方法，延伸个案分析肇始于社会人类学

---

[1] 卢晖临、李雪：《如何走出个案：从个案研究到扩展个案研究》，《中国社会科学》2007年第1期。

[2] 朱晓阳：《罪过与惩罚：小村故事（1931-1997）》，法律出版社2011年版，第39页。这是在格列弗意义上理解延伸个案方法，Philip H. Gulliver, "Case Studies of Law in Non-Western Societies: Introduction", in *Law in Culture and Society*, Laura Nader, ed., University of California Press, 1997, pp. 15, 23. 格列弗乃对格拉克曼个案研究反思的"接着说"。Max Gluckman, *The Judicial Process among the Barotse of Northern Rhodesia (Zambia)*, Manchester University Press, 1973, pp. 370-372; Philip H. Gulliver, "Case Studies of Law in Non-Western Societies: Introduction", in *Law in Culture and Society*, Laura Nader, ed., University of California Press, 1997, pp. 16-17。

[3] 这种"法"的实践方法源自20世纪初叶西方学者对菲律宾Ifugao部落的法律人类学考察，见R. F. Barton, "Procedure among the Ifugao", in *Law and Warfare: Studies in the Anthropology of Conflict*, Paul Bohannan ed., The Natural History Press, 1967, pp. 162-181。转引自朱晓阳：《延伸个案与一个农民社区的变迁》，载张曙光、邓正来主编：《中国社会科学评论》第2卷，法律出版

的曼彻斯特学派,并为人类学家广泛运用、深入探讨,如马克斯·格拉克曼①、克莱德·米歇尔②、维克多·特纳③、范·韦尔森④、菲利浦·格列弗⑤。有学者认为,在法律人类学研究中,延伸个案方法还是应对舶来的"实证科学"教条与"在地"的信念和知识之间无法"视野融合"引起的"语言混乱"之一重要的中层方法论策略。⑥

相对而言,延伸个案方法在法律人类学研究中更侧重事件流的历时性考察,在社会学视野中甚至被发展成某种反思性科学模式(Reflexive Model of Science),以实现具体个案与抽象理论之间的结合与互动。依循延伸个案方法的曼彻斯特传统前行,迈克尔·布洛维先生为延伸个案方法在社会学研究中的运用赋予了新意涵,其将反思性理解(Reflective Understanding)注入侧重事件流的传统个案分析之

(接上页)社 2004 年版,第 29—30 页。20 世纪 40 年代赞比亚 Lozi 人的司法过程中存在近似的断案方式,见 Max Gluckman, *The Judicial Process among the Barotse of Northern Rhodesia (Zambia)*, Manchester University Press, 1973, pp. 21, 23. 本书的初步判断是,延伸个案的司法过程属性在很大程度上影响及至决定其研究进路属性。

① Max Gluckman, *The Judicial Process among the Barotse of Northern Rhodesia (Zambia)*, Manchester University Press, 1973, p. 370 (note 1); Max Gluckman, "Ethnographic Data in British Social Anthropology", *The Sociological Review*, vol. 9, 1961, pp. 5-17; Max Gluckman, "Limitations of the Case-Method in the Study of Tribal Law", *Law and Society Review*, vol. 7, 1973, pp. 611-642.

② Clyde Mitchell, *The Yao Village: A Study in the Social Structure of a Nyasaland Tribe*, Manchester University Press, 1956.

③ Victor W. Turner, *Schism and Continuity in an African Society: A Study of Ndembu Village Life*, Manchester University Press, 1957; Victor Turner, *The Forest of Symbols: Aspects of Ndembu Ritual*, Cornell University Press, 1967. 关于 *The Forest of Symbols*(《象征之林:恩登布人仪式散论》,赵玉燕、欧阳敏、徐洪峰译,商务印书馆 2006 年版)如何运用与反思个案方法,及其对中国法学研究的启示与意义,见曾令健:《纠纷解决仪式的象征之维——评维克多·特纳的〈象征之林〉》,《社会学研究》2008 年第 4 期。

④ J. van Velsen, *The Politics of Kinship: A Study in Social Manipulation among the Lakeside Tonga*, Manchester University Press, 1964; J. van Velsen, "The Extended-case Method and Situational Analysis", in *The Craft of Social Anthropology*, A. L. Epstein, ed., Tavistock Publications, 1969, pp. 129-149.

⑤ Philip H. Gulliver, *Social Control in an African Society: A Study of the Arusha*, Routledge & Kegan Paul, 1963; Philip H. Gulliver, "Case Studies of Law in Non-Western Societies: Introduction", in *Law in Culture and Society*, Laura Nader, ed., University of California Press, 1997, pp. 11-23.

⑥ 朱晓阳:《"语言混乱"与法律人类学的整体论进路》,《中国社会科学》2007 年第 2 期。本书初步认为,经历布洛维式调适的延伸个案方法更便于承担该种中层方法论角色。

中，并关注宏大的历史模式与抽象的宏观结构。[1] 延伸个案分析强调在具体与抽象、微观与宏大、生活意识与社会科学之间建立关联，而揭示微观与宏观之间的关联以及在生活意识与社会科学之间建构起某种联系是极其重要的，这被布氏视为赖特·米尔斯意义的"社会学的想象力"[2]。布氏的"立足点……从个别个案转移到宏观权力。它将社会处境当作经验考察的对象，从有关国家、经济、法律秩序等已有的一般性概念和法则开始，去理解那些微观处境如何被宏大的结构所形塑，其逻辑是说明一般性的社会力量如何形塑和产生特定环境中的结果"[3]。布氏特别强调理论及其精细化对于延伸个案分析的必要性与重要性："理论的缺失将影响对社会现实的观察，恰如人们没有眼睛就无法看到现实世界"；正是理论将研究者们束缚（bound）在一起，使社会学共同体得以可能；拓展及精细化既有理论乃研究之目的所在。[4] 简言之，延伸个案方法是在个案材料与理论框架间反复往返，并通过客观材料修正或重构既有理论。虽然布氏研究立足于大量的田野调研，甚至以工人身份直接参加生产，但与其说延伸个案方法是从个案走向理论，毋宁说其立足点一直是理论。如布氏所言，"扎根于"理论（"dwelling in" theory）是反思性科学模式（Reflexive Model of Science）的基础……延伸个案方法就是将反思性科学模式引入人类学研究，以便从特殊提炼（extract）一般，从"微观"走向"宏观"，连接过去与现在

---

[1] Michael Burawoy, *The Extended Case Method: Four Countries, Four Decades, Four Great Transformations, and One Theoretical Tradition*, University of California Press, 2009, pp. 19-72.

[2] Michael Burawoy, *The Extended Case Method: Four Countries, Four Decades, Four Great Transformations, and One Theoretical Tradition*, University of California Press, 2009, p. xiv. 基于对传统学科界限僵化、研究过度抽象的批判，米尔斯先生强调"社会学的想象力"之重要性，希望在生活事实与宏大的社会、历史间建立联系，从而利用信息增进理性（C. 赖特·米尔斯：《社会学的想象力》，陈强、张永强译，生活·读书·新知三联书店2005年版，第1～24页）。

[3] 卢晖临、李雪：《如何走出个案：从个案研究到扩展个案研究》，《中国社会科学》2007年第1期。

[4] Michael Burawoy, *The Extended Case Method: Four Countries, Four Decades, Four Great Transformations, and One Theoretical Tradition*, University of California Press, 2009, pp. xiii, 15, 43.

以展望未来，但所有这一切皆仰仗于既有理论。①

　　无论基于法律人类学抑或法律社会学视角，延伸个案方法对于分析法院调解社会化均有裨益。无论具体案件抑或特定法院之实践，作为个案，均系中国法院调解社会化之真实面貌（至少是脸谱之一部分），故无论对法律事件或制度实践进行历时性考察，还是将其与法律原则、制度框架或理论体系进行关照并基于该种关照反思既有原则、框架与体系，或基于该种关照评价既有实践，都将有益于验证、修正甚至重构法院调解社会化的制度与理论。从历时性角度而言，延伸个案分析既是叙述方式，也是研究素材处理手段；基于反思性科学模式，从个案到理论的跨跃，理论本身起着极大作用，并通过对个案的分析、提炼、验证、修正理论。在"走出个案"的过程中，研究者不是以"一穷二白"的智识状况进入论题的，而是必然拥有相应的理论及事实认知，故选择个案、表述个案及锁定切入点均受前见影响。职是之故，这才为验证、修正、提炼具有普遍意义的命题、判断提供可能，否则只能针对个案本身进行概括，不可能超越个案。可见，实践主义法学研究范式不仅着眼法律实践，理论也不仅仅处于被推导、提炼、修正的处境，还具有方法论意义；在问题出发型研究策略中，问题不仅是研究的出发点，还是研究得以深化的依据，而理论关怀不仅是研究者之单纯的研究情怀与学术志向，也具有方法论意义，即将理论融入事实分析，以"走出个案"。

　　事实上，延伸个案方法关注的并非个别事实与普适性理论之间的逻辑自洽，又或个案的典型性②，而旨在从经验分析迈向理论重构。对

---

　　① Michael Burawoy, *The Extended Case Method: Four Countries, Four Decades, Four Great Transformations, and One Theoretical Tradition*, University of California Press, 2009, pp. 20, 21.
　　② 该立场几乎自韦尔森起已然态度鲜明，氏无视典型性或多或少带有浓烈的个人学术风格。详见 J. van Velsen, *The Politics of Kinship: A Study in Social Manipulation among the Lakeside Tonga*, Manchester University Press, 1964, pp. vii, xxiv。至布洛维，氏以理论为出发点并借助个案研究重构理论的进路，实际上已将所谓从个别到一般的逻辑困惑从方法论中"剔除"。感兴趣的读

此，人们很介意这种转换能否经受起逻辑拷问。因为人们常常担忧，从个别事实提炼普遍命题不具有必然性，归纳又似乎具有某种天然缺陷，并由此引发所谓"休谟问题"[①]。与之相应，演绎貌似颇具逻辑自洽，但仍需追问，其前提何来？演绎常常将通过归纳所得到的命题和判断作为前提。人们习惯性地折服于演绎的严密推理结构而不断地抱怨归纳的种种不是，这是一种选择性怀疑。即便在个案与理论的反复关照之下，那些个案说明不了的问题固然说明不了；个案能够反映的内容，也绝非最终论断。人文社会学科乃至自然科学研究势必是阶段性的、非终局性的。对此，有必要认真对待证伪主义的某些理念，而论断也总是需要通过演绎验证予以证伪。根据波普尔先生（亦译作"波珀"）的观点，实践中获取的经验事实总是个别的，无论其如何重复均证实不了一个全称判断，遂主张"不要求科学系统能在肯定的意义上被一劳永逸地挑选出来；我要求它具有这样的逻辑形式：它能在否定的意义上借助经验检验的方法被挑选出来；**经验的科学的系统必须有可能被经验反驳**"[②]。（黑体字为原文所有。——引者注）

在运用延伸个案方法时，布洛维先生曾反复强调失误、错误之于研究的重要性。布氏认为：研究因精彩的错误而非恼人的正确才得以进步，这才是理论之目的所在；当我们将心仪的理论作为研究的出发点时，"证实"不是研究目的所在，反倒是"证伪"能激励人们去深化

（接上页）者还可参阅 Michael Burawoy, Alice Burton, Ann Arnett Ferguson, Kathryn J. Fox, Joshua Gamson, Nadine Gartrell, Leslie Hurst, Charles Kurzman, Leslie Salzinger, Josephs Schiffman and Shiori Ui, *Ethnography Unbound: Power and Resistance in Modern Metropolis*, University of California Press, 1991, ch. 2, 13; Michael Burawoy, Josephs Blum, Sheba George, Zsuzsa Gillf, Teresa Gowan, Lynne Haney, Maren Klawtier, Steven H. Lopez, Sean O Riain and Millie Thayer, *Global Ethnography: Forces Connections and Imaginations in a Postmodern World*, University of California Press, 2000, ch. 1, 11。

① "休谟问题"语出康德，即休谟认为"理证性的论证来证明：我们所没有经验过的例子类似于我们所经验过的例子"。（着重号为原书所有。——引者注）随后休谟指出，这种状况也有可能被改变。休谟：《人性论》（上册），关文运译，商务印书馆1996年版，第107页。

② K. R. 波珀:《科学发现的逻辑》，查汝强、邱仁宗译，科学出版社1986年版，第15页。

理论,且不在于探寻基础理论而在于推进现有理论。[①] 可以说,没有终局性研究,证伪也是一个无限的过程,人文社会研究亦势必是一项寻求解释限度与理论边界的永恒活动。恰如爱因斯坦先生所言:"任何……理论最好不过的命运是,指明通向一个更加广包的理论的途径,而它则作为一个极限情形在后一理论中继续存在下去。"[②] 显然,运用延伸个案方法分析法院调解社会化的论断,亦将是尝试性、阶段性,有待进一步验证、修正。[③]

(五)法学研究的历史社会学进路

毋庸讳言,法院调解社会化是一个法律问题,也是一个社会问题。当法院调解社会化被视为一种社会治理手段时,不仅使制度及其实践的社会意义更为凸显,也折射出若干政治意涵。职是之由,不仅借助延伸个案方法,本书还基于历史社会学视角透视法律制度及其实践意义。

在法学研究中引入历史社会学视角,这意味着不仅将社会学的目光、思维与方法投入法学研究,还需关注法律的制度建设、运行及其演变背后的历史因素与社会要素(这些因素常常相互交集),从而在"历史意识"与"社会学意识"指引下,"探寻过去与现在、事件与运行、行动与结构的相互渗透交融"[④]。历史社会学视角乃探讨法律制度及其实践的重要理论工具,该视角的理论意义在讨论制度意涵及其变迁

[①] 见 Michael Burawoy, *The Extended Case Method: Four Countries, Four Decades, Four Great Transformations, and One Theoretical Tradition*, University of California Press, 2009, pp. xiv, 13, 43, 247。

[②] 转引自卡尔·波普尔:《猜想与反驳——科学知识的增长》,傅季重、纪树立、周昌忠、蒋戈为译,上海译文出版社 1986 年版,第 46 页。

[③] 在此意义上,所谓"惊人一跳"中的方法论困境,不过是人类认知能力限度与"好大喜功""全能认知"的"万丈雄心"间的矛盾。该矛盾既非实践问题,也非方法论问题。一个类似见解,有学者援引牛顿晚年所言"海边拾贝"典故,以阐述人类认知有限甚至对认知有限本身也缺乏充分认识,进而反思人类对于法律的过度迷信以及因此所生幻境之未来。见 Paul F. Campos, *Jurismania: The Madness of American Law*, Oxford University Press, 1998, p. 145。

[④] 丹尼斯·史密斯:《历史社会学的兴起》,周辉荣、井建斌、赵怀英、徐瑞芝、刘王群译,上海人民出版社 2000 年版,第 4 页。

时将更加明显。法律的制度意涵包括制度性质及其法律、社会、政治诸意义，乃制度性质与多维意义的综合体。① 在法学研究中强调历史社会学视角是极其必要的，社会背景与历史条件理应构成理解制度的重要维度。在研究旨趣方面，这种历史社会学视角恰如"语境论"进路所昭示的那样：

> 坚持以法律制度和规则为中心关注，力求语境化地（设身处地地、历史地）理解任何一种相对长期存在的法律制度、规则的历史正当性和合理性。……把法律制度和规则都视为在诸多相对稳定的制约条件下对于常规社会问题做出的一种比较经济且常规化的回应，……强调细致、具体地考查和发现社会生产方式以及受社会生产方式制约的社会生活各个方面对法律制度的塑造和制约。②

但在实践主义法学研究范式中，与其说以法律制度和规则为关注中心，毋宁说以法律制度和规则的实践为关注中心。通过语境化地理解法律制度和规则的实践，并将历史背景与社会要素置于分析、批驳、解释特定制度及其实践的过程之中，从而理解社会条件、历史背景与法律制度及其实践之间的回应、形塑、限制。缘于制度建构这一事实本身不足以证成制度合法性，更无法评价制度本身，因此，研究法律制度及其实践需要纳入具体的历史条件和社会背景，从政治、社会、历史诸角度予以阐释。尤其历时性分析法院调解社会化时，这一视角甚有裨益。

（六）"事件—关系—过程""行动者—结构"及其他

实践主义法学研究范式有一系列分析框架，且构成特有的框架群：

---

① 将历史社会学视角引入法学研究的最初倡议及尝试，见曾令健：《政府推动型人民调解的意涵变迁（1931—2010）——法学研究的历史社会学进路》，《厦门大学法律评论》2016 年第 1 期。

② 苏力：《语境论——一种法律制度研究的进路和方法》，《中外法学》2000 年第 1 期。

微观层面体现为"事件—关系—过程";中观层面乃"行动者—结构";宏观层面系"国家—法律实践—社会"。框架群极大地受益于社会学、政治学。探讨法院调解社会化时,这些分析框架将被分别运用于不同场合、情形,并将结合具体问题做必要说明。

在社会学史角度,历史社会学之诞生与社会学研究常忽略社会生活的时间维度、社会结构的历史变迁等局限攸关。社会学"关系/事件"分析框架也旨在避免社会学考察与历史分析的分裂,以克服"大事件因果关系"分析模式之不足[1],并将"小事件因果关系"与对各种复杂的社会关系的分析结合起来[2]。尔后,该框架被引入法学研究并催生出部分成果。[3] "过程—事件"是一种与之相近的分析框架,主张关注"可以展示事物逻辑的事件性过程……关注、描述、分析这样的事件与过程,对其中的逻辑进行动态的解释"[4]。该框架遵循一种迈向实践的研究范式,并在社会学、法学领域均有运用;同时,"关系/事件""过程—事件"甚至被整合成一个以"事件—关系—过程"为焦点的研究策略。[5]

---

[1] B. Eriksson, "Small Events-Big Events: A Note on the Abstraction of Causality", *European Journal of Sociology*, vol. 31, 1990, pp.205-237.

[2] 李猛:《迈向关系/事件的社会学分析:一个导论》,《国外社会学》1997年第1期。

[3] 赵晓力:《关系/事件、行动策略和法律的叙事——对一起"依法收贷"案的分析》,载王铭铭、王斯福主编:《乡土社会的秩序、公正与权威》,中国政法大学出版社1997年版,第520—541页;强世功:《"法律"是如何实践的——一起乡村民事调解案的分析》,载王铭铭、王斯福主编:《乡土社会的秩序、公正与权威》,中国政法大学出版社1997年版,第488—520页;强世功:《"法律不入之地"的民事调解——一起"依法收贷"案的再分析》,载强世功编:《调解、法制与现代性:中国调解制度研究》,中国法制出版社2001年版,第533—559页。

[4] 孙立平:《"过程—事件分析"与中国国家—农民关系的实践形态》,载《清华社会学评论》2000年特辑。

[5] 在社会学领域的运用,如孙立平、郭于华:《"软硬兼施":正式权力非正式运作的过程分析——华北B镇定购粮收购的个案研究》,载《清华社会学评论》2000年特辑。"实践社会学"(强调面向实践形态的社会现象,即将一种实践状态的社会现象作为社会学的研究对象)正是基于该框架而被提炼出来,且该框架被视作克服实践社会学研究之布迪厄式失败的有效途径(孙立平:《实践社会学与市场转型过程分析》,《中国社会科学》2002年第2期;孙立平:《迈向实践的社会学》,《江海学刊》2002年第5期)。有学者指出,运用"关系/事件"或"过程—事件"策略的经验性研究成果给法社会学带来新风,但因缺乏运用时间维度的经验资料,故以"事件—关系—过程"为焦点的研究策略欠缺"连根拔出"问题的解释力,进而主张重新认识传统的"延伸个案方法"

须承认,"事件—关系—过程"有利于揭示支配的微观结构并理论化之,且能在一定程度上超越因果律分析,避免某种决定论或目的论色彩。在主张运用其他人文社会学科方法推进法学研究时,有学者特别强调因果律揭示的重要性。[①] 社会学对分析框架的提炼与反思表明,在因果律分析时需保持足够警惕,以避免抽象的因果逻辑遮蔽或替代事件之间原本复杂且可能纯属偶然、随机的联系。还须提及,何以理解"事件—关系—过程"框架与延伸个案方法的关联?本书认为:若从法律人类学意义上理解延伸个案方法,则前者更强调对研究对象的共时性关注,纵然倡导者们声称,该框架之提出旨在超越静态、结构化的研究惯习,而后者更强调历时性视角与历时性素材;若从法律社会学角度看待延伸个案方法,则前者可以成为后者的有益补充,其高度技术化及可适用性有助于实现布洛维先生声称的统合宏大结构与日常实践,从"微观"走向"宏观"。

提倡"事件—关系—过程"一定程度上与反思和批判"结构/制度"分析框架有关。所谓"结构/制度"分析,即在社会学研究中强调社会行为的社会规则,注重通过宏观结构与制度的视角来观察和解释社会现象。面对批判,"结构/制度"辩护者认为,不同分析框架主要在于反映研究者的关注点与研究旨趣不同。之所以"结构/制度"分析重视社会规则,这缘于研究者将社会行为视为各种正式或非正式制度、社会关系(结构)所刺激、鼓励、指引和限定之"产物"。这并不表明,研究者不关心个案,不重视过程(历史)因素。"结构/制度"分析"重视经验材料,重视理论问题,重视历史遗产,重视制度和组

(接上页)(续):朱晓阳:《延伸个案与一个农民社区的变迁》,载张曙光、邓正来主编:《中国社会科学评论》第2卷,法律出版社2004年版,第28—29页)。运用"过程—关系—事件"并对其缺乏历时性解释力保有充分警惕性的法学作品,如徐昕:《论私力救济》,中国政法大学出版社2005年版,第60页。

① 陈瑞华:《论法学研究方法》,北京大学出版社2009年版,第13—15页。

织的作用"。① 简言之，两个分析框架之区别在于研究重心不同以致分析工具不同。"结构/制度"分析在揭示制度运作尤其制度运作之宏观层面具有相当程度的优势。基于该框架，有学者指出："乡村社会的冲突问题，根源在于它通行的一系列制度性规则的缺陷。这些制度在构造基层政权与社会的权利义务关系方面，存在着产生结构性冲突的特性，它所造成的社会关系存在着内在的利益紧张。"② 当然，完全有理由相信，制度缺陷及其与基层社会结构的紧张关系仅仅是社会不稳定的根源之一，而毋庸置疑的是，"结构/制度"框架有助于认知制度缺陷与社会冲突之间的关联。该框架对于分析法院调解社会化与社会治理具有借鉴意义，尤其在反思社会结构与法院调解社会化的制度设置之间是否存在紧张关系以及何以消解时，如果将该框架与"事件—关系—过程"分析策略相结合，则有助于统合研究者的宏观视野与微观视角。

为克服结构主义视角过度关注研究对象之共时性、概括、静态分析，以致忽略法律及其运作之历史性、具体、动态层面等，笔者曾主张一种迈向实践的人民调解研究理念，并倡导"行动者—结构"分析框架。③ 该研究理念可以也应当被整合至实践主义法学研究范式，其系范式早期思考。该框架旨在适度缓减结构主义视野下被过度强调的主体与结构间的二元对立。遑论后结构主义宣称的主体消解，"结构"没

---

① 张静：《基层政权：乡村制度诸问题》，浙江人民出版社2000年版，第9—16页。"事件—过程"与"结构/制度"拥趸者之间的论争及评述，见谢立中：《结构—制度分析，还是过程—事件分析？——从多元话语分析的视角看》，《中国农业大学学报（社会科学版）》第2007年第4期。谢氏认为，"过程—事件分析"实为"他人"或作者在特定话语系统的引导下和约束下所完成的一种话语建构，故两种框架均是对"现实"的话语建构。本书认为，暂时搁置学术研究与话语建构问题，两种框架的观察角度有很大区别，可帮助研究者洞悉同一事物之不同截面。就此而言，二者之方法论意义皆已足够。

② 张静：《基层政权：乡村制度诸问题》，浙江人民出版社2000年版，第287页。

③ 曾令健：《承继·契合·沟通——结构主义视角下的人民调解》，《当代法学》2009年第6期。

有消灭人,也没有消灭主体的活动。[1]对于行动者、行动与结构,社会结构依靠着作为行动和执行媒介的人类的存在而存在[2];结构(特定规则与资源)在一定程度上影响着行动者的行动,但行动可以积极地、能动地作用于结构;行动者利用结构,并在该过程中改变或再生产结构。[3]将行动者引入结构主义分析,该框架大抵可表述为"行动者—结构",即特定社会结构是理解行动者的具体行动之背景,而行为本身对社会结构的影响也被纳入观察。尔后,笔者发现,为分析新中国治水实践中的农民合作,有学者运用"行动者/结构"框架时极好地处理了行动者与结构的关系:

> "行动者/结构"分析框架关注的是,在社会行动中,谁是行动者,他(或她、他们、她们)又是如何行动的。进而言之,这一框架既关注在行动中定义行动者,又关注从行动者的角度来确定行动的意义;同时,将结构看作为理解行动者行为的核心要素,"行动者/结构"分析框架中的结构即是行动者行动的政策与制度框架,政策与制度框架不同,行动者的行为方式与策略便有差异。因此,"行动者/结构"分析框架中的"行动者"是结构中的行动者,而"结构"则是"行动中的社会结构"。[4]

"行动者/结构"分析框架是为了理解行动者的行为而引入的结构概念,笔者则旨在缓和结构分析中的决定论色彩而导入行动者要素,二者原初目的恰好相反。在方法论层面,宜将行动者、结构这两个分

---

[1] 皮亚杰:《结构主义》,倪连生、王琳译,商务印书馆1984年版,第119页。
[2] 杰西·洛佩兹、约翰·斯科特:《社会结构》,允春喜译,吉林人民出版社2007年版,第7页。
[3] 安东尼·吉登斯:《社会的构成:结构化理论大纲》,李康、李猛译,生活·读书·新知三联书店1998年版,第81—92页。
[4] 罗兴佐:《"行动者/结构"视野下的农民合作》,《贵州师范大学学报(社会科学版)》2007年第3期。

析要素等量齐观，以避免研究者的主观侧重及区别对待，从而将特定研究中的"比重"问题留给法律实践本身。由是，"行动者—结构"旨在表明：结构对行动者之行动构成限制、支配与激励[1]；行动者可以能动地利用结构实施行为，并由此而影响、重塑结构。这或许更利于理解法院调解社会化中的决策者、参与者及其行为，以及法院调解社会化过程中的社会结构、时代背景与历史条件。

还须提及"国家—法律实践—社会"分析框架，其贯穿整项研究。"国家—社会"是社会学、政治学的经典框架，并衍生大量改进或演变后的分析框架，但在法学研究中鲜有运用。[2]有学者指出，应在"具体的研究和分析过程中，切实地发现和确立能够比较集中反映国家和社会关系的互动点，进而揭示出国家与社会在中国社会型构中的冲突、相互利用和协调过程"[3]。由是，寻找国家与社会之间的互动点显得极为必要。受社会学研究启发[4]，为了在法学研究中运用"国家—社会"框架并将国家与社会有机衔接起来，本书主张，以纠纷解决为切入点，把政府与社会（民众）通过"纠纷解决"这一生活事实连接起来[5]。为了凸显法治语境，该框架可以表述为"国家—法律实践—社会"。在

---

[1] 一个饶富趣味的现象是，就字面含义，名言"人是生而自由的，但却无往不在枷锁之中"（卢梭：《社会契约论》，何兆武译，商务印书馆2003年版，第4页）竟可阐释"行动者—结构"的部分内涵，即结构之于行动的支配与制约。

[2] 曾令健：《承继·契合·沟通——结构主义视角下的人民调解》，《当代法学》2009年第6期；曾令健：《社会变迁中的"大调解"——政府推动型人民调解的个案考察》，《厦门大学法律评论》2013年第1期；曾令健：《政府推动型人民调解的意涵变迁（1931—2010）——法学研究的历史社会学进路》，《厦门大学法律评论》2016年第1期。

[3] 邓正来：《"国家与社会"研究框架的建构与限度——对中国的乡土社会研究的评论》，载王铭铭、王斯福主编：《乡土社会的秩序、公正与权威》，中国政法大学出版社1997年版，第610页。

[4] 有学者在"国家/社会"分析框架中嵌入计划与市场这两个历时性变量，以治水为切入点探讨不同时期国家与农民的关系，如罗兴佐：《治水：国家介入与农民合作——荆门五村研究》，华中师范大学博士学位论文，2005年，第8页。罗氏多次强调，运用"国家/社会"框架探讨中国问题，须始终意识到"国家是什么，社会在哪里"。

[5] 早期尝试如曾令健：《社区调解中的合作主义——基于西南某市调研的分析》，《法制与社会发展》2012年第2期。

该框架中探讨法院调解社会化,可以洞察政府与社会、政府与民众以及民众之间围绕纠纷解决展开的互动过程,甚至可以将该互动归纳为纠纷解决合作主义,即围绕法院调解社会化过程,将法院及党政力量与社会资源进行制度化整合,使法院及党政行为与民众行为达至规范化互动,民众行为之间实现习惯性合作等。显然,诉讼与人民调解的衔接、司法调解与人民调解的对接、社区调解的推行与改进等均是法院调解社会化的重要手段,也是纠纷解决合作主义的重要实践形式。这种合作主义意涵可以在调解组织运作与调解活动等诸多方面找到影子。更重要的是,"法律实践"抑或"纠纷解决"不仅从方法论意义上连接"国家"与"社会",也可能在实体论层面形塑二者关系。[1]

有观点认为:"优秀的研究者总是对各种框架保持好奇而又警惕的态度……主张对各种框架有益成分的包容,而不是排斥……更为普遍的危险不是框架本身简单,而是对框架的简单运用。"[2]这可以表达本书对待各种分析框架的态度与立场。归根结底,本书的方法论深深地受益于跨学科研究范式之徐昕式立场:"问题中心—方法多元。"[3]某种意义上,本书是旨在实现法学研究方法革新而进行的智识探险与学术尝试,基于当下法学研究之跨学科趋势,明确倡导一种迈向实践的法学研究范式,进而探讨实践主义法学范式可能涉及的研究策略、分析方法、研究视角与分析框架:不仅提倡强调"问题中心"、关注"中国问题"、注重"理论关怀"的问题出发型研究策略,还导入整合了法律人类学与法律社会学双重意涵的延伸个案方法,将历史社会学研究视角引入法学研究,将"事件—关系—过程"研究策略与"行动者—结

---

[1] 一项关于纠纷解决与基层政权合法性再生产的初步研究,如 Jieren Hu and Lingjian Zeng, "Grand Mediation and Legitimacy Enhancement in Contemporary China: the Guangan' Model", *Journal of Contemporary China*, vol. 24, 2015, pp. 43-63。

[2] 张静:《基层政权:乡村制度诸问题》,浙江人民出版社 2000 年版,第 15 页。

[3] 徐昕:《论私力救济》,中国政法大学出版社 2005 年版,第 40—45、48—51 页。

构"分析框架结合起来,以达至微观与宏大视角之同时在场,同时尝试调适与演化"国家—社会"分析框架,进而寻求理论建构,毕竟反思性与创造性是学术发展的未来方向与生命所系。须指出,尽管这些分析框架之间还存在相似或相近之处(或有相似、相近的要素,或有相似、相近的视角),笔者仍然诚恳地将这些框架、视角与进路明确列举出来。[①]这一方面出于学术规范之所需,另一方面缘于任何开拓性研究均有义务就相应思路尤其相对陌生的方法、思路、框架乃至理论资源做必要且充分的交代,这才使后续交流与智识分享得以可能。

最后却极为重要的是,任何范式都是充满自立性、开放性的矛盾统一体。范式的提出必然是历史性、情境化的,即从特定研究着手并进一步提炼、抽象而生成的意义体系。故而,任何范式均有相对独特的属

---

① 在 2016 年"第十二届全国民间法·民族习惯法学术研讨会"上,王彬先生对"实践主义法学研究范式"表达了一个近似的担忧:"任何理论范式往往都是立足于某个逻辑起点,运用某种思维模式对研究对象进行'片面而深刻'的研究,也就是说,任何一种较为成熟的方法论其优点在于'深刻',而不可避免的缺陷就在于'片面'。因此,试图整合多种研究方法,往往可能会影响学术研究的深度。范式之间的沟通应当是具有一定限度的,比如规范性研究和描述性研究代表了两种截然不同的研究旨趣,前者以'应当是什么'作为基本问题意识,而后者则以事实上'是什么'为基本问题意识,这两种不同的问题意识和研究立场往往是难以沟通的;再比如,法律社会学和法律人类学虽然都以个案研究作为研究方法,但是,这两者却具有不同的研究立场,前者侧重于'价值无涉'的客观说明,而后者则侧重于'价值参与'的同情理解,这两者之间的沟通同样存在限度。"
对此,笔者拟从范式的知识论、方法论和体系论予以阐释。(1)在范式知识论层面,整合多种研究方法的确会存在不同程度的重叠、交叉乃至紧张,这是任何范式在产生、调适、演进中必然面临的过程性、阶段性样态,这会随着范式的大量运用与自我调适得以消解。(2)在范式方法论层面,研究范式在很大程度上是一种方法论启示,研究者的能动性从未缺位,否则不成其为研究,因此所谓"沟通限度"在实践层面未必那么突出。譬如,一些法学作品同时运用规范性研究与描述性研究,法律社会学方法与法律人类学方法同时适用于某一论题。尽管这些方法之间的确存在一定的重叠、交叉乃至矛盾,但研究者会依据研究对象甚至研究素材、智识"前见"来综合运用研究方法,这种"方法""素材""前见"的反复形塑与互动是任何研究均无法回避的。在该互动过程中,所谓范式知识论层面的自我调适才得以可能。这也涉及范式方法论与范式知识论的关系。(3)在范式体系论层面,某种范式的存在并不当然地排斥其他范式,即使"空前地吸引一批坚定的拥护者",但不是"全部"研究者,即便使"他们脱离科学活动的其他竞争模式",但不否认其他竞争模式之存在。进言之,研究范式之间既是竞争关系,也有通约的可能——或源自某个研究策略,或出于某个分析框架。

性，但这不意味着该范式完全自足；尽管其策略、方法、框架势必是自立、独特的，但绝非是封闭、固化的。毕竟，任何范式均经受着一个不断整合、调适的过程。[①]该过程既是范式之生成过程，也是其演进乃至被替代的过程。范式的宿命皆如此，实践主义法学研究范式亦如是。

五、田野调研

本书的研究素材乃通过田野调研、文献查阅获取，这一定程度上影响研究方法的选择。首先交代文献查阅。事实上，通过文献查阅获取研究素材是对既有成果的再研究，也是对既有材料的再利用。当下，研究者们更倾向于利用既有研究结论，如援引、商榷、辩护，而对于作为研究基石的既有素材鲜有关注。这既与当下的研究惯习有关，也与缺乏法学实证研究的风气相关。当代法学研究缺乏田野调查亦受诸多因素影响，而不限于研究惯习。论题选择与素材公开程度往往具有决定性影响，这些在更大程度上制约着法学田野调研的开展与深入。

在人文社会学科研究中，从既有研究中抽取素材是一项重要且基

[①] 恰如埃利希先生所言："方法，如同科学本身一样，是没有止境的。"（欧根·埃利希：《法社会学原理》，舒国滢译，中国大百科全书出版社2009年版，第560页）范式之整合、调适必然是伴随具体研究而渐次展开。赵鼎新先生认为，在社会科学研究中，如何选择素材并组织之，当下尚无共识。从"叙事策略"（narrative strategy）而言，社会学学者大致采取"基于结构的描述"（structural-based account），历史学学者大抵采取"基于时间—事件的描述"（time and event-based account），而人类学学者大体采取"旨在辨识特定社会行动之意义的描述"（account aiming at discerning the meaning of certain social action）。这些叙事策略属于理想型划分，实践中各学科的研究旨趣与叙事风格均有大量实质性差异。这使得综合运用不同叙事策略既有必要，也得以可能。在一项历史社会学研究中，赵氏叙述了如何整合不同叙事策略以阐释中国历史。见Dingxin Zhao, *The Confucian-Legalist State: A New Theory of Chinese History*, Oxford University Press, 2015, pp.377-379。在特定研究中运用叙事策略，很大程度上是情境性的、实用主义的，甚至有可能为研究对象所形塑。如以个案研究见长、叙事风格明显的孔飞力先生在探讨华人移民话题时则呈现出美国传统史学风格，读者可比较《中华帝国晚期的叛乱及其敌人：1796—1864年的军事化与社会结构》（中国社会科学出版社1990年版）、《叫魂：1768年中国妖术大恐慌》（上海三联书店2014年版）与《他者中的华人：中国近现代移民史》（江苏人民出版社2016年版）。

础的材料收集方式。① 在田野方法近乎占据人类学研究绝对统治地位的情形下，列维-施特劳斯（Lévi-Strauss）先生呼吁"一些陈旧的、大家认为绝对可以归档的文件需要重新打开"，并"以他典型的独特性，探讨了二十世纪初人类学家们已经相当细致地研究过的资料"。② 氏主张"既有材料再研究"乃基于文化多元主义、"古老民族的外衣正在脱下"的时代背景。这既与研究紧迫感有关，也强调对既有材料"精耕细作"，最大化其研究价值。中国法律人类学研究有部分运用该种方式。③ "精耕细作"既有材料除了可以最大化其学术价值，也契合现代人文社会学科研究精神。素材是否能够充分证成结论，这需要反复研究予以论证。现代人文社会学科的精神在于寻求理论的边界。从不同角度切入同一素材，完全可能产生新认知甚至是与既有成果截然相左的论断。如果说精细化是所有人文社会学科研究之一时代趋势，那么甄别研究素材则是检验既有成果的基本要求，后者在抽取素材时可以

---

① 在人类学发展初期，该方式尤为常见。随学科发展，马林诺夫斯基先生运用并提倡田野调查，这被视为较理想的材料获取方式。（卡尔迪纳、普里勃：《他们研究了人》，孙恺祥译，生活·读书·新知三联书店1991年版，第101、147页；马林诺夫斯基：《原始社会的犯罪与习俗》，原江译，云南人民出版社2002年版，英文版序言；翁乃群：《埃文思-普里查德的学术轨迹》，载E. E. 埃文思-普里查德：《阿赞德人的巫术、神谕和魔法》，覃俐俐译，商务印书馆2006年版，代译序）博安南则先生认为，假如博厄斯先生将田野素材理论化的主张付诸实践，那将是博氏而非马林诺夫斯基先生被誉为"现代田野研究之父"（Paul Bohannan, "Ethnography and Comparison in Legal Anthropology", in Laura Nader ed., *Law in Culture and Society*, University of California Press, 1997, p. 416, note 2）。依氏之见解，田野素材的理论化而非田野调查本身是现代人类学诞生的标志。但是，理论化涉及程度问题，且难以提供某个确切的判断标准。此外，马氏之前已有田野调查"探路人"，且马氏田野实况与其声称的有出入（马林诺夫斯基：《寂寞田野：一本严格意义上的日记》，卞思梅、何源远、余昕译，台湾大块文化2019年版；迈克尔·杨：《马林诺夫斯基：一位人类学家的奥德赛，1884—1920》，宋奕、宋红娟、迟帅译，北京大学出版社2013年版）。综上，本书倾向于认为，田野调查的方法论建构是马林诺夫斯基先生成为现代人类学鼻祖之一根本原因，田野调查也成为现代人类学的基础与核心研究方法（如马林诺夫斯基：《西太平洋上的航海者》，弓秀英译，商务印书馆2016年版，第12—34页）。

② 列维-施特劳斯：《人类学讲演集》，张毅声、张祖建、杨珊译，中国人民大学出版社2007年版，第8页；安德雷·泽夫里约：《荒芜之地和温室？》，载列维-施特劳斯：《人类学讲演集》，张毅声、张祖建、杨珊译，中国人民大学出版社2007年版，第127页。

③ 如张冠梓：《论法的成长：来自中国南方山地法律民族志的诠释》，社会科学文献出版社2007年版。

部分实现。此外，与文献查阅相近，本书部分素材源于网络。这类素材来源广泛且甄别难度大，常被当作参照、辅证之资。

不同于文献查阅或实验室的准控制状态，田野调研在于现场观察、调查访谈以及收集材料。这业已被广泛运用于社会学、人类学、民俗学、生态学、地质学、建筑学等人文社会学科与自然科学领域。对于法院调解社会化，田野调研是深度考察实践面貌，探究内在理路与运行机制的极佳手段。

在本研究中，田野调研集中在西南的秋水区、远山市、长天县与吉盛区。① 其中，秋水区、远山市与长天县隶属平沙市。作为地级行政区域，平沙位于四川盆地东部，地理形状呈扇形分布于川中丘陵与川东平行岭谷之间，东西长约135公里，南北宽约94公里，辖区面积逾6000平方公里。1993年，设置平沙地区；1998年，撤地设市。2015年末，全市户籍总人口近470万人。其中，农业人口370余万人，非农业人口近100万人。

秋水区位于平沙市北部，地处一条山脉的中段西侧，有大江经行全境，沿江而下，入嘉陵，进长江。该区距成都市区300余公里，距重庆市区100余公里。2013年该区行政区划变更，大江作界，一分为二，秋水居河西。秋水辖区面积从1500余平方公里缩至1000余平方公里，再经调整，2016年底为900余平方公里；全区户籍人口亦由120余万减至90余万。该区地处亚热带季风气候区，气候温暖，热量充足，雨量丰沛，空气湿度大，日照少，霜期短，风力小，故经年植物繁茂，且无季节性河流。秋水是一个传统的农业生产区。

远山市是平沙市代管的省辖市，位于平沙市南部，山脉的中段西侧，大江流经该市数十公里，货物可直航省外。20世纪60年代，该市被列为国家三线建设基地之一；1978年建置工农示范区；1985年

---

① 在本书中，地名、人名等依惯例处理，区域概况源自政府门户网与地方志，公开信息及报道则直接援引。

撤区设市。襄渝铁路自北向南穿行全境,市内有数个火车站。2010 年末,辖区面积 430 平方公里,户籍人口达 36 万余人。2016 年末辖区面积调整为 470 平方公里,人口几无变化。该市距成都市区约 300 公里,距重庆市区约 80 公里。全市森林覆盖率超 40%,动植物品种繁多,矿藏资源储量大。该市工矿业生产总值占全市生产总值的比重较大,非农业人口约占 30%。

长天县地处平沙市东部,毗邻重庆市。山脉呈东北至西南走向贯穿全县。该县辖区面积近 2000 平方公里。2016 年末,全县户籍人口 100 万余人。该县与重庆市的经济往来频繁。民间流行"小车跑成都、大车跑重庆"的说法。长天县经济水平在相邻区县市中较为突出,2014 年生产总值约 200 亿元。犹记 2011 年调研偶遇元宵节,满城火树,遍街银花。笔者笑称县政府"舍得花钱""真热闹",信息提供人却表示,"这都不算啥! 20 世纪 90 年代就有勒个水平咯,当年平沙市(地区)设立时还不想'入伙',担心被其他区县的'穷亲戚'拖后腿"。

吉盛区隶属重庆市,地处四川盆地东南部,位于川中丘陵和川东平行山谷的交接处。2011 年,吉盛尚属县级行政区划,辖区面积 1000 余平方公里,人口近 70 万人。2015 年,吉盛由县升区,人口亦增至 80 余万人。吉盛区距重庆市区约 90 公里,距成都市区约 250 公里,西南北皆毗邻四川。地貌以浅丘为主,地势起伏平缓,亦属亚热带季风气候。吉盛是一个少数民族散杂居区,全区有 30 余个少数民族,但人口总数极少。吉盛农牧业占有重要地位,畜禽类产品誉满全国,乃至名扬国际。

从历史纵深看,调研区域的居民有相当部分属于史上移民。[1] 各田

---

[1] 明清之交,战乱频仍,"天府之国"的四川盆地人口锐减。兵燹之后,在民众求生与政府安排的双重作用下,大量人口从湖广一带迁来,即"湖广填四川"。相关论争见胡昭曦:《"张献忠屠蜀"考辨:兼析湖广填四川》,四川人民出版社 1980 年版;陈世松:《大迁徙:"湖广填四川"历史解读》,四川人民出版社 2010 年版;邓经武:《六百年迷雾何时清:"湖广填四川"揭秘》,四川大学出版社 2010 年版。

野长期经受相同或相近之历史、气候、地貌、风物的影响,故社会风俗、民众观念相差不明显。尽管地理位置并非完全毗邻,各田野大抵可视为一个整体。缘于移民历史较久且清初盆地仍有大量原住民,故社会凝聚度较高;移民冲突在不同程度上强化了团体内部的整合;也因此有较为成形的宗族形态。近些年,受社会转型影响,社会业已开始呈原子化裂变之势且具有相当程度的分化。总体上,社会凝聚度及其变迁之势在各田野大抵相仿。质此之故,可以从各田野抽取实践素材,或选择具体且细致的个案予以探讨,或提取特定机构的司法实践为研究对象,以此形成对法院调解社会化的行动者、机构之整体考察,进而剖析法律实践与社会治理、社会结构、社会变迁之间的关联。

本研究中,个案收集主要仰仗私人关系及熟人介绍;对于机构业务,或通过当地政府部门负责人引见,或借助项目合作之便。秋水、远山、长天的田野调研集中在2009年8月、2009年12月至2010年2月、2010年8月、2010年10月、2011年2—4月、2012年1月。2010年5月至2011年9月,赴吉盛调研近10次。通过现场观摩、非结构式访谈、收集原始材料,搜集到大量的法院调解社会化实践材料。此外,还借项目合作之机进行访谈,或通过私人关系电话访谈,如中南、华南、西南其他机构及个人的访谈。相比平沙与吉盛,这些地区的信息不仅数量偏少且零散,故置于辅助地位。这类访谈也旨在核实业已公开的实践材料,后者抽取自既有文献或公开信息。2012年7月、2015年7—8月、2016年5月、2017年4月,重访平沙(尤其远山)与吉盛。所获信息除补充、修正之用,也揭橥"那些人""那些机构""那些制度"在时间维度上的际遇、起伏。其中,个别机构的命运已然不说多舛,只道末途。重访信息在时间维度上检验并证成了初期命题,亦昭示了个别命题之精细化、体系化的可能与空间。或许,这正是理论、命题、观点的生成、演进之道,也是知识的历时性侧面。

六、结构安排

全书共六章。第一章明确研究对象，表达理论关怀，梳理已有文献，评析既有观点，交代研究方法及介绍田野情况。本书尝试革新法学研究方法，在跨学科趋势下倡导实践主义法学研究范式，即以法律实践作为研究切入点，基于实践分析来提炼、回应、修正法学理论，通过将学术研究与制度实践、制度改革结合起来，以实现理论研究回应实践需要、制度实践反馈学术探讨的良性互动。这是方法论上的基本立场，以追求学术研究的反思性与创造性。

第二章剖析中国司法的社会化传统，从历史社会学角度考察晚清以降四个代表性制度实践，即清代晚期的"官批民调"、中华民国基层司法的双层构造、马锡五审判中的"群众路线"以及改革开放前夕的法院调解社会化，考察司法审判与社会调解的互动，探究制度设置及其实践与历史背景的关联，分析各种社会化实践的法律、社会、政治意义。晚清以来的中国司法具有社会化传统且延至当下，但不同时期的司法社会化运行有别、意涵不同。司法社会参与可以分别概括为"晚清州县司法的自噬型社会参与""民国基层司法的补充型社会参与""'革命年代'司法的建构型社会参与"以及"后'革命年代'司法的顺应型社会参与"。梳理中国司法社会化传统，不仅展示制度实践的历史面貌，深层意义在于"通过历史透析当下"，并且将历史研究作为理解、反思当代法院调解社会化的出发点。

第三章探讨法院邀请调解。从特殊个案与普遍性实践两个维度考察邀请调解的制度运行，提炼司法实践中的"推字诀"与"拖字诀"，反思"司法过程'问题化'"现象，分析制度实践从"僵尸""休眠"状态到"炙热化"的转变，揭橥制度表达与司法实践的背离，以及检讨运行边界模糊性与运行目的明确性并存的现象。

第四章研究法院委托调解。委托调解实践比邀请调解复杂。在考察委托调解的一般实践样态后，分析非典型性实践形式的"判后委托调解"，这通常与"压力型司法体制"有关。基于实证研究，批判新"第三领域"说等常见、时尚的表达。委托调解是具有双重属性的解纷活动，但不具备独立于法院调解与社会调解的品质。

第五章讨论法院调解社会化的制度重构。从实践与学理维度分别评价法院调解社会化，分析其正当性，探讨其运行限度及重构思路、设想。法院调解社会化存在诱发司法权旁落及法治虚无主义之可能，且当代法院调解社会化缺乏动力机制。从司法权社会保留、人案"剪刀差"、成本转嫁与收益的外部性出发，可以实现法院调解社会化的正当性证成，但需保持必要限度。法院调解社会化之制度重构可遵循"三阶段"设想：第一阶段，慎用并逐步减少邀请调解的适用比重，将委托调解作为法院调解社会化的主要形式；第二阶段，除了特定案件，可将调解从诉讼中剥离且以诉讼上之和解替代之，并加大委托调解之建设及适用；第三阶段，从公权合作型委托调解迈向国家—社会互动型委托调解。

第六章提炼"纠纷解决合作主义"理论。纠纷解决合作主义包括"判断型司法—合意型司法""对抗型司法—协作型司法""封闭型司法—开放型司法""介入型司法—自治型司法"等面向，这可以阐释诸多解纷机制。在未来一个相当长的时期内，作为纠纷解决合作主义理念之典型代表，法院调解社会化机制仍将以力量整合的面目出现，强调不同调解力量的参与及协作，但社会转型尤其法治化程度的提升将逐步改变不同力量的比重。当事人之间、当事人与调解者之间仍将继续通过合作寻求纠纷解决，且仍可能受制于当事人之外的力量。国家力量介入务须保持必要限度，且国家完全有能力通过自上而下的方式在社会调解组织培育方面做出贡献。

第二章　民间力量何以可能？
——中国司法的社会化传统*

一、问题的提出

所谓"历史往往是从事任何可理解性研究的起点，并以能够从历史里走出来为条件"①，依"大历史"视角，明清两朝乃帝制中国晚期并具有明显的收敛性②。传统中国被鸦片战争拽入到世界结构之中，并被强行地置于一个边缘化结点之上。尔后，这种悲剧性历史逾百余年之久。中华人民共和国之成立方使中国成为一个有尊严的民族国家，得以在世界秩序中寻觅到与时相宜的地位。晚清以降的历史转变极为缓慢、复杂③，以致同一时期存在不同社会形态的制度特征，并呈现出性质各异的社会属性。司法审判与社会调解的历时性考察将穿越明清至改革开放前夜的漫长岁月，这种长时段考察是理解当代中国法院调解

---

* 本章第二部分之大部分以"晚清州县司法中的'官批民调'"为题，载《当代法学》2018年第3期；本章其余内容以"民间力量何以可能？——中国司法的社会化传统（1875—1977）"为题，载《人大法律评论》2020年第1期。

① 皮亚杰：《结构主义》，倪连生、王琳译，商务印书馆1984年版，第92页。
② 黄仁宇：《中国大历史》，生活·读书·新知三联书店2010年版，中文版自序，第1、6页。
③ "复线历史"（bifurcated history）可以部分地表达该种复杂性。Prasenjit Duara, *Rescuing History from the Nation: Questioning Narratives of Modern China*, The University of Chicago Press, 1995, pp. 51-82, 229-236.

社会化的智识基点。没有哪个民族能彻底摆脱经久的历史传承,任何民族都势必生活在当下与历史相互映照之下,而作为社会生活之一部分的司法亦莫能外。

历时性考察司法审判与社会调解之互动,笔者依循历史社会学进路,即在理解法律制度及其实践时纳入具体的历史条件和社会背景,并从政治、社会、历史诸角度予以阐释,进而在历史学意识与社会学意识的双重指引下,通过"细致的经验研究与长时段历史研究"来关照当下法律制度以及"理解现代性"。[①] 司法社会化是传统中国司法之一重要特征,且该传统一直延续至今,纵然在不同历史时期以不尽相同的制度面貌呈现,但运用社会力量参与司法调解、司法审判的实践传统却一直得以承继、发扬。这在晚近中国司法活动中有着清晰展示。本章涉及四个代表性制度实践:清代晚期的"官批民调"、民国时期的司法审判与社会调解、马锡五审判中的"群众路线"以及改革开放前夕的法院调解社会化。为了阐释中国司法的社会化传统,司法审判与社会调解互动的历史性考察将关注如下问题:互动如何进行?为什么相关制度及实践样态会产生于该历史时段?互动具有哪些法律、社会、政治意义?

在历史社会学视角之下分析传统官府审断与民间调解以及近现代以降司法审判与社会调解的关联,便于展示相应机制的历史实践面貌,也利于理解制度发展的意涵变迁。只有在深刻洞察制度的历史实践及其制度意涵变迁的情形下,才可能真正意义上达到"通过历史透析当下"以及将历史研究作为反思当下制度实践的智识出发点。

需对本章中的"司法"一词略作交代。在晚清、民国语境中指称

---

① 在某种意义上,反思性历史社会学家已不仅仅是将历史资料作为反思现代性的参照点,还将其当作开启现代性机制的钥匙。阿尔帕德·绍科尔采:《反思性历史社会学》,凌鹏、纪莺莺、哈光甜译,李康校,上海人民出版社 2008 年版,第 3、330 页。

官方直接支配下的纠纷解决，于晚清主要为官府"当堂问讞"，于民国则系官方审判及调解（包括法院调解处的调解）。当官方、纠纷当事人之外的第三方介入该纠纷解决，或主持，或推进，或协助，即谓"司法社会化""司法社会参与"。在抗日根据地与解放区、改革开放前夕，"司法"含义相对特殊，前者中的官方资源与民间力量往往交织在一起，后者中司法的表现形式与前者相近，但在法律、社会、政治诸层面意义有别。

职是之故，本书将晚清、民国、抗日根据地与解放区、改革开放前夕社会力量参与基层司法分别概括为"自噬型社会参与""补充型社会参与""建构型社会参与"及"顺应型社会参与"，且力图展示：晚清州县司法官倾向于将纠纷推回民间社会自行处理，纠纷则在民间既定结构中受制于社会宰制状态；在民国基层司法的双层构造中，社会调解构成法院审判实践的补充力量；在坚持群众路线的"革命年代"司法中，社会参与具有司法技术价值且富有社会治理、政治动员的建构意义；在国家正统性已然确立的后"革命年代"，除了司法技术意义，社会力量参与司法的重心转移至贯彻、落实党与国家的方针、政策及法律。

二、自噬型社会参与：晚清州县司法中的"官批民调"

晚清州县司法中官府审断与民间调解之互动，可以体现传统中国的司法社会化。最为直接且清晰地展示该种互动的历史实践当属州县衙门审断中的"官批民调"现象。之所以将研究时段置于晚清，将考察视阈置于州县诉讼，将分析重心置于"官批民调"，主要基于如下考虑：其一，考察传统司法中官府审断与民间调解之互动的主要意图，在于展示中国在被拽入世界结构前后的部分司法图景，而晚清作为中国近代史的开端，既开始呈现司法形态变迁与社会结构转换的端倪，也是传统司法形态与社会结构之张力累积到极点以至难以为继的关头。其二，鸦片战争以降的外生型、结构化冲击力量没有导致晚清司法形态发生即时性转变①，不仅包括司法体制在内的晚清国家制度对该冲击力量进行了顽强抵制，即使自上而下的预备立宪及修律运动也均在鸦片战争爆发半个世纪之后方才兴起，故而，晚清司法实践能反映传统中国司法概貌。其三，司法是州县之一重要功能，且州县衙门也是清朝的基层法庭。② 申言之，州县衙门是纠纷诉诸国家权力体系时最初、最经常触及的权力单元。此外，民事审判在"州县官堂断之后即可结案"③，故而，欲考察传统中国司法体系中的户婚、田地、钱债等

---

① 关于近代中国社会变迁与体制转型分析，"冲击—回应"模式（Impact Response Model）是一个重要且影响深远的分析框架。西方军事行动以及政治、经济渗入，从根本意义上影响中国社会；西方行动也迫使中国社会予以回应，并刺激中国社会的发展。该框架假定，传统中国文化具有极强稳定性，且该稳定性的力量极为巨大，以致中国社会发展充其量表现为内部调整，在缺失外力作用时难以脱离既有发展轨迹。参见费正清：《美国与中国》，张理京译，世界知识出版社1999年版，第132—161页；费正清、赖肖尔：《中国：传统与变革》，陈仲丹等译，江苏人民出版社1992年版，第10、11、12、13章；Ssu-yü Teng and John King Fairbank, eds., *China's Response to the West: A Documentary Survey, 1838-1923*, Harvard University Press, 1979。

作为享誉世界的美国汉学家，费氏的观点在相当长时期内几乎代表美国学界的主流观点。随后产生诸多有分量的反思性研究。有学者认为，"冲击—回应"模式带有明显的西方中心偏见，且夸大西方冲击对于近代中国社会转型的影响（柯文：《在中国发现历史——中国中心观在美国的兴起》，林同奇译，中华书局2002年版）。毕竟"东方学"（Orientalism）实乃西方学者对作为地理概念与文化范畴的"东方"予以意识形态建构的知识社会学实践（更多讨论可参见，爱德华·W. 萨义德：《东方学》，王宇根译，生活·读书·新知三联书店2007年版；爱德华·W. 萨义德：《文化与帝国主义》，李琨译，生活·读书·新知三联书店2003年版）。沿此逻辑，与其说传统中国的近代转型系西方力量与文化的介入所致，毋宁说其是东方文化成功迎合西方力量的过程。

及至司法体制，晚清帝国司法体制变迁在相当程度上受到西方司法理念与制度的冲击，尤其西方司法理念与制度的在华运行，如攫取领事裁判权、设置会审公廨等（见蔡斐：《1903年：上海苏报案与清末司法转型》，法律出版社2014年版）。蔡书在潜层意识上受到"冲击—回应"模式影响（见曾令健：《帝国司法的黄昏——〈1903年：上海苏报案与清末司法转型〉中的叙事、审判与政治》，载徐昕主编：《司法》第7辑，厦门大学出版社2012年版，第204—215页）。此外，费正清先生也就治外法权对中国社会的影响进行了描述、评析（费正清：《美国与中国》，张理京译，世界知识出版社1999年版，第154—158页）。

② 瞿同祖：《清代地方政府》，范忠信、晏锋译，何鹏校，法律出版社2003年版，第192页。

③ 那思陆：《清代州县衙门审判制度》，范忠信、尤陈俊勘校，中国政法大学出版社2006年版，第7页。

民间纠纷，州县司法则是必须关注的领域。其四，在传统中国州县司法中，官员们常常通过"官批民调"形式将呈至公堂的纠纷发回乡里，交由族长、乡绅、约正处理。因此，分析晚清州县司法中的"官批民调"现象是理解传统中国司法社会化的"好望角"。当然，为了尽可能全面、深入地考察中国传统司法的社会化，将适当涉及清代前中期乃至明代司法实践。

（一）作为实践的"官批民调"：从黄岩诉讼档案出发

晚清，帝国司法的黄昏。当尘封已久的司法档案被开启时，传统中国司法中"官批民调"等生机盎然的纠纷解决图景则不经意地流淌于白纸黑字、重灰残黄之间，传统司法体制及其实践也得以闪烁出历史的光泽与荣耀。当下，借助档案考察司法实践历史不仅成为一种重要的法学研究策略，甚至初步形成了某种学术传统。在司法档案被相继发掘、整理乃至刊印之后，这种研究策略及学术传统得到了更为广泛的运用与传播。诸如四川巴县档案、四川南部县档案、四川冕宁县司法档案、台湾淡新档案、河北宝坻档案、浙江龙泉司法档案的面世，使"中国法律的实践历史研究"更加可能。①

1. 徐廷燮们的词讼遭遇

同治十三年十二月十八日②，担任家庭教师的徐廷燮诉至台州府黄岩县衙，催促东家支付坐馆报酬。据状，徐寄函索还无果，遂邀东家叔父陪同往讨，复遭诱拖。途遇东家，又受詈骂，几至被殴。再邀绅董立说，东家"避匿不面"。纵然徐认为"若不急求饬差严拘讯追，蒙

---

① "中国法律的实践历史研究"即"在宽阔的历史观和现实感中，确认历史既包括物质层面也有思想层面，既有社会经济结构也有能动，既有制度也有过程，既有变迁也有连续，既有大的历史趋势也有偶然性和个人的抉择……最终需要的是从宽阔的历史视野和现实感来理解中国法律的过去和现在"（黄宗智：《过去和现在：中国民事法律实践的探索》，法律出版社2009年版，序，第8页）。

② 若无明示，本书对晚清以前的传统中国沿袭农历纪年，月日尤需留意；尔后采取西元纪年。

师之业废矣",但县正堂权衡后批,"或仍凭土屿张绅等妥为理息,以免讼累"。当事人急切且满怀希望地诉至衙门,而州县官大笔一挥又将纠纷推回民间。这是清代浙江黄岩诉讼档案第 1 宗的故事,但绝非个例。

  黄岩诉讼档案对于考察帝制晚期司法,尤其户婚、田土、钱债等民间细故之解决,颇具针对性,故作为"官批民调"分析样本[①],并援引其他档案作参照,尤其是浙江龙泉司法档案、四川巴县档案、南部县档案与冕宁县档案。从空间维度而言,巴县、南部县及冕宁县档案所载案件的发生地与笔者田野调研地更为接近;在社会文化形态方面,田野调研地在历史上与清代巴县、南部县拥有较为相近的社会文化形态。以黄岩诉讼档案作分析样本,主要在于其内容集中,基本系诉至县衙的民间细故,且各式文书较为详备。在目前发掘与整理出的 100 余宗档案中,有 84 宗保存较为完整,有 78 宗标明了具体年代。载记始自同治十三年(1875),止于光绪十五年(1889)。[②] 从文档形式看,相当部分状纸上均有衙门的批词。从批词内容看,许多批词涉及"官批民调"[③](表2.1),而考察"官批民调"主要依赖批词。鉴于晚清龙

---

  ① "官批民调"诉讼档案影印件及录文,载田涛、许传玺、王宏治主编:《黄岩诉讼档案及调查报告》上卷,法律出版社 2003 年版,第 73—229、233—335 页。有学者基于"黄岩诉讼档案"探讨清代州县裁判方式(见邓建鹏:《清代州县讼案的裁判方式研究 —— 以"黄岩诉讼档案"为考察对象》,《江苏社会科学》2007 年第 3 期),其研究重心与问题意识与本书截然不同。邓文旨在阐述州县裁判"几乎不引法律为裁判依据",以回应清代裁判依据及审理方式的论争。本书旨在探讨衙门审断与民间调解的互动机制、原因阐释及司法社会化之实现。

  ② 清代浙江黄岩诉讼档案概况,见田涛、许传玺、王宏治主编:《前言》,载田涛、许传玺、王宏治主编:《黄岩诉讼档案及调查报告》上卷,法律出版社 2003 年版;王宏治:《黄岩诉讼档案简介》,载田涛、许传玺、王宏治主编:《黄岩诉讼档案及调查报告》上卷,法律出版社 2003 年版。

  ③ "批语""批词"乃晚清州县审断中的重要内容,相关的还有"判词"。前者指州县官在审断案件过程中的处理意见,相当于现代诉讼中就程序性事宜所作的裁定、决定;后者是案件审理后的处理结果,近似于现代诉讼中就实体内容所为的判决(见李贵连、俞江:《清末民初的县衙审判 —— 以江苏省句容县为例》,《华东政法大学学报》2007 年第 2 期)。有学者进一步指出,批词的使用并不限于审理过程,内容也不限于程序性事宜,且批词针对的主体也不限于当事人,甚至批词与判词的区别往往并非特别明显(里赞:《晚清州县诉讼中的审断问题:侧重四川南部县的实践》,法律出版社 2010 年版,第 142—165 页)。从既有研究看,可以肯定的是,批词可以反映州县官对案件审断的程序性处理及其理断时的态度与谋策。在此意义上,本书将"批词"作为考察"官批民调"现象的切入点。

泉司法档案的形成时间及空间与黄岩诉讼档案尤为接近,故援作重要的"补强材料"。

表 2.1 清代浙江黄岩诉讼档案中"官批民调"案件列表

类型	编号	名目	期日	方式	批词	备注
户婚	4	张汝龙呈为奸夫串逃乞恩提究事	光绪元年九月十三日	亲族调处		光绪元年六月二十三日张汝龙呈 批:李氏不守妇道,究应如何设法,以杜后患。尽可投知亲族妥议行之,何必评讼公庭,播扬家丑也。 光绪元年七月初三日张安标呈 批:李氏深恶万分,披阅情词,断难相安,或去或留,尔父尽可自行主张。控之不已,其意何居。既无妇女杖毙之例,不能由递行断离。即使予以责惩,亦未必能改前过。著邀族从长计议,呈情立禁可也。毋生他心,希图彼累。
	9	孙有招呈为不听训教叩恳归宗事	光绪四年二月十三日	自行和解	阮临海既系已故阮周土之子,如果不务正业,劝诫不听,尽可妥向说明,带交阮临海亲属领回管束,自无他患。	
	10	王潘氏呈为听唆丧良泣求追办事	光绪四年七月十四日	自行和解	据呈是何纠葛,著自妥为理明,毋庸肇讼。	
	14	潘济清呈为逆媳无上饬惩警事	光绪四年七月十五日	亲族调处	据呈该监贡之子潘文裹有意违犯,唆令弟媳洪氏出头殴骂等情,如果属实,亟宜治以家法,否则尽可呈请提究,非传谕申斥所能了事也。	
	21	汪贤铨呈为背据烹吞叩求讯断事	光绪四年十二月十三日	亲族调处	著邀房族理处,毋讼。粘据发还。	

续表

类型	编号	名目	期日	方式	批词	备注
户婚	24	蔡钦俊呈为唆讼霸继求恩讯断事	光绪八年十一月初二日	亲族调处、乡绅调处		光绪八年十月初八日蔡钦桃呈 批：启盛系尔钟爱，择继为嗣，岂容蔡钦俊妄事索争。但彼此同宗，应邀集亲族绅董秉公妥议。如蔡钦俊恃强蛮横，许即公呈，虽尤以儆。
户婚	36	鲍娄氏呈为图诈捏控声求究诬事	光绪十一年二月二十九日	亲族调处	氏子万庆，现在存否，词内并未叙出，且与杨周氏所呈情节悬殊，明系该氏将媳嫁卖，杨周氏争分财礼，因而互控，均属唯利是图，毫无志气。著自邀亲族，速即理明。若再彼此控讼不休，定即立提讯究，无谓言之不先示。	该宗与第56宗为同一起纠纷。
户婚	56	杨周氏呈为朋谋贩卖求提追究事	光绪十一年三月十三日	亲族调处	著遵照鲍娄氏词批邀理，若再争讼不休，定即提究。本县令出维行，慎勿尝试。	该宗与第36宗为同一起纠纷。
田土	13	彭正汉呈为强戽水塘迫求谕事	光绪四年七月十三日	亲族调处	既经族理，著持批再邀族众劝令听理。毋得率请示谕。	
田土	18	周官凤呈为愈出愈蛮迫求限究事	光绪四年十二月十三日	自行和解	同室操戈，本属家庭戾气。况尔以周官升喝子擒禁等词架耸，诬陷亲属，袒护外人，更属不顾大局。特斥。	光绪四年十二月初九日周官凤呈 批：周官升觊产欺凌容或有之，据控拉禁殴辱等情，显有装点，著自妥为理明，无遂与讼致伤亲亲之谊。
田土	23	阮仙培呈为恃强霸吞签提讯追事	光绪四年十二月十三日	亲族调处		光绪四年十一月初三日阮宗标呈 批：不近情之词一再混渎，显系捏有别嫌，希图讼累，殊属刁健。现据阮仙培以尔吞公捏控等情具呈，不为无因，本应提究。姑念尔与阮仙培谊关叔侄，著即自邀族人调理，以全体面，毋庸逞刁干咎。

续表

类型	编号	名目	期日	方式	批词	备注
田土	35	辛光来呈为投理莫理粘求吊讯事	光绪十一年二月二十八日	自行和解、乡绅调处	尔如果仅将西厢店屋出押陈崇厚为业，现在陈崇厚转押丁彭大四居住，若被其霸管东边店屋，尽可邀同陈崇厚妥理清楚。事息径直，不必涉讼。	光绪十年二月初一日，具呈人提交禀文 批：控词含糊，供词牵混，似其中别有唆弄之人。究竟是何缪辖，即着持批投告院桥局绅杨旦查明理处，毋得混渎取咎。
	37	周克礼呈为局理容情粘求讯追事	光绪十一年三月初三日	中人调处	契据已立，契价已清，自应由该民人过户承粮，管取鉴何能阻推；该民人持批邀理中人，何致串同一气，并不为尔公论。其中显有隐饰别情，即着从实声叙听辨，核示粘件姑附。	该宗与第68宗为同一起纠纷。
	44	石联渠呈为邀理罔济据实声叩事	光绪十一年三月初八日	亲族调处		光绪十一年二月十八日石联渠呈 批：石安标系该监生之胞兄，东边古路即使应归监生承管，被安标恃强移设，该监生亦应邀公正族戚妥为调理。乃率请提究，实属荒谬。此斥。
	50	张潘氏呈为义子强占哀求讯追事	光绪十一年三月十三日	亲族调处	着持批邀同亲族，妥为理明，如敢再抗，呈办提究。粘据揭还。	该宗与第67宗为同一起纠纷。
	67	张仙顺呈为图烹诬制迫求禁卖事	光绪十一年四月初八日	亲族调处	若果所称非虚，尔亲族自有公议，何得率请提讯，致干名义，粘据阅发。	该宗与第50宗为同一起纠纷。

续表

类型	编号	名目	期日	方式	批词	备注
田土	68	管翰敖呈为霸占捏控迫求讯断事	光绪十一年四月初八日	中人调处	若果非虚，应即邀同蔡贤登理处，周克礼自无遁饰，即著照办。	光绪十一年二月二十三日周克礼呈 批：是项田亩管取鉴既属情愿出卖，现在价已收清，何能阻止过户，无此情理。著即邀同原中妥理清楚，毋庸肇讼。 光绪十一年三月初三日周克礼又呈 批：契据已立，契价已清，自应由该民人过户承粮，管取鉴何能阻推，该民人持批，邀同中人，何致串同一气，并不为罪。公论其中显有隐饰别情。即著从实声叙，听候核示，粘件姑附（刊印版的内容前后有所出入，经核对档案影印件，以第37宗批词为宜）。 光绪十一年三月初八日管翰敖呈 批：前据周克礼照契买职员田亩，不许过户，于契外需索洋元等情具呈。核与所称不同。查两造呈词均难取信，著即邀同契中妥理清楚，毋遂肇讼。 本宗与第37宗为同一起纠纷。
钱债	7	徐增培呈为拂赊毁殴求提究追事	光绪二年二月十三日	保甲调处	小本经营何堪讼累，既经张河清等理赔和服，如果王曰元翻悔前议，著即邀保，协同原理之人，向其催诘可也。	

续表

类型	编号	名目	期日	方式	批词	备注
钱债	20	蒋德赠呈为不已再号求提追事	光绪四年十二月十三日	自行和解	披览词讼，遇有呈词支离，衡情批驳。乃尔竟再三架耸，哓渎不休，明系讼棍伎俩。实堪痛恨。特斥，仍不准，切结掷还。	光绪四年十一月十三日蒋德赠呈 批：情词扭捏支离，显有不实不尽。著即自向理还，毋庸率请捉返。 注：具呈人作具结状 具结状蒋德赠，今当大老爷台前，结得赠控吴显得等窝窍牛只诱禁殴抢等情一案。如讯有子虚，原甘赔坐。所具结状是实。 光绪四年十二月 日具甘结蒋德赠（花押）右食指
	25	郑可舜呈为恃强捏控求吊汛卷事	光绪八年十一月初三日	乡绅调处		光绪八年十月十八日林泮芹呈 批：既经局董卢汝舟说于前，应再邀同妥理，当有公论，不得撦拾浮词，混渎耸听，自取讼累也。省之。
	28	陈梁氏呈为欺寡诬噬檄饬删事	光绪九年四月初三日	亲族调处	梁发棠所开药铺，氏家若果无分，王永基岂能以氏男曾在该铺学过生理，控及同开（该字存疑）。词不近情，殊难取信。究竟有无其事，著令氏弟梁发棠自行理明可也。	
	34	胡凤山呈为恃强吞噬迫求究追事	光绪十一年二月二十八日	自行和解	进出货洋既有账簿可凭，又有王汝春等理算可证，著再自行清理，毋庸肇讼。	
	41	梁洪秋呈为藐搞锢噬叩提讯追事	光绪十一年三月初八日	自行和解		光绪十一年二月十八日梁洪秋呈 批：尔与梁洪梅拼开染店收染布匹，自必登诸账簿，梁洪梅何能因尔卧病在家，乘间搬运私自收钱，即使果有其事，亦何难邀同照簿清算。即著持批传谕遵办，毋遂肇讼。

续表

类型	编号	名目	期日	方式	批词	备注
钱债	46	鲍舜田呈为顽伙噬款饬提讯追事	光绪十一年三月初八日	乡绅调处	拼伙开店，若店亏短，自应照股认派，陈良茂岂能图赖，既据鲍子章等向理在前，著再邀理清楚可也，毋遂肇讼。	
	47	陈张氏呈为丧良蓄噬粘求提追事	光绪十一年三月初八日	自行和解	葛善荷欠洋既有票据给执，又有抱还之人，尽可自行邀同向讨，毋庸遂请饬追。票揭还。	
	70	陈福隆呈为负噬侧诬求恩札吊事	光绪十一年六月初八日	自行和解	著自行妥理清楚，毋得以无据空言，希图耸听。此饬。	光绪十一年五月二十二日陈福隆呈批：解银求因妻病借洋籍为调治，尔竟允借，如果非虚，是该民人济其急难，解银求感激不遑，何致负噬不还？著自行理讨，毋庸兴讼。
	73	乔张氏呈为迭扰难堪求饬禁止事	光绪十一年六月十八日	中人调处	既由中人按年酌给，到月自应由张保太向取。如果意外多索，□□中具在，应即邀同理论，一□□□请禁止。此饬。	
其他	1	徐廷燮呈为噬修被殴泣求讯追事	同治十三年十二月十八日	乡绅调处	欠修逞横，侮慢师长，所控如果属实，张乘鳌殊出情理之外。著值役蒋升、方玉贰名持批速往查理。或仍凭土屿张绅等妥为理息，以免讼累。如理处不下，准即带案讯办。去役不许滋扰。定限二十日禀复，勿延。当堂批。	

续表

类型	编号	名目	期日	方式	批词	备注
其他	6	郑丙松呈为迭理迭翻叩求提究事	光绪二年二月十三日	乡绅调处		光绪元年八月二十七日郑丙松呈 批：竟不知有国服耶，可恶已极。著投局理明，毋庸滋讼。 八月二十九日陈显四等呈 批：仍照前批，投绅理息。两造均宜平心听理，毋得争胜逞忿，自贻伊戚。 九月初八日葛普怀呈 批：尔与郑丙松如果无纠葛，何以屡被诈借，悉肯曲从，殊不可解。著仍自投局绅理处，不必诉渎。 十二月初三日郑丙松呈 批：仍邀原理之林兰友等，妥为调停息事，不必诡词砌耸，希图诈累。
	49	张汝嘉呈为怂理毁殴求提讯究事	光绪十一年三月初八日	乡绅调处	同业王加标之子在尔门前与人争斗，同系幼孩，尔既避猷挽人排解，何又向斥？情词自相矛盾。所称王加标同行嫉妬，事或有之，然何致因此纠人向尔斥骂，甚至不容分剖辄行扭殴？恐无如此情理。唯既投局理处，著仍自邀理可也，毋庸涉讼。	
	57	李光固呈为恃妇横占倒诬抗理事	光绪十一年三月十三日	亲族调处	尔既未违抗，著遵李永凤呈批听辨原理人公理，呈复核夺。	光绪十一年二月十三日李王氏呈 批：伤已验明，即使所控尽实，事亦甚微，著遵批自邀房族查理可也。

续表

类型	编号	名目	期日	方式	批词	备注
其他	63	陈周氏呈为图诈挺捏声求提究事	光绪十一年四月初八日	亲族调处	氏侄陈藐法（法藐）等果砍氏山松木，当被氏子夺获，并将该氏殴辱，殊属不合。唯前据陈牟氏具呈，该氏子陈法增窃树呈殴，业经批饬，邀理在案。该氏应即遵照听理，毋伤亲亲之谊。	光绪十一年三月二十八日陈牟氏呈批：指窃并无凭据，指殴又不请验。唯名分攸关，著邀房族理处，毋庸涉讼。

注：（1）笔者整理黄岩诉讼档案中"官批民调"类档案，并制作"清代浙江黄岩诉讼档案中'官批民调'案件列表"，以此为分析素材。

（2）"批词"栏中所列批词指州县官针对该期日的呈禀所作的批词，而"备注"栏中的批词系其他期日的批词。

（3）"编号"中的数字为档案影印件出版时的序号。

"官批民调"仅是清代司法审断的一种形式。总体上，州县自理民间细故有"当堂问谳""官批民调"等方式。其中，"当堂问谳"即州县官当堂调查具呈人，类似于现代诉讼程序中的询问当事人以及探究案件事实之后，依律例情理予以审断或调解；"官批民调"通常表现为州县官将纠纷批示宗族、乡里调处，亦即将已经呈于衙门的纠纷发回民间，由后者调处并呈报衙门。依黄岩诉讼档案的批词看，78宗档案中"官批民调"达32宗，约占40%。从"官批民调"案件的性质看，主要涉及户婚、田土、钱债等纠纷，还有部分属于轻微人身伤害或关乎社会风化的纠纷。人身伤害案往往因钱债或其他生活琐事而起。就比重而言，户婚、田土、钱债类民间细故占据绝对多数，约占80%；其中，钱债类的比重较为明显，约占所有"官批民调"纠纷的30%。从"官批民调"纠纷发回民间后的处理方式看，亲族调处、自行和调、保甲调处、乡绅调处、中人调处等民间解纷机制均有所涉及。其中，亲族调处的比重极大，约占40%，而自行和解、乡绅调处、保甲调处的比重亦较大。①

---

① 有学者指出，清代冕宁司法档案中的民间调处主体有两大类：第一类为地方头目，如头

对于户婚类民间细故，衙门在发回民间社会处理时，通常批示亲族调处，个别情形则建议纠纷各方自行设法解决。解纷方式的批示反映出州县官对于纠纷性质与解决方式之关联性考量。户婚类民间细故的各方之间有着极为亲密、特殊的社会关系，由族人、亲友出面调处，不仅利于纠纷解决，也利于维系既有社会关系。这在第4宗档案有明显的体现。光绪元年六月二十三日张汝龙呈至衙门，称其妻李氏不守妇道。批词首先强调，既然妻子不守妇道，则须设法杜绝类似事件发生。这是一种典型的"向前看"思维方式，即考虑夫妇之间的未来生活。批词进而指出，对于业已发生的纠纷，可以邀请亲友、族人调处。最后，州县官对批示予以说明，并对具呈人予以教谕，告诫"家丑不可外传"，即所谓"何必讦讼公庭，播放家丑也"。简言之，亲友、家族间纠纷更适宜亲族调处。

衙门在将田土类民间细故发回民间社会处理时，会批示由亲族调处、中人调处、乡绅调处，也会批示由当事人自行解决。从档案来看，之所以选择亲族调处，或缘于当事人之间存在较为亲近的社会关系，或具呈人此前曾向亲族寻求救济。批示当地乡绅出面调处田土类纷争，也有其合理之处。第35宗档案记载，州县官认为具呈人的禀文控词含糊、供词牵混，于是怀疑有人唆使兴讼，遂批示由地方乡绅杨某予以查明理处。与乡绅参与调处相比，中人参与田土类解纷更易理解。据第37、68宗记载，因为一桩田地买卖发生纠纷，州县官遂批示由具呈人邀中人一同前去处理。州县官针对该案前后一共作出7份批词，其中

（接上页）人、族长、保长、吏员、地保、百户、千户、客保、屯长、公差等；第二类为普通百姓，如亲友、无干众亲、从亲邻、族亲、耆宿、中人、证人等（李艳君：《从冕宁县档案看清代民事诉讼制度》，中国政法大学博士学位论文，2008年）。结合其他档案，实施"官批民调"会涉及乡里组织、乡约组织、同乡组织、乡间结社、集会组织诸多地缘性组织（陈会林：《地缘社会解纷机制研究——以中国明清两代为中心》，中国政法大学出版社2009年版，第182—284页）。从掌握的材料看，州县官往往倾向批示乡里组织与乡约组织调处，这与黄岩诉讼档案的记载基本吻合。

4次提及由中人参与纠纷处理。① 对于契约纠纷，由中人参与调处似乎是理所当然的。从州县官多次作批词的情况来看，该案解决难度不小。

钱债类纠纷在被发回民间社会解决时，除了批示中人调处、保甲调处、乡绅调处、亲族调处，也经常批示由具呈人自行找对方协商，以寻求和解。州县官认为这类案件事实简单、道理明了，故让当事人依批示自行处置。这在第34、41、46、47宗档案中有所记载，如"进出货洋既有账簿可凭，又有王汝春等理算可证，著再自行清理""尔与梁洪梅拼开染店收染布匹，自必登诸账簿……果有其事，亦何难邀同照簿清算""拼伙开店，若店亏短，自应照股认派……岂能图赖""欠洋既有票据给执，又有抱还之人，尽可自行邀同向讨……票揭还"等。之所以批示当事人自行理处，也可能缘于州县官认为具呈人所禀案情不实。第70宗档案记载，州县官怀疑具呈人"无据空言"，故批示"自行妥理清楚"。在第20宗档案中，具呈人再三禀于衙门，州县官多次批示："情词扭捏支离，显有不实不尽。著即自向理还""前呈业已批理，毋再架词耸渎""呈词支离……晓渎不休，明系讼棍伎俩"。具呈人最终作具结状："具结状蒋德赠，今当大老爷台前，结得赠控吴显得等窝窎牛只诱禁殴抢等情一案。如讯有子虚，原甘赔坐。所具结状是实。光绪四年十二月 日具甘结蒋德赠（花押）右食指。"衙门批词则为"特斥，仍不准，切结掷还"。

除户婚、田土、钱债等民间细故之外，对于民间细故引发的轻微人身伤害、有伤地方风化的事件，通常由保甲长、乡绅调处。乡绅、保甲长大抵算地方权力精英，此种精英地位或源于自身声望、知识与

---

① 囿于档案所限，难以对晚清黄岩纠纷解决中的"中人"做深入分析。基于清代民国时期村庄内部纠纷性质及处理之延续性立场，有学者利用《满铁农村调查》考察清代中人调处契约与交易纠纷（黄宗智：《清代的法律、社会与文化：民法的表达与实践》，上海书店出版社2001年版，第52—57页）。根据清代徽州情况，有学者探讨中人之于古代民事契约纠纷解决的作用、地位与意义（吴欣：《清代民事诉讼与社会秩序》，中华书局2007年版，第159—181页）。

财富，或源于国家权力的形式确认。作为地方权力精英，维系地方秩序安稳、民风纯正的重任自然而然地落实到乡绅、保甲长的肩上。此外，对于因生活琐事引发轻微人身损害，州县官将案件批回民间调处时，也会根据生活琐事的性质以及当事人之间的社会关系建议相应调处方式。以第1、63宗档案为例，二案均系因生活琐事引发的人身伤害纠纷。具呈人徐廷燮在索讨私塾报酬时险遭雇主殴打，州县官批示可由乡绅再度调处。具呈人陈周氏的侄儿陈法貌等擅自砍伐松木，被她儿子撞获，遂发生殴辱。州县官批示："唯名分攸关，著邀房族理处"。第1宗纠纷因传道授业而起，且该乡绅在呈于衙门前业已参与调处，故由地方精英乡绅出面较为妥当；第63宗纠纷乃发生于亲友之间，故州县官批示由亲族予以理处，"毋伤亲亲之谊"。由此可见，因民间琐事引发的人身斗殴之类，在选择民间调处方式时通常考虑了民间琐事的性质及当事人之间的社会关系。

2. 官府态度的表达与张汝龙们的反应

总体上，官府倾向于将细故推回民间社会，而批词的主要表述策略如下：

其一，"直截了当"型，即州县官批令当事人寻求民间调处，且未对民间调处作正当性、必要性说明。这类批词在黄岩诉讼档案中最为多见。如第20宗批令"著即自向理还"，第21宗的"著邀房族理处毋讼"，第28宗的"究竟有无其事，著令氏弟梁发棠自行理明可也"，第34宗的"著再自行清理"，第36宗的"著自邀亲族，速即理明"，第50宗的"著持批邀同亲族，妥为理明"，第56宗的"著遵照鲍娄氏词批邀理"，第70宗的"著自行妥理清楚"。这类案件多数未再呈递，也有例外。如第35宗，光绪十年二月初一日批令"即著持批投告院桥局绅杨旦查明理处"，但"杨旦以顺官寄唤未到，兼有情面，不便出理，延搁"，具呈人辛光来再次诉至衙门，这次批词遂改为抵押权人出面，"尽可邀同陈崇厚妥理清楚"。除了批令民间调处，批词往往会重述状词要点，或表明官方疑虑，或提示民间调处的操作事项等，但这些通常不涉及民间调处的正当性、必要性。这在以下几种情形中也不同程度地存在。

其二，"路径依赖"型，即州县官批令民间调处并以纠纷业经后者调处作为批令的正当性、必要性说明。如第13宗批令"既经族理，著持批再邀族众劝令听理"，第25宗的"既经局董卢汝舟理说于前，应再邀同妥理，当有公论"，第41宗的"邀同照簿清算。即著持批传谕遵办"，第46宗的"既据鲍子章等向理在前，著再邀理清楚可也"，第47宗的"尽可自行邀同向讨"，第49宗的"既投局理处，著仍自邀理可也"，第57宗的"著遵李永凤呈批听辨原理人公理"，第73宗的"既由中人按年酌给……应即邀同理论"。既经调处且未息，再度民间调处且不说必然效果欠佳，至少表明官府亟欲将纠纷"抛出"，这可能诱发"缠诉"。如第68宗的数份批词为"邀同蔡贤登理处，周克礼自无遁饰""即邀同原中妥理清楚，毋庸肇讼"及"查两造呈词均难取信，著即邀同契中妥理清楚"。

其三，"以进为退"型，即批令先行民间调处且表示会以官府介入为后盾。如第1宗批令"著值役蒋升、方玉贰名持批速往查理。或仍凭土屿张绅等妥为理息，以免讼累。如理处不下，准即带案讯办"。第14宗，当事人希望官方出文申斥"逆媳"，批词为"如果属实，亟宜治以家法，否则尽可呈请提究，非传谕申斥所能了事也"。这既阐释了民间调处的必要，也以"尽可呈请提究"给当事人打气。当然，批词的出发点在于尽可能将纠纷推回民间。

其四，"设身处地"型，即以"推己及人"的道德说教口吻引导当事人寻求民间调处。如第4宗批令"何必讦讼公庭，播扬家丑也"，第7宗的"小本经营何堪讼累"，第18宗的"同室操戈，本属家庭戾气……诬陷亲属，袒护外人，更属不顾大局""著自妥为理明，无遂与讼致伤亲亲之谊"，第63宗的"该氏应即遵照听理，毋伤亲亲之谊"。批词在个人心理、纲常伦理等方面下功夫，既实现将民间细故"拒之门外"的初衷，还契合主流意识形态。

其五，"就坡下驴"型，即借状词用词为发挥将纠纷推回民间。如第9宗，当事人希望官府介入"电赐批饬阮氏房族带回训诫"，批词为当事人"尽可妥向说明，带交阮临海亲属领回管束，自无他患"。"归宗"大事遂成文字游戏。

其六，"置若罔闻"型，即以所呈案情不明等由头将纠纷推回民间。如第10宗，年已花甲的王潘氏因养子受唆擅自归宗而要求补偿，州县官"一脸懵懂"地表示"据呈是何纠葛"，且不失机时地要求"著自妥为理明，毋庸肇讼"。

上述分类旨在描述"官批民调"的措辞、动机及态度，各情形之间也可能含义重叠。此外，不同情形可能出现在同一案件。如第6宗，起初州县官"直截了当"地批令"著投局理明，毋庸滋讼"，后基于"路径依赖"再三批令"仍照前批，投绅理息""著仍自投局绅理处，不必诉渎""仍邀原理之林兰友等，妥为调停息事"。

这种"拒之门外"的官方态度在反复呈递、批令的个案中往往体现得更为深刻。呈递与推回的拉扯、坚持，折射出晚清司法的一个侧面：民间细故不值得消耗帝国极其稀缺的司法资源，将纠纷解决成本转移至民间社会遂成首选。

在第4宗档案中，可怜的布店伙计张汝龙反复呈递，希冀官府惩戒其出轨的妻子及一干人等。对于光绪元年六月二十三日的状纸，州县官"设身处地"地劝道，"李氏不守妇道，究应如何设法，以杜后患。尽可投知亲族妥议行之，何必讦讼公庭，播扬家丑也"。数日后，龙再呈，批词表示"妇女犯奸，即使到案，照例亦应本夫领回，听其去留，不能官为断离"。七月初三日，龙复呈提究奸事，批词表示"奸情暧昧之事，律应奸所捕获方能准理，若以奸情指控，其事无凭，断难究追，仍不准"。十三日，龙又呈，官府以缺少凭证为由再拒。

见官府态度坚决，张家亦改变策略，由张父于七月二十八日呈递，州县官恢复了耐性，既指令家族设法处置，又解释官方依例不得介入，即"李氏深恶万分，披阅情词，断难相安，或去或留，尔父子尽可自行主张。控之不已，其意何居。既无妇女仗毙之例，不能由递行断离。即使予以责惩，亦未必能改前过。著邀族从长计议，呈情立禁可也。毋生他心，希图彼累"。依档案推断，因李氏离家不归，张家无可奈何，且官府对一干人等"没给说法"。八月初八日，张父再呈，批词话锋一转："案节据具呈，本县批之详矣。既不愿留，亦不使之遁去，徒以无据奸情哓哓不已，为意何居。特饬。"

依记载看，尔后情况变得更糟。李氏归家后"毫无介意，愈藐翁夫"，"仍与林崇高等往来不忌"，而奸夫甚至扬言"定要了龙性命"，后李氏又"席卷衣物与奸夫私逃"，以至局董派员侦得李氏行踪，李氏舅母竟称"永不望回，听侯官断"。九月十三日，龙再呈。部分缘于状词声称一干人等或"前充地保，惯识讼事"，或"仗充学半，窝匿淫妇"，加之反复呈递批驳，州县官疑其影射，故批词语气甚烈："尔妻李氏淫奔，已犯七出之条，若无所归，固难离异。兹既逃回母舅家中，亦可谓有所归，听其自去可也。尔乃先请断离，今又欲领回设法，实属无耻已极！犹敢哓渎，深堪痛恨。特斥。"尽管各份批词之措辞、用语、说理甚殊，为把案子推回民间，州县官将律例、纲常、人情等资源援作说辞，甚至语出羞辱。

除言语羞辱，官方甚至出言恐吓以阻止再呈。第36、56宗档案中，鲍娄氏与杨周氏发生纠纷，批词要求具呈人"著自邀亲族，速即理明""著遵照鲍娄氏词批邀理"，且明确表示"若再彼此控讼不休，定即立提讯究，无谓言之不先示"及"若再争讼不休，定即提究。本县令出维行，慎勿尝试"。此外，张氏父子的遭遇绝非个例，这种拉锯现象在黄岩诉讼档案中可谓普遍，如第6、18、20、25、35、37、57、41、63、67、68宗等。

对于州县官动辄将案件推回民间的做法，有学者称之"狡猾的机会主义"：没有原则地尽最大可能抑制争讼的裁判倾向，且断案大多凭直觉，几乎不依法。① 相应地，具呈人用词夸张，如用"四字珠语"等极具冲击力的词语描述案由、夸大案情。② 相反，有学者认为，诉状用语比较平和，如"一词多事"的状词不多，且"官府处理日常诉讼词状细腻而又准确"。③《状式条例》规定只能一词一事，否则不予受理。对于"一词多事"的状词，绝大部分被县官或幕友识破，批示"控情支离""呈词支离""妄渎朦混"，或批复听单案审理。④ 本书认为，对于夸张用语尤其"珠语"，知县及幕友们也往往是"看破不说破"。如第 1 宗，徐廷燮以"噬修被殴"为由，希望夸大被殴之事以引起重视，也达至目的。批词为"欠修逞横，侮慢师长，所控如果属实，张乘鳌殊出情理之外。著值役蒋昇、方玉贰名持批速往查理"。唯话锋一转"或仍凭土屿张绅等妥为理息，以免讼累"。因为徐张二人偶遇时，正是土屿绅董张敷纪等力阻且陪徐至张家说理，故如是批"如理处不下，准即带案讯办。去役不许滋扰。定限廿日禀复，勿延。当堂批"。该案也反映出，讼案处理方式多样化且考虑较为周全，并非一味"简单、粗暴"。当然，对该案的处理相对谨慎可能与事关追讨训蒙报酬有关，毕竟清帝国对训蒙及意识形态控制是极为重视的。⑤

如从现代"权利"视角观之，将官府做法称为"狡猾的机会主义"不为过；如从官府对案情的把握及理解等细节来看，又称得上"细腻而又准确"。这样看似矛盾的图景，唯有纳入官方对待民间细故的立场

---

① 邓建鹏：《清代州县讼案的裁判方式研究——以"黄岩诉讼档案"为考察对象》，《江苏社会科学》2007 年第 3 期。

② 邓建鹏：《讼师秘本与清代诉状的风格——以"黄岩诉讼档案"为考察中心》，《浙江社会科学》2005 年第 4 期。

③ 巴哈提牙尔·米吉提：《黄岩诉讼档案状词真实性研究》，《社会科学辑刊》2013 年第 3 期。

④ 巴哈提牙尔·米吉提：《黄岩诉讼档案状词真实性研究》，《社会科学辑刊》2013 年第 3 期。

⑤ Kung Chuan Hsiao, *Rural China: Imperial Control in the Nineteenth Century*, University of Washington Press, 1960, pp. 235-244.

才好理解。通俗地说,"官批民调"就是知县及幕友们"揣着明白装糊涂",尽管不能一概而论。由于官府热衷将纠纷推回民间,很多时候为了实现该目的而寻找说辞,如此才有"就坡下驴""置若罔闻"等策略。

3. 民间回应及其他

在具呈人与衙门的反复争夺、拉锯中,后者是强势的。就"官批民调"本义而言,在州县衙门与民间社会之间,后者参与解纷更多属于被动介入,唯特殊情形下会主动介入,故民间力量在"官批民调"中总体上持"因势而动"立场。

受材料所限,黄岩社会力量的介入情况唯有凭借状纸中的"只言片语"探寻"雪泥鸿爪"。第4宗,官府再三要求张氏父子邀族人处置,但"持批投局,邀族从长计议,亦令龙自行设法"。李氏再度私奔后,张"投诉局董",得派人探得李氏舅母语,"回局,述以前言,局董忿恨,令龙赴案叩究"。该案中,族人似乎对处置李氏不甚上心,待事态激化,绅董倒很卖力却又手段有限。第6宗,因设坛祈雨成功后演戏"以报神庥"而发生费用纠葛,郑在劝阻时被殴伤。官府几度批令"投局理明""妥为调停息事"。郑"投局绅理息",却遇"恶诡计百出,商谋威好出为理息","又复捏松借诈等谎"。依郑说法,这次调处还差点"着了道"。尽管"时有邵元奇、郑永高、葛启南等,于本月间余,照前议,并加给则田一亩,助于该处泗洲堂演戏之资,被该恶复翻"。由于事起祈雨,倒有些人物出面,却也"不了了之",遂复再呈。

尽管民间调处不成,但状纸通常将调处本身描述为公允的,以数落、声讨对方的种种不是,并作为再度呈递之一根由,如第23、24、41、44、46宗等。也有状纸以局绅不作为、不公道为再度呈递的缘由,如第35、37宗等。

盖反复呈递且此前批示民间调处者,通常会在状纸中述及调处事宜。一个初步推测,这类做法可能是代书者"依葫芦画瓢",以便再次呈递,以致"奉批之下,回环捧诵,仰见明允"(第41宗)之类措辞也屡见状纸。因缺少点名单、供词、堂谕、和解状等,对民间调处细节往往难辨真伪。

尽管黄岩诉讼档案对发回民间调解之后的过程与结果缺乏完整记载,但州县官不断将案件发回民间处理,故衙门审断与民间调处之间可能具有某种制度性的安排,或者业已形成了具有惯习属性的操作方式。换言之,衙门审断与民间调处之间应当具有某种制度性或习惯性的关联。我们可以透过一份光绪年间徽州歙县知县敦请族长调处纠纷的空白文书来理解此种结构性关联。

……为此谕仰该_____知悉此事,尔如能出为排解,俾两造息讼,最为上策。此谕仍交地保缴销,若不能息讼,即由该族长告知被告_____令其于____月____日午前到城。本_____每日于未初坐堂,洞开大门,该原被告上堂面禀,即为讯结。……此因该族长素来公正,言足服人,帮饬传知,并非以官役相待,亦不烦亲率来城,不过一举足、一启口之劳。想该族长必能题本_____爱民如子之意,共助其成,实有厚望……[①]

这份空白文书显示,州县官不仅出具调解文书,还对民间调解成功或不成功后的程序性事宜做了制度性安排,以确保其能掌握民间调处的具体情况。清代巴县档案中的回龙寺田产纠纷案则更详尽地展示了"官批民调"之过程及结果。[②] 乾隆二十七年(1762),因回龙寺田产出租引发纠纷,当地约保出面调处,遂于十月一日向衙门提交了含

---

① 该委牌原由田涛先生采藏,转引自春扬:《晚清乡土社会民事纠纷调解制度研究》,北京大学出版社 2009 年版,第 140—141 页。(着重号为春书原有。——引者注)春氏也认为,在晚清州县衙门审断与民间调处之间应当存在某种程序性的关联。见春书 143 页。

② 四川省档案馆编:《清代巴县档案汇编(乾隆卷)》,档案出版社 1991 年版,第 162—163 页。转引自春扬:《晚清乡土社会民事纠纷调解制度研究》,北京大学出版社 2009 年版,第 145—146 页。

有解纷思路的禀状。县正堂遂作批词："仰该管约保协同寺邻,查明妥议,另禀察夺。"经调处,乡保于十月九日向衙门提交复状:"蚁等均系该管约保,□□□□,目极(击)心伤,故有前禀。同议本寺僧惠祥次经(徒)清浩,勤务农业,堪为当家,将此寺田摘出一半,当钱三百六十千,将□□□□□□□□各欠。僧清汉将此一半田取回佣耕除费外,蚁等将余谷贮仓价卖,凑针作斧,务积赎田归寺,古迹复兴。蚁等复祈仁天批示,以便招当。为此,禀乞太爷台前俯准批示施行。"对该复状,县正堂的批词是"著公同赴案,当堂面谕"。在民间调处与衙门审断之间往往有频繁的文书往来及信息传递。该案还表明,在衙门批示民间调处之前,地方力量业已介入,前者的批词基本属于顺水推舟,但其对解决方案却拥有最终的发言权。囿于材料所限,此后"当堂面谕"情形不得而知。

清代冕宁县司法档案对民间调解之后的官方行为有详尽记载。[①] 乾隆二十四年八月初九日,更夫赵应状告李氏、赵文大骗其银钱布。在知县准理之后,吏员陆士扬、地保沈恒格成功调解了该案,并出请状求衙门息案:

> 具请示吏员陆士扬、地保沈恒格为邀恩释事。情因赵应具控寄银与李氏一案,蒙恩追究,例应候审。但吏等念在案赵应与李氏均系翁媳,兼之同室不忍参商,于中排解,其赵应所失银布李接收柜内,柜放于堂屋中,人口冗杂,房屋不紧,不知何人窃取,无所查考。吏等念在案李氏居寡,伊子赵文大年幼,现在功书。吏等处令李氏、文大如数垫赔,仍令赵应领邀恩免审,赵应已服无词,情愿具结息和。吏等未敢擅便,理合出具请示,邀恳太老

---

① 转引自张晓蓓:《冕宁清代司法档案研究》,中国政法大学出版社2010年版,第125、131页。

爷台前赏准，批示施行。

乾隆二十四年八月十七日

具请示吏员陆士扬、地保沈恒格

当知县准予息案时，纠纷各方遂向衙门出具结状。其中，李氏具结如下：

具结状孀妇李氏今于太老爷台前为甘结事。实结得赵应具控失银一案，蒙恩准究。今有吏员陆士扬、地保沈恒格等不忍参商，于中排解，如数垫赔息和。日后再无滋事，甘结是实。

乾隆二十四年八月十七日

具结孀女李氏

相比这些零散记载，时距黄岩200公里的处州府龙泉县则是另一番景象，龙泉司法档案对"官批民调"的记载较为详尽。如光绪二十九年"殷韩氏控廖永年等蓄谋罩占案"[1]，现存状纸23件、票（稿）5件、札2件、结状7件及其他材料4件，流程记载相对清楚。当前公开的28宗档案有7宗涉及"官批民调"，社会力量被动介入6宗，主动介入1宗且与官方批令有一定关联。

持批被动介入民间调处在宣统二年（1910）"瞿绍文控瞿自华等不凭契墨毁物凶殴"[2]案中有清晰体现。瞿绍文先后托族人、公人理息，均未成功，唯有诉至县衙。因双方各持一执，县正堂批"著传谕该族房长瞿亲□等，妥为理说。如有不遵，另呈复讯"。瞿泽广（被呈人

---

[1] 档案影印件载包伟民主编：《龙泉司法档案选编·第一辑·晚清时期》上，中华书局2012年版，第36—81页。

[2] 档案影印件载包伟民主编：《龙泉司法档案选编·第一辑·晚清时期》上，中华书局2012年版，第714—748页。

之一）"深描"了该次调处：

> 耆奉谕，讯后旋于十七日开祠。耆遂请尊长瞿振文等来祠，破除情面，秉正不阿，著两造香燃祠台，切心告祝。祷告后，尊长诘（该字存疑）问绍文："据曰，道光十年间，瞿水元将瞿发寿冬至祭头，抵于尔祖。何道光至光绪，毫无尔太祖及尔祖父之名登凿？！……"是日，尊长等在祠理说，著瞿绍文于所拾伪纸，焚烧祠炉，以杜后争。亦劝耆前被文替贴各田，亦归一串与文，以后毋得绍文干预。文时稍有悔意，未几旋听旁人怂恿，朝许夕口，实难了结。为此，家法莫治。

这与瞿振文向县正堂提交的具禀状基本一致。但这次调处在瞿绍文的状纸中则是另一番模样，除声称由绍文"设席祠中"，列明参与调处的房族长及一干长辈（唯独没有提及振文，但振文却是泽广状中唯一指名之人），待众人验查契约、票据之后均支持绍文的主张，但被泽广拒绝。参与调处的另一位族人呈状声援绍文，并特别谴责"振文一非族长，又非房长，岂能徇私不通族众，擅自为之祖禀！"对于四人两套说辞，县知事一再声明"原理房族来案备质"之意，对振文禀状批"违式，著遵用正式呈状另呈核夺"打发，且在绍文呈状上批"该监生倘能退一步想，仍许调处了事"。应该说，县知事对案情有相当程度的掌握，唯希望将纠纷推回社会自行理处罢了。尔后双方反复呈递，且接连几次抢割稻谷乃至及于未熟稻谷，事态越趋激化，县知事只得反复勒令提讯并批令衙役与"该庄协保"劝诫、弹压抢割行为。再后来，尽管县知事支持绍文的主张，但泽广等拖延不予偿付。民国二年，经房族亲友理息，审检所在双方呈递的和解状上批"案既和解，准☐☐☐☐☐"。

之所以主动介入民间调处，通常因争讼日久，房族亲友、保甲长等为求平息事端或因操办其他批令而主动理息。前者如光绪二十九年"殷韩氏控廖永年等蓄谋罩占案",县正堂一再批令"侯谕商务会秉公查理覆夺"未果。延至光绪三十二年,监生张、吴联名投递息呈,称"沐恩提究在即,□□□□均属戚亲,前因外出生理不家,以致两造缠讼不休。□□□□□不忍坐视,出而理息"。尽管息呈所载与官府查明的情况出入甚殊,但县正堂仍予认可,批作"既据该生等出为理明,取结请息,应准如呈销案。结二纸判附"。姑且不论案件真相如何,在各方围绕纠纷施压最终促成监生出面理息,着实打了一手"皆大欢喜"的和牌。后者如光绪十九年发生在台湾北部农村的一起遗产纠纷,尽管官府仅要求族人调查汇报案情,但族人没有响应而径直调解,且为官府认可。[①] 寺田浩明先生甚至运用"拥挤列车"理论将该案的讨论提升至审判社会化的"法之构筑"意义及功能层面。[②] 诚哉,如前诸案件所表明,当纠纷推回民间社会,势必受到各方力量的综合作用,其处理方式、过程及结果往往因案而异,且无法摆脱民间社会这一场域。

此外,对于那些"官批民调"之民间调处环节没有回音的案件(这类情形在黄岩诉讼档案占有相当比重),可能是民间没有响应批令,或敷衍了事,或有理处也有效果但未汇报,再或汇报但没记载或记载了但档案缺失。与前述案件类似,这些"悄无声息"的案件,无论是因冷漠或压制而缺乏民间响应,还是因敷衍了事而无甚可报,均映射出民间社会的宰制力即社会结构对个体行为的制约,可能是当事人接受了冷处理的现实、放弃救济,也可能受谈判力量制约而不得不承受

[①]《淡新档案》(档案号22615)的案情,见寺田浩明:《清代的民事诉讼与"法之构筑"——以〈淡新档案〉中的一个事例为素材》,李力译,载寺田浩明:《权利与冤抑:寺田浩明中国法史论集》,王亚新等译,清华大学出版社2012年版,第277—283页。

[②] 见寺田浩明:《清代的民事诉讼与"法之构筑"——以〈淡新档案〉中的一个事例为素材》,李力译,载寺田浩明:《权利与冤抑:寺田浩明中国法史论集》,王亚新等译,清华大学出版社2012年版,第286—296页。

某种"不平等"方案，承认现实。①

行文至此，已基本勾勒出传统中国司法中"官批民调"的运行状况与大致流程。有理由相信，衙门审断与民间调处互动解纷的实践样态应该还要复杂得多。不限于官方的单方批示与民间的积极调处相结合，衙门人员也可能与民间力量一同出面解决纠纷。同治癸亥二年四月，巴县的官府与会首联合处理一起市场争端。几个同时开业的商家因雇用脚力发生冲突，遂讼争不止。该案处理之后，巴县正堂的示谕还被刻碑保存下来。②

由于黄岩档案对案件发回民间之后的调处情况缺乏直接记载，故难以直观考察该县"官批民调"之效果。从批词内容来看，多次提及案件在诉诸衙门之前业已经由民间调解；部分案件甚至被州县官一再发回民间社会，而具呈人又一再将案件诉诸衙门。这种现象在一定程度上表明，"官批民调"这种州县衙门与民间社会围绕纠纷解决展开的互动，或许并不像通常想象的那样高效。对于互动的总体效果，大抵需要整合各档案之零散记载予以考察。在时间维度上，黄岩档案记载光绪年间司法状况，而巴县档案与冕宁县档案记载乾隆年间情况；在

---

① 诚然，传统社会结构中亦蕴含某些个体解放因素。譬如，张汝龙案中李氏及其舅母之"任性"与"蛮横"、张氏父子之"执着"均在传统社会结构的罅隙中展现着"个性"（也包括"无奈"）。再如，台湾北部农村那起遗产案中族人们在纠纷解决中充分展示民间力量的能动性。之所以用"自噬型社会参与"概括该时期司法社会化实践（尤其从"官府—官批民调—社会"角度看待该时纠纷解决实践），一是为了突出显著特征，故而对例外情形着墨不多，二是个体解放因素的发挥空间相对有限。除张汝龙父子诉请被州县官再三驳回，类似遭遇在黄岩档案中还有诸多记载，尤以第 20 宗"蒋德赠控吴显得等窝窃牛刀诱禁殴抢等情"一案最为典型。此外，为了在长时段研究中突出各阶段的显著特征，对不同时段之间的延续性因素皆强调较少。诸如新中国初年基层社会格式化背后涌动的是宗族、血缘等传统社会构成要素与新制度的扯锯、契合乃至同构。有学者基于三个安徽村庄的研究，认为农村宗族在中华人民共和国成立初期没有被革命政权打碎。在合作社和人民公社以村落为基础的集体化政策下，传统的集体性宗因与新制度发生组织性同构而得以延续，并在农民面对灾难而向自身寻求保护资源时得到增强（王朔柏、陈意新：《从血缘群到公民化：共和国时代安徽农村宗族变迁研究》，《中国社会科学》2004 年第 1 期）。为了展示"顺应型社会参与"特征，本书将更多地着墨于社会格式化维度。

② 参见何智亚：《重庆湖广会馆历史与修复研究》，重庆出版社 2006 年版，第 256—257 页。

地理位置上，黄岩县位于东部沿海，冕宁县则地处西部山地。此外，该种衙门与民间的互动在四川巴县档案、四川南部县档案、河北宝坻县档案、台湾淡新档案、浙江龙泉司法档案也有记载。其中，黄岩档案中"官批民调"案件甚至占衙门自理词讼的40%。基于四川巴县、河北宝坻县与台湾淡新的司法档案，有学者认为，清代诉诸衙门的纠纷中，民间细故约占三分之一，其中，诉诸衙门之后再经由民间调解予以处理的又起码占三分之一。① 显然，这一估算与黄岩档案记载大体接近。龙泉司法档案的7宗"官批民调"案件，有2宗依民间调处意见予以审断。尽管此处数据缺乏统计学意义，鉴于有2宗档案缺乏审断结果，有审断结果的5宗案件中，2件与之相关，还是一定程度地体现出"官批民调"的有效性。事实上，"官批民调"的司法实践远不限于乾隆至光绪之间的历史时期，也不限于前述地域。至于运作实效，还可以通过反向思考以获取初步印象：倘若某种制度或某种做法缺乏实效性，那么其何以能够经受漫长的历史岁月并得以在辽阔的疆域中被广泛地实施？② "官批民调"应该具有相当程度的实效性，纵然刻下尚无法完整地恢复或重现制度运行之原初面貌。

（二）为什么"官批民调"：基于"行动者—结构"的阐释

档案表明，民间细故诉诸官府之后，衙门不断地将其推回民间社会，即便诉诸官府前业已由亲族、乡绅、保甲长调处，官府仍会将案件批回民间。在批回时，州县官往往会表示，具呈人不应再行诉诸衙门。第13宗档案系水塘用水引发纠纷。该案在呈于官府之前邀族里调

---

① 黄宗智：《清代的法律、社会与文化：民法的表达与实践》，上海书店出版社2001年版，重版代序，第5、8页。
② 这种功能主义视角可能遭遇循环论证的诘难，甚至招致为社会制度辩护的指责。该种视角反思，见袁方主编：《社会研究方法教程》，北京大学出版社2004年版，第89页。所谓事物之存在自有其存在之缘由，"官批民调"作为一项长期活跃于帝国基层司法的做法，应当具有社会、经济、政治、文化等背景因素。

处未果。即便如此，批词仍要求"持批再邀族众劝令听理"，且"毋得率请示谕"。将纠纷反复推回民间的做法极为普遍。第6宗档案中，具呈人郑丙松于光绪元年八月二十七日诉诸衙门，批词是"竟不知有国服耶，可恶已极。著投局理明，毋庸滋讼"。八月二十九日，相关人陈显四等具呈于衙门，批词为"仍照前批，投绅理息。两造均宜平心听理，毋得争胜逞忿，自贻伊戚"。九月初八日，所谓的被告葛普怀具呈，批词为"尔与郑丙松如果无纠葛，何以屡被诈借，悉肯曲从，殊不可解。著仍自投局绅理处，不必诉渎"。十二月初三日，郑丙松再呈，批词为"仍邀原理之林兰友等，妥为调停息事，不必诡词砌耸，希图诈累"。尔后，具呈人又诉诸衙门。第68宗档案中，具呈人周克礼分别于光绪十一年二月二十三日、三月初三日向衙门提交呈词，所谓的被告管翰敖也于三月初八日向衙门提交呈词，批词一再提及"邀同原中妥理清楚""邀理中人""邀同契中妥理清楚""毋庸肇讼"。案件在官府审断与民间调解之间反复往返的现象由此可见一斑。如前所述，在特定案件中，官府甚至出言恐吓，要求具呈人不得再行涉讼。在很大程度上，衙门试图阻止民间细故进入官府审断。

  为什么州县官会将诉诸衙门的纠纷批回民间，以至案件在衙门审断与民间调解之间往返徘徊？纠纷在官府审判与社会调处之间来回往复具有何种社会治理意义？其中，州县官何以倾向甚可谓热衷将民间细故推给社会调处体系，这很大程度上可置换为民间调解何以在民间细故解决体系中居于优先地位。文化解释是关于传统中国社会强调民间调解的主流路径，即通常认为以儒家伦理为核心的中国传统文化包含极为丰富的伦理观念与习惯，"和谐"在其中占据核心地位。[①] 有学者认为，传统儒教在帝制中国法律体系中扮演核心角色，甚至被视为

---

① 持此论者甚多，如顾培东：《社会冲突与诉讼机制》，法律出版社2004年版，第38页。

"帝制中国法的灵魂"[1]。毋庸置疑，法律文化对行为选择具有潜移默化的影响。即便追求和谐等传统儒家理念在相当程度上导致人们倾向选择调解，但仍有反思之必要：该种法律文化何以形成？当人们因社会生活而"大打出手""为权利而斗争"之际，该种法律文化扮演何种角色？为什么当该种文化未能有效遏止纠纷发生与升级，而在纠纷业已白热化之后又能有效引导各方寻求和平解决之道？显然，民众选择民间调解的动因绝不仅仅是对调解"喜闻乐见"，也不仅仅因为追求和谐的法律文化在"某一刹那深深地打动了当事人的心"，其间应当具有更为直接、更加具体、更易把握的因素。换言之，可以也应当从法律文化之外寻求解释。

"行动者—结构"可用以解释调解在传统中国纠纷解决中的重要地位。如果将行动者可资利用的资源、规则及其需要依循的制度、惯习视作结构，那么该结构既可支撑行动者实施特定行为，也将对行动产生约束，设置活动边界、决定行为选择。在传统中国纠纷解决中，各方所处社会结构及其社会资源都会对行为选择产生结构性制约，而这种制约力量在解纷实践中反复产生效用，并随历史发展的纵深而不断强化。作为具有超稳定结构的传统中国社会之典型[2]，帝制中国晚期社会结构在纠纷解决中的投影可以较为清晰地展示民众所处时代背景、社会形态之于行动的影响。

首先，从州县司法的体制性要素切入。所谓"万事胚胎，皆由州

---

[1] 帝制中国法律体系的"灵魂"在很大程度上是法家思想与儒家思想的结合体，且传统儒教本身也糅合了诸多观念，诸如道教、阴阳学说、五行学说、佛教、天象学、数理学等。见 John W. Head, *China's Legal Soul: The Modern Chinese Legal Identity in Historical Context*, Carolina Academic Press, 2009, ch.1。氏甚至认为，可从当代中国法律体系中寻找到对应物，见 *China's Legal Soul* 第 4 章。帝制中国法律体系中儒家思想与法家观念相结合的论述，还可见 Richard C. DeAngelis, "People's Republic of China", in *Legal Traditions and Systems: An International Handbook*, A. N. Katz, ed., Greenwood Press, 1986, p. 246.

[2] 金观涛、刘青峰：《兴盛与危机：论中国封建社会的超稳定结构》，法律出版社 2010 年版，第 219—222 页。

县"①。州县在传统中国社会治理中具有重要作用，盖因州县作为国家权力深入基层社会的机构，其下业已没了正式国家机构与官员。这种重要性也可从"知州""知县"等称谓中窥视一二，即"所谓知州知县者，欲其周知一州一县之庶务，悉心经理，四境即其一家，精神必须贯注。旨哉！"②具体的州县建制是变动不居的。据瞿同祖先生考证，清帝国大概有100多个普通州和1200到1300个普通县。以方圆来描述，州县规模大约从一百里到几百里不等，人口从几万到几十万户不等。③虽然知县、知州有若干属官辅佐之，但在审断纠纷时主要依赖其礼聘的少量幕友。据推算，以县均20万人口计，每月约6天时间受理诉讼，平均每天每州县衙门200余起案件；每年共48天受理民事案件，一年则10000余起案件之多。④众所周知，解决纠纷仅仅是州县官日常事务之一部分，当"袖珍"型州县机构治理偌大辖区时，向民间寻求辅助力量具有某种必然性，通过"官批民调"将纠纷发回民间社会处理正是州县官的应对之策。⑤

其次，制度化地阻碍民间细故成为衙门事务。设置放告日不仅仅维护了帝国农业体系的正常运行，也客观上促进纠纷的民间化处理。《大

---

① 王又槐：《办案要略》，载张廷骧编：《入幕须知五种》，台湾文海出版社1968年版，第493页。

② 徐文弼编：《吏治悬镜》上，台湾广文书局1977年版，第3页。

③ 瞿同祖：《清代地方政府》，范忠信、晏锋译，何鹏校，法律出版社2003年版，第5、6页。

④ 数据转引自徐忠明：《明清诉讼：官方的态度与民间的策略》，《社会科学论坛》2004年第10期。依既有文献看，该种计算方式可能受日本学者夫马进的影响。夫马进以汪辉祖在乾隆五十二年湖南宁远县每放告日所收词诉书状为依据，结合清代放告日制度予以推演。汪氏亦指出，每放告日所收词诉书状有相当部分属于催呈之类，仅10起是真正的新讼案。故而，结合黄宗智先生对宝坻等较少商业化的北方诸县之估算，有学者指出"一个较为宽泛的诉讼率范围，即从每年的50起讼案至720—960起讼案，这真实地反映了18世纪晚期中国的地域差异"。换言之，该时期每县年均新收讼案大抵在50至720—960起之间（梅利莎·麦柯丽：《社会权力与法律文化：中华帝国晚期的讼师》，明辉译，北京大学出版社2012年版，第337—339页）。当然，即使每放告日所收新案比重不大，但处理大量催呈之类亦需大量人、财、物支出。

⑤ 尽管在"调解""调息""调处"的内涵上略有出入，但在清代衙门与民间社会之间的解纷成本转嫁上，本书与夏皮罗氏观点不谋而合。参见马丁·夏皮罗：《法院：比较法上和政治学上的分析》，张生、李彤译，中国政法大学出版社2005年版，第257—260、263、269—270页。

清律例》之"告状不受理"所附条例规定:"每年自四月初一日至七月三十日,时正农忙,……一应户婚、田土等细事,一概不准受理;自八月初一以后方许听断。若农忙期内,受理细事者,该督抚指名题参。"①农忙时节不受理民间细故乃基本原则,特殊情形除外。黄岩档案的绝大多数纠纷是农闲时节具呈衙门,也有部分案件乃农忙时节诉诸官府。在78宗档案中,四至七月间诉诸衙门的案件23件,约占30%。对于农忙时节诉诸衙门的记载,我们甚至很难说,这是由于当事人不清楚或不遵守律例规定所致。农忙时节诉诸衙门的情形在不同年份有所发生,且批词并未提及具呈时间不合律例,部分批词还对当事人应当如何解纷予以明确批示、悉心指点。此外,依《大清律例》之"告状不受理"及其条例,不仅农忙时节一般不受理民间细故,违反则提参官员,还规定受理日,若官员不受理则"各减犯人罪二等,并罪止杖八十。受[被告之]财者,计脏,以枉法[罪与不受理罪]从重论"②。档案表明,农忙时节诉诸衙门的纠纷,官方也会在受理日将其反复地推回民间社会。纵然依《大清律例》,上级衙门会定期审查下级办案情况,这些做法也未招致上级的否定评价。③ 总体而言,设置放告日在客观上阻止民间细故诉诸衙门,将农忙时节解纷重心滞留在民间社会,由其自行设法;同时,州县官对农忙时节诉诸衙门的案件并未依律驳回,而更强调通过"官批民调"进行处理,采取与农闲时分相似态度及相同策略。

再次,将细故推回民间社会契合帝国司法的本质。黄岩档案中州县官处理民间细故乃至其他纠纷时,多数是直接依具状所载言辞予

---

① 条文参照《大清律例》,田涛、郑秦点校,法律出版社1999年版,第479页。
② 条文参照《大清律例》,田涛、郑秦点校,法律出版社1999年版,第478—479页。
③ 法律表述与司法实践的背离现象,在近现代诉讼活动中仍然存在。在1942年意大利颁布新《民事诉讼法》之后,不同地区的实际做法仍然各不相同,这种差异甚至极其显著。持论者认为,"地方传统对法律实践的影响导致成文程序规则之实施呈现各不相同的歧异局面,它增加某些规则的重要性,减损另一些规则的重要性,甚至完全无视某些规则"(皮罗·克拉玛德雷:《程序与民主》,翟小波、刘刚译,高等教育出版社2005年版,第7页)。

以评判的。这种判断纠纷内容及性质的做法优劣兼有。但鉴于州县官（尤其刑名、钱谷幕友）往往长期从事纠纷理处，以及具状之代书人一般较为固定且大多情况下为官代书所抄写，故州县官凭借具状内容及言词判断案情并非全无可能。黄岩档案中许多纠纷被州县官以具状不实为由驳回。当然，通过言辞予以审断不是细故被推回社会的直接原因。康熙朝有圣谕："若庶民不畏官府衙门且信公道易伸，则讼事必剧增。若讼者得利争端必倍加。届时，即以民之半数为官为吏，也无以断余半之讼案也。故朕意以为对好讼者宜严，务期庶民视法为畏途，见官则不寒自栗。"[①] 康熙帝随后指出，"良好的处理方法是让他们诉诸社区中的里老。……对那些讨厌的、固执的、好诉的人，要让他们在公堂之上破产——这就是他们应当领受的"[②]。可见，细故被大量推回社会与帝国州县司法之本质具有直接关联。康熙帝的言语透露出，纠纷基本被视为消极力量，其根本性危害在于冲击帝国统治秩序。传统帝制司法不是旨在实现民众权益保护，甚至纠纷解决本身亦非关注焦点，根本目的在于维系地方稳定，且在很多场合还具有特定政治意义。[③] 后者在命盗类案件中体现得特别突出[④]，在户婚田土类案件中也时有体现。如明代南昌一起普通的墓地纠纷，最终竟被呈至弘治皇帝

---

① 转引自勒内·达维德：《当代主要法律体系》，漆竹生译，上海译文出版社1984年版，第487页注2。

② 转引自柯恩：《现代化前夕的中国调解》，王笑红译、王晴校，载强世功主编：《调解、法制与现代性：中国调解制度研究》，法制出版社2001年版，第104页。

③ 在讨论19世纪清代农村社会控制时，萧公权先生表达了一个上位观点："统治者最是操虑帝国安危。"为此，统治者不仅利用大量控制系统，还需将控制系统本身置于严密掌握之中（Kung Chuan Hsiao, *Rural China: Imperial Control in the Nineteenth Century*, University of Washington Press, 1960, p. 8）。此外，王朝安危是帝国统治者首要关心的话题，而清代统治者的征服者身份使该问题变得愈发紧要（Kung-Chuan Hsiao, *Compromise in Imperial China*, University of Washington, 1979, p. 9）。

④ 乾隆年间叫魂案，见孔飞力：《叫魂：1768年中国妖术大恐慌》，陈兼、刘昶译，上海三联书店2014年版。起于谣言的叫魂案，由于乾隆帝的关注，很快让整个帝国的司法机器高速运转起来，而司法具体运行也与案件事实渐行渐远。随后，帝国安稳、皇权威严、皇帝欢心之类皆成了引领司法运行的风向标。

手中。①之所以该起民间细故被上报到帝制司法的顶端,核心原因在于官僚们涉嫌在审断过程中受贿,而帝制司法体系的所有官员们均向皇帝负责,显然官僚涉贿及背后的争斗危及帝国秩序及统治。职是之由,严格意义上,帝制中国的州县司法不能用现代意义的"司法—行政"的分类视角来理解。司法与州县其他事务一样,如征税、治安、水利、邮驿、教育、祭礼,只不过是下层官员替中央政权操办特定事务,通俗地说,是州县官员向中央政府交差,司法与其他事务本质上无二。②进言之,州县司法通过处理命盗类纠纷以维护地方秩序,户婚田土类纠纷则主要由地方自行了结。因为后者之于帝国秩序无关轻重,且大量细故进入官府议程也超出帝国治理能力。在深层原因上,民间细故被推回社会与帝国司法的结构及属性具有紧密关联。

又次,作为帝国司法之惯习,"官批民调"具有深厚的实践基础。乾隆三十年,《大清律例》之"告状不受理"增补一条例文:"民间词讼细事,如田亩之界址、沟洫,亲属之远近、亲疏,许令乡保查明呈报。该州、县官务即亲加剖断,不得批令乡地处理完结。如有不经亲审批发结案者,该管上司即行查参,照例议处。"③有观点认为,该条例文是"官批民调"违背律例之一佐证,而该条之目的在于防止乡保滥用职权。④《大清律例》之"盗贼窝主"所附条例规定"其一切户婚、田土不得问及保甲,唯人命重情取问地邻保甲"⑤。虽然正式制度禁止保甲

---

① 卜正民:《明代的社会与国家》,陈时龙译,黄山书社2009年版,第1—6页。

② 相对而言,司法较其他事务略显重要。以州县官所聘各类行政事务专家即幕友的地位来说,刑名、钱谷幕友较其他幕友地位高。在新年或其他节日,州县官宴请幕友时,刑名幕友常常坐首席,以示荣耀。瞿同祖:《清代地方政府》,范忠信、晏锋译,何鹏校,法律出版社2003年版,第178页。

③ 条文参照郭成伟主编、吴坤修等编撰:《大清律例根原》叁,上海辞书出版社2012年版,第1466页。

④ 陈会林:《地缘社会解纷机制研究——以中国明清两代为中心》,中国政法大学出版社2009年版,第388页。

⑤ 条文参照《大清律例》,田涛、郑秦点校,法律出版社1999年版,第416页。引用时有调整。

长问理民词,保甲长却大量参与"官批民调"。① 虽研究表明:在 18 世纪中叶至 19 世纪中叶的巴县诉讼档案中,知县从没将案件批令乡保调处;在 19 世纪(主要是后半期)的 118 件宝坻档案中,有 6 例;在 19 世纪后期的淡新档案中,有 31 件。② 也有材料显示,自《大清律例》颁行之后到该例文增补之前,保甲长参与民间纠纷解决可谓屡见不鲜;即使该例文增补之后相当长时期内,保甲长参与"官批民调"也是屡见记载。除了黄岩诉讼档案中有几宗案件批令保甲理息,还如乾隆三十三年广东省肇庆府高要县地保何明也调处斗殴案,次年郑元清调处租佃纠纷。③ 保甲长解决民间纠纷甚至直接出现在判词中。光绪三十二年南部县档案记载:"查李怀顺本属开贸良民,邱承诏不能约束其妻,任其泼悍、败人名节。……断令邱承诏限四日内,请凭保甲、街邻在五显庙治酒与李怀顺挂红、放炮、赔礼,……如再敢胡言滋非,即著保甲指禀,定即提惩严办不贷。此判。"④ 即使帝国律例对保甲长参与"官批民调"有若干禁止性规定,实践中仍是"禁而不止"。此外,将诉诸衙门的纠纷交回亲族或乡绅调处则更为常见,且为帝国律例所推崇。

最后,传统中国的基层社会样态与民间调解的倾向性选择之间存在契合。当事人所处的社会环境及其可资利用的资源对行为选择产生结构性制约力量。传统中国主要是一个农业社会,社会流动性总体上不高,故而人际关系维护是在该种社会形态中生存的重要前提。这种生存性需求与环境制约力在很大程度上决定基层民众倾向选择关系修

---

① 这种悖离情形还有很多。如光绪朝《钦定大清会典》(卷五十五)规定"凡官非正印者,不得受民词",然事实并非如此,州县属官亦时常受理民词。见那思陆:《清代州县衙门审判制度》,范忠信、尤陈俊勘校,中国政法大学出版社 2006 年版,第 17 页。
② 黄宗智:《清代的法律、社会与文化:民法的表达与实践》,上海书店出版社 2001 年版,第 110 页。
③ 中国第一历史档案馆等:《清代土地占有关系与佃农抗租斗争》下册,中华书局 1988 年版,第 628—629、631 页。
④ 转引自里赞:《晚清州县诉讼中的审断问题:侧重四川南部县的实践》,法律出版社 2010 年版,第 287 页。

复型解纷方式。之所以传统中国社会长期处于相对静止的状态，主要缘于流动成本过高，故而强调人与人和谐相处，重视纠纷平和解决。这几乎是社会共识。从传统中国大部分地方的生活与生产状况看，民众基本上被"捆绑在土地上"。在 15 英寸等雨线以南的辽阔疆域内，民众大多以农谋生。① 农业生产的周期性及其对土地的高度依赖极大地降低了人口流动的比例与成功率。基于数千年历史纵深，但凡出现大规模人口流动，往往与饥荒、旱涝、战乱、人口压力、赋税诸问题攸关②，要么大规模人口流动本身成了一个严重的社会问题，或者这种流动旨在应对某些自然事件或社会变迁。质言之，"从基层上看去，中国社会是乡土性的"；在呈差序格局结构的传统中国社会中，"社会关系是逐渐从一个一个人推出去的，是私人联系的增加，社会范围是一根根私人联系所构成的网络"③。在该结构中，民众行为遵循"人情取向的乡土逻辑"：社会交往中"注重情面"；日常行为中"不走极端"。④ 可以说，调解在很大程度上契合乡土社会生存逻辑。此外，从基层民众视角看，诉诸衙门也不方便。在黄岩档案中，当事人距县城 30 里左右者，约 80%；最远距离达 70 里，约 4%。以黄岩地理面貌及当时交通发展水平来看，即便距县城 30 里左右者交通成本也不低。⑤ 可见，利用州县衙门处理民间细故的概率并不高。在基层社会内部形态与外部

---

① 15 英寸等雨线与中国农业、农村组织、家族组织、社会秩序的探讨，见黄仁宇：《中国大历史》，生活·读书·新知三联书店 2010 年版，第 24—32 页。

② 中国流民研究，见江立华、孙洪涛：《中国流民史》古代卷，安徽人民出版社 2001 年版；池子华：《中国流民史》近代卷，安徽人民出版社 2001 年版；王俊祥、王洪春：《中国流民史》现代卷，安徽人民出版社 2001 年版。

③ 费孝通：《乡土中国 生育制度》，北京大学出版社 1998 年版，第 6、30 页。

④ 陈柏峰：《乡村江湖：两湖平湖"混混"研究》，中国政法大学出版社 2011 年版，第 46—53 页。饶有兴趣的是，1980 年代美国加利佛尼亚州夏斯塔县的牧民们，在处理牲畜越界纠纷时也秉持一种"自己活别人也活"的哲学，较少采取极端措施。罗伯特·C.埃里克森：《无需法律的秩序——邻人如何解决纠纷》，苏力译，中国政法大学出版社 2003 年版，第 64—67 页。

⑤ 数据参考王宏治：《黄岩诉讼档案简介》，载田涛、许传玺、王宏治主编：《黄岩诉讼档案及调查报告》上卷，法律出版社 2003 年版，第 49 页。

州县衙门利用状况的多重影响之下，调解在相当程度上是当事人维持既有社会关系而可资援用的有限方式之一。

大抵而言，州县机构、设置放告日、"官批民调"惯习、帝国司法本质均属国家权力运作范畴，基层社会样态及民众对调解的倾向性选择则属社会运行问题。若简要概括帝制晚期"官批民调"运行逻辑，则是官僚体系有意识地、制度化地将民间细故阻挡于衙门外，并坚定地将纠纷推回基层社会，而调解很大程度上契合乡土社会生存逻辑，遂成为民众之一有限选择。

三、补充型社会参与：民国基层司法的双层构造

作为传统州县司法之一重要内容，"官批民调"受到近代中国司法体制西方化及法律形式主义的冲击。清末修律是传统中国司法模式经历结构性转换的开端，纵然大清帝国的陡然坍塌使得清末修律之诸多成果未能付诸实践。此处以民事立法为主线。《大清律例》自乾隆朝定型之后，体例、原则及精神几乎未再改变。作为《大清新刑律》实施之前的过渡性刑法典，《大清现行刑律》是在《大清律例》基础上"删除总目，厘正刑名，节取新章，删并例文"，从而区分民事纠纷、刑事纠纷，并规定旧律例中户婚、田土、钱债等民事纠纷不再科以刑罚。当然，专门针对民事纠纷的实体性立法还属《大清民律草案》。在民事立法浪潮中，《大清刑事民事诉讼法》率先出台，却因采用当时西方国家的诉讼原则与审判制度而饱受争议。于是，《各级审判厅试办章程》作为过渡性法规被颁布施行。此后，《民事刑事诉讼暂行章程》因故未曾奏进[①]，且制定的《民事诉讼律草案》也因清政权之土崩瓦解而未及

---

① 拟定《民事刑事诉讼暂行章程》旨在"将诉讼律内万不容缓各条先行提出"。不同于《大清刑事民事诉讼法》《民事诉讼律草案》《刑事诉讼律草案》，《民事刑事诉讼暂行章程》迄今亦鲜为世人熟知。见徐立志：《沈家本等订民刑诉讼法草案考》，载张国华主编：《博古通今学贯中

颁行。但清末修律的制度性成果及影响并未被掩埋于王朝分崩离析后的断砖残砾之中。

（一）司法专业化浪潮中的调解社会化

清末修律业已建构及企图确立的司法体系与审判制度在民国时期得以承继、实现。法律形式主义与司法体制西方化亦为民国司法主流倾向。在南京临时政府时期，时任司法总长伍廷芳先生曾呈文：

> 窃自光复以来，前清政府之法规既已失效，中华民国之法律尚未颁行，而各省暂行规约，尤不一致。……本部现拟就前清制定之民律草案、第一次刑律草案、刑事民事诉讼法、法院编制法……除……碍难适用外，余皆由民国政府声明继续有效，以为临时适用法律，俾司法者有所根据……俟中华民国法律颁布，即行废止。①

随后《新法律未颁行前暂适用旧法律案》得以通过。在北洋政府时期，确认《大清现行刑律》的民商事部分继续有效；基于《大清民律草案》编纂民法典；在大清《民事诉讼律草案》基础上制定并颁行《民事诉讼条例》②；颁行《修正各级审判厅试行章程》《暂行法院编制法》等司法组织法规③。在南京国民政府时期，在《大清民律草案》与北洋政府

（接上页）西的法学家——1990年沈家本法律思想国际学术研讨会论文集》，1992年，第453页；吴泽勇：《〈民事刑事诉讼暂行章程〉考略》，《昆明理工大学学报（社会科学版）》2008年第1期。

① 孙中山：《孙中山全集》第2卷，中华书局1982年版，第276页。
② 1921年，广州军政府在清代《民事诉讼律草案》的基础上公布《民事诉讼律》，并于西南各省实施之。这是中国第一部正式公布的民事诉讼法典。次年，《民事诉讼条例》颁布。由是，中国出现两部民事诉讼法同时施行的局面。朱勇主编：《中国法制通史》第9卷，法律出版社1999年版，第533—534页。
③ 县级设立初级审判厅的司法专业化构想曾经落空。由于人力财力不足，遂从体制上撤销初级审判厅，并颁行《县知事兼理司法事务暂行条例》。未设法院的县，由县知事兼理司法事务。这被视作行政司法合一、行政包揽司法等封建司法"回光返照"。曾任北洋政府修订法律馆总裁的

《民法草案》基础上出台民法典；先后制定两部《民事诉讼法》并出台《民事调解法》《强制执行法》等。与清末修律时秉持"采列邦之良规，无违中国之礼教""务期中外通行"诸立法原则相仿，南京国民政府坚持"继承本国固有法源，采择各国法规，参酌世界立法趋势"立法方针。① 总体而言，在"中体西用"理念下，传统中国司法开始现代化、专业化转型。这甚至可以溯至1907年天津政府建构现代司法体制的努力。②

司法专业化转向一方面受到时人赞许，另一方面又因法律形式主义、程序烦琐、效率低下而遭人非议。时人认为"吾人对于司法，固亦不能满意，然较之他项事业，平心论之，犹以为此善于彼也"③。有学者则指出，"程序上的形式主义的泛滥，常常令当事人对案情的进展不明就里，难以琢磨法官的意图。各级法院对于每一讼案，必先审查其形式方面有无缺陷，而后才进行实质上的审判。而当时普通民众，识字者为数甚少，法律规定的诉讼手续多从外国学来，种种名词、术语及形式，只具备普通常识，尚且不能理解，更莫说普通常识都不具备的广大民众"④。毋庸讳言，在司法专业化转型中，该时期司法审判未给社会力量提供太多参与空间。从民国致力打造现代型司法体制的努力

（接上页）罗文干有过被关押的经历，他感慨"刑事诉讼法，予起草者也，今入狱三月，乃知昔日起草之精神与今日实施之实况，迥然不同也……凡行政长官所不喜之人，旦夕得而羁押之……凡行政长官所袒护之人，不得逮捕之"（罗文干：《狱中人语》上编，北京民国大学1925年版，第52—54页。转引自叶孝信主编：《中国法制史》，北京大学出版社2000年版，第373页）。有道是"巧妇难为无米之炊"，今人需历史性、情景性地分析北洋政府在县级司法专业化道路上的反复与徘徊。

① 转引自曾代伟主编：《中国法制史》，法律出版社2003年版，第262、286页。
② 天津府设立高等审判分厅，天津县设地方审判厅，城乡分设乡谳局四所，刑案仿日制设预审官，两厅及谳局办事人员均培训试验而择优充派。此外，厅局雇用之人，皆由招考而得，如书记生、承发吏、司法巡警。参见《奏报天津地方试办审判情形折》，载天津图书馆、天津社科院历史出版社研究所编：《袁世凯奏议》下册，廖一中、罗真容整理，天津古籍出版社1987年版，第1492—1494页。
③ 江庸：《法律评论发刊词》，《法律评论》1923年创刊号。
④ 张仁善：《司法腐败与社会失控（1928—1949）》，社会科学文献出版社2005年版，第148页。

看，该时期司法除了受人力、物力、财力及国民意识诸客观因素所限而恢复部分传统司法因素，西方诉讼程序与司法体制俨然是整个民国司法之模板，这亦谓清末修律的延续与升华。在注重形式主义的诉讼体制中，社会力量几乎完全被排除在外。

清末修律的条文与北洋政府之诉讼规范均未给社会力量参与日常司法活动设立明确规范。[①] 这比较容易理解：在注重形式主义且视司法为逻辑推理活动的诉讼理念之中，诉讼之专业化趋势与调解等非形式理性之解纷手段需要保持必要距离。在该时期关于常规性司法活动的立法中，陪审制可算作司法专业化主题兼容非职业化因素的典型代表。[②] 即便北洋政府撤销初级审判厅，由知县兼理司法事务并于地方审判厅设立简易庭办理民事案件，其条文层面尚未发现借助民间力量处理司法案件的只言片语。依当时法令，未设法院的县，"司法事务由县知事处理之"，并"设承审员助理之"。承审员资格设定也体现出职业化、专业化倾向。[③] 为消解县知事兼理司法的弊端，1917年《县司法公署组织章程》规定，未设审判机构的县须设司法公署，由审判官及县知事组成，前者负责审判，后者负责检举、缉捕、勘验、递解、刑事执行等。[④] 但截至1926年，全国2000多个县中仅46个县设立司法公署。[⑤] 这至少

[①] 虽然常规司法活动中缺少社会化的制度空间，但社会力量参与司法活动仍有少许空间。如政府曾将社会力量引至司法人员培训工作。宣统三年，法部奏请设立私立临时法官养成所，以储备考试法官。其中一个主要原因是经费紧缺，故需社会参与。该奏折附有详细的章程，朱批则是"依议。钦此"[参见《法部奏考核私立临时法官养成所暨附设监狱专修科章程折并单》，载上海商务印书馆编译所编纂：《大清新法令（1901—1911）》第11卷，王兰萍、马冬梅点校，商务印书馆2010年版，第287—289页]。

[②] 一个有趣的现象是，在世界大多数法域与法律体系之中，陪审制均与司法职业化保持着足够紧密的关联，如影相随。

[③] 1914年《县知县兼理司法事务暂行条例》与《修正县知县兼理司法事务暂行条例第三条》，见蔡鸿源主编：《民国法规集成》第31册，黄山书社2001年版，第42—51页。《修正县知县兼理司法事务暂行条例第三条》旨在调整承审员任职条件、扩大适格者范围。

[④] 朱勇主编：《中国法制通史》第9卷，法律出版社1999年版，第527页。

[⑤] 数据源自《法律评论》1926年12月。转引自朱勇主编：《中国法制通史》第9卷，法律出版社1999年版，第528页。

倒映出司法中分权制衡的影子。此外，为缓减缺失初等审厅可能造成的消极影响，地方审判厅设立简易庭，且特定案件之第一审限由简易庭办理。但1922年《民事简易程序暂行条例》仍是一派专业化气象。

立法层面致力于诉讼程序西方化的势头在南京国民政府时期略有变化。尽管1932年《民事诉讼法》未将调解这一传统中国司法要素纳入其中，但1930年《民事调解法》旗帜鲜明地主张，在第一审法院附设民事调解处，以"杜息争端、减少讼累"。尤为重要的是，该法贯彻司法调解社会化思路并确立了诸多制度。其一，调解主体须由推事与非职业人员共同组成。第3条规定"民事调解以推事为调解主任，两造当事人各得推举一人为调解人协同调解"。第4条规定"调解人应具备左列各款资格：（1）中华民国国民年在三十岁以上者；（2）有正当职业者；（3）识中国文义者"，且"现任司法官或律师不得为调解人"。其二，非职业调解人的签名乃调解之成立要件。第12条规定，"调解笔录经调解主任向当事人说明，调解结果由当事人两造同意并签名及调解主任、调解人签名后，为调解成立"。其三，非职业调解人促成之调解，其效力与判决等同。第13条规定，"调解成立与法院确定判决有同等之效力"[①]。除了将非职业人员引入司法调解，该法还涉及案件范围的明确化、调解申请的要式化、调解申请书的规范化、课处无故不参加调解者、调解笔录的规范化等。[②] 该法是关于传统中国调解规范化的首次尝试，但无时不体现出深受司法制度西方化潮流的影响，是法律形式主义理念下对传统解纷因素的吸纳与整合。进言之，调解社会化与

[①] 条文引自《国民政府公报》第375号，国民政府文印铸局印行，1931年1月22日，第3—4页。

[②] 为提升实效，该法甚至规定，如果当事人无正当理由不按期参加调解，处十元以下的罚款。据载，在末代"皇妃"文绣诉溥仪的离婚纠纷中，溥仪曾接到天津地方法院传票和副状。见此规定，溥仪又羞又恼，吩咐律师"我已没时间耗下去了，尽快私下解决此事。只要不上法庭，一切都好说"。溥仪是否被罚款十元，暂不得知，但该案终得协议解决。见《末代皇妃的"革命"》，《法治周末》2011年10月18日。更多描述见张建安、金人主编：《民国名人诉讼案》，群众出版社2004年版，第74—94页。

调解规范化成了该立法的两个不同侧面,至少在立法例层面如此。

1932年《民事诉讼法》也没能摆脱时人的抨击,如形式主义泛滥、与民众认知相距太远、程序繁复导致诉讼拖延等。尝试社会化观念的《民事调解法》在一定程度上拉近了民众与西式诉讼的差距。尔后,《民事调解法》的立法精神与具体制度被吸纳至1935年《民事诉讼法》,社会力量得以明确进入司法活动,调解社会化思路首次体现在诉讼法中。第416条规定"当事人两造各得推举一人为调解人,于期日到场协同调解。不问当事人有无推举调解人,如法院认有第三人适于协同调解时,得选任为调解人。……法院选任之调解人,应通知其于期日到场。当事人选任之调解人,经预行陈明法院者,亦同"。第421条规定"调解成立者与诉讼上和解有同一之效力"。此外,不同于1930年《民事调解法》之规定——"调解人不得收受报酬",1935年《民事诉讼法》规定,调解人"得请求法定之日费及旅费";调解人"所需之旅费得依其请求预行酌给之"。甚至该时期伪满洲国政府亦设调解制度及调解社会化制度。1937年《调停法》第27条规定"法院得询当事人之意见,使认为适当之人为调停之辅助";第28条规定"法院就调停认为相当者,得在法院外为调停";第40条明确辅助调停人的待遇及补助,即"对于调停委员及依第二十七条之规定辅助调停之人,依司法部大臣之所定,给予旅费、每月津贴及止宿费"。① 鉴于该时期之特殊时代背景,制度相似性是较易理解的。

严格意义上讲,该时期之调停与当下诉讼外调解、诉前调解较为相似,而诉讼上之和解与当下诉讼调解更为接近。对于诉讼上之和解,1922年北洋政府《民事诉讼条例》有专门规定。② 从条文看,该法未

---

① 条文引自蔡鸿源主编:《民国法规集成》第90册,黄山书社2001年版,第128、129页。
② 北洋政府《民事诉讼条例》脱胎于清代《民事诉讼律草案》,故诉讼上之和解制度亦源于《草案》。《草案》第284条规定"受诉审判衙门不问审判程度如何,得于言词辩论时试行和解";第525条规定"当事人于起诉时,得先因和解声明请求之目的物声请传唤相对人"。《条例》不仅

给社会力量参与诉讼上之和解提供空间,且从立法意图观之,即使受命或受托之推事也无试行和解之权,"盖因诉讼或各种争点借和解而终结,不仅为两造之利益,亦国家之利益也"①。1932、1935 年南京国民政府《民事诉讼法》也规定诉讼上之和解,但条文数目及内容与《民事诉讼条例》几无出入。②1937 年伪满洲国政府《民事诉讼法》也专节规定诉讼上之和解,内容与前述两立法例极为接近。③无须讳言,即便将诉讼上之和解纳入考察范畴,该时期的立法仍未给社会力量参与司法调解预留太多制度空间。

概言之,清末修律以降,司法体制及诉讼程序的主流是西方化,作为传统司法之重要元素的调解未得更多制度关注。这种局面直至南京国民政府时期得以打破,该时有关当局试图引入调解以使西化之诉讼制度适应中国社会。在吸收传统解纷资源时,司法调解社会化思路方有运行空间。将调解引入司法活动且调解社会化尝试被立法者寄予厚望,可借史料窥知一二。1929 年,在第 208 次中央政治会议上,时任中央委员兼立法院院长胡汉民提议《民事调解条例草案原则》。该提案之旨趣有云:

> 查民事诉讼,本以保护私权,而一经起诉之后,审理程

(接上页)承继《草案》之相关内容,且措施表达及句式结构等亦深受影响。事实上,更早些的《大清刑事民事诉讼法》之第 185 至 191 条对诉讼上之和解已有明确规定,包括当事人推举非职业之公证人、中人参与和解以及特定情形下承审官得选殷实之人充任中人等。另外,轻微刑事案件也可和解。条文见上海商务印书馆译局编纂:《大清新法令(1901—1911)》第 1 卷,李秀清、孟祥沛、汪世荣点校,商务印书馆 2010 年版,第 445 页。

① 诉讼上之和解见石志泉:《民事诉讼条例释义》中卷,国立北平大学法学院出版课 1930 年版,第 208—213 页;郑爱诹编著:《民事诉讼条例汇览》,朱鸿达校订,世界书局 1923 年版,第 311—314 页;金绶:《民事诉讼条例详解》,王铭章校订,中华印刷局 1923 年版,第 62—64 页。

② 条文见蔡鸿源主编:《民国法规集成》第 65 册,黄山书社 2001 年版,第 227、197 页。1945 年南京国民政府修正《民事诉讼法》时对诉讼上之和解所做补充,见蔡鸿源主编:《民国法规集成》第 66 册,黄山书社 2001 年版,第 351 页。

③ 条文见蔡鸿源主编:《民国法规集成》第 90 册,黄山书社 2001 年版,第 33—34 页。不仅该诉讼上之和解制度与北洋政府、南京国民政府的制度极其接近,且典章体例、条文表述亦高度相仿。

序，异常繁重，往往经年累月，始能结案，甚非所以息事宁人之旨。……我国凤重礼让，以涉讼公庭为耻，牙角细故，辄就乡里耆老，评其曲直，片言解纷，流为美谈。今者遗风渐息，稍稍好讼，胜负所系，息争为难，斯宜远师古意，近来欧美良规，略予变通，以推事主持其事，正名为调解，并确定其效力，著之法令，推行全国。庶几闾阎无缠累之苦，讼庭有清简之观……①

（二）法院调解实践的社会参与

纵然司法调解社会化在立法层面甚是纠结，法律实践却不尽然：一是法院调解实际功效与预期有所出入；二是社会调解对法院调解、司法审判有较大助益。

以调解人制度观之，《民事调解法》施行后，当事人推举调解人的效果不突出，要么当事人不推举，要么推举之人往往帮助该方当事人作利益主张，有失居中调解之意旨。②职是之由，1933 年《修正民事调解法施行规则》规定，"不问当事人有无推举调解人，如调解主任依关系人之陈述或其他调解之结果，认为第三人适于协同调解时，得选为调解人"；1935 年《民事诉讼法》亦规定，"不问当事人有无推举调解人，如法院认有第三人适于协同调解时，得选任为调解人"。通过梳理档案，民国时期全国法院系统民事调解概况如表 2.2。

表 2.2　南京国民政府法院民事调解概况

年度	受理件数（件）	有调解人者（件）	调解成立者（件）	调解不成立者（件）	调解撤案者（件）	调解进行中者（件）
1931	67806	24134	17347	64180	282	1245
1932	83054	23261	17859	48393	253	1301

---

① 谢振民编著：《中华民国立法史》下册，张知本校订，中国政法大学出版社 2000 年版，第 1033 页。
② 见石志泉：《民事调解制度》，《法学专刊》1935 年第 5 期。

续表

年度	受理件数（件）	有调解人者（件）	调解成立者（件）	调解不成立者（件）	调解撤案者（件）	调解进行中者（件）
1934	115453	31728	18643	95251	0	1559
1935	83773	——	——	——	——	731
1936	84974	——	12419	68016	3438	1101

注：（1）1931、1932年度数据源自司法行政部统计室编辑：《中华民国二十一年度司法统计》，京华印书馆1935年版，第248页；1934、1935、1936年度数据源自司法行政部统计室编辑：《中华民国二十五年度司法统计》下册，出版者不详，第98页（扫描版载http://www.cadal.zju.edu.cn/book/singlePage/08007540，若无说明，本书网络信息最后访问时间均为2016年10月19日）。

（2）1934年度的"有调解人者""调解成立者""调解不成立者"数据源自司法行政部统计室编辑：《中华民国二十三年度司法统计》，转引自赵建蕊："民国时期的民事调解制度"，中国政法大学硕士学位论文2007年，第25页；1934、1936年度的"调解撤案者"数据乃根据现存数据推算而来（1934、1936年度的"调解撤案者"数据，要么为零，要么高达数千件。此二者，或情形极端，或与此前情况的反差极大，故真实性尚待考证）。

（3）前列《司法统计》所称"年度"均为该年7月至次年6月。如1931年度，即1931年7月1日至1932年6月30日。

民国法院调解的成立比例不高，大抵20%上下；调解人参与法院调解的比例为20%到40%；法院调解案件受理数变化不大。由于1935年7月之前的法院调解乃法院调解处依照《民事调解法》所为，尔后法院调解乃民事审判庭依循《民事诉讼法》为之，故而，司法行政部统计室的编辑者认为，之所以1935、1936年度调解案件受案数远低于1934年度，缘于《民事调解法》所设受案范围之要件较《民事诉讼法》的规定宽泛得多。[①]对比1934年度前后数年法院调解受理数却发现，各年度受案数大体持平，仅1934年度法院调解受案数较为突出罢了。编辑者急于为该年度数据"辩护"，或许缘于法院调解实践状况与立法预期出入较大，尤其新民诉法颁行后不仅无太大起色，且受案数较上年度有所回落。

---

① 见司法行政部统计室编辑：《中华民国二十五年度司法统计》下册，第98页（扫描版载http://www.cadal.zju.edu.cn/book/singlePage/08007540）。

第二章 民间力量何以可能?——中国司法的社会化传统

据档案记载,1936 年度法院调解在调解成立与不成立之下又分别统计调解人的产生途径,且皆有翔实数据,但信息不完整、不明确,疑似有误(依字面记载,1936 年度调解人参与法院调解比例达 100%。事实上,如此极端的情况尚无其他材料佐证)。虽然无法依凭具体数据深入探讨,但司法行政部门统计调解人之产生方式的行为至少表明,推举抑或选定调解人,业已进入政府视阈。当然,为什么关注调解人的产生途径,因资料所限尚难深入分析。一个可能原因是政府认为推举抑或选定调解人也许与案件处理结果存在关联,希望统计并分析之,以提升法院调解效用。结合立法者对法院调解的期待及数年实践状况,这种可能性是存在的。

以 1931、1932 年度为例,法院调解不成立案件分别为 64180、48393 件,一审案件受理数为 53229、44852 件。由于法院调解受理条件相对宽泛,故绝大多数诉诸法院的案件均经调解程序。由于调解成立率不高,故该时期法院调解似有"例行公事"之虞。如民国顺义县一起耕地租金纠纷调解,原告扼要地回答 8 个简短问问,以叙述案情,被告在回答 2 个简短问题时予以反驳。鉴于双方主张南辕北辙,调解处未再调查或做当事人工作,遂宣布调解无效,由法庭审理。① 1912—1937 年龙泉司法档案计 286 宗②,笔者抽取出法院调解、社会调解有关者 99 宗。其中,法院直接组织调解的案件(包括调解动议未得到当事人响应)59 宗,8 宗批交社会力量调解,60 宗系社会力量主动介入调解。③ 法院直接调解达成协议者 19 宗,协议达成率约 1/3,鉴于 7 宗

---

① 该案详见黄宗智:《过去和现在:中国民事法律实践的探索》,法律出版社 2009 年版,第 200—201 页。
② 包伟民主编:《龙泉司法档案选编·第二辑·1912—1927》全44册,中华书局2014年版;包伟民主编:《龙泉司法档案选编·第三辑·1928—1937》全16册,中华书局2018年版。
③ 部分案件先后历经法院调解、社会调解,故各子项之和与总数有出入。另需说明:1923 年第 8 宗"山场纠葛案",乡警因执行标封与被执行人发生纠葛,经他人调解结案。统计时亦单独作为一例。1925 年第 8 宗"砍木纠葛案"虽有和解文书在卷,但据尔后原告所言,和解文书皆系捏造。依浙江高等法院令看,亦未认可该次和解。统计时仍计算在内。

案件出现反复或遭遇"执行难",实际解纷率仅 1/5。

　　法院调解因流于形式而效能低下,社会调解却为基层司法提供帮助与补充。在前述 99 宗龙泉档案中,法院批交社会力量调解或社会力量主动介入调解者 68 宗,约 70%,形成合意的 55 宗,约 80%,而合意达成之后出现反复、遭遇"执行难"或不为法院认可的 4 宗,实际解决纠纷率 3/4。① 虽然立法对于社会力量参与诉讼活动未提供太多制度空间,但民国政府对于民间调解的重视与推动几乎未受法律形式主义及司法体制西方化潮流的过多影响。为规范并推动社会调解,政府出台一系列法规,区公所、乡公所、镇公所、坊分别设立调解委员会,以调解民事纠纷与部分刑事事件。②

　　在司法实践中,社会调解与法院调解、法院审判之互动,可见 1933 年龙泉县"游潘珠与游国铨等因聘金及遗产涉讼等案"③。游潘氏《民事调解声请书》称:

　　　　氏年十八,由父潘道璋凭媒嫁与游国鉴为妻,生有一女名潘珠,现年九岁。不幸,氏夫于民国十八病故。夫弟游国铨、游叶养恃蛮丧良,谋占家产,于十九年,逼氏再嫁与项茂芳为妻。当时有项茂芳交出聘金洋陆拾元,由游国铨收存,说明储放为氏女潘珠嫁资。有游国铨收洋单可证。距至今年,游国铨等不唯吞没存储聘金,且将家中遗产房屋全堂田租壹百叁拾余石,山场数处,灰寮牛栏等项,概行拍作二份,为国铨、叶养二人二三两房分管。

---

　　① 所谓"不为法院认可",如 1915 年第 9 宗"灭界侵占案",亲友在诉讼过程中主动调解并促成和意,但官方以案涉刑事为由未对和意作评价。
　　② 如 1929 年《乡镇自治实施法》、1929 年《区自治实施法》、1930 年《市组织法》、1932 年《区乡镇坊调解委员会规程》及 1943 年《乡镇调解委员会组织规程》。见蔡鸿源主编:《民国法规集成》第 39 册,黄山书社 2001 年版,第 51、200、236、639、266 页。
　　③ 档案影印件载包伟民主编:《龙泉司法档案选编·第三辑·1928—1937》1933(1),中华书局 2018 年版,第 8—151 页。

□□（疑为"灭却"，依游潘氏尔后呈递《民事状》推测之）氏夫国鉴长房名分，将氏女潘珠女子承继权□（疑为"剥"；另，依氏《民事状》亦如是）夺。理论莫何，为此依法请求传案调解，责令交出聘金本利，并分出氏夫国鉴长房持分产业，使氏女潘珠继承，以抑强叔而保弱女。实为德便。谨书。

龙泉县法院民事调解处遂通知两造到场调解，并要求各自"推举调解人一人，到场协同调解"，且声称对无故不到场者将予罚款，却遭游氏兄弟拒绝。项（游）潘氏随即呈递诉状，诉讼中法院试行和解且达成协议："被告自愿给还原告洋八元，原告其余聘金自愿让免不争。"拖至项潘氏身故，聘金仍未给付，遗产纷争亦拉锯不休。法院除了反复派员执行聘金，批示"两造在外调处"。终经亲友调解，申请撤案：

> 被告将原告（潘珠）领回抚养，视同己出。俟原告长大出嫁，将土名外寮田租二石五斗，又土名社殿下田租一石七斗，共计四石贰斗以为原告妆奁。其余原告父遗些微产业，概留与被告子辈，继承宗祧兼继承遗产，以免原告父亲坟茔日后无人祭扫。

社会力量与司法机构的互动也可见于民国时期四川省新繁县吕龙氏诉吕文祥离婚一案：吕文祥被指控隐瞒业已娶妻之事实而骗娶吕龙氏，且不付给她生活费，还动辄打骂她。案件系属于法院之后，亲族龙泽生、周继光等人多次劝二人和解。经协调，两造和好，遂向主审司法官递交和解申请书，请求撤销案件，为司法官所准许。[①] 依民国若干部诉讼法之规定，推事得于任何时间促使双方当事人实现诉讼上

[①] 转引自刘昕杰：《以和为贵：民国时期基层民事纠纷中的调解》，《山东大学学报》2011年第4期。

之和解,并有终结诉讼之效力。无论龙泉游氏讼案抑或新繁吕氏讼案,族人事实上代替推事促成和解,并通过撤诉制度将民间调解与诉讼上之和解对接起来。

  基层司法官也借助地方组织处理讼案。龙泉县"刘廷琛控沈宗耀等纠众抢割案"批示为"著即执批邀请公正人士理息"。[①]"李光福等控李昌衍等藐族强砍案"批示为"籍祠砍木,殊属不合。仰即邀请族房长,谕饬赔偿损害可也。一本之亲,毋庸兴讼"。[②]新繁县吕少芳与族人吕国珍因契约纠纷闹上法庭。司法官认为案情简单,收状后遂批示原告请保甲主持调解:"状悉,仰该民投凭该管保甲向其理讨可也。此批。"[③]司法官们的做法几乎是传统"官批民调"的翻版,甚至连语气与表述形式亦相仿。这体现出传统基层司法在民国的延续,至少折射出其对民国司法的影响,尤其民国初年基层司法实践的连续性。类似情形还出现在新繁县何淑华诉何黄氏一案。司法官在收到何淑华的诉求之后,遂给当地联保主任发去了一项训令:"令新安联保主任:……经本处准理在案,唯查该两造系家务纠纷,供述各执,莫衷一是。除庭谕外,合行令仰该主任,即便遵照,定期召集双方到场,妥为查明调处,以省讼累,仍将办理情形,呈报本处,依凭核办。勿延,此令。"联保主任依训令主持调解,但调解未果,遂将调解不成的原因向县司法处报告。[④]可见,不仅民间力量在调解成功之后会设法影响诉讼程序,司法官员也可能向社会主动寻求配合。恰如前述,纵然这些做法在诉

  [①] 档案影印件载包伟民主编:《龙泉司法档案选编·第二辑·1912—1927》1912(下),中华书局2014年版,第327页。
  [②] 档案影印件载包伟民主编:《龙泉司法档案选编·第二辑·1912—1927》1913(中),中华书局2014年版,第460页。
  [③] 转引自刘昕杰:《以和为贵:民国时期基层民事纠纷中的调解》,《山东大学学报》2011年第4期。
  [④] 转引自刘昕杰:《以和为贵:民国时期基层民事纠纷中的调解》,《山东大学学报》2011年第4期。

讼立法上缺乏明文规定，但基层司法实践仍然依循惯常、实用做法。此意义上，有学者认为：

> 在民国时期，法律制度的变化主要在城市而不在农村，主要在其表达而不在其实践。比较民国和清代的案件记录，就可以看到民事裁判的实践在县城和村庄这一层次的基本延续。以当代法律的眼光看，民国时期在法律表达方面所发生的变化是这一时期法制变化的一个极为重要的组成部分。①

换言之，持论者认为，民国法律制度的最大变化在于制度表达，而制度实践并未随之发生根本变化，这在基层司法中尤为突出。②

至此，可以洞察到民国时期民事纠纷解决在立法层面的二元结构：法院审判与社会调解被视作两套相对独立的解纷体系。对于法院审判，由于民国司法延续清末修律以降秉持的法律形式主义与司法体制西化趋势，诉讼程序未给社会参与提供太多制度空间。受诉讼程序西化的影响，调解人制度等司法社会化尝试的实践效果也不突出，在整个司法体系中的作用比较有限。至于社会调解，政府出台诸多法律规范予以调整、推动。与清代传统司法体制相比，民国时期法院审判与社会调解的界限在立法层面是相对明晰的，彼此间似乎自成体系。出于打造类似西方司法体制的目的，法院审判在形式上具有现代诉讼特征。两套系统彼此独立运行的情况主要通过法律条文表现出来，在制度实践层面尤其在基层司法实践中，法院审判与社会调解又保持相应的连

---

① 黄宗智：《清代的法律、社会与文化：民法的表达与实践》，上海书店出版社2001年版，第4页。
② 该种观点立基于持论者对清代衙门审断之既有判断，认为民国司法在相当程度上承继清代裁判传统。清代与民国在法律制度与司法实践的变化与连续，见黄宗智：《法典、习俗与司法实践：清代与民国的比较》，上海书店出版社2003年版，第1—2、196—200页。

续性,与传统基层司法运行颇为近似。①

须意识到,法律表达与制度实践之间的背离现象不是问题的全部,正式审判系统与民间调解体系之互动在传统中国与民国时期具有明显差异。在"刘廷琛控沈宗耀等纠众抢割案"中,刘"奉批……邀请周起郋、李万青、熊佐文等,向伊理说",沈"非但不遵该绅等理说",还趁夜纠集众人再度抢割。对此,县知事旋即表示,"一再抢割,实属胆大已极。仰侯饬警拘提讯究,以儆效尤!"②当"李光福等控李昌衍等藐族强砍案"的族房长调解未果之后,审检所立马表态"侯派吏查勘明白并著赔偿损害。违即提究!"③当吕少芳以保甲调解无果而再度诉诸法院时,司法官亦不再像黄岩诉讼档案中州县官那般将纠纷反复而近乎"执着"地推回民间社会,而是依法办理。④法律条文或制度表达在推动诉讼体制改革与形塑社会生活方面已然具有不容小觑的拉动力。如果说清代社会调解与州县审断在某种意义上呈现出一种围绕纠纷解决而此止彼接的连续体,那么民国基层司法体现出较为明晰的双层构造,虽然法院审判与社会调解受司法惯习影响而仍然保持相当程度的关联,但业已没有清代基层司法实践中那样足够强有力的联结及互动(清代黄岩诉讼档案中批示民间调解者达 40%,而民国龙泉司法档案中约 3%)。正是基于民国基层司法的双层构造,诉讼程序试图纳入社会调解等积极的解纷因素,即便这种司法调解社会化的成效相对有限。

---

① 1912—1927 年浙江龙泉司法档案显示,尽管在法律形式主义与司法专业化浪潮下的北洋国民政府基层司法曾因人财物等出现过西式司法与传统司法的交错、融合乃至反复,但实践中社会力量一直在发挥作用,如参与调息、协助调查等。档案影印件见包伟民主编:《龙泉司法档案选编·第二辑·1912—1927》全 44 册,中华书局 2014 年版。

② 档案影印件载包伟民主编:《龙泉司法档案选编·第二辑·1912—1927》1912(下),中华书局 2014 年版,第 327—328 页。

③ 档案影印件载包伟民主编:《龙泉司法档案选编·第二辑·1912—1927》1913(中),中华书局 2014 年版,第 463 页。

④ 作为例外,龙泉县"王恒丰控王寮奶占地盖厕案"的县知事在五度批示民间调处未果之后才予裁判。档案影印件载包伟民主编:《龙泉司法档案选编·第二辑·1912—1927》1914(下),中华书局 2014 年版,第 979—1016 页。

这种低效益也会引发追问：作为传统解纷机制的调解在被引入高度西化的诉讼程序之后，是否与民间社会脱离联系，这是否系问题之关键所在？抗日民主政权的司法调解及其社会化为何能取得突破性发展与成功？司法力量不深入民众是否就无法在司法调解与社会调解之间找到适宜的结合途径？司法体制西方化是否为共产主义运动中的法律制度革命提供了契机？

四、建构型社会参与："革命年代"的司法"群众路线"

如果说中国共产主义运动可溯至"五四运动"时期，那么将纠纷解决视作共产主义运动之一内容者，可从20世纪20年代农民运动中寻找蛛丝马迹。在海陆丰农民运动中，农民协会打出的三记重拳之一，则是成立仲裁部且成功解决多起农民之间的纠纷。但该时期农民协会政权可谓昙花一现，甚至无论按照国民党的法统抑或按照共产党当时的策略，均不具合法性。[①]纠纷解决或说调解成为一项常规性社会治理工作肇始于革命根据地建立之后。1931年，中华苏维埃政权《苏维埃地方政府的暂行组织条例》规定"乡苏维埃有权解决未涉犯罪行为的各种争执问题"。据不完全统计，在抗日战争与解放战争时期，各根据地、解放区共出台20余项乡村调解规定。[②]其中，司法调解社会化典范是陕甘宁边区的马锡五审判方式。

（一）马锡五审判方式：以个案为中心

所谓马锡五审判方式，即坚持群众路线，倡导调解与审判相结合的办案方法、思路及策略。马将其归结为"就地审判、不拘形式、深

[①] 张鸣：《乡村社会权力和文化结构的变迁（1903—1953）》，陕西人民出版社2008年版，第82—83、91页。

[②] 常怡主编：《中国调解制度》，重庆出版社1990年版，第12页。

入调查研究、联系群众、解决问题"。有学者进而指出,马锡五审判方式具有四个主要特征:其一,一切从实际出发,实事求是,客观、全面、深入地进行调查研究,反对主观主义的审判作风;其二,认真贯彻群众路线,依靠群众,实行审判与调解相结合,司法干部与人民群众共同断案;其三,坚持原则,忠于职守,严格依法办事,廉洁奉公,以身作则,对下级干部进行言传身教;其四,实行简便利民的诉讼手续。①马锡五审判方式是群众路线在司法实践中的具体运用,这最能体现马锡五审判方式的实质内涵。无论公审、就地或者巡回审判,均是司法工作贯彻群众路线的具体手段和表现形式,均强调将技术化的司法工作与政治性的群众力量相结合,让民众直接参与司法过程。在公审制中,民众对纠纷处理发表看法;在就地或巡回审判中,深入民众了解案情、处理案件,推广法律政策及方针路线。

司法活动如何贯彻群众路线,可通过马锡五处理华池县封捧的婚姻纠纷予以考察②:

> 封捧年幼时便与张家次子订有"娃娃亲"。待封捧成人后,当地"聘金"大增,封父于1942年将其暗中许给南源某人为妻,得法币2400元、硬币48元,并要与张家解除婚约。张家向华池县政府告发,该县裁判部撤销了后一婚约。1943年,封捧与张家次子偶遇,经人介绍,封愿与张家次子结婚。封父随即将其许配庆阳县某人,得法币8000元、硬币20元、哔叽4匹。张父闻讯后,纠集20余人,夜闯封家将封抢回成亲。封父告至华池县,县司法处未作详细调查,即宣布封捧与张家次子的婚姻无效,并以"抢亲罪"

---

① 张希坡:《马锡五审判方式》,法律出版社1983年版,第41—54页。
② 本部分四个个案源自《马锡五同志的审判方式》,《解放日报》1944年3月13日,第1版;马锡五:《新民主主义革命阶段中陕甘宁边区的人民司法工作》,《政法研究》1954年第1期;张希坡:《马锡五审判方式》,法律出版社1983年版,第26—28、34—38页。本书重述时有删减。

判张父六个月徒刑。封张两家均不服判，当地群众也不满意。

时逢马锡五巡视该县，路遇封捧，遂在一棵树下受理了她的上诉。马先后找区乡干部、当地群众调查情况，还邀请封捧的亲近者与之谈话，得知她"死也要与张柏（张家次子）结婚"。弄清案情后，马遂与司法处工作人员一起在村公所举行公开审判。在当众审明封父屡卖女儿、张父聚众抢亲以及封捧的婚事意见之后，马当场征得群众意见：应罚封父，其违犯政府法令；也罚张父，其聚众抢亲，既伤风化，又碍治安，"否则，以后大家仿效起来，还成什么世界"；封张婚事合理合法，绝不能断散。二审改判：封捧与张柏的婚姻有效；张父判以徒刑，附和者予以批评；封父科以劳役，以示警诫。

纵然该案颇具轰动效应且影响力持久[①]，在相当程度上，这些表象背后潜藏较大偶然性。一个技术性缘由在于一审时县司法处对案件事实查理不清，以致引发负面效应。发动民众调查案情可谓司法"群众路线"之一核心要义，这在合水县王治宽与王统一地基纠纷中也有展现：

王治宽之父曾买地一块，约据写明东南北三面俱靠王统一家的地，西面为窨。治宽故意扭曲方向，遂发纠纷。区乡干部、四邻调解后认为治宽无理。治宽诉至县政府，县司法处仅依呈状将地判与他。统一上诉后，陇东分庭石推事受马锡五指派前去调查。县区乡干部及群众二十余人，展开约据，对照方向丈量段数亩数，

[①] 1944年3月13日延安《解放日报》报道该案后，被创作成木刻作品《马锡五同志调解诉讼》（后改为《马锡五调解婚姻纠纷案》并刊于《解放日报》1944年10月9日，第4版）；1945年重庆《新华日报》以该案为典型介绍解放区政治生活面貌，题作"一件抢婚案"且标明"封捧儿口头告状—老百姓大家审案—调解为主的方针"；该案后被编成陕北说书《刘巧团圆》，还被写成剧本《刘巧告状》，中华人民共和国成立后，剧本又改编成评剧《刘巧儿》并拍成电影。张希坡：《马锡五审判方式》，法律出版社1983年版，第28—32页。

并征询老年人及四邻意见。群众、干部先后发言，治宽理屈，只得认错，群众们哈哈大笑。土地终归统一所有，双方互请吃饭，治宽给统一装了一烟（农民敬人土俗），取和了事。

该案展示出群众路线之于案情查证的作用。因一审时县司法处未实地调查，仅依一方诉状裁判，以致先入为主，错误认定案件事实。案件事实查证中的群众路线还见诸合水县丑丁两家土地纠纷：

丑家在丑家梁拥有一块山地；丁家在川子河及附近拥有山地二百余亩。1938年，两家因土地纠纷诉至宁县国民党县政府。丑家侄女婿任县保安队长，遂从政府领取"补契承业执照"。据该执照，不仅丑家梁山地归丑家所有，川子河及附近的丁家田产也归丑家所有。丁家告至平凉高等法院，杀猪请客，以金钱贿赂得力士绅和法官。法院判决丁家收回川子河及附近山地，且丑家梁山地及丑家坟地一并归丁家。丑家不服，群众也议论纷纷。

1940年，丑家遂诉至县政府。抗日民主政权初建，无暇详究，遂依1939年《陕甘宁边区土地条例》处理，即"土地纠纷未经解决之前，其土地管理权属于耕者所有"。纷争拖至1943年，马锡五指派石推事勘查处理。石会同县干部搞四邻调查，弄清案情后召集干部群众勘查地形。经群众讨论后，由石推事、区长、当地群众和干部组成调解组，依当时法令调解。丑丁两家接受"川子河及附近山地归丁家，丑家梁山地归丑家"的结果，随后划界并订息讼契据。

一旦发动且借助群众力量查清案情，余下工作主要是理解及适用规范。可凭借一桩长达数年的缠讼事件考察群众参与案件评价。缠讼可谓中国司法一道景观，除了黄岩、龙泉档案有记载，革命年代也有发生。缠讼不仅与纠纷解决中的事实认定极其攸关,也与规范选择、理解及适用联系紧密。① 杨兆云事件有助于观察缠讼事件之群众路线应对,也直观展示了群众如何评价案件:

> 延安县军属杨兆云的缠讼事件曾困扰当地政府数年之久。区乡干部提起杨就有愤懑之言,县干部一提他也直摇头。1946年秋,马锡五与县司法处审判员赵志清分析杨所告内容:一是别人占他的土地;二是贼偷他的东西;三是区乡干部偷打他的麦子,强迫多交公粮。马赵先到区政府召开干部会,了解杨的抗粮经过。乡干部多次催杨交公粮,杨既不打麦也不交粮。乡干部向上报告,请求强令交粮,否则让民兵去打麦。区上对杨有成见,认为他是顽固分子,同意该请示。杨见乡上态度不好,叫儿子背二斗麦送到仓库。乡上得到批示后,未再调查,派民兵打了一石多麦子。杨控告:一是已经交粮,为何说抗粮;二是为什么多拿麦子;三是强打民粮是违法的。
>
> 马赵召集干部开会,批评区乡干部不深入调查的官僚主义作风,认为强打麦子是违反政策的,应当道歉;多交公粮应如数退还;杨作为军属,生活有困难可以给予适当照顾。马赵随即处理土地侵占问题。二人利用帮助农民生产的机会开展调查,到争执地界处与农民共同分析历年土地纠纷情况,未发现杨地被占,反是他霸占别人土地。马赵召开晚间群众大会。群众揭露、批评杨屡次侵地,所谓偷他东西则毫无根据。杨认错并接受政府、群众

---

① 平沙调查时接触到若干缠讼事件。一些民间纠纷甚至案情极简单的纷争最终演变成缠讼,尔后可能"围堵"地方党政领导,甚至单独、集体上省城、进京城上访、缠访。之所以如此,除了部分缠讼者认为案情认定有误,裁判者"颠倒黑白",此外往往与规范选择、理解及适用具有莫大干系。个别案件中缠讼者或缠访者将法律法规、政策文件中的字眼"死死咬住不放",纵然他(她)们对规则的认知可能曲解了原意抑或与规则理解、适用的通行做法不尽吻合。关于规范,更常见的是,缠讼者或缠访者往往对有关法律法规与政策决定"烂熟于胸"。

的批评:"大家心平气和,尊敬我,又批评了区乡干部,指出了我的错误,我再没啥说,只有服从"。

(二)司法"群众路线"的多维考察:司法、社会与政治

1. 作为司法技术的"群众路线"

在司法技术维度,群众路线在马锡五审判方式中的运用主要体现在两个方面:其一,深入群众并依靠群众力量调查案情;其二,群众参与评理说教。以现代司法眼光视之,群众参与司法的首要技术性功能是协助调查案情,然后介入纠纷评价,后者相当于现代司法中的规范选择、理解及适用。这是马锡五审判方式贯彻群众路线的两大核心要素。暂且抛开意识形态、政治运动等,这种群众路线与当时之纠纷类型、社会状况极其吻合,甚至在中华人民共和国成立后相当长时期内亦如是。中华人民共和国成立后,这种状况更是达到极致,废除一切私有关系似乎成为一种普遍化、公式化的趋势,除了婚姻家庭领域(若将意识形态、政治运动等纳入考察,婚姻家庭同样受到程度不一的影响)。在公有制占据绝对支配地位的社会经济生活中,个体被格式化地系属于特定组织、单位、部门,个人的生产、生活不同程度地依附于特定组织。在新民主主义革命时期,根据地业已不同程度地呈现共产主义生产生活模式的投效。在这种状态下,发动群众参与司法具备有效性。可以说,这与传统中国民众被"捆绑在土地上"可谓异曲同工。当民众被高度组织化以及被束缚在单位体制之中,需要查证事件时,司法人员可通过当事人邻里、亲友、同事、领导了解情况,掌握相关信息与材料。深入群众、调查案情往往可以较好地解决事实认定等技术事宜。随着根据地共产主义运动的蓬勃开展,传统社会结构被改变甚至被彻底颠覆。一些系列新制度与措施,如废除保甲制、削弱地主经济、经济合作制转变、塑造新型社会权威、通过教育改革形塑新人等[①],既达到对零散个体予以高度组

---

① 黄正林:《1937—1945 年陕甘宁边区的乡村社会改造》,《抗日战争研究》2006 年第 2 期。

织化的目的，也使社会关系相对简约化，甚至有整齐划一倾向。在生活生产关系相对简约的基本样态下，由邻里、亲友、同事、领导评价案件具有可操作性，具有相应社会基础。不仅生活生产关系相对简约，且民众之间高度组织化亦使彼此更易完成某种微观权力意义上的规驯与监控。[1] 将群众路线融入司法活动，马锡五审判方式也实现了司法社会化与大众化。

2. 作为组织策略的"群众路线"

司法社会化、大众化也是一项借用、整合资源的策略，毕竟当时司法队伍水平整体上是非常有限的。司法人员不足表现为专职司法队伍缺失。除了少数学过西方法律实务的老党员及部分新培养的司法人员，工农干部大量参与司法，行政人员兼任司法人员是普遍现象。由是，解纷迟延、不依法办事及干预司法现象时有发生。毛泽东曾表示，"司法也该大家动手，不要只靠专问案子的推事、审判员"[2]。司法技术层面则倾向探索简便办法，如不拘泥烦琐的法律程序、让群众参与司法、强调具体问题具体分析、强调中国的实践经验等。[3] 有必要提及，边区高等法院曾经尝试强调司法裁判规范化与审判人员专业化，但改革因社会观念、利益冲突、物质条件等种种缘由而未竟事功。[4] 在司法资源极为有限的情况下，将民众力量纳入司法活动成了解决民间纠纷之一现实选择。

与其说边区司法系统将民众力量引入纠纷解决，毋宁说是边区

---

[1] 这从侧面揭示了为何"执行难"在改革开放以降的中国司法实践中凸显出来，而司法裁判与政府决定之实现在新中国成立初期甚至传统中国均不是严重问题，至少不是核心、棘手问题。进言之，"执行难"一定程度上属于社会问题。

[2] 转引自杨永华等：《陕甘宁边区法制史稿（诉讼狱政篇）》，法律出版社 1987 年版，第 73 页。

[3] 侯欣一：《从司法为民到人民司法——陕甘宁边区大众化司法制度研究》，中国政法大学出版社 2007 年版，第 249—256 页。

[4] 侯欣一：《陕甘宁边区高等法院司法制度改革研究》，《法学研究》2004 年第 5 期。

政府对民间力量的动员与整合。不仅边区高等法院受边区政府领导与监督，法院系统负责人也由边区政府领导兼任。马锡五本人即例证，1943年马担任陕甘宁边区陇东专区专员，同时兼任高等法院陇东分庭庭长。司法机关作为政府系统一部分，各级法院之间又是隶属、领导关系，这很大程度上确保了司法机关对于民众参与司法的动员能力。① 在司法、行政因素交织的体系中，动员群众有助于贯彻共产党的政策、法令及方针。总体上，边区司法机关的宗旨在落实抗日民主政府的施政方针，即以"保护抗日的人民，调节各抗日阶层的利益，改良工农的生活和镇压汉奸、反对派为基本出发点"②。边区政府主席林伯渠在1944年1月6日《关于边区政府一年来工作总结报告》中指出："司法机关审判案件时，须切实照顾边区人民的实际生活，切实调查研究案情的具体情况，分别其是非轻重。审判人员须具备充分的群众观点与对敌观点，把制裁汉奸、反革命当作中心，把保护群众，当作天职。"③ 此外，这种司法、行政交织体系的巨大推动力在诸如宣传婚姻法令、推广调解等方面亦有体现。以封捧案为例，其涉及处理抢亲行为。禁止"抢亲"是中国共产党一贯的政策。1927年，董必武主持制定的《湖南省惩治土豪劣绅暂行条例》明确禁止抢婚；1930年，邓颖超撰写《苏维埃区域的农妇工作》时也提到"禁止抢掠婚姻"；1933年中华苏维埃婚姻法也规定该原则；陕甘宁边区婚姻政策是实行婚姻自由、男女平等、一夫一妻制、禁止包办买卖、禁止童养媳；陕甘宁边区政府成立后还颁布婚姻暂行条例，并于1944年依执行经验予以修

---

① 上下级司法机关之间呈领导、隶属关系的特征于今日司法系统也不陌生。虽然立法规定各级法院之间属于业务指导与监督关系，但在法院系统日常运作与司法管理中，层级隶属特征并非不明显。

② 毛泽东：《抗日根据地的政权问题》，载《毛泽东选集》第2卷，人民出版社1965年版，第759—760页。

③ 马锡五：《新民主主义革命阶段中陕甘宁边区的人民司法工作》，《政法研究》1954年第1期。

改。① 在封捧案中，通过群众参与案情调查与纠纷评价，婚姻法令中禁止抢亲的精神通过具体司法活动得以在基层民众中宣传开来。为推广调解、吸引社会力量以提升司法能力，边区政府于1943年发布普及调解工作的指示，边区高等法院也发布实行调解、减少诉累的指示，报刊在推广调解方面不遗余力。在司法调解方面，1942年民事案件调解结案率近18%，1943年40%，1944年48%；1942年轻微刑事案件结案率0.4%，1943年5.6%，1944年12%。在民间调解方面，亦涌现出调解模范村、乡和人物。②

3. 作为斗争手段的"群众路线"

在政治层面与意识形态层面，马锡五审判方式中的司法调解社会化旨在政治环境、武装斗争等情形下服务于政治角力的需要，为共产主义运动探寻新型司法体制以区别清末修律以降中国法律制度发展样式，是司法体制层面的"革命"，即司法制度之革命性。对于调解及其社会化在内的陕甘宁司法制度，马锡五曾归纳：

> （1）有鲜明的阶级性——体现劳动人民的意志，巩固与保护劳动人民的利益；（2）有强烈的革命性——摧毁旧基础和封建秩序，树立革命秩序；（3）是群众斗争经验的总结——它们是根据群众的经验制定的，又拿到群众中去，指导群众斗争，考验与证实其正确性。③

如何看待马锡五审判方式中的群众路线以及这种革命性？有学者

---

① 马锡五：《新民主主义革命阶段中陕甘宁边区的人民司法工作》，《政法研究》1945年第1期；张希坡：《马锡五审判方式》，法律出版社1983年版，第28页。
② 马锡五：《新民主主义革命阶段中陕甘宁边区的人民司法工作》，《政法研究》1954年第1期。
③ 马锡五：《新民主主义革命阶段中陕甘宁边区的人民司法工作》，《政法研究》1954年第1期。

给予了热情洋溢的赞誉：

> 当时在抗日根据地已经建立起新民主主义的政治制度和经济制度。这种新民主主义的政治制度和经济制度，必然要求建立与之相适应的人民的司法制度。而马锡五审判方式的出现，正是顺应这一历史发展趋势的产物。同时，马锡五审判方式的产生和推广，又反过来巩固抗日民主政权，促进抗日根据地的经济发展，起了积极作用。……马锡五审判方式，是革命根据地社会政治制度改革的必然产物，是我党领导的人民司法工作长期实践经验的总结，是群众智慧的结晶，是党的整风运动在司法战线上结出的丰硕成果。①

有学者则认为，调解及其他权力技术在马锡五审判方式中的运用，使中国共产党的路线、方针、政策被有效贯彻至乡村社会，从而打通国家政权建设及社会全面治理的渠道。②

马锡五审判方式中的群众路线是司法调解社会化的另一种表述。延伸历史纵深，倡导司法调解社会化的马锡五审判方式既是对清末修律及民国司法制度西方化的修正，也继承了若干有益的传统司法因素，包括向民间社会吸取解纷资源。在反思及修正清末修律以降司法制度与法律程序西方化时，首要任务是矫正法律形式主义。在论及马锡五审判方式的文献中，通常会找到相同或相近表述，即马锡五审判方式改变了州县官员"坐堂问案"传统。"坐堂问案"传统不限于晚清司法传统，还指代民国司法制度及诉讼程序西方化倾向。司法"群众路线"激活了许多传统司法中的积极因素，重新整合了基层社会力量。虽然

---

① 张希坡：《马锡五审判方式》，法律出版社1983年版，第6、25页。
② 强世功：《权力的组织网络与法律的治理化——马锡五审判方式与中国法律的新传统》，载强世功编：《调解、法制与现代性：中国调解制度研究》，中国法制出版社2001年版，第256页。

第二章 民间力量何以可能？——中国司法的社会化传统

难以排除缘于特定政治意图从而夸大宣传该种审判方式之于司法技术层面的开拓价值，但马锡五审判方式及社会化策略的确从司法形式上很大程度地突破了帝制司法中官僚体系远离民间生活的审断模式（强调群众路线的马锡五审判方式不再是简单地将纠纷推回社会，而是主动将政府力量深入基层），也突破清末修律以降尤其民国时期建立的西式诉讼程序（在注重社会化思路的马锡五审判方式中，裁判者深入实地，注重实质正义，将政府力量向基层社会渗透得很彻底）。概言之，马锡五审判方式将帝制中国民间调解及民国时期社会调解的诸多因素与特征吸纳至司法活动中。① 换言之，此前村庄领袖、厢友坊亲、行会头目扮演的纠纷解决者角色部分转移到乡区县的政府官员及其他裁判者身上。这种转换既满足亲近民众、解决纠纷的基本目的，还达至将政府力量插入基层社会、实现社会动员的政治目的。为此，毛泽东为马锡五题词"一刻也不要离开群众"②。这反映出借助各种途径将政府力量深入基层社会、通过各种方式动员基层民众对于共产主义运动的重要性，群众路线在当时中国共产主义运动领导者心中的重要性也由此可见。群众路线是发动、推进共产主义运动的法宝，也是共产主义政权最根本的政治路线与最基础的组织路线。司法"群众路线"及其实践在某种程度上阐释了"法之理在法外"③。马锡五审判方式中的司法调解社会化既是一个政权力量渗透与深入基层社会的过程，也是一个通过纠纷解决动员社会民众与整合社会力量的过程，故而这种司法调

---

① 据载，作为马锡五审判方式的核心代表，马锡五出身清末，成年民国，且在参加共产主义革命前加入过袍哥组织，还是哥老会永宁山的大爷（领头人），经刘志丹争取参加革命。马随即发展二百多位哥老会成员参加革命（马文瑞：《群众领袖 革命楷模》，载《刘志丹纪念文集》编委会编：《刘志丹纪念文集：纪念刘志丹诞辰100周年（1903—2003）》，军事科学出版社2003年版，第79页）。有学者也提及，马锡五早年生平记载极为简略（侯欣一：《从司法为民到人民司法——陕甘宁边区大众化司法制度研究》，中国政法大学出版社2007年版，第213—214页）。作为传统社会的重要解纷方式，行会首领解决纠纷的思路在多大程度上被马锡五承继，或许值得考察。

② 张希坡：《马锡五审判方式》，法律出版社1983年版，第24页注1。

③ 付子堂：《法之理在法外》，法律出版社2003年版，自序，第6页。

解社会化也是司法调解政治化的体现。总体上，无论基于探寻新型司法制度的立场，抑或立足于提升既有解纷资源与司法力量的角度，该时期司法调解社会化之根本意义旨在服务政治角力。

五、顺应型社会参与：后"革命年代"的个案重叙与政治意涵

中华人民共和国的成立，使得解放区确立的若干司法制度得以在更大领域内付诸实施，法院调解制度亦然。有学者认为，新中国司法传统来自华北解放区，而非陕甘宁司法实践，更不太可能是马锡五审判方式的继续与升华，甚至该方式难以被界定为诉讼调解。作为国共合作的产物，陕甘宁边区及其高等法院没有在物质关系层面影响新中国立法与最高司法机关。[1] 如果论者所说的华北司法传统能成为一种传统，那么该时期到底形成了何种司法传统？这些传统又如何具体影响新中国司法体制与审判制度？[2] 值得反思的是：其一，论者是否将表述性内容等同司法实践，这可能夸大了事实；其二，论者将相关人员在中华人民共和国成立后的职务与一国司法制度之创建相联系，这或许夸大了个人职位与制度建设之间的关联。即使不否认华北司法传统对中华人民共和国司法制度的影响，也无法据此否定陕甘宁边区司法实践之于中华人民共和国司法制度的意义。依论者所见，即使马锡五审判方式对陕甘宁边区司法工作乃至新民主主义革命具有极大贡献，但对中华人民共和国司法已无甚影响。事实可能并非如此。马锡五审判方式之本质是司法"群众路线"。故而，以不同历史时期、不同地域内制度的特征变化来否定制度的内在传承与继替，这种观点有待商榷。

---

[1] 刘忠：《"从华北走向全国"——当代司法制度传承的重新书写》，《北大法律评论》2010年第1期。

[2] 有学者梳理华北人民政府司法制度发现，作为华北人民政府政权建设之重要组成部分的司法制度在短短13个月间建树颇多，为新中国司法制度建设打下了基础，但论者态度仍较谨慎。周道鸾：《华北人民政府司法制度之研究》，《人民司法·应用》2009年第7期。

论者甚至认为，马锡五审判方式中的便民成分也很难说是马个人的创举，因为便民是马列主义意识形态中群众路线的体现，而且各个马列主义政党均一贯主张该路线。① 本书以为，马锡五审判方式显然不是马锡五个人的审判方式，恰如一个世所周知的例证：毛泽东思想也不是毛泽东个人思想的集合。

应当说，在新中国成立后的相当长时期内，马锡五审判方式仍是基层司法典范，群众路线仍得贯彻与坚持，法院调解社会化思路被广泛用于基层司法。视角需再度聚焦社会结构与司法实践。新中国改变了传统社会结构，而标志性运动之一是土地改革，进而改变整个社会的生活基础、治理方式。② 无论农村抑或城镇，皆经历数千年未遇之变革。③ 基层法律实践包括法院调解也受这一暴风骤雨式社会结构转换的影响，立足于新近形成的社会结构样态，服务于新近确立的社会秩序。社会变革极大地改变了新中国成立后社会纠纷样态，也深深地影响纠纷解决。

相比传统中国及民国时期，受政治、文化尤其经济因素影响，基层纠纷大抵涉及土地、债务、婚姻、继承、赡养等。土地纠纷往往又分为租佃、地界、买卖等。资料所限，笔者当下无法确定土地改革运动后土地纠纷数量是否骤减。社会生活的高度集体化、格式化，减少了土地交易及往来，故土地纠纷类型减少应与土地改革运动有关，纠

---

① 刘忠：《"从华北走向全国"——当代司法制度传承的重新书写》，《北大法律评论》2010年第1期。

② 有学者认为，"从解放战争以来逐渐磅礴于全中国的土地改革运动，彻底地将中国农村社会翻了过来，不仅颠覆了传统的农村权力结构，而且颠覆了农村的传统，古老的乡村文化从形式到内容都发生了根本的变化，不仅意识形态观念被颠覆，乡村礼仪被唾弃，连处世规则也发生了空前性的更替，不过，乡村的秩序并没有因此而失去控制，过不了多久，在政治权力和话语的强力干预下，新的权力秩序和规则，新的文化规范就会在农村确立起来，只不过，取代了原有的乡村精英的出身贫苦的党员干部，由于缺乏文化资源，不得不过度地依赖政权和政治话语的支撑，从此以后，中国农村开始了政治权力无限扩张的时代"（张鸣：《乡村社会权力和文化结构的变迁（1903—1953）》，陕西人民出版社2008年版，第234页）。

③ 土改运动及社会结构变迁，见韩丁：《翻身——中国一个村庄的革命纪实》，韩倞等译，邱应觉校，北京出版社1980年版。

纷则如地界划分、土地越界。新中国成立初期，私人借贷一类经济活动仍被留有一定制度空间，但"公有化"程度的逐步提升压缩民间经济活动空间。总体上，诱发财产纠纷的社会基础业已变化，纠纷集中于人身关系方面，如婚姻家庭纠纷。改革开放前夕新中国基层纠纷样态可借助司法档案拼构其图景。有学者整理1950—1966、1970—1978年松江县人民法院民事案件收案情况。[①]在土地、债务、离婚、其他婚姻、继承、赡养、抚育、房屋、赔偿及其他案件中，离婚案件比重突出。1950—1966年，离婚案件比重的最小值是1950年的23.9%；1951年增至38.8%，1954年窜至85.3%；尔后10余年，离婚案件年度收案比重大多在80%到90%，最高的1960年达97.8%；17年间，10年离婚案件比重超80%，6年超90%。1970—1978年，离婚案件比重的最小值是1974年的32.1%；1970、1971、1972年均为100%；9年间，6年超80%，5年超90%。中华人民共和国成立至改革开放前夕离婚案件占比可见一斑。此外，与婚姻相关案件也占一定比例，但数量有限。中华人民共和国成立初年土地、债务纠纷尚占一定比例，但案件数及比重大抵逐年下降，1957、1958年后，案件数几趋于零（1970年后，连续数年缺乏记载）。房屋、赔偿纠纷在诸多年度均占一定比例，但案件数较少，个别年度为零。松江法院个案仅是纠纷类型结构之一缩影，但大体呈现出基层社会生活及纠纷概貌。

应当说，改革开放之前的社会生活与纠纷状况依然契合司法社会化思路，实践中也在贯彻司法群众化路线，中华人民共和国成立初期的司法制度，包括法院调解的基层运行，仍受益于解放区及抗日根据地的司法经验。深入群众、依靠民众解决纠纷，在该时期基层司法实践中仍占重要地位。换言之，马锡五审判方式在改革开放前的基层司法中继续发挥功能，并成为该时代法院调解社会化的典型样式。社会

[①] 黄宗智：《过去和现在：中国民事法律实践的探索》，法律出版社2009年版，第38—39页。

力量具体如何参与法院调解，可凭借个案考察一二：

> 1977年9月，某农妇向县法院起诉离婚，称婚后与鳏居的公公同住。在她生病后，公公以照顾为名动手动脚。被拒后，公公对她的态度陡变，甚至殴打她。丈夫站在父亲一边，不仅恼她诉苦，还殴打她。[①]

正如该时期基层社会生活及社会治理中普遍体现的那样，对于夫妻吵架，生产队、大队等基层组织积极介入。依该时制定法之精神，基层组织介入民间纠纷攸关"人民生产""国家建设"。[②] 对于基层纠纷解决者，介入纠纷更多源自基层社会生活逻辑及纠纷解决者的"特殊身份"。在相对闭锁的生活圈子中，任何波动均会牵涉并无形中影响许多人。基层干部往往以国家权威作为介入纠纷的象征性资源，这一定程度上使纠纷解决者负有"对国家负责""向上面交差"的任务。该案中，大队与生产队干部不仅着手调解，还邀请纠纷各方的亲戚参与。在相对闭锁的场域中，动员社区力量介入纠纷往往具有巨大的象征力量，对当事人产生极大的心理触动。

> 在一个公开场合，妇人诉说了公公的行径。后者起初抵赖，经两天两夜调解，最终承认。夫妇俩从此更不受公公待见。起诉

[①] 黄宗智：《过去和现在：中国民事法律实践的探索》，法律出版社2009年版，第94—100页。本书对个案予以了重述。

[②] 1954年政务院《人民调解委员会暂行组织通则》的立法目的在于"及时解决民间纠纷……以利人民生产和国家建设"。1989年国务院《人民调解委员会暂行组织条例》在相当程度上弱化人民调解制度的政治意涵，但仍表示"及时调解民间纠纷，增进人民团结，维护社会安定，以利于社会主义现代化建设"。基层解纷机制尤其人民调解的意涵变迁，见曾令健：《政府推动型人民调解的意涵变迁（1931—2010）——法学研究的历史社会学进路》，《厦门大学法律评论》2016年第1期。

后，丈夫反对离婚，但确认公公行为不检点，且认为经济恶化加剧了摩擦，"搬出去住"就能解决问题。审判员与人民陪审员"下到"村里调查，先后会见大队党支部书记、治保主任、生产队代理队长、周遭群众（如男方叔叔），最后会见公公。

可见，"下乡"仍是该时期审判工作的一个显著特征。无论农村抑或城镇，"深入群众""依靠群众"仍是审判工作的重要方针与策略。"下乡"是调查案情的一个重要的技术性手段，且该时期社区生活的相对闭锁与高度熟人化使这种司法技术具有极大的操作性与实效性。正是法官与陪审员的基层调查，查清了夫妻双方的真实意愿及纠纷背后的深层原因。这些是处理个案的关键信息，否则可能又出一个"刘巧儿"。

公公不承认调戏媳妇，审判员当场反驳并要求他反省。下午会谈，征得公公帮助夫妇俩盖新房的表态，法官建议各方见面，要公公把错误担下来。另一位法官到女方娘家了解其人品、工作及"政法表现"。在走访干部群众后，法官会见了女方父亲，命他劝劝女儿。

还可发现，"动员"在该时期审判中仍有清晰体现。法官批评、教育公公这个纠纷关键人物之后，最终移至"为盖新房提供帮助"这一实质性问题，成功"动员"他承担过错并承诺助建新房。虽然案件是婚姻纠纷，但真实原因是公公行为使夫妻关系紧张，而家庭经济状况使矛盾加剧。成功"动员"公公承担错误并帮助建造新房，使该案解决迈出实质性一步。此外，该案终究是离婚诉讼，虽丈夫反对离婚，但妻子态度强硬。故调查妻子"背景材料"后，法官"动员"其父出面调和。

随后一周，审判员、陪审员、治保员又找妻子、女方父母会谈，讲明法院看法及计划。在批评公公并说明丈夫已动手盖房后，女方态度缓和。五天后，审判员、治保主任又找公公、丈夫谈话。大队重申调丈夫去大队种子场干活。一周后，审判员、陪审员、夫妇俩、公公、大队党支书、生产队队长、治保主任在新房开了一个"家庭和好会"。各方轮流发言，劝诫三人，后者也做了预料中的表态。法院同志们最后总结，希望他们"搞好团结，共同抓革命、促生产"。

纠纷至此方告结案。读者会注意到，案中有一位陪审员参与调解。事实上，陪审制不仅与司法专业化如影随形，也是司法社会化之一典型载体。法院调解中的陪审员不仅是司法民主化、社会力量分享司法权、民众监督司法等抽象原则的体现，也是拉近法院工作人员与当事人、司法工作与基层社会生活之间距离的手段。[1] 本案中法院调解社会化还体现为"下乡""动员"，坚持群众路线，通过民众，调查案情，并借助大队、村庄干部与群众支持，"调解和好"这起离婚纠纷。本案中的深入群众、依靠群众、调解纠纷等与马锡五审判方式一脉相承，是马锡五审判方式在改革开放前夕的具体实践。如案中展示的那样，法院对于离婚案件有意无意地体现出"调解和好"倾向。有学者认为，"调解和好"是毛泽东主义原则及方法完全支配离婚法实践的体现。[2] 应当说，婚姻案件的"调解和好"倾向还源于中国人的生活体悟，俗语言"宁拆十座庙，不拆一桩婚"。另外，离婚案件的"调解和好"倾向与法律的社会治理功能攸关。婚姻作为社会基本纽带，维持婚

---

[1] 该时期乃至更长时段的人民陪审员制度分析，如彭小龙：《非职业法官研究：理念、制度与实践》，北京大学出版社 2012 年版，第 5、6 章。

[2] 黄宗智：《过去和现在：中国民事法律实践的探索》，法律出版社 2009 年版，第 104、105—108、120 页。

关系在某种意义上维系了社会秩序。"调解和好"的司法倾向正是法律作为秩序维护机制、社会治理手段的体现。

恰如前述，司法职业化改革失败后，陕甘宁边区开始新司法制度探索之路，马锡五审判方式更是被视作司法领域的革命成果，即与"坐堂问案"的传统司法与追求法律形式主义的民国司法之决裂。不仅改革开放前夕的司法社会化承继抗日根据地与解放区司法传统，解纷机制建设与实践也富有明确的政治意义。这在中华人民共和国成立前夕业已旗帜鲜明地表达出来。1949年2月，中共中央《关于废除国民党的〈六法全书〉与确定解放区司法原则的指示》表示：

> 司法机关应该经常以蔑视和批判《六法全书》及国民党其他一切反动的法律、法令的精神，以蔑视和批判欧美、日本资本主义国家一切反人民法律、法令的精神，以学习和掌握马列主义、毛泽东思想的国家观、法律观及新民主主义的政策、纲领、法律、命令、条例、决议的办法来教育和改造司法干部。

中华人民共和国成立后的司法改革运动将这种"蔑视"与"批判"演绎得淋漓尽致。1952年8月13日，政务院第148次政务会议批准司法部部长史良《关于彻底改造和整顿各级人民法院的报告》。① 在此前后，六大行政区开展声势浩大的司法改革运动，不仅涉及反对旧法观点与旧司法作风，也涉及清除旧司法人员与旧中国执业律师等。1953年2月，运动基本结束。5000余名司法人员被清除或调离；纠正了"不调查研究、主观臆断"等司法作风。② 通过司法改革运动，根

---

① 武延平、刘根菊编：《刑事诉讼法学参考资料汇编》中册，北京大学出版社2005年版，第731—733页。

② 何兰阶、鲁明健主编：《当代中国的审判工作》上，当代中国出版社1993年版，第39—41页。

据地、解放区树立的司法作风与办案方式得以全面推广，也"纯洁了"法院组织、司法队伍，且"密切了"人民法院与群众的联系。此后，深入群众、联系群众、开展调解更加全面、深入地运用，调解成为基层司法核心手段。1958年，"调查研究、调解为主、就地解决"被作为民事审判工作基本方针。1962年，发展为"依靠群众、调查研究、就地解决、调解为主"并一直为实践所奉行。1979年草拟《人民法院审判民事案件程序制度的规定（试行）》时还确认过该方针。1956—1981年，全国年均调解率59.51%。[①]

六、法院调解社会化的意涵变迁

（一）晚清州县司法的自噬型社会参与

对于传统中国基层司法，州县官倾向于将民间细故推回社会调处体系，民间调解也因而在应对民间细故时常常被优先考虑。由于传统中国基层社会并非全然自治，国家权力仍在设法渗入地方社会，至少通过特定制度与方式表明皇权的地方性在场。[②] 当州县事务的目的旨在维系帝国权力体系运转时，官僚体系对于基层社会自行解决民间细故是有所期待的，且会鼓励后者如此行事。由是，传统中国的家长、族长等不仅可以解决纠纷，且解纷行为及后果为国家法律、正式权力所

[①] 佟季：《新中国成立60年人民法院诉讼调解情况分析——马锡五审判方式在我国的当代司法价值》，《人民司法·应用》2010年第7期。

[②] 明代县级以下设立了若干体系的乡治制度：里甲（区、里、甲）、保甲（团、保、党、甲）、乡约制度（约）、乡治制度（县、乡、里、都、图［社、屯］）、城郊乡治制度（坊［厢］、图［坊］）（卜正民：《明代的社会与国家》，陈时龙译，黄山书社2009年版，第62页）。如保甲制度在有清一代被沿袭。由于州县官员人数少，而民众规模庞大，整个社会扁平化，所以放权基层社会既是国家治理艺术，也是无奈的选择。设置乡里、保甲等基层组织在于加强国家/皇权的渗透，至少体现出一种皇权的在场。从基层看过来，社会结构及生活样态也允许配置极有限的权力机构。晚清乡村控制系统，见 Kung Chuan Hsiao, *Rural China: Imperial Control in the Nineteenth Century*, University of Washington Press, 1960, pp. 25-258。

认可。[1] 缘于清代士绅与官僚体系之间的特殊关联，士绅们经常参与纠纷解决，甚至将诉诸衙门的纠纷转到民间来。这种调处完全有可能令民众满意。[2] 官僚体系对社会力量解纷抱有极高的期待并予以鼓励，批词中大量出现"毋遂肇讼"类措辞。这既希望当事人息诉罢讼，也是向族长、乡绅、保甲施压[3]，促使后者积极调处。即便民间调解屡不奏效，官方仍可能坚持将纠纷推给民间社会，以致有时显得极为固执。这与帝制司法、社会生活样态息息相关。传统司法中官方审断与民间调解彼此不同程度、不同方式地影响对方。作为官方审断与民间调处的重叠部分，"官批民调"将二者连接起来。

亟须留意民间调处中的社会宰制状态。无论被动介入抑或主动介入，社会力量均影响解纷方式及结果。在官府权力运行与民间社会样态之间，官府有意识将纠纷推回民间社会任其自行处置，哪怕当事人受社会结构制约而不得不接受某些强制性结果。这也使得民间力量保持了对社会秩序维系、重构的极高参与度。此外，对于"官批民调"之民间调处环节没有回音的案件，亦同样受制于民间社会的宰制力。整体上，官府放任基层社会去面对、处置、承受、消解乃至吞噬个中种种积极的、消极的处理方式、过程及结果，甚或将纠纷作为一起事件、一种生存方式、一项社会条件而长期存在并影响社会生活。这种社会参与形式，绝非完美，却在社会自行解纷的基本含义之外，突出了"把孩子和脏水一并端回家"的苦涩与无奈。这种局面受社会结构与"官府—官批民调—社会"的框架形塑，对于个体基本上是无解的也难以摆脱的。这与理想型社会自治存在含义偏差，即难以确保充

---

[1] 瞿同祖：《中国法律与中国社会》，中华书局1981年版，第23—27页。
[2] 瞿同祖：《清代地方政府》，范忠信、晏锋译，何鹏校，法律出版社2003年版，第297页注51，第306页。
[3] 清代保甲长之职责在于确保地方治安，维系本地秩序。闻钧天：《中国保甲制度》，直学轩1933年版，第319页。

分的个体性，取而代之的是社会的整体宰制状态。这种社会参与可称作"自噬型社会参与"或"自我消解型社会参与"。简言之，如将基层社会纠纷比作"烫手山芋"，那么"官批民调"的本质就是让基层社会"自个吞噬掉它"。

（二）民国基层司法的补充型社会参与

清末修律极大地冲击了传统司法，司法体制与诉讼程序的西方化遂成主流趋势。这在很大程度上改变了司法面貌，如地方审判厅的案件数量增加。[①] 在司法专业化转向之际，常规性司法活动的社会化空间在立法层面被极度压缩。这种局面也为民国所延续。南京国民政府时期尝试将传统性、民间性解纷机制引到日常司法之中，并形成民国基层司法的双层构造。在实践层面，受司法惯习之影响，法院审判与社会调解仍保持相当程度的关联。若说法院审判代表国家正式权力运行，而社会调解乃民间社会的典型解纷方式，那么民国时期国家与社会的关系比帝制中国时复杂。[②] 当国家权力加强对地方社会的渗透，即便正式审判系统高举司法专业化大旗，其与社会调解系统的交接与互动也势所必然。由于立法层面对司法体制与诉讼程序的形式主义追求，以及权利保障等法律理念的宣扬，基层司法机关与民间社会互动时已不可能像传统州县官员消极对待民间细故，而地方社会的解纷能力也在发生变化：一方面，民国时期有相应的基层社会组织，并影响

[①] 宣统元年，法部奏折提及在京师地方审判厅内增设民刑两庭，因为"该厅自开办以来，每月承审之案不下二百余起，其间管辖区域之广，受理词讼之多，不独视初级审判厅为最繁剧，即较之高等审判厅与最高裁判之大理院，亦实有日不暇给之势"。朱批为"知道了。钦此"。（上海商务印书馆编译所编纂：《大清新法令（1901—1911）》第5卷，李秀清、王捷点校，商务印书馆2010年版，第176页）

[②] 从民国行政诉讼入手，有学者分析该时期国家与社会之复杂关系。见徐欣吾：《权力网络与民国时期的国家—社会关系》，李彤译，尤陈俊校，载黄宗智、尤陈俊主编：《从诉讼档案出发：中国的法律、社会与文化》，法律出版社2009年版，第266—293页。

地方秩序维护[①]；另一方面，基层社会经济与生活方式正在急剧变化，这既包括沿海地区的工业化进程，也包括内陆生产仍旧停滞的传统模式，但经济破产却是各地农村的共同现象[②]。社会经济与生活样态的变化从深层结构上消损着民国时期社会解纷能力。这也影响正式审判系统对社会力量的借用。个案显示，民间力量参与司法在很大程度上是作为正式司法活动的能力补充机制而存在。从民国基层司法双层构造出发，相比晚清"自我消解型社会参与"或"自噬型社会参与"，社会力量参与司法活动仅为纠纷解决之一可选项，可概括为"补充型社会参与"。

（三）"革命年代"司法的建构型社会参与

不同于民国政府的做法，抗日根据地与解放区基层司法坚持司法大众化、群众化思路。个案显示，群众路线在马锡五审判方式中的运用着重体现在两个方面：一是在事实认定方面坚持群众路线，通过深入民众与依靠民众调查案情、认定事实；二是在纠纷评价方面贯彻群众路线，在查清事实之后让民众参与纠纷评价，这相当于现代司法中选择、理解及适用规范。这是从司法技术维度理解马锡五审判方式中的群众路线。此外，坚持群众路线的马锡五审判方式还含有社会治理、政治动员等意义，即通过发动群众、依靠群众开展司法活动，不仅将共产党的政策、纲领贯彻到基层社会，也通过司法"群众路线"将基层民众组织、动员起来，从而更利于灌输、执行党的政策与方针。这种双向形塑利于打造"坚固"的"革命堡垒"。相比传统基层司法，马

[①] 1942 年国民政府《乡（镇）保应办事项》规定，调解纷争乃乡镇保甲之职能所在。胡次威编：《地方自治实施方案法规汇编》上册，大东书局 1947 年版，第 329 页。

[②] 民国时期社会组织、社会生产及经济生活状况，见李文海主编：《民国时期社会调查丛编（社会组织卷）》，福建教育出版社 2005 年版；李文海主编：《民国时期社会调查丛编（乡村社会卷）》，福建教育出版社 2005 年版。民国普通民众生活研究，见林耀华：《金翼：中国家族制度的社会学研究》，庄孔韶、林宗成译，生活·读书·新知三联书店 2008 年版。

锡五审判方式中的审判体系与社会调解之连接更为紧密。这种关系变化主要源于审判系统自身的改变,需要主动深入基层社会。马锡五审判方式几乎完全打破了国民政府基层司法的双层构造,将正式审判系统的能力及政府力量直接插入民间社会,无论法律表达抑或制度实践均如此。在实践中,民国基层司法在法律形式主义大旗下,社会调解系统与正式审判之间已然存在一定间隔;马锡五审判方式中的正式审判与法院调解、法官行为与民众行动往往紧密地交织、耦合在一起,以至在很多场合中这些行为对纠纷解决所发挥的功能难以被清晰地区分开。该时期司法社会参与从法律、社会、政治诸方面均具建构意义,在司法技术层面更是具有替代功能乃至"革命"意义,故可界定为"替代型社会参与"或"建构型社会参与"。

(四)后"革命年代"司法的顺应型社会参与

从中华人民共和国成立到改革开放前夕,马锡五审判方式仍是重要的基层司法方式。作为抗日根据地与解放区基层司法方式的延续,群众路线在基层司法中被贯彻、执行,法院调解社会化仍是基层司法的重要思路。马锡五审判方式之所以能在偌大地域施行,主要归因于传统社会结构被颠覆,而集体化时代的社会生产、生活面貌使司法社会化不仅在司法技术层面继续得以可能,也赋予司法社会化以政治层面的合法性,因为群众路线是中国共产党领导下一切事务的根本路线。当民众被高度组织化并被束缚于单位体制中,司法人员调查案情可以借助当事人的邻里、亲友、同事、领导,并发动群众调解纠纷、处理矛盾。从意识形态层面看,普通民众参与司法被视作"人民当家做主"之一表现,法院调解更是与人民内部矛盾的属性相契合。后"革命年代",司法作为国家治理"刀把子",民间力量参与司法既是实践惯性使然,更是"政治正确"的实践需求。由于正统性已然确立,政策、方针、法律皆自上而下出,社会力量可便捷地参与司法,但建构意味已然消退，该时期社会参与可表述为"顺应型社会参与"。

最后却极为重要的是，与其说本书试图提供自噬型、补充型、建构型、顺应型四种司法社会参与类型，毋宁说旨在描述司法社会参与的实践历史。这些类型均以社会自治理想型为叙事的出发点，以展示实践对理想型的偏离程度。大抵上，自噬型、补充型、建构型、顺应型社会参与的偏离度逐步加大，而顺应型社会参与基本脱离社会自治理想型范畴。无疑，但凡理想型均非实践意义的，更多是规范意义乃至叙事意义。特定历史时期之解纷方式及其意义皆与所处时代之社会结构、经济状况、文化意识诸要素息息相关，中国司法社会化传统正是不同历史时期客观社会环境的产物。在中国历经社会转型之当口，司法社会化传统又将呈何样态？转型时期法院调解社会化将对中国法律实践、制度建设、社会治理具有何种意义、产生哪些影响？

第三章　法院邀请调解：制度表达与司法实践[*]

一、问题的提出

世所周知，20世纪70年代末以降，中国开始经历整体性、结构性体制转变，转型不同程度地涉及经济、社会、文化、政治诸领域，且迄今仍在继续。拓宽历史视阈，这场改革在近现代中国历史中占有极其重要的地位。若说新中国成立全面斫断清末修律以降的法律西化趋势，且使抗日根据地及解放区确立的若干司法制度与诉讼理念得以在更大地域付诸实施，那么这场改革则开启司法体系探索与法律制度建设新航程，某种程度上呈现出近现代中国法律体系与司法制度发展的断裂与反复。当改革开放之旅蹒跚上路，被"打破、砸烂"的司法体系再度焕发生机。自此，作为一种重要的司法手段，法院调解及其社会化历程也大体历经复苏、兴盛与转变。改革初期，中国社会、经济生活与纠纷状况决定了该时期司法思路，司法社会化仍得以广泛实施并颇具实效。伴随经济体制改革与社会转型，法院调解社会化亦在司法改革浪潮中起伏。

法院邀请调解制度，在制定法上是法院调解社会化之一重要内

---

[*] 本章第二部分以"司法过程'问题化'：棘手案件的延伸个案阐释"为题，载《法学杂志》2020年第10期；本章第三、四部分，第四章第二、四部分，第五章第二、四部分以"法院调解社会化：实践评价与学理反思"为题，载《中南大学学报（社会科学版）》2019年第3期。

容，即法院在调解过程中邀请组织、个人参与司法活动、协助法院调解，亦称协助调解。作为法院调解社会化的两种重要形式，邀请调解与委托调解在表述上具有对应关系。基于法院视角，前者形象地表达了法院将社会力量引入司法活动，后者明确地展示了法院将调解案件（纠纷）委诸社会力量。① 1982 年《民事诉讼法（试行）》不仅规定人民法院可以在办理调解案件时邀请社会力量参与调解，还规定被邀请的单位和个人有义务协助法院开展调解工作。② 1991 年《民事诉讼法》沿袭该规定。③ 尽管有明确立法，但实践中该制度长期处于"僵尸状态"。④ 1990 年代以降，尤其以建立现代民事司法体制为目标的改革进入深水区之后，邀请调解基本沦为"书本上的法"。一是法院基本不运用邀请调解。有法官甚至表示，"邀请社会上的人协助调解往往比我们直接主导调解还要麻烦、还要费事，所以平时处理案子基本不使用这项制度，为了稳妥起见，还是尽量不要邀请社会上的人参与调解"。⑤ 相反，法官可以通过"背靠背""以判压调""以判促调""以判拖调"等促成合意。尽管某些情形下可能有违当事人的真实意思表示，但从法官办案立场上讲，业已足够。二是社会公众未参与，以致既不了解

---

① "协助调解"表述立足于协助人视角，故不及"邀请调解"与"委托调解"的对应关系明确。语词绝非本书关注重心，仅出于研究便利略作交代。

② "人民法院审理民事案件，应当着重进行调解；调解无效的，应当及时判决。""人民法院受理的民事案件，能够调解的，应当在查明事实、分清是非的基础上进行调解，促使当事人互相谅解，达成协议。""人民法院进行调解，根据案件需要，可以邀请有关单位和群众协助。被邀请的单位和个人，应当协助人民法院进行调解。"

③ "人民法院进行调解，可以邀请有关单位和个人协助。被邀请的单位和个人，应当协助人民法院进行调解。"

④ 中国民事诉讼制度中处于休眠、僵尸状态的制度不限于法院邀请调解制度。譬如支持起诉制度，无论试行抑或现行民诉法，均明载条文，但实践中法院、民众似乎均将其"遗忘"。有趣的是，2012 年前后，支持起诉制度在个别地方被激活过。一些检察院运用支持起诉制度参与公益诉讼，以避免当时检察机关参与公益诉讼可能遭遇的技术障碍。还有个别检察院以检察建议之名行支持起诉之实，间接实现检察机关提起公益诉讼的效果。信息源自与西部某检察官的一次非结构化访谈，时间为 2011 年 11 月 24 日。这也从侧面印证了一个通俗表达："制度是僵硬的，实践是灵活的。"

⑤ 《远山市调研笔录》，2011 年 3 月 25 日。

该制度，也不会履行所谓的协助义务。

21 世纪初年，邀请调解的"休眠状态"被打破。伴随社会治理观念、政策调整及诉讼调解复兴浪潮，邀请调解制度率先发生变化。这充分体现在一系列规范性文件中，如 2004 年《最高人民法院关于人民法院民事调解工作若干问题的规定》①（下称"2004 年《民事调解规定》"）、2007 年《最高人民法院关于进一步发挥诉讼调解在构建社会主义和谐社会中积极作用的若干意见》②（下称"2007 年《诉讼调解和谐意见》"）、2009 年《最高人民法院关于进一步加强司法便民工作的若干意见》③（下称"2009 年《司法便民意见》"），及 2007、2012 年修正后的《民事诉讼法》④。在邀请调解的制度变迁背后，一种整合力量、助推调解的思路占据制度改革核心地位，也体现当代中国基层解纷中的实用主义理念。更重要的是，这些文件接连出台，不仅细化邀请调解制度，也把这种整合力量、低成本解决纠纷等观念注入当代中国纠纷解决及司法制度建设的思想库。随后，2014 年《中共中央关于全面推进依法治国若干重大问题的决定》（下称"2014 年《依法治国决定》"）再次强调邀请调解制度。⑤ 2015 年《中共中央办公厅国务院办公厅关于完善矛盾纠纷多元化解机制的意见》和 2016 年《最高人民

---

① "人民法院可以邀请与当事人有特定关系或者与案件有一定联系的企业事业单位、社会团体或者其他组织，和具有专门知识、特定社会经验、与当事人有特定关系并有利于促成调解的个人协助调解工作"。尽管 2004 年《民事调解规定》在 2008 年有过修正，但本条内容及序号均无变化。

② "建立和完善引入社会力量进行调解的工作机制。人民法院可以引导当事人选择办案法官之外的有利于案件调解的人民调解组织、基层群众自治组织、工会、妇联等有关组织进行调解，也可以邀请人大代表、政协委员、律师等个人进行调解。"

③ "人民法院可以邀请人大代表、政协委员、基层人民群众做诉讼协助工作，协助人民法院调解和执行案件。"

④ "人民法院进行调解，可以邀请有关单位和个人协助。被邀请的单位和个人，应当协助人民法院进行调解。"

⑤ "健全社会矛盾纠纷预防化解机制，完善调解、仲裁、行政裁决、行政复议、诉讼等有机衔接、相互协调的多元化纠纷解决机制。加强行业性、专业性人民调解组织建设，完善人民调解、行政调解、司法调解联动工作体系。完善仲裁制度，提高仲裁公信力。健全行政裁决制度，强化行政机关解决同行政管理活动密切相关的民事纠纷功能。"

法院关于人民法院进一步深化多元化纠纷解决机制改革的意见》（下称"2016 年《多元纠纷解决意见》"）对 2014 年《依法治国决定》精神及要求予以细化、落实。

在内容上，邀请调解制度渐趋明确、具体，而基本框架无变化。社会治理理念及政策变化给邀请调解的制度实践注入强心剂，在实质意义上激活了该制度。在实践主义法学研究范式中，邀请调解的制度表达仅是极其细微的层面，制度实践及其折射的法律、社会、政治意义才是重点：邀请调解的制度实践会否偏离立法规定以及如何偏离，会否衍生更复杂的运行形式及法律治理之外的意义？邀请调解的制度实践存在哪些亟待反思的学理问题及亟待改进的制度问题？

运用延伸个案方法，本章通过"叙事"[①]乃至"深描"[②]以展示制度实践，通过叙事性分析将事件背后的深层因素及学理意义揭示出来。个案延伸不关注个别事实与普适性理论之间的逻辑自洽或个案的代表性，而在于从经验上升至理论。为克服个案分析的视阈局限，还将探讨邀请调解的普遍性实践。至于两种个案分析策略，前者大抵可算作"叙事性分析"（Narrative Analysis），后者类似"叙事的分析"（Analysis of Narrative）。[③]这些个案未必细致、透彻，却构成全面洞悉

[①] 叙事性研究的探讨及实践，见应星：《略论叙事方法在中国社会研究中的运用》，载应星：《村庄审判史中的道德与政治——1951—1976 年中国西南一个山村的故事》，知识产权出版社 2009 年版，第 183—193 页；卢晖临：《迈向叙述的社会学》，《开放时代》2004 年第 1 期。应书是一部典型的通过叙事分析历史事件及社会事实的作品。

[②] 深描，也译厚描、浓描、深度描写，系象征人类学大师格尔茨所提倡并引发整个人文社会学科中人关注的一种研究方法。作为一个名词，乃借用吉尔伯特·赖尔（Gilbert Rule）之词。格尔茨先生坚信，"对于任何事物——一首诗、一个人、一部历史、一项仪式、一种制度、一个社会——一种好的解释总会把我们带入它所解释的事物的本质深处"。深描理论及实践，见克利福德·格尔茨：《文化的解释》，韩莉译，译林出版社 1999 年版；克利福德·格尔茨：《地方知识——阐释人类学论文集》，杨德睿译，商务印书馆 2016 年版。

[③] Polkinghorne 提出区分"叙事性分析"与"叙事的分析"：前者系借助叙事阐述、反思相关理论及知识；后者乃基于不同叙述寻求共同要素（成伯清：《走出现代性：当代西方社会学理论的重新定向》，社会科学文献出版社 2006 年版，第 38 页）。

制度实践的基石。这也是霍贝尔（Hoebel）所言"个案，更多的个案"之方法论意义所在。① 相比规则分析，个案研究包括案例研究法不仅可以避免规则的过度抽象化、形式化，还能体现一种以纠纷解决为中心的过程研究风格，将实体法与程序法一并纳入考察范畴，通过个案归纳一般。交替运用两种个案分析策略，旨在依循一种"科学的研究方法，即从特殊到一般且回到特殊进而验证一般的过程"②。

二、何盛芙案：邀请调解的过程叙事

（一）纠纷缘起："祸起萧墙"

秋水区方山乡曾经发生一起人身损害赔偿纠纷。与其他乡镇相仿，方山乡是一个传统的农业生产区，也是秋水北部山地一个偏远的独立乡，以境内一条唤作"方山"的山脉而命名。方山连绵数里，经年植被覆盖，山中桑柏绿竹茂盛，坡上菜圃房舍毗邻，沟里溪流梯田相间。秦天贵一家住在方山脚下的五谷村，世代农耕。秦服过兵役，其妻何盛芙是从三十里外的邻乡嫁过来的，二人育有一子。秦父在20世纪80年代曾因征粮与乡政府发生过纠纷，在当地有些名气。年龄稍长的人偶尔会提起秦家打官司的事。一位年长的报告人透露，他曾劝过秦父，认为与政府"闹"没好处，至少应该给后人留条路，即便子女已长大成人，但孙子孙女还要在方山小学念书，还得与乡政府打交道（在时人观念中，乡里学校就是乡政府的一部分）。秦父坚持己见。事实上，所谓官司不过是秦父在发生纠纷后找上级部门反映情况，后亦不了了之。再往后，秦与秦父因赡养纠纷，几乎涉讼。秦称，打十二

---

① E. Adamson Hoebel, *The Law of Primitive Man: A Study in Comparative Legal Dynamics*, Harvard University Press, 1967, p. 36.

② E. Adamson Hoebel, *The Law of Primitive Man: A Study in Comparative Legal Dynamics*, Harvard University Press, 1967, p. 36.

岁起再也没由父亲养活。这事后来倒没闹到当庭对峙的地步。在世代以耕谋生的五谷村，这些都是轰动性事件，村民们偶尔以此为谈资，有村民认为秦家的人"有骨气""惹不起"，也有人认为秦家"巴到烫"（一种俚语，指"好缠人""惹是生非""得势不饶人"）。①受访者透露，秦服兵役时因训练坠马，愈后通过疏通关系让部队开具残疾军人证。秦数次向笔者透露，退役后他常以残疾军人身份行事。对于残疾情况，秦家上下皆笑而不语。当90年代的打工潮席卷五谷村时，秦子从初中辍学随村里人南下。此时，秦父业已去世，秦多次表示，要状告方山小学，认为学校对秦子辍学负有责任。不知因村民、亲友劝诫，还是其他缘故，这事后来再没听秦提起。何盛芙在娘家时原有不少同胞姊妹兄弟，后因各种缘由竟一度生疏。

当打工潮盛行五谷村时，方山、秋水、平沙乃至整个四川盆地都沉浸在南下"挣钱""打拼"氛围中，村民们开始走出田间地头，地方经济也平添好多生气。方山盛产绿竹，何仕文、何仕武兄弟俩在乡街道附近设了一个竹编收购点，将收购的竹子、竹丝、竹制品贩销外地。2000年，何盛芙到收购点做工，负责竹子扎捆、搬运及装载。由于与胞妹胞弟交往日疏，久之，何盛芙遂与何氏兄弟以姊弟相称，并彼此间有些人情礼节往来。何一直从事装卸工作，直到风波飞忽而至。

2001年7月27日夜9点钟，何盛芙和附近几个男女壮年正

---

① "打官司""告官""上访"在学人眼中可谓司空见惯、习以为常，但在广大农业地区尤其20世纪中后叶之中国乡村，却富有道德色彩且常被人们投以道德眼光。这种"社会生活的泛道德化现象"在时间维度上似已延伸至21世纪，在地域上也存在于城镇居民生活之中。社会生活泛道德化现象的地域性延展在某种程度上印证了"中国的城镇是城市化中的农村"。需指出，该时期中国村民看待诉讼具有矛盾心理：一方面，人们认为诉诸法院之类费钱耗时，不仅折磨人还损及人际关系；另一方面，人们需要一个"讲道理"的去处，甚至认为求诸公权力是一种带有道德正义感的光彩事件。除了在乡间行走偶尔听到争执中的村民用威胁的口吻宣称"我要到法院告他"，笔者在21世纪初年还接触过一些参加过诉讼的村民，他们谈起自己的案子时，自豪感溢于言表。

忙着搬运捆扎好的竹丝上车。这天是阴天，夜晚天空一片漆黑。离货车十多米远的农舍屋檐下有一盏 15 瓦的白炽灯泡发出昏暗的光线，照射着忙碌的人们。为了减少运输成本，所以常常超载运输。白天公路上有交警执勤，只得晚上运输。几个月前的一个夜晚，货车就曾因超载夜行而翻车。当竹捆垒得很高后，一位搬运工嘟哝道："差不多了！"何仕文指挥大家继续装车。少顷，何盛芙将竹捆扛上车后转身沿踏板下行，车上一竹捆滚下，砸在她的后背上。她被撞下地去，右手、头部、左耳受伤。货车司机随即发话："超载了！撤几十捆下来，不然我不开车。"秦天贵当即将何盛芙送到方山乡卫生院抢治。几天后，何被相继转至秋水区人民医院、平沙市人民医院治疗。同年 10 月中旬，何的病情基本稳定好转，遂结束治疗，但仍需继续使用跌打损伤酒药。[1]

（二）诉讼"拉锯战"：以司法鉴定为中心

在何盛芙住院之后，何氏兄弟除垫付数百元治疗费之外，再未露面接洽。这令秦氏夫妇极为恼火。鉴于结义金兰，秦氏夫妇试图和解，但何氏兄弟认为责任已履行，拒绝再予支付。2001 年 10 月，何盛芙向秋水区人民法院司法技术鉴定中心申请右手伤残鉴定，被鉴定为九级伤残，并于 11 月向该院起诉。何仕文以鉴定系何盛芙单方委托，不服该鉴定结论（"鉴定结论"系当时法律术语），故申请重新鉴定。从诉讼档案看，法院未将何仕文申请重新鉴定一事告知原告。2002 年 1 月，秦氏夫妇忽然接到法院通知，要求立即与法院人员、被告及其代

---

[1] 平沙市秋水区人民代表大会常务委员会：《秋水区人大常委会关于研究处理纠访户秦天贵为其妻人身损害索赔一案的报告》，2005 年 3 月 21 日，载平沙市人大内务司法委员会、平沙市人大常委会人事代表工作委员会：《平沙市人大常委会质询案材料》，2005 年 9 月 20 日，第 8—9 页；袁公明：《法律的尊严何在：法院的错误判决》，2006 年，第 8—9 页（袁曾帮何盛芙撰写过数份申诉文书）；《平沙市秋水区人民法院民事判决书（2001）秋水民字第 1721 号》，2002 年 7 月 17 日，第 2—7 页。

理人一道赴南门市（平沙市的邻近市）九州医学院附属医院做鉴定，并宣布"双方当事人及其代理人、律师，吃住、休息一律集体行动，不准私自离开，以保证鉴定医生不受干扰"。由于此前鉴定系自己单方所为，原告对此予以配合（因第一次鉴定的时间与伤愈出院时间极为接近，不符合伤愈出院满三个月始得申请鉴定之时限要件）。据载，何仕文的代理律师此前专程去过南门市，并在鉴定当日午休时外出不归，且法官未制止。下午，在法官主持、双方在场的情形下，伤残等级被鉴定为七级。① 何仕文仍然不服，要求再次鉴定。秋水法院批准被告申请，通知原告于指点时间到指定地点等候宣布新的鉴定机构，以随即接受鉴定。② 因原告拒绝，该年7月的判决书认为：

  对原告右手伤残等级的二次鉴定均未得到确认，而在被告何仕文、何仕武再次申请对原告右手伤残等级重新鉴定，得到本院准许后，原告拒不配合鉴定，由此，对原告何盛芙右手伤残的真实等级无法通过再次鉴定予以确认。而依据举证责任分配原则，原告伤残等级的举证责任在原告自己，其不配合鉴定，致使对争议的该事实不能通过鉴定结论予以认定，应由原告承担举证不能的法律后果，故此，对原告主张的残废者生活补助费的诉讼请求，本院不予支持，可待真实伤残等级明确后，另案起诉。③

何盛芙不服，遂上诉平沙市中级人民法院。是年8月底，法官以到何盛芙家调查为名，偷拍到何双手持连枷打稻草及割苕藤。该年10月，终审判决载明："在一审期间，由于何盛芙拒不接受法院指定鉴

---

① 袁公明：《法官的职业道德何在：法官枉法面面观》，2006年，第7页。
② 《平沙市秋水区人民法院通知》，2002年4月15日。
③ 《平沙市秋水区人民法院民事判决书（2001）秋水民字第1721号》，2002年7月17日，第7页。

定机构重新鉴定,致其伤残等级难以准确确定,根据举证责任分配原则,何盛芙应承担举证不能的民事责任。据此,原审没有认定鉴定结论是正确的,何盛芙的该上诉理由不成立。"① 二审期间,秦还到平沙人大、政府诸部门信访。该市信访办材料记载,在市人大"常委会领导批示转市中级人民法院办理"后,法院负责人指派民一庭庭长担任审判长组成合议庭审理该案。换言之,二审在某种程度上是在人大监督之下进行的。二审结束后,市信访办遂将此案作为典型事例予以通报:"中级人民法院把接受人大监督作为搞好审判工作的一个重点来抓,由此提高了办案质量,维护了司法公正,为维护社会稳定,提供了强有力的司法保障和优质高效的法律服务。……中级人民法院把贯彻'三个代表'重要思想落实到审判工作中,自觉接受人大监督,公正司法,维护了当事人的合法权益。该案判决结果得到群众的好评。"②

无独有偶,通报发出仅两天,秦氏夫妇向中院申请再审,其中措辞激烈:"此案本来是一件情节简单、容易查清的小案子,现在弄得这么复杂,久拖不决,这里面的奥妙何在?群众自有公论。何仕文、何仕武是商人,手中有的是钱,俗话说有钱能使鬼推磨,我是个伤残军人,穷困农民,当然我斗不过他。但是我相信正义和法律终久(究)会胜利,我要把官司打下去,直到还我公道。"③ 通过再审申请书可以发现:其一,所谓"全权代理人"秦天贵直接站到案件前台,将纠纷从法律层面延伸至道德维度,诉诸道义评判。这可能是不懂文书撰写之故,更可能是心态的真实流露。其二,秦氏夫妇开始公开质疑司法公正性。这种质疑通常发生在民众与司法体制反复博弈、交涉之

---

① 《平沙市中级人民法院民事判决书(2002)平法民终字第342号》,2002年10月9日,第4页。

② 《公正办案 执法为民:平沙市中级人民法院认真办理市人大常委会信访办交办件》,载平沙市人大常委会信访办公室编:《信访工作动态》第5期,2002年11月20日,第1、4页。

③ 何盛芙:《申诉状》,2002年11月22日,第4页。

后。无疑，对司法公正性的质疑是司法体制面临的最严重问题之一。对于任何司法体系，一旦公众不再信赖其公正性，其运行通常呈现恶性循环，难以"自我救赎"。其三，该再审申请也揭示"文书式治理模式"的不足。当下司法机关内部及司法机关与其他部门之间均呈现显著的科层制化特征，文书制作、文书呈递、文书审查、文书批示等乃机构内部及机构间予以管理、监督、考核的核心手段。这往往导致文书表述与司法实践存在背离。但"科层结构中的官员喜欢以书面文档为根据来作出决策"，故对"简洁的文档的依赖"势所难免。[①] 与中院及政府文书表述截然相左，秦氏夫妇不仅没有服判息诉，反而情绪被激化，积极寻求救济。[②] 2003 年 5 月，中院驳回再审申请，并重申"至于你右手受伤的伤残等级问题，你在一审期间不接受法院决定的重新鉴定，致使伤残等级难以确认，你应对此承担举证不能的后果，你可另案解决"。[③]

（三）诉讼中的"推"与"拖"：一场莫名其妙的审判

何盛芙案中的"另案解决"是一个有趣的现象。一审判决表示，让原告"另案起诉"；中院维持一审判决，并微调责任分担，试图令上诉人服判息诉；中院驳回再审申请时，一方面明确表示，何应承担举证不能之后果，另一方面又表示"另案解决"。显然，裁判不仅自相矛盾，且有违诉讼法理：一方面，依证明责任判何败诉；另一方面，又莫名其妙地留一扇窗——当事人可以就既判力所遮断之事由及权利要

[①] 米尔伊安·R.达玛什卡：《司法和国家权力的多种面孔——比较法视野中的法律程序》，郑戈译，中国政法大学出版社 2004 年版，第 76、77 页。

[②] 不限于本案，2008 年笔者接触陈某诉吉盛县邮电局给付养老保险待遇案件。2010 年笔者在吉盛县法院调研时又邂逅该案。与何案相仿：一方面，法院在公开文献及材料中宣称，纠纷业已妥善解决、"尘埃落定"；另一方面，当事人仍在向上级部门申请，甚至已将纠纷诉诸网络媒体（《吉盛县调研笔录》，2010 年 6 月 24 日）。

[③] 《平沙市中级人民法院通知书（2003）平法民监字第 14 号》，2003 年 5 月 13 日。

求"另案起诉"。依裁判者心理而言,"另案起诉"实是"拖字诀"的司法运用。当中院面对受理再审申请时,"另案解决"展示了"推字诀"的司法运用,旨在将棘手问题推出本案或本院,毕竟该部分争议一旦"另案解决",则可将纠纷推回秋水法院。无论一审抑或二审,法院对伤残事实认定自始颇为"暧昧"。这不仅因为适用证明责任可能隐藏较大司法风险,故须审慎,这种"举重若轻"的裁判手法还与法官追求客观真实的心理有关。虽然秦氏夫妇认为,法官偏袒对方。但依法院说法,有材料表明,鉴定结论与何右手"实际情况确实不符"[①]。言下之意,法官对致残事实是认可的,唯对伤残程度有所保留。基于该种心理,两级法院一而再、再而三地做出此类难以理解的裁判。

正如中院驳回再审申请时所言,何盛芙遂于2003年6月向秋水法院"另案起诉"。该年12月,法院通知何鉴定遭拒。[②]2004年2月,法院判决驳回何之诉讼请求。[③]诉讼中,法官组织双方调解,无甚效果。本次诉讼可谓莫名其妙,违背"一事不再理"原则。秋水法院受理案件后便急于让何鉴定,也部分印证前述推断,即法院相当程度上执着于客观真实。当然,这种诉讼理念在当事人眼中则可能是偏袒对方的借口。从材料看,当事人的担心也并非空穴来风、无中生有。如在南门市鉴定时,法官未制止何仕文代理律师擅自外出不归,难免给当事人造成司法不公的印象。

该次"一审判决"生效后,秦氏夫妇遂于该年3、4、6月间分别向各级部门反映情况。2004年5月,秋水法院莫名其妙地制作2004年秋水监字第24号文件。该卷宗内既无立案记录,也无送达回证,更未对当事人作明确回复,仅向中院汇报情况。这充其量只能视为涉诉

[①] 《平沙市中级人民法院关于何盛芙人身损害赔偿询案的答复(书面)》,2005年9月27日,第2页。
[②] 《平沙市秋水区人民法院通知》,2003年12月10日。
[③] 《平沙市秋水区人民法院民事判决书(2003)秋水民字第1101号》,2004年2月10日。

信访。2005年3月，秋水人大常委会向市人大常委会报告，"建议市人大，召集市、区人民法院及区人大领导共同研究解决该案件的处理意见"①。该年6月，市人大内务司法委员会以平人内司〔2005〕9号文件向中院发出审查通知，交后者"审查处理，并做好当事人的息诉工作，做到案结事了"，并要求后者于次月20日前呈报处理结果。②不知何故，中院直至7月22日才向市人大常委会提交报告，并坚持认为，解决该案"只能靠她申请重新进行鉴定，有了新的证据才能依法向秋水区人民法院申请对其第二次起诉的案件进行再审"③。一方面，法院坚持重新鉴定；另一方面，法院认为何应在获取"新证据"后申请再审第二次起诉之案件。这不仅将"第二次起诉"这一莫名其妙的诉讼进一步摊开，也有违新证据、再审等程序性规范。显然，诉讼的原则、程序在本案中业已被抛弃。对于法院而言，只要从该案抽身，诉讼规则业已无暇顾及。

（四）人大常委会的个案监督

不仅秦氏夫妇对中院做法"不买账"，两级人大常委会对报告也不满意。一方面，秦氏夫妇继续向各级人大、政府反映情况。其中，向省检察院、高级法院、省政府、省人大提交的申诉状载明：

> 申诉人为被申诉人打工残疾，几年间，平沙两级法院的三次枉法判决，一次错误通知，俗话说：有钱能使鬼推磨，有理无钱

---

① 平沙市秋水区人民代表大会常务委员会：《秋水区人大常委会关于研究处理纠访户秦天贵为其妻人身损害索赔一案的报告》，2005年3月21日，载平沙市人大内务司法委员会、平沙市人大委员会人事代表工作委员会：《平沙市人大常委会质询案材料》，2005年9月20日，第10页。
② 平沙市人大内务司法委员会：《关于对何盛芙人身损害一案进行审查的通知》，2005年6月21日。
③ 平沙市中级人民法院：《关于何盛芙与何仕文、何仕武等人人身损害赔偿一案的情况报告》，2005年7月22日，第6页。

不能赢官司的作法不服，申诉人叫天不应，叫地不灵，为此，特来省城告状。请明镜高悬，解决小民疾苦。……区人大主任李伯印看案后明示"明显错案，请依法改判"，但法院执弱网闻，无济于事，至今未得到解决。我丈夫秦天贵是革命伤残军人，申诉人受残又得不到解决，儿子辍学无回报。申诉人忍无可忍，才硬着头皮来省城告状找青天。（似句式不通且有错别字，依状摘抄。后引同。——引者注）[1]

另一方面，平沙市人大常委会则筹划个案监督。面对市人大内务司法委员会要求做好息诉工作并于指定日前汇报的通知，中院在延迟两天后提交了一份书面报告且坚持原有立场。该行为似乎隐藏了某些讯息。中院提交报告仅四天，市人大常委会专门探讨个案质询，文件中特地提及中院迟交报告。[2] 人大材料中没有针对迟交行为的倾向性、评述性言语，从当事人口中得知，法院对人大介入似乎不以为然，有法官甚至质问该案"到底谁说了算"。[3] 在秋水区代表团代表李伯印等提出《关于何盛芙人身损害赔偿一案久拖不决的问题》的质询案（质字〔2005〕第1号）之后，市人大常委会人事代表工作委员会遂发出

---

[1] 何盛芙：《申诉状》，2004年6月30日。
[2] 《平沙市第二届人民代表大会常务委员质询案》，2005年7月26日，载平沙市人大内务司法委员会、平沙市人大常委会人事代表工作委员会：《平沙市人大常委会质询案材料》，2005年9月20日，第2—3页；《平沙市第二届人民代表大会常务委员第十一次会议常务委员组成人员质询案处理笺》，2005年7月26日，载平沙市人大内务司法委员会、平沙市人大常委会人事代表工作委员会：《平沙市人大常委会质询案材料》，2005年9月20日，第4—7页。有观点认为，"拖延一般仅仅被看成是科层制运转中的低效率所致。实际上，拖延在中国这种科层制中已经被制度化了。……又以高昂的代价起到了一种信息过滤的作用"（应星、景军：《集体上访中的"问题化"过程——西南一个水电站的移民的故事》，载《清华社会学评论》2000年特辑）。拖延也可能是科层制应对矛盾的"冷处理"技术（应星：《大河移民上访的故事：从"讨个说法"到"摆平理顺"》，生活・读书・新知三联书店2001年版，第419页）。本案中，拖延发挥了科层制中部门间的"情绪发泄""软抵抗"功用。
[3] 袁公明：《徒劳的辩解：评姚院长在人大质询会上的发言》，2006年，第20页。

平沙人代（2005）11号文件，责令中院接受质询。① 鉴于该种局面，中院一方面着手应对质询案，另一方面继续对秦氏夫妇施压，先后于2005年7、8月通知重新鉴定。② 针对8月的鉴定通知，何特地提交书面答复，拒绝重新鉴定。③ 该年9月，法院派专车专人将秦氏夫妇带至芙蓉医院法医鉴定机构，鉴定结论为十级伤残。为什么秦氏夫妇在多次拒绝后又接受重新鉴定？况且不久前还做过书面拒绝。笔者以为，书面拒绝或许是一个幌子。这一方面表明己方不愿意重新鉴定的立场，向法院和对方继续施压；另一方面也希望通过鉴定得到类似南门鉴定的有利结果。秦事后解释："虽然嘴上说不愿意重新鉴定，其实心里很明白，如果不重新鉴定，这事就莫得法解决，再说案子又拖了这么久了。"④

在法院设法重新鉴定时，市人大内务司法委员会调阅何案卷宗，并对诉讼中程序、主体、认证、判决等予以评价。在分析错误及不足时，人大内司委阅卷人反复提及，法院没有充分合理地利用调解，以致一次次失去化解纠纷的机会。⑤ 在收到质询案之后，中院与区人大、方山乡及五谷村干部们一起到秦家做工作，此行名为宣传、解释法律法规，最终目的是让何盛芙参与鉴定。为阐明重新鉴定的必要性，中院还在质询案书面答复中提及，为处理某鉴定争议，该院曾派员到公安部六所做过笔迹鉴定，最后当事人对判决"心服口服"。最后指出，

---

① 平沙市人大常委会人事代表工作委员会：《关于办理市二届人大常委会组成人员所提质询案的通知》，2005年8月9日。
② 《平沙市中级人民法院通知》，2005年8月23日。该年7、8月间，中院曾多次与秦氏夫妇当面沟通，均围绕重新鉴定问题。其中，8月25日在秦家会谈，除秋水、平沙法院四位工作人员外，还有秋水人大常委会主任、方山人大主席、五谷村村主任参加。平沙市中级人民法院：《询问笔录》，2005年7月19日；平沙市中级人民法院：《询问笔录》，2005年7月21日；平沙市中级人民法院：《询问笔录》，2005年8月25日。
③ 《答平沙市中级人民法院通知书》，2005年8月29日。
④ 《秋水区调研笔录》，2012年1月27日。
⑤ 平沙市人大内务司法委员会：《阅卷笔录》，2005年9月5日。

由于 9 月初已重新鉴定了伤残程度，故"建议何盛芙依据重新鉴定确定的伤残等级，重新向秋水区人民法院起诉，由法院依据伤残等级、责任划分、赔偿标准进行调解或判决"①。何盛芙依据新鉴定结论申请再审，被中院于该年 10 月以（2005）平法民监字第 18 号驳回，要求"重新另案向秋水区人民法院起诉"②。这对秦氏夫妇刺激尤大，秦以代理人身份提交书面答复③：

> 通知我收到了，拜读了，内容、精神尽知。……芙蓉医院鉴定是你们顺应何老板的要求、精心安排下作出的鉴定，该是"公正的"、"权威的"鉴定吧，对这个鉴定对或不对，用或不用，你们总得有个态度吧！……为什么现在把这个皮球踢向秋水区法院呢？这是新的一轮"推磨尔"，我不会上当。在你们的威逼下，我届时到了、配合了、你院给受害人举了证，芙蓉医院鉴定也出来了。怎么我的再审请求还是得不到你们法院的支持、解决呢？你们这份通知书不是揩屁股的草纸吧！不要玷污了通知书末页上庄严的红色大印。……判决书中，民事责任的划分是颠倒黑白、无据定"罪"（民事责任），明显的偏袒何老板，……你们是采取实用主义的态度运用法律，顺我意者用、逆我意者弃，而根本不顾

---

① 平沙市中级人民法院：《关于何盛芙人身损害赔偿询案的答复（书面）》，2005 年 9 月 27 日，第 8 页。

② 平沙市中级人民法院：《驳回申请再审通知书》，2005 年 10 月 18 日，第 2 页。

③ 秦天贵：《答平沙市中级人民法院通知书》，2005 年 10 月 20 日，第 1—2 页。细心的读者会发现，虽然秦一直发挥类似于诉讼代理人的作用，在此前某些诉讼材料中也曾以"全权代理人"之类身份发表意见，但他在相当长时间内其实不具有明确的诉讼身份。2005 年 8 月 25 日，法院、人大等前往秦家沟通，一位中院法官还对秦说："你要作为何盛芙委托代理人应完善有关手续，现在案子与其他要分清。"（平沙市中级人民法院：《询问笔录》，2005 年 8 月 25 日，第 2 页）。对于缺乏诉讼身份的人员却对司法活动产生类似代理人功能的现象，学界尚缺乏关注。笔者曾将该现象称作司法实践中的"隐性代理"（曾令健：《论司法实践中的"隐性代理"》，《南昌大学学报（人文社会科学版）》2012 年第 1 期）。

客观事实。仅此奉复。

至此，读者或许对该案程序、法院做法及想法一头雾水。实际上，我们需要意识到，当案件脱离常规诉讼程序并由此演变成"烫手的山芋"后，法院关切的问题则转换成如何将棘手案件"摆平"，以及早从"麻烦"中"脱身"。这再次展示"推字诀"的司法实践。或许有人认为，既然有新结论，依其裁判岂不完事。但事情并非如此简单。一方面，该鉴定结论引发了更大的争议。秦氏夫妇主张，参与重新鉴定是受法院"强迫"，且法院与对方的种种举动也透露某种不公。为证明不公，秦氏夫妇在呈递市领导的材料中描述了两起事件[①]：

2004年2月，法官在调查南门市九州医学院附属医院鉴定医生李教授时，别有用心地提问题（该提的问题没提），想诱使对方按自己的意图回答，以取得对己方有利的证据。李教授文化高、没上当，按国家法规回答了法官的问题，纠正了法官有意的错误记录。

2005年7月，法官去何盛芙家调查，目的……是搞自己需要的材料。该调查材料完成后，代理人秦天贵（何盛芙的丈夫）清楚地记得，自己在末页签了字，何盛芙捺了手印（而且每篇记录，何都捺了手印）。可是法院向人大作质询回答的专集材料附件中，此调查材料掉了包，换成了另一调查材料，时间、地点、参加调查的人、记录人等等未变，但何盛芙的手印、秦天贵的签字都不见了。这叫法律证据吗？这是什么性质的行为？

---

① 袁公明：《法官的职业道德何在：法官枉法面面观》，2006年，第12、13页。

另外，该次鉴定距治疗结束约有五年之久，于法出入甚殊。^①另一方面，诉讼程序到此时业已"混乱不清"，再诉再判，在程序层面则可谓"错上加错"。鉴于个中风险，中院选择将"皮球"踢回秋水法院，至少可以暂时将纠纷推开，似有一种"从头再来"的姿态。

（五）司法过程"问题化"与非典型邀请调解

质询结束后，鉴于该案"剪不断、理还乱"的局面，市人大负责人批示"庭外调解"并转中院。人大用意非常明显：既然依照法定诉讼程序，该案实际上已经陷入一个难以消解的诉讼漩涡之中，质此之故，只要法院召集双方调解，将纠纷"摆平"，事情也就了了。虽然表达上是"庭外调解"，但主导调解者仍须法院担任，以双方同意彻底解决纠纷，故而对处理方式冠以何种称谓业已无关宏旨，关键在于"摆平""理顺""罢诉""息访"。2005年11月，质询案结束后约两个月，秦找原办案法官问询，后者回答"市人大黄正道批复庭外调解，这不属于我们的事情"；另一位法官则对人说："人大提出质询，到底是我们说了算还是人大说了算，如果人大说了算，要我们法院干啥子，何盛芙的案子现在还未解决，叫人大去解决嘛！"^②

该案随即又进入拉锯战。2006年春，一位自称袁公明的老法律工作者"横空出世"，代秦氏夫妇撰写呈递市人大负责人的文书（袁称行文"点到为止，没有展开分析"，却亦洋洋洒洒两万字有余），希望"邀请社会各方面的公众人士参加。只有在法律、事实两方面输了理，

---

① 这在2005年8月25日相关人员到秦家做重新鉴定动员会议时也有提及。秋水人大常委会主任道："农村现也很忙，不多说。作了两个鉴定，七级、九级应依哪一个，双方当事人都不服，采用哪一个，中级法院也不好采信。按法律规定伤好后三个月鉴定，但你现在好了已好几年了，但你有病历等资料，九州医学院也有你的病历资料，所以必须重新鉴定。我们为你们双方当事人着想，公正处理，希望何盛芙你支持一下法院去重新鉴定，法院会公正处理的。"（平沙市中级人民法院：《询问笔录》，2005年8月25日，第2页）

② 袁公明：《徒劳的辩解：评姚院长在人大质询会上的发言》，2006年，第19—20页。

他们（法院）才会认账是错案，才有纠错的希望"。① 曾几何时存于双方当事人之间的纠纷、冲突，业已演变成当事人与纠纷解决者之间的矛盾、瓜葛、不解。这类情形在申诉时业已体现出来，质询案前后更为突显、激烈。这在很大程度上与法院未能及时、有效、充分地解决纠纷有关，以致当事人将矛头对准法院。不囿于本案，还可在公开报道中发现该类现象及话语表述。

秦不断向各级部门反映情况，该案在一定范围产生了诸多负面影响。由是，人大督促法院尽快组织调解，以定争止纷，法院与当事人却分歧增大，围绕司法鉴定等技术事宜"喋喋不休""纠缠不清"。其中，至关重要的是，当事人将矛头、不满指向法院，使得法院调解难以开展。须提及，恰如人大阅卷后所言，作为重要的解纷方式，调解在案中一直没受法院重视。即使法院声称举行过一次调解，也主要为了宣传、解释法律，随即回到鉴定话题上。这使该案长期处于程序紊乱、各方皆怨的格局中。在纠纷解决中，当对抗思维占据主导地位时，往往导致程序冗长、耗时良多，且法律效果、社会效果亦不见好。除却国家机关介入纠纷，当事人之间也缺乏应有沟通与交流，自初期的费用协商未果后，双方均负气未进行实质性深入沟通，彼此将重心放于猜度对方心理与行为，且往往互怀敌意。

自袁公明致平沙人大负责人书呈递之后，秦又多次向市区各部门申诉、上访。2006 年岁末，面对秦氏夫妇数年申诉，中院开始考虑人大的调解建议，遂将秋水法院推至前台。同时，秋水区委信访办、区人大等也着手参与。经协商，将方山乡政府及五谷村人民调解委员会作为排头兵，以调委会名义尝试"摆平"纠纷。由于芙蓉医院的鉴定等级为十级，故何氏兄弟不愿意承担过多赔偿数额。秦氏夫妇则要求依九州医院鉴定结果为计算标准。解决差额成了调解能否成就之一关

---

① 袁公明：《致平沙市人大领导书》，2006 年，第 2 页。

键问题。区委信访办、人大法工委及法院亟须彻底解决纠纷。诸部门会商后的方案是，何氏兄弟照芙蓉医院鉴定结论承担赔偿金额，方山乡政府也承担部分金额。调解协议签订当天，除了双方当事人签名、捺印，村调委会调解员及乡政府、区委信访办、区人大法工委、区法院代表均到场签名、盖章。为给方山乡承担金额找到"合法依据"，方山乡五谷村人民调解委员会（2006）秋方五调字第001号调解协议书记载，"因本纠纷给何盛芙、何仕文、何仕武家带来经济损失，造成相关家庭成员经济生活困难，故秋水区方山乡按国家有关政策规定给予何盛芙家困难补助费17000元"，且载明"本协议履行后，何盛芙、秦天贵不再以本纠纷为由进行申诉上访"。[①] 一起简单的人身损害赔偿纠纷竟然沸腾、延宕近六年之久，幸得多方协调、终得"案结事了"。

为什么乡政府与村委会愿意以"主持者"身份参与调解，秦事后解释：

> 我后来打算去上访，跑北京。我连上访的红布告示都搞好了的。这个事一传出去，上面就给乡政府打招呼。乡里面、村里面很有压力。他们隔三差五地派人来瞄我，生怕我溜出去上访。那年秋天，我到外面去打谷子，乡长以为我会借机去上访，就亲自跟着我。我就说，你要一直跟到我的话，就没得法给别人打谷子了，我只有回家休息。乡长同意给我算工钱，让我拿着钱回家休息。我说我还有一台打谷机的嘛，他就给我多算了一份工钱。[②]

长期的人盯人监控令乡、村两级承受了莫大的压力。2006年8月，恰逢国家某位前领导人诞辰，秦又声称去北京上访。这下让乡政府"实

[①] 方山乡五谷村人民调解委员会：《人民调解协议书》，2007年1月5日，第5页。
[②] 《秋水区调研笔录》，2012年1月27日。

在受不了了"，便向上面汇报，希望彻底解决该案。故而，乡政府不仅出面主持调解，还承担困难补助费17000元。据秦介绍：

> 这笔困难补助费起初只付了1万多，有几千没给。我就找乡里要钱，他们不愿意再给了。我就对乡长说："如果困难补助费不全部付给我，我就要去找上级反映，说你们在下面乱搞，乱摊费用。打官司管你乡里什么事？乡政府承担责任完全是非法的嘛，给这一万多块钱根本就没得法律依据，你们这是在替人受过！看你们到时怎么说得脱。"最后，乡里只得把余款付了。乡长当着我的面说了这么一句："我也是在当乡长哟，要不然的话，我今天非要捶你一顿！"①

本案在一定程度上印证了"人民内部矛盾用人民币解决"的流行说法。尤需注意，案中人民调解已非通常意义的人民调解，其不仅发挥最终解决纠纷的功能，且整体运行及内容也与现行制度不尽吻合。②然而，这却是当代中国司法的真实图景之一。在这幅与制定法颇有出入的司法场景中，一个核心问题是"司法过程'问题化'"③。通常而言，

---

① 《秋水区调研笔录》，2012年1月27日。

② 依司法部《人民调解工作若干规定》，人民调解委员会不得受理调解人民法院、公安机关或者其他行政机关已经受理或解决的案件。正如该案解决业已无暇顾及诉讼程序那样，通过人民调解"形式"解决该案是否符合现行司法制度规定，这已经不是涉案人员、机构所关心的主要问题，如何让事态平息才是问题的关键。当然，即便遵循实用主义理念，在文书表述与科层化管理中还需顾及"法定"形式。一个民间流传的诙谐说法是"搞假也要逼真"。在利益对抗中，这些形式性做法也可能遭逢"被揭开面纱"的命运。

③ 在社会学研究中，有学者将"问题化"作为农民的一项上访技术，农民诉求要得到政府重视，往往需要发生足够重大的"问题"，因此，农民常将"问题化"作为引起上级关注的一项行动策略（应星：《大河移民上访的故事：从"讨个说法"到"摆平理顺"》，生活·读书·新知三联书店2001年版，第317—320页）。本书认为，作为行动策略的"问题化"，其实就是"不闹不解决、小闹小解决、大闹彻底解决"的社会心理在权益维护中的写照。"司法过程'问题化'"不仅是行动者的一种行为策略，也是对特定司法实践的状况描述与结构探析。

纠纷一旦进入诉讼，理应依照既定程式、采取特定方法、履行相关手续，在一个既有制度框架内运行，最终由裁判者依据实体法、程序法予以评价。换言之，无论纠纷烈度如何，当事人诉讼策略如何，法官个性如何，纠纷均应被锁定在一种程式化、可控制的场域之中，为公权力所支配或引导。当诉讼案件因特定缘由摆脱诉讼程序制约，逾越司法权范围，进而直接影响司法外领域且由此及于案件裁判时，本书将这种现象称作"司法过程'问题化'"。对于当代中国司法，当事人将案件诉诸政府、人大、政协、媒体，并希冀这些机关、部门、单位介入以影响案件解决，均是较常见的司法过程"问题化"策略。

在司法实践中，申诉、上访等与司法程序常常相互交织、并行不悖，且当事人往往正是凭借这些庭外行动影响司法过程。暂且排除暴力型"问题化"措施，如堵路、冲击办公场所、放火，常见"问题化"做法则是申诉、上访等。进言之，申诉、上访在司法实践中也往往界限模糊。当代中国司法过程尤其特殊个案往往是一个掺杂、缠绕法律、权力、政绩、道义诸因子，且行动于台上台下、明里暗里的复杂综合体。倘若将司法实践比喻为一尊通透的太湖石，充斥空孔、罅隙且每个孔缝被事先堵塞上，当事人则可能凭借"问题化"策略及技术捅开这些堵塞物，重现"皱、漏、瘦、透"；也可能费力地穿过逼仄的孔缝，却发现司法程序"迷路了"。

（六）司法过程"问题化"：原因、结构及其他

1. 现实原因

司法过程"问题化"现象的现实原因是司法效率低下及其引发的公正质疑。[①] 诉讼不是一种高效的解纷方式。但作为公权力介入纠纷解

[①] 效率低下与公正性质疑是互为表里的。因公正性存疑而导致案件久拖不决也是常见的。此处仅从司法效率低下诱发公正性质疑的角度予以阐述。

决之一重要手段，诉讼在整个社会解纷体系中具有相当程度的垄断性。这种立法赋予或确认的合法性、垄断性，使民众对其解纷实效性、权威性怀有相当的期待，却因司法制度的相对复杂、烦琐而容易致使民众失去耐性。从更普遍意义、更开放视角出发，司法制度与民众期待之间的二重困境并非不可理解。制度实践一方面连接国家意志，另一方面连接民众。立法者思虑司法之功效、意义通常从普遍、开放角度出发，民众参与诉讼则不尽然。秦氏夫妇对反复鉴定与繁复诉讼并非像立法者设想那般，不是以一种教义式的理性姿态涉足其间，并依既定程式展开攻击与防御。秦氏夫妇关切的是权利的及时、有效、充分救济。当反复鉴定且对实体权益产生消极影响时，参与者失去平和心态并有相当的可能性采取司法外手段以影响司法过程。何案是一桩因司法过程拖沓诱发公正性质疑的典型个案，这可通过秦氏夫妇的言辞表达管窥个中关联。若说 2002 年的一份申诉材料——"小案子，现在弄得这么复杂，久拖不决，这里面的奥妙何在？"——尽管情绪外泄、措辞严厉、话有所指，尚不露骨，及至 2004 年的"有钱能使鬼推磨，有理无钱不能赢官司。……法院执弱网闻，无济于事，至今未得到解决"、2005 年的"这是新的一轮'推磨尔'，……在你们的威逼下，我届时到了、配合了……鉴定也出来了。怎么我的再审请求还是得不到你们法院的支持、解决呢？（省略部分秽语）……颠倒黑白、无据定'罪'，明显的偏袒，……你们是……顺我意者用、逆我意者弃"，不仅措辞随时间推移而愈发情绪化，对司法拖延、权利救济之不及时已然愤慨，以致污言秽语伺候。倘若措辞变迁还可能被解释为一种"问题化"技术，即言语升级，但纵然秦氏夫妇一再拒绝重新鉴定且拒绝本身不乏法律正当性，何盛芙最终选择配合。秦的事后解释——"如果不重新鉴定，这事就莫得法解决，再说案子又拖了这么久了"——清晰地揭示当事人在"问题化"与解纷效益之间努力寻找平衡点。当然，何案"问题化"还与法院系统的裁判逻辑有关。法院企图通过证明责任等裁判机制给当事人施压,又不敢付诸现实。"施压"与"开口子"并行的做法,一定程度上为"问题化"演化埋下种子。

2.结构要素

无论秦氏夫妇的质疑,抑或法院系统的"进退维谷"与裁判逻辑的"自相矛盾",这些仅是当事人、法院的感受与判断,属于"问题化"策略的实施动因。至于"问题化"策略及技术何以可能?这至少包含国家机关的行为逻辑与基层社会的生活逻辑等因素,国家机关之间的权力结构则为"问题化"策略提供机会空间建构的可能性。

对于国家机关的行为逻辑,就当事人言之,"不闹不解决、小闹小解决、大闹彻底解决"的社会心理,正是其与国家机关反复博弈、交涉之后对于官方行为逻辑的一种单方面理解。这在极大程度上支撑当事人的"问题化"策略。2002年二审期间,秦天贵上访市人大和政府,尽管从二审判决来看,这次"问题化"尝试没有产生预期效果,但经市人大批示后,中院旋即指派一庭长担任审判长,市信访办也以典型案例予以通报。一系列"批示""指派""通报"在客观上激励秦氏夫妇继续实施"问题化"策略。在"另案起诉"又遭败诉后,秦氏夫妇开始频繁地向各级部门"反映情况",并在2005年得到区市人大及中院的回应。尔后,当事人"反映情况"——国家机关回应,这一模式更是被多次实践,秦氏夫妇亦将权利救济寄希望于该种实践。有学者认为,只有经历一种"问题化"的过程,也即将民众关心的问题转化为政府关心的问题,前者的问题才可能被纳入政府马上着手去解决的问题日程中。[①] 于是,一条近乎冷幽默的顺口溜近些年颇为流行:"上诉不如上访,上访不如上网。"这既描绘救济途径的演变路径,也是"问题化"策略之一民间表达。事实上,类案甚多。一起邮电局与

---

① 应星:《"气"与抗争政治:当代中国乡村社会稳定问题研究》,社会科学文献出版社2011年版,第127页。

职工的劳动合同案件，因上诉、再审皆维持原判，劳动者就向相关部门申诉。时逢奥运，法院遂受理申诉，待奥运结束又维持原判。当事人便将纠纷诉诸网络。①2006 年，三峡库区某小镇发生一起交通事故。据知情者称，肇事车主与交警队某工作人员有亲属关系。当事人维权之路极为艰难，遂采取"问题化"策略，堵公路、在公路上停放尸体、"围观"镇政府。后来，当事人的亲友邻里又到市里"找人"，打听上访途径。② 救济途径演变与手段升级在大多情况下旨在诉诸国家机关与社会公众、营造舆论压力，以应对科层制司法的慵懒、迟缓、专横。

关于日常生活逻辑，纵然基层社会呈原子化转变趋势，但熟人社会行事逻辑仍在发挥作用。在长期相处、"低头不见抬头见"的生活环境中，个体、家庭的尊严、面子往往影响行为选择。秦家在五谷村算"有骨气""惹不起"的，倘若何盛芙致残后得不到"体面"的赔偿，那秦家不仅让父辈"英名"蒙羞，自己及家人也难以在村庄里抬头。面子不仅是个人的，更是家族的。③ 这种观念在秦接受访谈时曾经数次不经意地流露出来。④ 除了父辈"英名"与家族颜面，何的人生际遇也

---

① 《吉盛县调研笔录》，2010 年 6 月 24 日。

② "问题化"策略有诸多形式，以"上街"为例，如堵公路、坐广场、"集体散步"、"围观"政府等。"问题化"的本质在于"把事情闹大"，常见方式是给社会秩序"制造麻烦"，将该种负面影响作为与政府谈判的筹码，以实现权利维护。通过"闹大事情"来"解决问题"的抗争策略，在关于游行、示威等现象的社会学、政治学研究中亦有涉及。McAdam 指出，抗争者必须经常更新斗争策略，方可在交涉中占据先机（Doug McAdam, "Tactical Innovation and the Pace of Insurgency", *American Sociological Review*, vol. 48, 1983, pp.735-754）。此外，民众抗争次数往往与政府重视程度呈正相关（Doug McAdam and Yang Su, "The War at Home: Antiwar Protests and Congressional Voting, 1965 to 1973", *American Sociological Review*, vol. 67, 2002, pp.696-721）。当然，"问题化"策略也有"擦枪走火"之可能，这在近些年若干轰动性、群体性事件中可以找到佐证。

③ 翟学伟：《人情、面子与权力的再生产——情理社会中的社会交换方式》，《社会学研究》2004 年第 5 期。

④ 作为基层社会生活逻辑之一，面子观念之于"问题化"的影响不限于何案。有学者指出："一位被无理毒打的人，如果他停止了抗争，在乡村这个熟人社会里，也就失去了人们的起码尊重，会被人称之为软蛋。……还想体面地在这里生活下去，他面前就只有继续抗争这条路了"（于建嵘：《当代中国农民的维权抗争》，中国文化出版社 2007 年版，第 25 页）。

使夫妇俩无路可退。何曾一度疏远同胞姊妹，与何氏兄弟义结金兰且有人情礼节往来。事发后，何氏兄弟除垫付数百元便"再未露面"。这业已令秦氏夫妇极为恼火，后碍于交结之义主动和解却又遭拒。在人际关系上，何氏兄弟可谓陷秦氏夫妇于极尴尬之境，除非官司"打到底"，委实进退失据。这一点直白地体现于 2002 年的一份申诉材料。秦表示"何仕文、何仕武是商人，手中有的是钱，……我是个伤残军人，穷困农民，当然我斗不过他"，但他会"打下去"、奉陪到底。熟人社会的日常生活逻辑在极大程度上阻断了秦氏夫妇在这场司法博弈中的退路，成为司法过程"问题化"之一结构要素，并具有划定博弈底线的意义。[1]

倘若说官方行为逻辑与日常生活逻辑的双重激励，催发当事人实施"问题化"策略的"勇气"与"决心"，但不足以充分解释"问题化"技术的可行性。国家机关之间的权力结构为机会空间建构提供了客观条件[2]，成为催生司法过程"问题化"之可能性的又一结构要素。正是基于权力结构而营造的机会空间，使国家机关的运行逻辑与熟人社会的生活逻辑有机会在司法过程中连接起来。公权力结构之于司法过程"问题化"的机会空间建构意义需从纵向、横向权力结构两个维

---

[1] 当事人意愿、气质乃至偶然遭遇对行动策略的作用，不仅见于秦的家庭背景、个人经历等之于案件"问题化"的影响，有学者还分析过生命体验、社会分层对民众行为模式的影响（Xueguang Zhou, *The State and Life Chances in Urban China: Redistribution and Stratification, 1949-1994*, Cambridge University Press, 2004, p.334）。

[2] "机会空间"建构研究可溯至政治机会结构的早期讨论，如 Peter K. Eisinger, "The Conditions of Protest Behavior in American Cities", *The American Political Science Review*, vol. 67, 1973, pp.11-28; Sidney Tarrow, *Power in Movement: Social Movements and Contentious Politics (Revised and Updated Third Edition)*, Cambridge University Press, 2011, pp.160-161。中国农村集体行动的政治机会结构分析，如 Kevin J. O'Brien and Lianjian Li, *Rightful Resistance in Rural China*, Cambridge University Press, 2006, pp. 25-49。对于都市运动的分析，如刘能：《怨恨解释、动员结构和理性选择——有关中国都市地区集体行动发生可能性的分析》，《开放时代》2004 年第 4 期；施芸卿：《机会空间的营造——以 B 市被拆迁居民集团行政诉讼为例》，《社会学研究》2007 年第 2 期；陈映芳：《城市中国的逻辑》，生活·读书·新知三联书店 2012 年版，第 274—277 页。

度综合理解。

所谓纵向权力结构,即上下层级的法院、人大、政府等国家机关之间的权力配置及实践。对于纵向权力结构,有学者从政治社会学视角分析"地方—中央"权力层级对都市运动中机会空间营造的意义:基于对央地权力层级的认知与衡量,行动者们通常自然地向中央政府投诉地方政府的违法行为,为都市运动建构政治机会。[①] 这种"自上而下"的逻辑大抵上亦足以解释法院、政府、人大各系统内部的层级关系在司法过程"问题化"中的机会空间建构意义。但在制定法上,法院层级关系无法比拟政府权力层级之于机会空间建构的影响,因为上下级法院乃依法实施业务监督,并无领导、隶属关系。而横向权力结构之于司法过程"问题化"的机会空间营造更加复杂。所谓横向权力结构,即同一层级的法院、人大、政府等国家机关之间的权力配置及实践。在制定法上,法院、政府皆由同级人大产生,对其负责、受其监督;法院监督政府的部分行为;法院依法独立行使审判权。在横向权力结构上,唯有人大可能对法院施予体制性压力,亦有严格条件及情形限制。综合横向权力结构与法院系统内部纵向权力结构而言,制定法基本阻断同级政府、同级人大、上级法院"介入"个案审判。

毋庸讳言,权力结构实践则复杂得多,也使机会空间营造得以可能。缘于司法经费、工作协调之故,政府对同级法院产生事实上的约束、制约;上下级法院的业务监督与交流、人事流动等几与政府系统无异;法院人事任免、法官资格获取通常由同级人大负责。由是,秦氏夫妇往往同时向不同层级、不同部门申诉。仅2004年3、4、6月间,秦氏夫妇先后向区市省三级法院、政府、人大递送材料。其中,6月的省城申诉,秦一次性向省检察院、高级法院、省政府、省人大呈

[①] 施芸卿:《机会空间的营造——以B市被拆迁居民集团行政诉讼为例》,《社会学研究》2007年第2期。

递申诉材料。除了"东边不亮西边亮"、分摊行动成本等朴素观念，客观上就是利用横向权力结构、营造机会空间。对于纵向权力结构，除了诉诸上级政府、人大、法院，秦还借助基层组织及干部的社会秩序维持职责寻求机会。2006年夏，秦与乡政府围绕"京访"、秋收展开的"短兵交接"就是例证。乡政府担心上级部门责备，颇有动力参与，遂积极汇报、寻找方案。"就地解决"乃至"捂在当地"，这些是再熟悉不过的地方治理实践逻辑。秦向区市省级部门申诉，本身又产生压力向下的传导效应，而乡政府直面该种压力。从最终处理来看，这次"由下向上"的权力结构实践影响颇大。

不无吊诡的是，秦氏夫妇对权力结构法律图景与实践状况之背离缺乏认知，也不清楚各机关之间确切、具体的权力关系。之所以四处反映情况，他们认为这些部门属于人民的机关，总会有人出面倾听他们的呼号。对此，一个可能的学理解释是，总体性社会的体制逻辑仍在发挥效用。不能仅以为20世纪80年代秦的父辈们将学校视作政府之一部分乃观念陈旧，这恰恰是对总体性社会体制逻辑的一种民间解读。秦了解各机关的大体职能，但他承继了前述逻辑，诉诸不同机关，产生"以简驭繁"的实效。毕竟各机关彼此间清楚个中权力关系，故当事人"四面出击"往往能在机会空间建构上"歪打正着"。权力结构与体制逻辑在实践中的微妙结合使司法过程"问题化"更加可行。

3. 责任转嫁的"问题化"阐释

借助邀请调解应对"问题化"案件成为一种官方行动策略。何案是一起非典型邀请调解案件，是诉讼进入死角之后，纠纷解决者为寻求解脱而采取的即时性、临时性手段。透过表象深究事物面目，可以清晰地发现法院主导调解却将地方政府、基层组织推至前台。这种不规范乃至未能正名的邀请调解存在诸多局限，如责任分担。事实上，这些局限往往为解决棘手问题提供便利。在制定法上，权利享有者与义务承担者总是受特定法律关系调整，责任分担通常以制定法为依据，何案责任分担却令人"丈二和尚摸不着头脑"。无须惊讶,个中自有逻辑。当审判活动偏离正式程序,案件"问题化"引发的一个严重后果,则是纠纷解决者最为关心的问题业已不是公正、合理地解决案件,而是从纠纷解决中"全身而退"。只要能动员、协调各种组织、资源以"摆平"各方,那么纠纷解决者乐意采取一切"踩线不越线"的策略,并秉持某种"搞定就是稳定、摆平就是水平、无事就是本事、妥协就是和谐"的心态。故而法院是否以主持者身份组织调解,双方权利义务承担与法律契合程度如何,以及调解以何种名义进行,均非问题之要害。只要能"理顺"案子,那些制度化要求往往被忽略掉或以某种制度化做法予以修饰。由是,尽管何案乃非典型邀请调解案,当事人却基本接受。

不限于本案,华南某制鞋厂倒闭引发劳资报酬纠纷,法院在调解时引入地方政府与村委会,且厂房所在地村委会承担部分赔偿款。这引发村民上街抗议,后来只得由乡镇某派出机构承担该笔款项。[①] 村庄通常属于规模较小且集体行动能力较强的组织,故对此类摊派反应强烈,而镇级规模要大得多,成员关系疏远甚至缺乏互动,除了个别知情者可能将这类事件作为茶余饭后的谈资,不会产生明显或过激反应。在社会心理学上,"一个偶然的契机,可以让这些原本散处于四面八方的人同时凑在同一个场所,这时候这群人就立即表现为同一种心理特征,他们的行为再也没什么区别了。所以,有时候三五个人会形成一个群体,而成千上万的人却未必会发生这种心理现象"[②]。此外,较大范围分摊责任易使个体份额不足为观,况且镇政府常常可以也能够"做平"账目。笔者接触过部分华南劳动争议材料,在司法调解中第三方

---

① Yang Su and Xin He, "Street as Courtroom: State Accommodation of Labor Protest in South China", *Law and Society Review*, vol. 44, 2010, pp.157-184.
② 古斯塔夫·勒庞:《乌合之众:大众心理研究》,戴光年译,新世界出版社2010年版,第3页。

承担责任(也被表述为"提供资金帮助")已经成为纠纷解决尤其群体纠纷解决的"潜规则"[①]。在司法调解时动用所谓的"维稳基金"已不再讳莫如深,几个调研地均有类似做法。在前述三峡库区交通事故调解时,乡政府承担了部分赔偿款。据载,广州市2007年社会维稳支出高达44亿元,远远超过当年社会保障就业资金的35.2亿元。[②]一时难以判定这种处理方式是否具有深厚的历史渊源,但史上确有零星记载。于成龙碰到一起月饼价款纠纷,对于是否付款,店主与买家各执一端。月饼店在当地很有信誉,买者也被邻里称道为诚信之人。最后,于说服旁观者每人出一文钱代付店主。[③]分摊损失以摆平纠纷的思路与司法调解中转嫁责任乃至"花钱买平安"颇有几分相似,而这在事实查理不清或加害方赔偿能力有限时更易于发生。

4. 社会参与之于"问题化"

应对司法过程"问题化"需要寻找适当的协助人且完善邀请调解机制。当诉讼过程偏离正规程序,这使解决者从中立裁判立场转向何以从棘手案件抽身的行动者。此意义上的邀请调解业已很大程度上偏离制度原义。此时,邀请调解的主要功能不在于协助法院协调各方主张、请

[①] 有人界定了一般意义的"潜规则":"(1)潜规则是人们私下认可的行为约束;(2)这种行为约束,依据当事各方的造福或损害能力,在社会行为主体的互动中自发形成,可以使互动各方的冲突减少,交易成本减少;(3)所谓约束,就是行为越界必将招致报复,对这种利害后果的共识,强化了互动各方对彼此行为的预期的稳定性;(4)这种在实际上得到遵从的规矩,背离了正义观念或正式制度的规定,侵犯了主流意识形态或正式制度所维护的利益,因此不得不以隐蔽的形式存在,当事人对隐蔽形式本身也有明确的认可;(5)通过这种隐蔽,当事人将正式规则的代表屏蔽于局部互动之外,或者,将代表拉入私下交易之中,凭借这种私下的规则替换,获取正式规则所不能提供的利益。"(吴思:《潜规则:中国历史中的真实游戏》,复旦大学出版社2011年版,第193—194页)民事诉讼程序运行潜规则或谓之"行动中的民事诉讼法",见徐昕、徐昀:《非正式开庭研究》,《比较法研究》2005年第1期;徐昀:《非正式开庭视角下的程序与法官》,《开放时代》2006年第6期。

[②] 笑蜀:《天价维稳成本为何降不下来》,《东方早报》2009年6月29日。转引自应星:《"气"与抗争政治:当代中国乡村社会稳定问题研究》,社会科学文献出版社2011年版,第113页。

[③] 参见曾宪义:《关于中国传统调解制度的若干问题研究》,《中国法学》2009年第4期。

求,而在于"摆平"业已被"问题化"的讼案,将法院及其他机关"解放"出来。这便于理解基层政府、基层组织乐于冲在调解"最前线",甚至成为"实体责任"承担者。没必要将注意力与论断悉数集中乃至纠结于何案,一般意义上讲,当下中国司法亦需要一定的助益机制,即将社会力量整合进司法活动,尤其具有独特运行逻辑的司法调解,协助调解的组织与个人有助于修复社会关系。当下中国纠纷解决中,人际关系因素仍占重要地位。城市是城市化的乡村,农村仍强调乡村生活的面子逻辑,人际关系对司法的影响不容小觑。[①]有学者认为,转型时代的基层社会,尤其是乡村社会日趋理性化,以致传统的地方性规范日渐式微,且难以孕育出内生性权威及秩序;同时,理性化的农民正和理性的现代国家日益亲和,乡村社会内生出了对国家法律及其所代表的国家权力的迫切需求。[②]这种互动过程应当寓居于邀请调解等具体制度之中,并依凭长期、反复地实践而变得更加充分。然而,2010年秋水法院审理一桩医疗事故,虽邀请一位医务工作者参与调解,调解书也记载了该协助人,但据代理人与笔者回忆,此人对案件调解几乎没有发挥作用。[③]较好地利用这些因素,对邀请调解不无助益。当然,适时、适度地运用邀请调解制度也颇具重要性。一个反例是,由于迟迟未尝试司法调解遑论邀请调解,从秦氏夫妇的生活看,他们与何氏兄弟完全断绝往来,彼此间的姊弟情谊早被讼案荡涤到爪哇国。这些表明了邀请调解之于司法调解的意义,但这种助益务须吻合现代司法规律,也涉及司法助益机制——为法院调解提供适宜的沟通中介、寻找恰当的协助者、设置邀

[①] "关系本位"对司法活动、社会生活之影响,可从秦透露的两起事件管中窥豹。一是为疏通关系,秦为平沙政府工作的战友"买春",但后者没帮上什么忙,遂彼此少了交集。二是秦有一位担任中学教师的姐夫,后者有一位本地执业的律师女儿。因她代理该案效果不遂人意,秦的姐夫主动提出帮着"打点"关系。因进展不顺产生思想包袱,还生了一场病,且遇秦则避,大有"无颜见江东父老"之慨。

[②] 董磊明:《宋村的调解:巨变时代的权威与秩序》,法律出版社2008年版,第164页。

[③] 《秋水区调研笔录》,2010年1月28日。

请调解机构及建构邀请调解机制。[1]

三、邀请调解的普遍性实践：目的明确与边界模糊

当然，邀请调解之非典型实践毕竟属于个别情形，甚至是极端个案。关注该案主要基于该种制度实践折射出当代中国诉讼活动中某些潜在司法逻辑。无论从研究切入点抑或分析着力点而言，考察这类个案对于全面、深入认识法院邀请调解制度极富助益。这仅是问题的一个方面，全面认识邀请调解之当代实践需将目光投向一般性、常规化、普遍性的制度实践。毕竟，视阈的宽广度在相当程度上制约研究的深度及解释的穿透力。

在相当长时期以来，司法工作很大程度上围绕社会和谐、社会稳定的治理目标展开，由此引发多元解纷机制的建设，以及社会治理司法创新等中观制度的探索与实践。这种宏大社会治理观念与中层制度变迁为邀请调解等微观制度运行提供了框架及动力，也设置了明确的运行目的与模糊的运行边界。所谓运行目的明确性，即在现行社会治理观念之下，邀请调解之目的旨在通过纠纷解决达至社会和谐、秩序维系，属于"坚持中心工作不动摇"；所谓运行边界模糊性，即出于解决纠纷、社会治理之故，法院运用邀请调解制度往往拥有较大自主权与决定权，属于"相机行事"。

（一）案件范围

诉讼法及司法解释未专门规定邀请调解的案件范围。基于条文表述及条文间的逻辑关系可以发现，对于适合调解的案件，如果法院依法调解，则可适用邀请调解且被邀请者负有协助义务。一些地方法院

---

[1] 从长远而言，这种助益机制也许仍属于时代性、阶段性解纷装置。

对邀请调解案件范围作过尝试性规定。譬如南京市 13 家基层法院中，鼓楼与玄武两家法院出台《关于协助调解、委托调解的实施办法》规定案件类型；江宁与秦淮两家法院规范交通肇事案件、老年案件的邀请调解。[①] 再如连云港中院起草的《关于在民事审判中进一步做好委托调解和邀请协助调解工作的若干意见》将婚姻家庭和继承、人身损害赔偿、宅基地和相邻关系、道路交通事故、劳动争议、消费者权益纠纷等纳入邀请调解范围。[②] 这些规范与民诉法、司法解释大抵接近。除部分法院规范邀请调解案件范围，通常由法院视案情而定。南京两个基层法院认为应当"视情况灵活处理，不一定严格按照程序操作"；约 87% 的审判员认为应由法官视情况决定。[③] 在特殊情况下，如出现司法过程"问题化"现象，邀请调解适用还可能需要考虑党政意见。

原则上，只要适合调解且需要协助调解的，均可适用邀请调解制度。依调研所获法官心理，法院倾向于直面某些疑难、重大、复杂的棘手案件时，借助司法外力量调解纠纷。实践中，简单民事纠纷占据邀请调解的较大比重，这些案件通常事实相对清楚、权利义务关系明确。这与远山市诉调对接办公室（下称"远山办公室"）的情况吻合。至于案件类型，婚姻家庭、民间借贷、劳动争议占比较大（见表3.1）。所谓案情简单、权利义务关系明确，有个案为证。

> 2008 年 12 月 13 日，王某介绍于某到远山市老汽车站旁工地干活。2009 年 4 月 27 日，工地发工资，于某将王某工资领了 3300 元，遂起纠纷。2009 年 5 月 29 日，王某以不当得利为由诉

[①] 江苏省南京市鼓楼区人民法院课题组：《南京地区委托调解、协助调解制度运行之调查报告》，《人民司法》2007 年第 1 期。

[②] 《联合制定〈委托和邀请协助调解工作意见〉连云港中院与五部门对接"诉调对接"》，《江苏经济报》2006 年 8 月 9 日，第 B1 版。

[③] 江苏省南京市鼓楼区人民法院课题组：《南京地区委托调解、协助调解制度运行之调查报告》，《人民司法》2007 年第 1 期。

于某至远山法院。7月15日，法院向市人民调解委员会发出邀请函，要求派员参与，人调委于当日复函。当月24日，审判员蔡某与人调委调解员聂某参与调解。经二人艰苦细致的说服劝导，最终王、于握手言和。经结算，于将多领的工资于当日还给王，王撤销（回）诉讼请求。①

该案案情简单，法律关系明确，调解过程不复杂。或许该案最具代表性之处正在于展示大多数邀请调解案件案情、法律关系繁复程度及调解难易程度。另一个案大抵相仿：

>2006年，黄某承包某煤矿职工宿舍，王某承包黄某的木工分包工程。王组织工人按约定履行职责。最后黄欠王10052元工资款。2007年11月8日，黄某向王某出具欠条。王某随后多次向黄某催要，黄以各种理由拒付。王于2009年11月2日诉至远山法院。2010年4月7日，法院向市人调委员会发出调解邀请函，当日人调委派孙某参与调解。经审判员与调解员调解，当天达成调解协议。黄某于2010年5月30日前悉数付清。②

除普通的婚姻家庭、民间借款、劳动合同纠纷外，部分案件案情较复杂，或因特殊原因以致解决困难。如2009年，远山办公室协调了一起拆迁补偿纠纷，涉案利益较大、冲突剧烈，调解难度极大。

远山案件特征具有一定程度的普遍性。南京调研显示，邀请调解案件大部分事实清楚且法律关系简单，如相邻关系、析产继承、房屋

---

① 远山市诉调对接办公室：《"诉调对接"典型案例一：王某与于某不当得利纠纷案》，2009年7月25日。
② 远山市诉调对接办公室：《"诉调对接"典型案例五：王某与黄某劳务合同纠纷案》，2010年4月8日。

租赁、一般侵权、金钱债务纠纷等；房屋拆迁涉及人数众多、矛盾易激化、影响大，仅靠法院力量往往不易处理，故有相当部分案件适用邀请调解。2005年，前述纠纷占邀请调解案件92.5%。[①]邀请调解案件常常处于两个极端——要么较简单，要么难度大。前者便于协助人参与；协助人介入后者的原因较复杂，存在某些技术层面之外的因素，如何盛芙案的协助人，介入调解乃基于特殊考量。

表3.1 远山办公室邀请调解概况（2009—2010年）

纠纷类型	2009年（起）	2010年（起）
赡养纠纷	2	0
抚养纠纷	1	3
离婚纠纷	30	17
监护权变更纠纷	0	1
继承纠纷	1	0
运输合同纠纷	2	0
买卖合同纠纷	5	1
租赁合同纠纷	1	0
房屋过户纠纷	1	0
交通损害纠纷	4	1
财产损害赔偿	0	1
人身损害赔偿	4	4
借贷纠纷	5	0
民间借贷纠纷	28	5
诉讼代理合同纠纷	1	0
代理合同纠纷	1	0
居间合同纠纷	2	0

[①] 江苏省南京市鼓楼区人民法院课题组：《南京地区委托调解、协助调解制度运行之调查报告》，《人民司法》2007年第1期。

续表

纠纷类型	2009 年（起）	2010 年（起）
信用卡纠纷	1	0
不当得利纠纷	2	0
产品质量纠纷	1	0
转让侵权纠纷	1	0
劳动合同纠纷	13	98*
劳动保险纠纷	3	0
经济补偿金纠纷	24	4
劳务合同纠纷	1	3
工伤待遇纠纷	0	6
安置补偿纠纷	1	0
总　计	133	144

注：本表依 2009、2010 年远山办公室《案件受理登记表》制作，案件类型划分亦源自登记表。

* 该 98 件案件是一起系列案件，系远山某煤矿与 98 名工人之间的劳动合同纠纷，该案于 2010 年 4 月 21 日经调解结案。

（二）协助人

协助人是一个关键因素，关乎调解实施甚至合意形成。对于邀请调解的协助人范围，立法与司法解释有概括性规定。2004 年《民事调解规定》与 2007 年《诉讼调解和谐意见》规定，协助人主体包括但不限于与当事人有特定关系或与案件有一定联系的企业事业单位、社会团体或其他组织，以及具有专门知识、特定社会经验、与当事人有特定关系并有利于促成调解的个人，如人民调解组织、基层群众自治组织、工会、妇联、人大代表、政协委员、律师等。依 2016 年《最高人民法院关于人民法院特邀调解的规定》（下称"2016 年《特邀调解规定》"），"特邀调解员为促成当事人达成调解协议，可以邀请对达成调解协议有帮助的人员参与调解"。所谓"特定关系""一定联系""利于促成调解""有帮助"等表述灵活、宽泛，实践中往往视个案需要选择协助人。依纠纷解决需要、制度目的、案件性质诸因素而自由、灵活地选择协助人,这大抵算实用主义理念的司法运用。

从立法与实践看,协助人可分两类:一是组织型协助人,即作为协助人的组织,如人民调解组织、基层群众自治组织、工会、妇联等;二是个人型协助人,即作为协助人的个人,如当事人亲友、人大代表、政协委员、律师等。这种二元划分具有一定理论研究价值与实践指导意义。首先,二分法与立法较接近,易于理解。其次,实践中组织型协助人往往更受青睐。为何如此?

1. 人民调解组织

作为基层社会组织,人民调解组织在解纷体系中占据关键地位,也是协助人之重要来源。人民调解组织根植基层生活,该结构性优势是其他机制难以媲美的。此外,人民调解在中国纠纷解决中具有特殊历史渊源,在社会治理中似乎具有某种天然的政治优越性。在社会治理理念及政策转向之际,人民调解再度被自上而下的力量推至纠纷解决与社会治理的前沿。[①]因治理理念变迁而被激活的法院邀请调解与人民调解似乎具有不言而喻的亲和性。依各地实践,"诉调对接"等探索可谓如火如荼、方兴未艾。近些年,人民调解制度亦处于制度改革与实践创新征途,新型人民调解组织大多被整合至邀请调解制度。[②]

同时,人民调解组织拥有参与这场解纷机制革新运动的足够动力。这主要缘于制度职责与制度实践的巨大落差,由此激发人民调解系统寻求嬗变的努力。20世纪90年代以降,诉讼案件增长之际,人民调

[①] 人民调解的法律意义、政治意义、社会意义的历史社会学考察,见曾令健:《政府推动型人民调解的意涵变迁(1931—2010)——法学研究的历史社会学进路》,《厦门大学法律评论》2016年第1期。

[②] 新型人民调解组织探讨,如胡洁人:《使和谐社区运作起来:当代上海社区冲突解决研究》,香港中文大学博士学位论文,2009年,第80—91页;熊易寒:《人民调解的社会化与再组织:对上海市杨伯寿工作室的个案分析》,《社会》2006年第6期;曾令健:《社会变迁中的"大调解"——政府推动型人民调解的个案考察》,《厦门大学法律评论》2013年第1期。

解委员会及其解决纠纷数不断下降,唯调解员数量有所上升,20世纪90年代中期达至高峰,尔后亦迅速下降。全国人民调解委员会受理纠纷总数与法院受理一审民事案件总数,由20世纪80年代初的17:1降至约1.7:1[①];2002年大幅低于法院受理民事案件数;2003年以来,二者基本持平。人民调解的解纷能力相当羸弱。近30年来,解决纠纷最低数发生于2002年;2003年始,处理纠纷量有所回升;2005年底,全国有调解委员会84.7万个,调解员509.7万人,年调解纠纷448.7万件。总体而言,1991—2007年,调解员人均年处理纠纷皆不足1件。[②]2008—2009年,调解委员会与人民调解员数量与2005年情况相差无几,但处理纠纷量有所增加,也仅相当20世纪90年代初水平。[③]鉴于近些年纠纷量急剧增长,人民调解制度仍有较大提升空间。尤其鉴于人民调解较长时期内处于低迷、徘徊状态,邀请调解等制度为人民调解寻求制度发展提供了一个突破口。改进人民调解运行机制(如与法院调解衔接)对盘活社会救济、发挥其纠纷解决替代功能具有重要意义,也是一项务实选择。[④]

概言之,一方面,法院需要社会力量参与调解,以提升解纷能力,

---

① 《做好新时期的人民调解工作》,载 http://www.legalinfo.gov.cn/zhuanti/tjhy0927/tj10.htm。

② 1991—1995年数据源自《中国法律年鉴(1987—1997)》,中国法律年鉴社1998年版,第816、832、846、860、874页;1996—2000年数据源自《中国法律年鉴(2001)》,中国法律年鉴社2002年版,第1272页(所载1997年数据有误,根据《中国法律年鉴(1998)》和《中国法律年鉴(1987—1997)》记载予以了核对);2001年数据源自《中国法律年鉴(2002)》,中国法律年鉴社2002年版,第1253页;2002年数据源自《中国法律年鉴(2003)》,中国法律年鉴社2003年版,第1335页;2003年数据源自《中国法律年鉴(2004)》,中国法律年鉴社2004年版,第1069页;2004年数据源自《中国法律年鉴(2005)》,中国法律年鉴社2005年版,第1077页;2005年数据源自《中国法律年鉴(2006)》,中国法律年鉴社2006年版,第1001页;2006年数据源自《中国法律年鉴(2007)》,中国法律年鉴社2007年版,第1080页;2007年数据源自《中国法律年鉴(2008)》,中国法律年鉴社2008年版,第1122页。

③ 2008—2009年情况,见周英峰、崔清新:《人民调解员行为失当将罢免或解聘 任期3年可连选》,载 http://www.gov.cn/jrzg/2010-06/22/content_1634005.htm。

④ 曾令健:《迈向集约型司法的民事审前调解》,《安徽大学学报(哲学社会科学版)》2013年第4期。

减轻解纷压力；另一方面，人民调解面临制度功能与实践效果之强烈反差，亟须探寻制度突破。这种双向需求在邀请调解、委托调解等具体制度中找到契合点。譬如，远山办公室是司法局全力打造的人民调解创新项目，也是平沙司法局乃至平沙政法委重点关注的行动项目，甚至在平沙多个类似组织因经费原因而停滞时，该项目仍得到尽可能充足的人力、财力支持。[①] 将人民调解整合进邀请调解的司法实践在全国其他地方也大量存在。[②]

2. 基层群众自治组织、工会、妇联及其他

基层群众自治组织指在城市居民居住区、农村村民居住地依据宪法及法律规定而设立的"自我教育、自我管理、自我服务"的基层群众性组织，在城市称作城市居民委员会，农村为农村村民委员会。严格而言，人民调解委员会也是村民委员会、居民委员会的一部分。基层群众自治组织的功能还涉及公共卫生、治安保卫、群众娱乐、民众教育等公共事务与公益事业。组织事务均与民众生活、工作、娱乐、教育等息息相关，所以基层自治组织协助法院调解利于协调各方当事人，便于对当事人做工作。所谓"上面千条线、下面一根针"，基层群众自治组织除了调解工作，在许多方面与基层政府保持业务往来。这利于法院掌握当事人信息，以选择调解策略及方法。浙江温岭面对"案多人少"与"吃力不讨好"的双重困境，鉴于农村民事案件大多属于婚姻家庭纠纷、继承纠纷或人身损害赔偿等，遂在农村基层法庭聘请村党支书、村主任做协助调解员。[③] 如村民冯某被合作伙伴诉至法

---

① 《远山市调研笔录》，2010年3月23日。
② 《桐乡聘请"协助调解员"胶州培训人民调解员》，《人民法院报》2005年11月1日，第3版；《崇福法庭首创协助调解员制度》，《嘉兴日报》2005年10月27日，第2版；《宿迁"协助调解人"一季度调案超千件》，《江苏法制报》2006年5月11日，第A版；《宿迁法院设立"协助调解人"制度：案结事了促和谐》，《江苏经济报》2006年5月17日，第B1版。
③ 《温岭法院法治理念教育注重实效》，《法制日报》2006年12月22日，第2版；《温岭法院推行协助调解员制度》，《台州日报》2006年8月21日，第1版。

院。到庭应诉时，冯某意外地在协助调解员照片中发现村党支书马某头像。经工作人员说明之后，冯提出请老马当"老娘舅"（当地农村对公正有威望的中间调解人的尊称）。① 另一个案的被告欠原告 2 万元发电机配件加工费，因被告工厂倒闭而未及时归还。法庭在开庭前先请镇司法所主任与村支部书记协助做双方工作。当庭调解时很快达成共识："根据被告目前经济状况和支付能力，少掉 1000 元，分 3 期付清欠款。"②

依《劳动法》《劳动合同法》《劳动争议调解仲裁法》，工会代表并维护劳动者合法权益，依法独立自主地开展活动；当劳动合同关系发生变更或解除时，工会需要参与某些程序性事宜；工会参与单位内设劳动争议调解委员会；工会参与劳动争议仲裁及调解等。鉴于此，在处理劳动合同纠纷时，法院可能邀请工会参加调解。2007 年山东德州《关于在民事审判中做好邀请协助调解和委托调解工作的若干意见》规定，工会须内设调解组织或相对固定的工作人员，专职做好协助调解工作。各级法院设专门办公室，负责日常组织协调和指导工作，并建立联席会议制度，每年一次分析通报协助调解中出现的新情况、新问题。③ 2005 年江苏省总工会和省高院发文，倡导劳动争议案件邀请工会调解。④ 对于工会参与调解，有人认为会影响中立性，工会可能会偏袒劳动者；有学者则认为，工会仅仅协助调解，用人单位在清楚工会地位的情况下同意其参与，说明工会不会无原则偏袒劳动者。⑤ 但当下用人单位内部的工会，或无所事事，或唯资方"马首是瞻"。虽报道称

---

① 《温岭请"老娘舅"协助调解成制度》，《法制日报》2007 年 1 月 12 日，第 6 版。
② 《协助调解员活跃温岭基层法庭》，《台州日报》2007 年 2 月 16 日，第 2 版。更多个案见《活跃在温岭的协助调解员》，《中国审判》2009 年第 2 期。
③ 《德州邀请五部门协助调解》，《人民法院报》2007 年 5 月 22 日，第 2 版。
④ 江苏省南京市鼓楼区人民法院课题组：《南京地区委托调解、协助调解制度运行之调查报告》，《人民司法》2007 年第 1 期。
⑤ 李浩：《法院协助调解机制研究》，《法律科学》2009 年第 4 期。

工会受邀请参与大量调解工作①，但可以推断，工会维护劳动者权利的作用比较有限。有学者认为，由于中国的工会具有代表政府利益、劳动者利益的双重身份，故在劳工纠纷中扮演何种角色、发挥何种功能取决于工会介入纠纷会否导致双重身份之间的紧张，且工会将分别做出代言劳动者、斡旋纷争、阻碍劳动者抗争等反应。②在企业范畴内基于利益冲突而展开的政府、资方、工会、劳动者之四方互动中，政府通常可以凭借工会的斡旋人角色主导互动过程。该角色既可出现在劳动者—政府冲突之中，也可出入于劳动者—资方矛盾之中。③虽然全国总工会及其地方性组织在劳动立法、纠纷解决诸方面均能发挥作用，但是企业内设工会组织较为羸弱，不仅解纷作用有限，且组织罢工、引导维权之类能力也因受制于上级组织而鲜有发挥。④

对于涉及妇女儿童权益的纠纷，法院可邀请妇联介入。依《中华全国妇女联合会章程》，妇联应当"维护妇女儿童合法权益，向各级国家机关提出有关意见和建议，要求并协助有关部门或单位查处侵害妇女儿童权益的行为，为受侵害的妇女儿童提供帮助"。《妇女权益保障法》也规定，"中华全国妇女联合会和地方各级妇女联合会依照法律和中华全国妇女联合会章程，代表和维护各族各界妇女的利益，做好维护妇女权益的工作"。从社会结构而言，妇女儿童通常处于弱势地位，需要更多照顾与关爱。作为妇女儿童权益维护组织，妇联参与法院调

---

① 除大量成绩报道之外，有报告称，委托工会组织或特邀调解员调解劳动纠纷的效果不明显。2007年6月，成都高新法院被确定为委托工会组织或特邀调解员调解劳动争议纠纷的试点法院之一。一年来，该院受理劳动争议67件，20余件的原告在立案阶段接受调解，被告则有40余件。10余件双方同意调解的，仅1件调解成功。《高新法院对委托工会组织或特邀调解员调解劳动纠纷案件效果不明显的情况分析》，载 http://cdfy.chinacourt.org/public/detail.php?id=11953。

② Feng Chen, "Between the State and Labor: The Conflict of Chinese Trade Unions' Double Identity in Market Reform", *The China Quarterly*, no. 176, 2003, pp. 1006-1028.

③ Feng Chen, "Trade Unions and the Quadripartite Interactions in Strike Settlement in China", *The China Quarterly*, no. 201, 2010, pp. 104-124.

④ Feng Chen, "Union Power in China: Source, Operation, and Constraints", *Modern China*, vol. 35, 2009, pp. 662-689.

解已有很多司法实践及制度成果。连云港中院起草的《关于在民事审判中进一步做好委托调解和邀请协助调解工作的若干意见》规定，对于婚姻家庭、继承、人身损害赔偿、宅基地和相邻关系、道路交通事故、劳动争议、消费者权益纠纷等，可邀请妇联、消协、公安等协助调解。[1] 此外，消费者权益保护协会可能协助调解消费者权益案件，这与协会宗旨相吻合："依据国家有关法律法规，对商品和服务进行社会监督，保护消费者的合法权益，引导消费者合理、科学消费，促进社会主义市场经济健康发展。"

毋庸置疑，基层群众自治组织、工会、妇联、消协等协助调解具有重要意义。这些均属机构设置较成熟、制度建设较规范、运行时间足够长久的组织，故邀请这类组织是务实的选择；恰当时候还可以将社会自发形成的类似社团组织，如动物权益保护协会、环境权益保护协会等，有条件地纳入协助人范围。

在特殊情况下，法院可能成为协助人，这容易发生在相邻两级法院之间。如东莞中院协助广东高院调解一宗劳动争议再审系列案件[2]：

> 2009年，东莞中院受理胡某等30多名员工与某家私企的劳动争议纠纷上诉系列案件，承办法官多次调解未果。次年，胡某等向省高院申请再审。省高院领导批示："系列案件，涉及人数多，且有转化成群体性上访案件的苗头，务请重视，审慎处理。一是与原审沟通，充分交换意见；二是开展调解工作，若能调解结案，效果最佳。"高院遂邀请中院参与调解。法官先与厂方律师联系，随后听取用人单位意见，并分析厂方在再审时存在的法律

---

[1]《联合制定〈委托和邀请协助调解工作意见〉连云港中院与五部门对接"诉调对接"》，《江苏经济报》2006年8月9日，第B1版。

[2]《郑鄂院长对东莞中院协助省法院调解31宗劳动争议再审案给予高度评价》，载http://www.dgcourt.gov.cn/news/xilan.asp?id=218。

风险，明确指出用人单位一些不规范制度是造成本案的根本原因。厂方管理人员表达了初步意愿，但需董事长批准。法官随后与董事长女儿面谈。后者认为，人民币升值和国际金融危机使企业经营困难和工人管理难度增大，顾虑该系列案调解后，可能引发不良示范效应，将影响企业稳定。法官表示，体谅企业在金融危机中遇到的困难和问题，希望企业从大局出发，本着以人为本理念，多为工人着想；同时指出用人单位在管理中的不足和存在的法律风险。如败诉，影响更大，相比而言，选择调解，对企业影响最小。打消厂方顾虑后，高院与中院法官再次到工厂约见厂方负责人，该地派出法庭也通过台商协会做负责人的工作。同时，高院法官与工人代表电话联系达数十次，说服工人代表胡某等换位思考，理解企业经营中的困难。经过反复做工作，最终促成双方达成调解协议并及时履行。

此外，需提及邀请调解制度实践中的"协助人主体扩张"现象。实践中地方党委、政府偶尔会成为被邀请人。如说履行特定行政职能的机构参与民事调解尚易理解，毕竟这些机构在从事行政事务时就相关民事纠纷解决形成了专业优势，具备相应知识。如交警部门参加交通事故调解、环保部门参与环境侵权纠纷调解、卫生行政部门参与医患纠纷调解、工商行政管理机关参与经济案件调解。地方党政协助调解则较为例外，但这类调解时有发生。何盛芙案的地方政府为"摆平"纠纷，向上级政府"交差"，遂受邀协助调解。之所以地方党政介入调解，通常与司法过程"问题化"攸关，如一桩劳动合同纠纷调解[①]：

[①] 《主体不当险遭驳回　法官"穿线"喜获赔偿》，载 http://cq.people.com.cn/news/20111118/20111118114143568646.htm。

卢某等27名原告与重庆海联职业技术学院因失业保险待遇问题多次协商未果，遂诉之法院。审理期间，原告多次到市政府上访。审理查明，该学院未经法人登记，若驳回起诉又怕激化矛盾，引发群体性事件，案结事未了。因西南政法大学后来成了该学院投资者，承办法官希望调解此案，但调解工作却难以开展。承办法官多次与市信访办、市人力社保局、市教委、西政相关负责人进行协调、沟通，西政同意配合调解。为促成解决方案，承办法官通过"背靠背"协调、"面对面"沟通等，数十次与双方沟通交流，从法律、事实、情理等多个层面辨法析理，释明诉讼风险，不断拉近双方心理预期，平衡双方利益，最终促成协议并当庭兑现。

事实上，党政力量不仅一般性地支撑解纷机制探索及运作，也可能直接介入个案处置。如多年积案因地方党政负责人关注及介入得以解决[①]，这很大程度上得益于党委的资源调动及整合能力。2010年《最高人民法院关于进一步贯彻"调解优先、调判结合"工作原则的若干意见》(下称"2010年《调判意见》")指出，"对一些重大疑难、影响较大的案件，要积极争取党委、人大支持和上级行政机关配合，邀请有关部门共同参与协调"。对党政力量介入纠纷解决应当辩证看待，既考虑纠纷解决一般规律，也顾及当下时代背景及社会现状。

3. 当事人亲友

法院邀请当事人亲属、亲戚、朋友、同学、师生、同乡等协助调解，这是社会关系在司法中的投影。尽管当代中国的城市与农村正不

[①] 湛江某镇两村因21亩土地权属不清，引发长达17年的纷争。镇政府多次调处未果。该县政协主席蔡某挂点该镇，了解该案后决定将其作为该镇深入学习实践科学发展观活动的一个重点问题来解决。蔡多次与镇党政班子调查，镇综治信访维稳中心据指示多次组织两村代表协商。在综治中心主持下，两村达成土地交换协议。《遂溪县领导积极协助调解17年土地纠纷圆满解决》，《湛江日报》2010年2月11日，第A4版。

同程度地经历"乡土逻辑"变异过程,总体上仍是一个"关系本位"社会。由人际关系构筑的特定社会圈子中,"每个个体的变动都会在这个体系中发生影响,反之他也受其他个体变动的影响"。① 人际关系某种意义上构成纠纷解决行动资源,亲友介入及劝说通常会影响行为选择。四川巴中朱某与李某是多年好友,后因房产纠纷涉讼。一审驳回朱某诉讼请求,朱上诉且情绪激动。中院刚一收案,当事人的老首长、老部下、老熟人纷至沓来,或招呼,或说情。法院优先采取调解。鉴于朱年事已高,有血压病史、性情急躁,李亦有患疑似绝症的经历。合议庭联系他们配偶、子女、亲友,寻求协助,稳定当事人情绪。大家均认为,不能因一时之念、一点私欲而毁掉三代友谊、半生友情。经多次调解,双方和解并当庭兑现义务。② 此外,当事人的同事、上司也可能介入调解。浙江温岭史钱二人闹离婚,因丈夫好赌、乱花钱,钱诉请解除婚姻关系。开庭前,法官请男方务工的渔船船老大朱某当"娘舅"。朱与二人都在温岭某小村庄生活过。③ 在人际关系本位的社会中,亲友们的言说与行为对促进调解通常具有较好效果。因为亲友言行往往充分或必要地考虑了当事人利益,故建议具有较强的信赖感与说服力,也容易得到当事人的谨慎对待与积极回应。

4. 人大代表、政协委员、律师及其他

邀请人大代表、政协委员介入调解既是地方实践,也为2007年《诉讼调解和谐意见》所确认:为了建立和完善引入社会力量进行调解的工作机制,人民法院可以邀请人大代表、政协委员等个人进行调解。或许鉴于人大、政协的特殊性质,《诉讼调解和谐意见》规定法院可邀

---

① 林耀华:《金翼:中国家族制度的社会学研究》,庄孔韶、林宗成译,生活·读书·新知三联书店2008年版,第221页。
② 四川省高级人民法院编:《四川法院"大调解"典型案例》,四川省高级人民法院印,2009年10月,第267—268页。
③ 《活跃在温岭的协助调解员》,《中国审判》2009年第2期。

请代表、委员以个人身份参与调解。从资料看，泉州两级法院"人大代表协助诉讼调解制度"属较早尝试。2007 年 1 月至 2010 年 7 月间，泉州市共邀请人大代表协助调解、协调案件 16548 件，调解、调后撤诉结案 14515 件，调解成功率 87.7%。2010 年 3 月，有人大代表向最高法院提出《关于深化和推进邀请人大代表及其他社会力量协助诉讼调解 共同构建和谐社会的建议》。10 月，最高法院答复函予以肯定，并提出进一步发展邀请人大代表、政协委员及社会力量协助调解制度[1]。有人认为，这"有利于营造良好的执法环境，有利于各级人大代表依法履职行权，有利于转变法官的审判作风，有利于提高案件处理的成功率，有利于实现司法公平与正义"[2]。从法院调解"内卷化"与调解资源外部植入角度，有学者针对泉州实践的意义，认为"通过常识性话语资源优势和社会资本优势，为法院调解提供了'意外'资源支持的机遇结构"，也反思"调解内卷化问题"消解限度。[3] 有学者予以批判，认为人大代表介入会使诉讼调解偏离法律。[4] 代表、委员以个人身份协助调解并无不妥；人大代表协助调解在解纷效益维度未必突出，却可能产生政治溢出效应，这或许为法院、政府、人大、政协所看重；

---

[1] 答复函提出五项措施：一是对调解协议司法确认程序制定司法解释；二是进一步规范调解程序；三是推动建立司法调解员名册制度；四是配合中央有关单位加紧调研，研究政策性文件，明确调解准入标准，促进非诉讼调解的健康发展；五是推动政府加大法院的经费支持力度，为调解员履行职责提供必要的经费支持或必要的补偿，保护各类调解人员协助法院开展调解工作的积极性（《引入社会力量协助调解值得推广》，《人民法院报》2011 年 3 月 9 日，第 6 版；《泉州法院邀请代表协助调解效果明显》，《人民法院报》2009 年 5 月 22 日，第 7 版）。

[2] 张国安：《实现司法效率与公正的有益尝试——略谈福建泉州中级法院邀请人大代表参与诉讼调解工作的几点看法》，《领导文萃》2007 年第 11 期。

[3] 陈慰星：《法院调解"内卷化"与调解资源外部植入——以 Q 市两级法院人大代表协助诉讼调解实践为例》，《现代法学》2013 年第 3 期。

[4] 陈斯彬：《人大代表不适合参与纠纷解决——以泉州市为中心的考察》，《法学》2011 年第 4 期。有学者认为，人大代表协助诉讼调解和人民司法并不是要完全撇开国家现行法律和司法技术，由法官以外的人员仅依据地方知识和民间情理解决纷争。应当追求一种能够在国家权力与民间自治、法律文本与地方知识、正当程序与实质正义、应然价值与实证经验、理想图景与严峻现实之间不间断地往返和流动的"弥合型"司法模式（许少波：《社会转型的司法 还是司法变革的政策——人大代表协助诉讼调解实践的考察》，《法学评论》2011 年第 4 期）。

直接以代表、委员身份参与调解，纵然利于调解，却可能对司法过程产生消极影响。何盛芙案中人大常委会对法院提起质询案后，人大代表又参与调解，这无形中左右法院判断，促使法院选择更便利的"权宜之计"。

律师参与法院调解极富实践意义。作为法律工作者，律师具有相应法律知识与执业技能。在一些国家与地区，调解是律师重要业务之一。2009年一次调解培训课上获悉，律师调解是近些年香港地区纠纷解决之一重要形式，香港有专业调解中心，且主讲人亦在调解中心开展业务。学理上，一般指那些不是本案代理人的律师协助调解，这主要碍于代理人的倾向性。实践中，法院会邀请本案律师协助。从成本考虑，本案律师协助更便捷。这再次体现司法实用主义观念。一些律师也表示，执业中倾向劝说当事人参与调解，通常从诉讼成本、诉讼收益、执行效果诸角度为当事人计。如何让权利"变现"以获取实在利益，是劝说当事人参与调解的主要策略。[①] 作为代理人，律师对当事人的影响是很明显的，利于调解。[②] 实践中，部分法院对本案律师协助调解出台专门措施。北京一中院与市律协签订《关于律师在民事诉讼中协助调解、主持和解工作的协议》，代理律师可在法官指导下参与或主持庭前、诉中及执行阶段的调解、和解工作，达成协议后由法院确认其效力。[③] 2010年《调判意见》亦鼓励律师参与、主持调解。[④]

[①]《重庆调研笔录》，2011年11月15日。

[②] 作为代理人，律师协助调解往往产生积极效果，但这里的律师是以诉讼代理人身份进行活动，所以不是邀请调解的协助人（李浩：《法院协助调解机制研究》，《法律科学》2009年第4期）。的确，本案律师受邀请参加调解主要凭借代理人身份之于当事人的影响。从诉讼文书表述看，本案律师担任协助人在某种意义上具有隐性特征。

[③]《北京一中院与律协首度签订协助调解协议 代理律师可主持民事和解》，《法制日报》2009年10月16日，第5版。事实上，律师已经广泛参与各类调解。山西太原《关于建立大调解工作机制的实施意见》规定，各社区调解委员会进驻1到2名律师（《太原律师进社区协助调解纠纷》，《人民日报》2006年11月8日，第10版）。

[④] "注重发挥律师和法律援助机构在调解工作中的积极作用。各级法院要积极推动、引导律师和法律援助机构参与或者主持调解、和解，共同做好调解工作。要积极探索，争取当地司法行

第三章　法院邀请调解：制度表达与司法实践　175

相似地，其他专业人士也可能担任协助人。诉讼会涉及专业性或特定领域知识，专业人士对事实认定、责任分担及调解活动均有助益。2010年秋水法院调处一桩医疗事故纠纷，曾邀医务工作者参与。尽管该工作者几乎未产生实际作用，出发点却是鉴于其工作背景。① 类似个案如温岭某法庭将行业组织中的专业人士吸纳为协助人。当地水泵、电机产业发达，但民间交易不规范容易引发纠纷，现货交易又难以固定证据，遂请行业专家协助。据称"那些业内人士一到现场，一眼就能看出这批货物的价值"。经验成为纠纷调解的技术支撑。②

此外，还有一个近似的协助人主体，即党政工作人员。部分地方将党政人员引入邀请调解，个别地方还设置制度化、常规化的机构、人员及制度。吉盛法院综合调处室，不仅有法院人员参与，也有司法行政部门、人民调解组织等人员参与；既在受案前处理，也在诉讼中调解，还可诉后受理申诉、上访等。调处室设法院内，受县（区）专门工作领导小组领导。2010年1至10月间，调处室收案1124件，结案1114件。③ 截至2016年底，调处室以非诉途径化解纠纷达8104件，标的额1.38亿元，非诉化解纠纷且当场兑现6897万元。④ 这些并非都属于邀请调解案件，但相当部分由法院邀请党政、民间力量协助调解。某种意义上，这种制度化、常规化邀请调解机制是制度的非典型实践之组织化表现。

（接上页）政部门、律师协会的支持，注意解决律师风险代理收费与调解结案之间的矛盾。要积极推动律师协会建立推荐优秀律师担任调解员的制度，推进律师和法律援助机构参与或者主持调解工作的制度化、规范化。对于在调解工作中成绩突出的律师和法律援助机构，人民法院应当向当地司法行政部门、律师协会提出予以表彰和奖励的建议。"

① 《秋水区调研笔录》，2010年1月28日。
② 《活跃在温岭的协助调解员》，《中国审判》2009年第2期。
③ 吉盛县人民法院：《吉盛县综合调处工作年度报告》，2009年8月，第15—21、26—29页；吉盛县人民法院：《吉盛县纠纷综合调处资料汇编》，2010年5月，第3—6页；《吉盛县调研笔录》，2010年12月3日。
④ 吉盛区调研录音，2017年4月7日。

实践中协助人呈如下特点：其一，协助人通常能影响当事人诉讼行为及权利主张；其二，组织型协助人比个人型协助人更受青睐；其三，邀请组织型协助人往往更规范，而个人型协助人介入调解的随机性大；其四，协助人不认为参与调解属于履行协助义务[①]，法院几乎没有亦无甚可能处置任何拒绝者。

（三）程序

调解毕竟是一种依据当事人合意解决纠纷的机制，故调解过程的基本形态在于"第三者（调解者）始终不过是当事者之间自由形成合意的促进者从而与能够以自己的判断来强制当事者的决定者区别开来"[②]。可以说，当事人合意乃调解之基石，调解过程及结果不过是当事人合意寻求过程中发生的契合。所以，调解过程的基本特征在于"非程式"，通常所说的调解程序也只是对调解活动的概括性描述。因此，与其说当事人受调解程序约束，毋宁说"调解程序"旨在服务当事人合意寻求过程。由是，法官可以根据邀请调解的具体情形及解纷实际需要，合理、自主、灵活地选择调解措施，主持调解程序，组织调解活动。

至于邀请调解程序，制定法未做更多规定。依条文，启动邀请调解、选择协助人、开展调解活动等皆由法院裁量并付诸实施。部分法院规范了邀请调解程序事项。从引导邀请调解运行而言，这些规范富有意义。因适用邀请调解具有随机性，尤其个人型协助的临时性、随意性更大，这些规范原则上具有引领功能。某些贯彻调解基本原则的

[①] 协助人往往认为参与法院调解是一件体面事，提高自己的地方威信，"长脸""有面子"，与制定法中"协助义务"观念截然相反。

[②] 棚濑孝雄：《纠纷的解决与审判制度》，王亚新译，中国政法大学出版社 2004 年版，第 13 页。

程序规范还可能成为确认、否定调解结果之一事由。依地方实践[①]，可归纳邀请调解程序事项。

1. 启动调解

一般由法院视案件审理需要而适用邀请调解，也可依一方或双方当事人申请而启动。特殊情形下，可能因党委、政府、人大、政协的介入而开始。此时，邀请调解更多是以一种非司法力量的名义介入纠纷解决，当事人对程序启动的意思表示往往缺乏实质影响。

2. 选择协助人

协助人选择原则上尊重当事人意愿，如当事人可在调解员名册内协商选定，或交由法院、社会组织指定调解员。在特殊情况下，法院会依案件需要选择协助人。更甚者，当调解程序因其他机关、人员介入而开启的，无论法院抑或当事人均无甚自主性。所选协助人通常具有以下特点：（1）协助人愿意参与调解；（2）当事人接受协助人参与，即至少一方当事人同意，起码协助人所接触一方当事人不排斥其介入（该种接受可能体现在整个调解过程中，也可能限于某阶段）；（3）协助人对当事人能产生实际影响，2016年《特邀调解规定》则为"对达成调解协议有帮助"。

选择协助人包括预设性邀请与即时性邀请：前者指在启动邀请调解程序前后，对是否适用邀请调解及选择何人、何组织参与调解已有预先安排；后者指缺乏预先计划，出于解纷需要而临时邀请特定组织、个人介入。一般而言，邀请组织型协助人大多属于预设性邀请，这涉

---

① 叶柳东：《构建多元纠纷解决机制文件汇编》，东莞市人民法院印，2008年12月；《温岭请"老娘舅"协助调解成制度》，《法制日报》2007年1月12日，第6版；《北京一中院与律协首度签订协助调解协议 代理律师可主持民事和解》，《法制日报》2009年10月16日，第5版；《联合制定〈委托和邀请协助调解工作意见〉连云港中院与五部门对接"诉调对接"》，《江苏经济报》2006年8月9日，第B1版；《宿迁法院设立"协助调解人"制度：案结事了促和谐》，《江苏经济报》2006年5月17日，第B1版；《德州邀请五部门协助调解》，《人民法院报》2007年5月22日，第2版。

及不同组织、部门之间的工作接洽与文书管理等；邀请个人型协助人大多数属于即时性邀请。前者中准备工作相对充分，故预设性邀请的过程往往比较规范，这也是实务中倾向选择组织型协助人之一缘由。虽然后者的偶然性、随机性较大，但通常具有较突出乃至意料之外的调解效果，否则何必在调解中临时邀请协助人。如山东某法院审理一起人身损害赔偿纠纷，遇被告在某乡镇政府工作的亲戚找法官说情。法官利用说情人的职业优势，请他出面从法官立场提出赔偿方案并做被告工作，遂当庭调解执结。[①]

3. 调解安排与实施

若属预设性邀请，通常以法院名义出具邀请协助调解函，并函告案件承办人、案情概况、可能涉及的问题及需要处理的事项等。有的还注明调解时间、地点、期限等。对于即时性邀请，法院会事后补办手续，但一般做法是在调解笔录中注明。

依协助人的参与方式，邀请调解大体可分为两种模式：一是协作型邀请调解，即安排妥当调解事项后，法官与协助人一同开展调解。二是独立型邀请调解，即调解事宜安排之后，协助人视情况独立开展调解，通常是给一方或双方当事人做思想工作，亦可能促成调解结果。随社会治理理念变迁，法院调解业已在时间、内容维度上拓展。其中，法院大力介入庭外调解，乃法院调解之一转变形式。此时，倘若独立开展调解达成合意，往往还需必要的司法确认程序。

4. 调解期限与终结

为避免诉讼因邀请调解而过度拖延，有法院规定协助调解期限及次数。有法院规范邀请调解启动时间，如案件受理后须在多少日内开展。经协助调解达成合意者，法院可依法制作调解书；不成的，法院可依案情自行组织调解或裁判。

[①] 钱锋主编：《和谐司法的双重建构》，法律出版社 2010 年版，第 338 页。

此外，部分法院规定其他一些程序性事项。如协助人回避制度、调解中当事人权利义务、告知当事人调解性质、协议效力及申请制作调解书等。

规范邀请调解程序乃部分法院的做法。缺乏规范的，适用邀请调解通常由法官视案件需要而定，基本做法也相差无几，通常涉及：需要邀请或偶遇恰当协助人时，获知当事人、协助人意愿，由协助人参与调解，并记录调解情况及结果。总体上，不管设置邀请调解规范与否，程序均较简洁。这一定程度上有助于理解，为什么当代中国法院邀请调解实践常常呈现"运行目的的明确性"与"运行边界的模糊性"并存的局面。

2010年《调判意见》概括性规定了邀请调解程序，如制度适用期间、当事人意思表示、协助调解人范围、选定协助调解人、邀请调解期限等。[①] 尔后，地方法院制定邀请调解规则基本以此为依据予以细化。依2016年《特邀调解规定》，特邀调解（广义"委托调解"）中可叠加适用邀请调解。"可以邀请"大抵传递出"在委托调解中叠加适用邀请调解时参照委托调解程序"的讯息，但未详细展开。

四、邀请调解：制度表达与司法实践之背离

邀请调解一般实践与特殊个案表明，邀请调解的制度表达与司法实践之间存在背离现象。这种背离不限于一般意义上司法实践与立法条文之出入，还涉及制度内涵与实践属性之间业已存在功能性、结构性变化，包含这些变化的背离现象亦更值得关注。背离现象可能与邀请调解制度摆脱"僵尸"困境具有内在关联，且深入分析背离现象益于理解

---

① "继续抓好……协助调解工作。在案件受理后、裁判作出前，经当事人同意，可以……邀请有关单位或者技术专家、律师等协助人民法院进行调解。调解人可以由当事人共同选定，也可以经双方当事人同意，由人民法院指定。"

法院调解制度革新,甚或启示制度改革之可能方向。此处拟从制度性质反思入手,进而评价性质变迁,尔后立足解纷压力阐释该背离现象。

(一)邀请调解的性质反思:立法与实践的双重立场

作为解纷机制,邀请调解乃法院邀请协助人帮助调解、助推纠纷解决。这既是邀请调解的立法描述,也某种程度体现委托调解的制度属性[1],即在法院调解中引入外部力量解决纠纷的一项司法活动。换言之,邀请调解是"借力"活动,将社会力量"引入"法院调解。在立法上,邀请调解的制度性质较清晰。具言之,邀请调解制度特征可能产生如下认知,且这些往往被视作符合逻辑、理所当然。首先,邀请调解乃诉讼调解范畴,从条文结构可以洞悉该种制度属性。无论试行抑或现行民诉法,皆在法院调解条文中提及司法外力量参与调解,故邀请调解应属法院调解制度子系统。其次,邀请调解是纠纷系属法院之后的解纷机制。无论从立法的"起诉—受理"结构抑或从主流诉讼系属理论出发,邀请调解均应在纠纷系属法院之后方可适用。[2] 最后,在协助人与法院的职能划分上,前者旨在协助法官,后者是调解实施主体。这些制度特征反过来强化了邀请调解之司法属性及法院调解制

---

[1] 2010年《调判意见》在上注内容后表示,"当事人可以协商确定民事案件委托调解的期限,一般不超过30日。经双方当事人同意,可以顺延调解期间,但最长不超过60日。延长的调解期间不计入审限。人民法院委托调解人调解,应当制作调解移交函,附送主要案件材料,并明确委托调解的注意事项和当事人的相关请求"。同一条文使用了"邀请调解""委托调解"两种性质不同、略显混乱的表达。笔者起初对表达混乱现象未做深入剖析。综合近些年邀请调解与委托调解的实践状况、新近规范、舆论宣传等观之,该含混表达可能透露出该时法院系统对于法院调解社会化之实现方式的某种"混搭"及"不甚明了"。

[2] 诉讼系属之始始时间从何算起?通常认为,诉讼系属开始时间应自原告向法院提交诉状或法院将口头起诉诉成笔录之时起,否则,难以解释起诉行为导致诉讼时效中断、重复起诉禁止等,何况以受理作为诉讼系属初始点还存在裁判权错置诸缺陷[刘学在:《略论民事诉讼中的诉讼系属》,《法学杂志》2002年第6期;毕玉谦:《民事诉讼起诉要件与诉讼系属之间关系的定位》,《华东政法学院学报》2006年第4期)。诉讼系属详见王锡三:《民事诉讼法研究》,重庆大学出版社1996年版,第307—310页。

度子系统地位。

　　立法只能洞悉事物之一方面，实践则复杂得多，尤其某些变通性、非典型做法被纳入观察时。实践中，往往以邀请调解之名模糊法院调解与案外调解的区别，甚或司法调解与党政协调之类区别也趋于模糊，或彼此含混、交织。若说何盛芙案乃是特殊情形下不得已而采取模糊手段应对的棘手案件，在"矛盾纠纷多元化解决""大调解"等风行之际，法院则作为一股主要力量再次被推至解纷体系前沿。由是，伴随案外调解广泛施行，许多报道反映，邀请调解适用已不限于纠纷系属法院之后，且协助人介入往往延伸至受案前。若依主流系属理论，这算不上是问题，如依"起诉—受理"制度框架，那么多数立案阶段的邀请调解已在时间维度上超出法院调解范畴。实践貌似顾不得这些细微、琐碎的学理问题，对于起诉与受理之间达成合意，法院会随即办理受理手续，并依通常的法院调解程序"制作"调解书。在极端情形（如何盛芙案）中，法院会采取"只要能解决问题而形式业已不是问题之关键"的态度对待技术事宜。总体上，邀请调解在立法层面明晰的司法属性变得较为模糊，也似乎更具张力，以致可以被更大范围使用或发挥。

（二）回归马锡五审判方式的邀请调解：历时性视角

　　邀请调解在立法与实践层面展现的性质变迁，折射出马锡五审判方式在当代的部分回归。司法社会化是中国司法的重要传统且一直延续，纵然不同时期该传统以不同制度面貌呈现。对当代邀请调解影响最著者当属马锡五审判方式。作为司法"群众路线"之典范，马锡五审判方式重视调解，强调深入群众，注重利用民众力量调解纠纷。除了马本人将其归结为"就地审判、不拘形式、深入调查研究、联系群众、解决问题"，其一显著特征恰是"认真贯彻群众路线，依靠群众，实行审判与调解相结合，司法干部与人民群众共同断案"[1]。某种意义上，"民众力量"是强大的。与民众共同断案，除了含有查明事实、厘清是非曲直等技术性含义，也蕴含强大的政治力量，民众参与司法使这种力量得以最大限度发挥，甚至无所羁绊。

1950年全国司法会议指出，人民法院须始终重视调解工作。[2] 同年12月，中央人民政府草拟《诉讼程序试行通则（草案）》涉及群众参与调解。1956年最高人民法院《关于各级人民法院审判程序的总结》提出"调查研究、就地解决、调解为主"十二字工作方针。在调解为主的总体方针下，十二字方针表达了民众参与意涵。1964年将十二字工作方针发展成"依靠群众、调查研究、就地解决、调解为主"十六字方针。司法"群众路线"表达得更明确。1979年最高人民法院《人民法院审判民事案件程序制度的规定（试行）》再次肯定十六字方针。1982、1991年民诉法皆设置法院邀请调解制度。

1982年民诉法不仅规定视审判需要适用邀请调解，且受邀单位与个人应予协助，还应"尽可能就地进行"。这种深入案发地、依靠群众开展法院调解的立法旨意，很大程度上体现了马锡五审判方式的精神。即便不同时期立法及文件中的调解重要性略有变化，但组织及个人受邀参与调解的基本意旨与精神一直被延续下来。这种司法外力量参与法院调解的基本脉络至少可以追溯至马锡五审判方式，作为司法制度领域"革命"的产物，马锡五审判方式中的群众路线是当代邀请调解的思想渊薮。20世纪90年代司法体制与诉讼制度改革浪潮兴起，法院调解包括邀请调解均有弱化，制度与实践亦有体现。"僵尸"状态无疑最能概括邀请调解经受的变化与处境。随社会治理理念及政策变化，邀请调解再度被激活。故而，当下邀请调解是对调解传统不同程度、

---

[1] 张希坡：《马锡五审判方式》，法律出版社1983年版，第41、44页。
[2] 中国社会科学院法学研究所民法研究室民诉组、北京政法学院诉讼教研室民诉组编：《民事诉讼法参考资料》第1辑，法律出版社1981年版，第244页。

不同形式的复归。这种回归是否包含深层意涵,仍待观察。①

（三）纠纷解决压力与邀请调解制度目的:功能论分析

改革开放 40 年,是社会转型时代,也是纠纷激增时期,诉诸法院的民事案件数则呈持续增长趋势。1986 至 1989 年间,全国年均民事一审案件受理数约 180 万件;1990 至 1999 年间,约 370 万件;2000 至 2007 年间,约 450 万件;② 2008 至 2009 年间,约 600 万件。③ 2010 至 2016 年间,全国年均民商事一审案件审结数约 920 万件。④ 但人均

---

① 有学者对回归马锡五审判方式持充分警惕,认为该方式是特定历史产物。作为审判方式,囿于特点和理念,马锡五审判已不具有普遍的现实意义,已经疏离中国社会发展趋势。重提这种方式对建构和完善多元化、替代性纠纷解决方式有警示性,但在法治建设初期,民事诉讼建构的基本方向依然应当强调诉讼裁判主导性、裁判程序正当性,以顺应和推动中国社会转型(张卫平:《回归"马锡五"的思考》,《现代法学》2009 年第 5 期)。除了回应当下某些问题,这种"回归"可能涉及对司法政策与司法体制改革的微调。综合 20 世纪后期以降司法体制改革而言,"微调说"是可能成立的。

② 1986 至 1997 年数据源自《中国法律年鉴(1987—1997)》,中国法律年鉴社 1998 年版,第 737、745、758、759、770、771、783、800、817、833、847、860、874、889 页;1998 年 数据源自《中国法律年鉴(1999)》,中国法律年鉴社 1999 年版,第 1021 页;1999 年数据源自《中国法律年鉴(2000)》,中国法律年鉴社 2000 年版,第 1209 页;2000 年数据源自《中国法律年鉴(2001)》,中国法律年鉴社 2001 年版,第 1256 页;2001 年数据源自《中国法律年鉴(2002)》,中国法律年鉴社 2002 年版,第 1238 页;2002 年数据源自《中国法律年鉴(2003)》,中国法律年鉴社 2003 年版,第 1319 页;2003 年数据源自《中国法律年鉴(2004)》,中国法律年鉴社 2004 年版,第 1054 页;2004 年数据源自《中国法律年鉴(2005)》,中国法律年鉴社 2005 年版,第 1064 页;2005 年数据源自《中国法律年鉴(2006)》,中国法律年鉴社 2006 年版,第 988 页;2006 年数据源自《中国法律年鉴(2007)》,中国法律年鉴社 2007 年版,第 1065 页;2007 年数据源自《中国法律年鉴(2008)》,中国法律年鉴社 2008 年版,第 1106 页。

③ 数据源自《人民法院工作年度报告(2010 年)》,载 http://www.court.gov.cn/fabu-xiangqing-2729.html。

④ 数据源自《最高人民法院发布〈人民法院工作年度报告(2011 年)〉》,载 http://www.court.gov.cn/zixun-xiangqing-4106.html;《最高人民法院工作报告(2012 年)》,载 http://www.gov.cn/test/2012-03/19/content_2094709.htm;《最高人民法院工作报告(2013 年)》,载 http://www.court.gov.cn/zixun-xiangqing-5191.html;《2014 年最高人民法院工作报告》,载 http://lianghui.people.com.cn/2014npc/n/2014/0310/c382480-24592263-2.html;《2015 年最高人民法院工作报告》,载 http://news.china.com.cn/2015lianghui/2015-03/20/content_35111067_2.htm;《2016 年最高人民法院工作报告》,载 http://www.court.gov.cn/zixun-xiangqing-17712.html;《2017 年最高人民法院工作报告》,载 http://news.sina.com.cn/sf/news/fzrd/2017-03-20/doc-ifycnpit2377941.shtml,最后访问时间均为 2017 年 3 月 29 日。30 年间司法数据的标准略有变化。2010 之前系全国各级法院一审民事案件受理数;尔后系全国各级法院一审民商事案件审结数。该变化对数据直观走势略有影响,但对人均民事案件数之法域对比的影响不大。

民事案件数不高。1999年，每10万人平均案件数约400件，此后数年略有回落，2009年升至440件，2015年为696件。[1] 20世纪80年代末，意大利每10万人普通程序的民事案件平均1640件，奥地利5020件，比利时4008件，西德3561件，法国1950件。[2] 中国的低诉讼率也许可解释为民事纠纷较少或替代性纠纷解决方式有效，但此解释缺乏证据且与人们的感受相反。一种可能的解释是司法资源供给短缺和不平衡，中国人口众多，地域辽阔，而法院机构、人员、资源有限，实际上无法满足人们利用司法之需求，尤其是广大农村司法资源短缺，近十亿农民很少诉诸司法，许多民事纠纷并不是通过诉讼来解决的。[3] 在功利立场上，激活既有调解制度比改革整个诉讼体制更具现实吸引力。

也许，解纷压力仅是邀请调解制度得以摆脱"僵尸"状态之一现实原因，还涉及深层因素。党十六届四中全会提出构建和谐社会战略任务以降，"整合资源、统合力量"应对纠纷成为尔后社会治理之一重要内容，"唯稳"政治逻辑亦成纠纷预防、纠纷解决的核心思想。当

---

[1] 1999年案件数源自《中国法律年鉴（2000）》，中国法律年鉴社2000年版，第1209页；1999年人口数源自《1949—2003年全国主要人口数据》，载http://www.cpirc.org.cn/tjsj/tjsj_cy_detail.asp?id=3885；2009年案件数源自《最高人民法院工作报告（2010年）》，载http://www.court.gov.cn/qwfb/gzbg/201007/t20100716_7756.htm；2009年人口数源自国家人口计生委办公厅：《2009年全国人口和计划生育事业发展公报》，载http://www.cpirc.org.cn/tjsj/tjsj_cy_detail.asp?id=12224。据官方统计，2015年末全国总人口为13.75亿人。《"十三五"全国计划生育事业发展规划》，载http://www.nhfpc.gov.cn/eweb editor/uploadfile/2017/02/20170206110703906.pdf。该年度民商事一审案件审结数为975.7万件，见《2016年最高人民法院工作报告》，载http://www.court.gov.cn/zixun-xiangqing-17712.html。最后访问时间均为2017年3月29日。2015年度人均民事案件数是按"案件审结数"而非"案件受理数"计算。鉴于二者差距对直观展示我国人均民事案件数走势的影响甚微，故未调整。

[2] Sergio Chiarloni, "A Comparative Perspective on the Crisis of Civil Justice and on Its Possible Remedies", in International Association of Procedural Law ed., *Procedure Law on Threshold of a New Millennium*, Austria Linde Press, 1999, pp. 65-75. 转引自徐昕：《论私力救济》，中国政法大学出版社2005年版，第165页。

[3] 徐昕：《论私力救济》，中国政法大学出版社2005年版，第167页。

需要整合司法与非司法力量维系社会稳定时,激活一项立法上业已存在的制度比全新制度探索要稳妥、便宜得多,修正一项"僵尸"制度(即便通过实践达至某种微调)也是极便捷的。伴随邀请调解被激活、微调,不仅隐约可感觉到制度性质或许正在发生细微变化,还可发现几个显著特征:(1)制度运行方式扩张;(2)协助主体扩张;(3)制度功能扩张。所谓制度运行方式扩张,即邀请调解不限于法院依审理需要而引入社会力量,实践中通过"协作""联动"等导致法院调解弥散化,或谓之司法权运行开放化。所谓协助调解主体扩张,即不限于制定法规定的与当事人或案件具有"一定联系""特定关系"的组织及个人。所谓制度功能扩张,即邀请调解不限于解决纠纷,个案中被赋予更多意义,如社会治理功能、政治性影响。可将邀请调解性质变迁、运行方式扩张、协助主体扩张及制度功能扩张概括为"制度运行边界的模糊性"。结合前述"制度运行目的的明确性",这种运行边界模糊性正是运行目的明确性的产物,而这种模糊性也便于维系运行目的的明确性。运行边界模糊性与运行目的明确性之并存,恰是制度内涵与实践现状发生背离的表征。

第四章　法院委托调解：实践样态与学理阐释*

一、问题的提出

委托调解是法院调解社会化另一主要形式。2004年《民事调解规定》在阐释邀请调解后"附带"表示："经各方当事人同意，人民法院可以委托前款规定的单位或者个人对案件进行调解，达成调解协议后，人民法院应当依法予以确认"；"当事人在和解过程中申请人民法院对和解活动进行协调的，人民法院可以委派审判辅助人员或者邀请、委托有关单位和个人从事协调活动"；法院依法确认调解协议。2004年《民事调解规定》的"创造性"解释很大程度上催生了委托调解，是委托调解"从无到有"的界碑（尽管实践中业已存在类似做法）。这是一个制度"奇迹"，在基本法律尚无规定时已在相关文件及实践中倍受关注，并通过司法解释得以确立，且不断具体化。譬如2007年《诉讼调解和谐意见》[①]、2009年《司法便民意见》[②]，尤其是2010年《调判意

---

* 本章第三部分以"压力型司法的社会治理效应：后街破产纠纷的延伸个案阐释"为题，载《南京大学法律评论》2019年第1期。

① "人民法院可以根据法律以及司法解释的规定，建立和完善引入社会力量进行调解的工作机制。人民法院可以引导当事人选择办案法官之外的有利于案件调解的人民调解组织、基层群众自治组织、工会、妇联等有关组织进行调解，也可以邀请人大代表、政协委员、律师等个人进行调解。"

② "人民法院可以邀请人大代表、政协委员、基层人民群众做诉讼协助工作，协助人民法院调解和执行案件。经当事人同意，人民法院可以将案件委托人民调解委员会、有关行政部门、社会团体或者基层人民组织主持调解，调解达成协议的，由人民法院依法确认。"

见》①，乃地方法院实施委托调解的框架且结合实践予以了细化。

尽管 2012 年修正《民事诉讼法》时未纳入委托调解，但 2016 年《多元纠纷解决意见》《特邀调解规定》对"特邀调解"设置了细致的操作规范。《特邀调解规定》旨在总结各地委托调解实践经验，并倡导某些新型机制以最大可能地促进合意。其实，《特邀调解规定》的重要意义在于实现委托调解与诉讼学理之衔接，且更多通过调整前者以契合后者。尽管《特邀调解规定》将"特邀调解"分作"委派调解"与"委托调解"，但所谓"特邀调解"实乃学界一直所言的"委托调解"，《特邀调解规定》在狭义上使用"委托调解"。② 作为具有独特品格的解纷活动，司法具有相对明确的界限。基于法院立场，社会力量参与法院调解有两大形式：一是将社会力量"请进来"，由法院主导调解，由此形成的调解活动无论学理上抑或实践中皆视作法院调解子系统；二是将案件（纠纷）"送出去"，将社会力量留在原地且由其自主解纷。特邀调解中的"委派""委托"均旨在将纠纷"送出去"，调解组织、个人具有较大的解纷自主性。在时间上，立案前法院将纠纷"送出去"称作委派调解，立案后称作委托调解。区分委派与委托是必要的，这主要涉及表达习惯与诉讼学理。实务与立法对诉讼系属均以立案为基点。立案前，将纠纷"送出去"称作委托调解，不符合汉语习惯，也与学理有出入。立案前，纠纷未系属法院，"法院将案件委托给其他组织、个人调解"存在委托主体不适格的逻辑扞格。立案解决了委托授权的前提。此外，立案对解纷方式、程序、效力等影响甚大。一旦委

---

① "在案件受理后、裁判作出前，经当事人同意，可以委托有利于案件调解解决的人民调解、行政调解、行业调解等有关组织或者人大代表、政协委员等主持调解，……调解人可以由当事人共同选定，也可以经双方当事人同意，由人民法院指定。当事人可以协商确定民事案件委托调解的期限，一般不超过 30 日。经双方当事人同意，可以顺延调解期间，但最长不超过 60 日。延长的调解期间不计入审限。人民法院委托调解人调解，应当制作调解移交函，附送主要案件材料，并明确委托调解的注意事项和当事人的相关请求。"

② 若无说明，本书在广义上使用"委托调解"一词。

托调解，无论立案前委派抑或立案后委托，被授权组织及个人对纠纷解决的把控权能、主导程度均比邀请调解高得多，而邀请调解中的协助人总体上处于依附地位。2020年《最高人民法院关于进一步完善委派调解机制的指导意见》（下称"2020年《委派调解意见》"）进一步规范委派调解，以推进"社会治理共同体"建构。

综览委托调解条文演进历程，规范层面历经了两个显著变化：一是迄今仍未在民诉法中拥有明确身份，却几乎遍迹近些年司法解释及相关文件；二是委托调解条文近年越发具体、详细，其重要性在规范层面被提到极高程度。相比邀请调解长期"休眠"，委托调解"幸运"得多。委托调解之所以从司法解释中"横空出世"，很大程度上亦得益于社会治理理念与政策变迁。围绕"维稳""和谐"等治理目标，委托调解与邀请调解的活力皆被实务界无保留地释放出来。故而，委托调解实乃通过总结各地法院诉讼调解社会化经验产生的一项创造性规定。[1] 某种意义上，学术之灵魂在于创新，学者之使命在于批判。当委托调解如火如荼地付诸实践，有必要且有理由分析委托调解实践样态并反思之：委托调解实践会否也存在某种偏离？这种偏离呈现何种样态、产生何种后果？作为尚未"立法"正名的解纷机制，委托调解对司法制度建设能否提供有益启示？

恰如分析邀请调解那般，本章以委托调解实践为出发点，叠加运用两种个案分析策略。这种叠加适用可以在一定意义上实现"范式性认知"（Paradigmatic Cognition）与"叙事性认知"（Narrative Cognition）两种认知运行模式在个案分析中的互相补充与部分融合。[2]

---

[1] 肖建国：《司法ADR建构中的委托调解制度研究——以中国法院的当代实践为中心》，《法学评论》2009年第3期。

[2] 成伯清：《走出现代性：当代西方社会学理论的重新定向》，社会科学文献出版社2006年版，第25—26页。

二、委托调解的普遍性实践：地方实践的规范化运动

依凭司法解释等规范性文件的建构与形塑，委托调解在司法实务与学术研究中业已确立了相对饱满的形象。委托调解经由一系列零星条文搭建而成，本章以远山市诉调对接项目实践为切入点，探讨委托调解实践样态。

（一）远山委托调解

远山办公室负责该市法院委托调解。作为平沙代管的省辖市，远山既有大山贯穿其境，又有大江流经辖内数十公里。远山矿产资源丰富，工矿企业较发达，交通运输也算便利。当引入社会力量助益法院调解的做法在全国兴起之际，远山办公室作为平沙重点行动项目被付诸实践。这既与该地社会生活经济状况有关——活跃的地方经济给制度尝试提供了相对充分的物质保证，也与公权部门积极性有关。当其他县（市、区）诉调对接因种种缘由而停滞时，平沙对远山项目仍保有高度热情并予以大力支持。

办公室系司法局与法院合作设置，作为人民调解与法院调解衔接的常设机构。远山司法局派驻两位工作人员负责调解。虽然在平沙辖区内该项目作为典型被寄予厚望，但无论机构设置时间抑或人员配置规模，在全国范围内只能算作普通行动项目。因设置较晚、规模一般，故远山实践更利于洞悉法院调解社会化运作的通常样态。

为规范调解工作，平沙中院与平沙司法局以平中法〔2009〕99号文件发布《关于司法调解和人民调解对接的意见（试行）》，规范了对接工作目标、基本原则、工作机制、工作流程、司法确认等[①]，鉴于其

---

① 平沙市中级人民法院：《平沙市法院系统"大调解"工作资料汇编（一）》，2009年9月，第16—18页。

基本精神及主要内容与其他地方相仿，兹不赘述。此处结合规范性文件，梳理调解档案，勾勒委托调解实践（见表4.1）。

表 4.1 远山办公室委托调解概况（2009—2010年）　（单位：件）

类　型	2009年 案件受理数	2009年 调解成功数	2010年 案件受理数	2010年 调解成功数
赡养纠纷	0	0	1	1
抚养纠纷	1	1	1	0
离婚纠纷	2	2	8	8
监护权变更纠纷	0	0	1	1
买卖合同纠纷	2	1	2	2
租赁合同纠纷	1	0	0	0
财产损害赔偿	0	0	1	1
交通损害赔偿	1	1	0	0
人身损害赔偿	2	0	1	1
民间借贷纠纷	4	2	2	2
合伙协议纠纷	1	0	0	0
土地承包纠纷	2	0	0	0
行政赔偿纠纷	0	0	2	—*
劳动合同纠纷	0	0	1	0
劳动保险纠纷	1	1	0	0
劳务合同纠纷	1	0	2	2
总　计	18	8	22	18

注：依2009、2010年远山办公室《案件受理登记表》制作，案件类型划分源自登记表。

* 该栏为空。依调解运行逻辑，可能调解未结束，也可能调解不成功。综合档案来看，实乃档案制作人一时疏忽，事实上两起案件均调解失败。

其一，案件数量。2009年为18件，2010年22件。鉴于该办公室仅两名工作人员，调解总数处于一般水平。访谈获悉，由于种种原因，通常仅一人在岗，另一人名义上是派驻该机构的专职调解员，却在司法局有工作职责且保留办公室。① 唯一在岗者还负责法院邀请调解。综合而言，机构年均办案数还"说得过去"。

其二，案件类型。机构承办案件的案情相对简单、权利义务相对明确，且类型相对集中，如婚姻家庭、民间借贷、买卖合同、人身损害纠纷等。2009年，婚姻家庭纠纷3件，民间借贷纠纷4件，买卖合同纠纷2件，人身损害纠纷2件，合计占年度承办案件的61.1%。2010年，婚姻家庭纠纷11件，民间借贷纠纷2件，买卖合同纠纷2件，人身损害纠纷1件，合计占年度承办案件的72.7%。此外，远山劳务合同、劳动保险纠纷等也占一定比重，这与该市交通便利、工矿企业较多、民间经济活跃攸关。

其三，调解成功率。机构调解成功率大抵居于中游水平。2009年承办案件18件，调解成功8件，2010年承办案件22件，调解成功18件，调解成功率分别为44.4%、81.8%。与某些调解机构动辄调成率90%以上或100%相比，该机构调成率不抢眼，但90%、100%调成率的真实性大多有待验证。凡经由实证调研的，几乎未见调成率90%以上，遑论100%。据初步观察，高调解成功率大多来自实务部门的宣传性报道或围绕调成率做针对性安排。公开报道中的"高适用率""高调成率""100%调解率"，往往缘于导向性影响而人为拔高。

当纠纷以婚姻家庭、民间借贷、买卖合同等为主且案情不太复杂时，调成率也不会太低。2010年，机构成功调解8起婚姻案件绝非偶然。赡养老人、抚养小孩、买卖合同、民间借贷等纠纷的权利义务关系亦不复杂。案情简单与权利义务明确在很大程度上使得委托调解具有相对可观的调成率。如典型案例所示：

> 1985年农历七月，赵某与丁某经人介绍认识并确定恋爱关

---

① 远山市调研录音，2011年3月21日。

系，交往两年后，按农村风俗举行了结婚仪式，随后育有一女一子，但从未补办结婚证。2010年4月16日，赵某以夫妻关系性格不合为由起诉离婚。该日上午9点30分钟左右，法院受理此案并于当日发出调解委托书和指导调解意见书。调解员赓即组织调解，事隔2小时就达成了调解协议：赵与丁离婚；一套位于远山某村的共有住房及屋内设备全归丁所有；赵一次性补偿丁经济帮助金10万元人民币。赵当场兑现了全部的帮助金。调委会当日向法院发出"关于请求确认人民调解协议效力的函"，后者当日依调解协议制作（2010）远山民初字第526号民事调解书。①

在一起民间借贷纠纷中，2009年10月27日邓某诉龙某至法院，法院当日委托调解。次月9日调解且达成协议，龙某分三次偿还欠款，当日偿还了第一期款项。②

其四，调解周期。机构调解周期相对较短。依《关于司法调解与人民调解对接的意见（试行）》规定："人民调解委员会接受法院委托调解的，调解期限一般不超过20日（从相关材料移送次日起算），当事人愿意继续调解的除外，但最长不得超过30日。"从典型案例看，个别案件在委托调解当日甚或起诉当日调解成功：

2002年下半年，远山某村7组51号的赵某与白某相识相恋，并于次年1月24日到市民政局办理结婚登记，同年4月9日生育一女。婚后，因性格不合，二人经常打架、吵架。2010年1月21

---

① 远山市诉调对接办公室：《"诉调对接"典型案例六：近3小时成功化解赵某与丁某离婚纠纷案》，2010年4月18日。笔者曾对案中10万元之巨的经济补助金是否如此容易达成，以及该款项是否如此便捷地当场付清产生过疑虑，但尚未求证、核实。

② 远山市诉调对接办公室：《"诉调对接"典型案例三：一起民间借贷纠纷案在人民调解员的组织下双方当事人握手言和》，2009年11月12日。

日，赵某诉请离婚。当天下午 2 点 30 分钟左右，法院受理此案，遂即发出调解委托书和指导调解意见书。对接办公室工作人员马上联系白某，主持调解。在调解过程中，白某认为"自己与赵结婚，辛苦打拼近 10 年，生活才有了目前的状况。现赵提出离婚，赵至少给我 50000 元的补偿，否则我不同意离婚"。赵反驳"现家里没有钱，要补偿，分文没有"。双方遂开始纠缠于小孩抚养、经济补偿等问题。

听取双方陈述、结合争点，调解员谈了以下观点：1. 结婚自由，离婚自由，结婚与离婚都受法律保护；2. 夫妻双方都有抚养子女的义务，赵与白都有抚养婚生女的义务；3. 白可以要求赵给一定的经济补偿，但得举证证明经济困难或身体上有疾病，而且经济补偿不会很多。若拿不出材料，就得不到补偿。发表此番意见之后，调解员开始劝导双方。在事隔 2 小时后，双方达成离婚协议：1. 赵与白离婚；2. 小孩由赵抚养成人，且赵放弃白给付子女抚养费；3. 赵一次性补偿白经济帮助金 20000 元人民币。双方随后在调解协议书上签字，调解员当场督促赵某借钱向白某兑现帮助金。法院当天制作调解书。[①]

该案的迅速解决，既由于案情简单，且委托调解手续办理与交接及时，也缘于调解员趁热打铁、迅速组织，并在调解过程中成功打消双方过高预期。迅速处理简单案件较为常见，如前述赵丁离婚案，调解耗时约 3 小时。迅速调处简单案件不限于熟人间案件。2008 年 3 月 2 日，唐某（秋水人）所驾货车与刘某（远山人）所驾摩托车相撞，均有人身财产损失。刘将唐某、保险公司诉至远山法院。8 月 25 日，

---

① 远山市诉调对接办公室：《"诉调对接"典型案例四：夫妻起纷争 调解速化解——远山市人民调解委员会"诉调对接"室成功调解一起离婚纠纷案》，2010 年 1 月 22 日。该案例中离婚协议的条款 2 的合法性有待商榷，至少表述颇不严谨。

远山办公室受托调解，9月17日组织调解，当日达成协议后便发出"关于请求确认人民调解协议效力的函"，法院当天制作（2009）远山民初字第909号民事调解书。①

典型个案未必在于其普遍性与代表性，往往缘于该案能很好展示机构办案能力，甚至不排除人为提升乃至拔高形象之可能。质此之故，有必要一般地考察调解周期。囿于资料收集所限，刻下难以直接观察调解周期全貌。田野调研抽取了10宗档案，从案件诉诸法院（基本按起诉状制作时间起算）到制作调解书（或准予撤诉）的周期分别为62、27、37、7、215、172、11、35、2、19天。无疑，应排除办理委托手续及将调解协议送回法院制作调解书与撤诉裁定书的时间。如调解周期62天的个案，调解协议送回法院至公布裁定书占57天；215、172天两起个案，起诉状制作之日距办公室主持调解分别为175、116天。② 多数案件从制作起诉状到结案大体一个月左右，最少者仅2天，故大抵可以推断，委托调解基本遵循《关于司法调解与人民调解对接的意见（试行）》的调解期限，且实施周期相对较短。

远山项目仅是中国法院委托调解实践的缩影，但从局部个案仍可清楚洞察委托调解运行状况，尤其是案件结构、任务数量、调解周期及调解效率等。为全面考察委托调解实践，遂结合公开数据及信息予以分析。

（二）案件范围

规范性文件也未明确委托调解案件范围。但凡适用法院调解的案件，原则上均可委托调解。依民诉法，法院可依自愿、合法原则调解

---

① 远山市诉调对接办公室：《"诉调对接"典型案例二：刘某与唐某、某财产保险公司道路交通事故人身损害赔偿纠纷案》，2009年9月20日。

② 抽样案例的档案盒编号分别为：2009.16（一）、2009.24（二）、2009.56（四）、2009.92（五）、2009.101（六）、2010.03（九）、2010.68（十二）、2010.125（十五）、2010.158（十八）、2010.161（十八）。

民事案件，特定案件务须调解。除了婚姻案件，最高人民法院《关于适用简易程序审理民事案件的若干规定》规定，特殊案件在适用简易程序且开庭审理时须先行调解。[1] 除了积极性规范，2004 年《民事调解规定》明确了不可调解的案件范围。[2] 制定法将民事案件分为三类：应当适用、不得适用及可以适用调解之民事案件。此外，2007 年《诉讼调解和谐意见》规定，对适宜调解案件应予调解，且六类特殊案件需重点做好调解工作。[3] 逻辑上，委托调解案件集中于"应当适用"与"可以适用"两类。如此宽泛的界定，有可能不适宜地扩大案件范围。

依制定法，委托调解是法院依案件处理之需而委托其他组织或个人调解，故案件范围原则上小于通常调解案件范围。委托调解需遵循限制条件，即委托调解的必要性与可行性。一方面，案件虽可调解，但未必需要委托，毕竟委托必要性由法院裁量，这需考虑案件处理压力，也可能基于政策考量，如响应某种号召。另一方面，案件未必适合委托调解。有学者指出，《诉讼调解和谐意见》的六类重点调解案件不适合委托调解。这些案件通常案情复杂、涉案利益纠葛大，即便法院调解往往也有很大难度，因此从解纷专业性与权威性出发，委托其他组织调处还不如法院直接主持调解，或许成功概率更大。[4]

---

[1] 婚姻家庭纠纷和继承纠纷、劳务合同纠纷、交通事故和工伤事故引起的权利义务关系较为明确的损害赔偿纠纷、宅基地和相邻关系纠纷、合伙协议纠纷以及诉讼标的额较小的纠纷，在适用简易程序且开庭审理时，必须先行调解，除非根据案件性质、当事人实际情况不能进行调解或显然没有调解的必要。

[2] 特别程序、督促程序、公示催告程序、破产还债程序的案件，婚姻关系、身份关系确认案件以及其他依案件性质不能调解的民事案件，不得调解之。

[3] （1）涉及群体利益，需要政府和相关部门配合的案件；（2）人数众多的共同诉讼、集团诉讼案件；（3）案情复杂，当事人之间情绪严重对立，且双方都难以形成证据优势的案件；（4）相关法律法规没有规定或者规定不明确，在适用法律方面有一定困难的案件；（5）敏感性强、社会关注程度大的案件；（6）申诉复查案件和再审案件。

[4] 李浩：《委托调解若干问题研究——对四个基层人民法院委托调解的初步考察》，《法商研究》2008 年第 1 期。

当然，将专业性较强案件委托特定机构、个人调解具有操作性。上海高院与贸促会上海分会在国内率先签署《关于规范涉外涉港澳台商事纠纷委托调解的会议纪要》，中国贸促会调解中心还出台《关于进一步做好商事调解工作的安排》《关于进一步做好与人民法院开展"诉调对接"工作的指导意见》。[①] 商事纠纷尤其是涉外商事纠纷的处理难度、复杂程度均较高，委托调解实践旨在援引专业力量。

2010年，中国贸促会上海调解中心接受上海二中院委托，调解了一家海外有限公司与上海某公司之间的印章证照控制权纠纷。2010年2月至4月间召开了3次调解会议，双方和解后向贸仲会上海分会申请确认协议效力，后于5月14日作出仲裁裁决，原告遂向法院提出撤诉。自委托调解机构搭建9个月来，贸促会上海调解中心收到4起委托案件，其中3起已解决。[②]

不限于专业性案件，一些普通纠纷或由于特殊原因以致"事关重大"时，委托调解也可能被运用。

山东某建筑公司诉6位村民土地占用纠纷，属群体性、涉农案件，性质敏感、矛盾尖锐、问题颇多。担心裁判引发上访，法官遂委托该村村委会调解。当事人表示"派出所都处理不了，村委会能给调解好？"村委会也担心"这事恐怕不好办吧？"在法官指导下，该村调解员促成双方和解。仅2010年，该院审前委托调解案件110件，成功调处83件，60%以上属群体性案件或"复

---

① 《委托调解：纠纷化解驶上"快车道"》，《解放日报》2010年6月10日，第13版；《国内首起涉外商事案件经委托调解成功》，《上海金融报》2010年6月11日，第A4版。
② 《专业问题依靠专业解决 委托调解使纠纷化解驶上"快车道"》，《中国贸易报》2010年9月2日，第7版。

杂案"。①

对于"问题化"案件，往往难以在既有诉讼构架与程式中实现有序对抗且将纠纷导向相对平和的状态。由于委托调解中受托机构没有被严格限定于特定范畴，故而实践中一些棘手案件会通过委托调解寻找出路：

> 王某不服抚恤金发放一案，穷尽诉讼程序，请求均遭驳回，但上访不止。为此，法官委托行政机关及涉案企业与王沟通协调，本着扶助救济的原则，最终以一次性补偿生活扶助救济款的变通处理方式使王某息诉罢访（着重号为引者所加。——引者注）。②

该案与何盛芙案何其相似！当代中国纠纷解决中的"变通"，乃实用主义理念的纠纷解决运用。民谚云"会哭的孩子有奶吃"。这也印证"问题化"策略之于纠纷解决的重要影响。长天调研还接触过类似案件，经过不同法院多次、反复审理之后仍难平息，最终不得不通过委托调解予以"变通"处理。③

至于委托调解案件范围，依平沙中院与平沙司法局《关于司法调解和人民调解对接的意见（试行）》、平沙中院《民事诉讼调解工作办法（暂行）》规定：权利义务关系明确的民事案件可以不通过开庭而直接进入调解，如婚姻家庭纠纷和继承纠纷、劳务合同纠纷、合伙协议纠纷、宅基地和相邻关系纠纷、损害赔偿纠纷、诉讼标的额较小的

---

① 《变"单打独斗"为"协同作战"——山东省五莲县法院委托调解工作侧记》，《人民法院报》2010年10月13日，第4版。
② 《变"单打独斗"为"协同作战"——山东省五莲县法院委托调解工作侧记》，《人民法院报》2010年10月13日，第4版。
③ 《长天县调研笔录》，2011年3月28日。

纠纷；对法律规定不明确的，当事人在一起长期生活和将在一起长期生活以及群体性案件，应当进行调解。但适用特别程序、督促程序、公示催告程序、企业破产还债程序审理的案件，对涉及婚姻关系、身份关系确认案件以及其他依案件性质不能进行调解的案件，确认合同效力的案件，以及涉及侵害国家利益、社会公共利益和案外人利益的案件，不得调解。[①] 各地委托调解案件范围大体相仿，如上海高院上海司法局《关于规范民事纠纷委托人民调解的若干意见》[②]，再如东莞市法院《关于商会庭外调解工作的规定（试行）》。[③] 各地基本遵循民诉法、司法解释的内容、原则及精神；虽然具体范围有差异，大多属于简单案件，唯部分文件纳入群体性、专业性纠纷；实践中，委托调解也可能超越案件范围限制。

总之，委托调解案件范围原则上限于应当、可以调解的纠纷，且须依循限制性条款，即委托必要性与可行性。实践中可能突破限制条件，这往往攸关当代司法运作的深层结构。

（三）调解程序

实践中各地程序及运行有差异，但大抵涉及启动、委托、调解、终结等环节。同一环节之规定各地有别，但程序构架与设置思路相差

[①] 平沙市中级人民法院：《平沙市法院系统"大调解"工作资料汇编（一）》，2009年9月，第16—18、21—24页。

[②] "下列民事纠纷，人民法院可以委托纠纷发生地的人民调解组织进行调解：离婚纠纷；追索赡养费、扶养费、抚育费纠纷；继承、收养纠纷；相邻纠纷；买卖、民间借贷、借用等一般合同纠纷；损害赔偿纠纷；物业纠纷；其他适合委托人民调解组织进行调解的纠纷。"（上海市高级人民法院、上海市司法局：《关于规范民事纠纷委托人民调解的若干意见》，载 http://www.pdsfxz.com.cn/conpage/conpage.aspx?info_id=4289）

[③] "案件承办法官可允许或请当事人所属的商会进行调解，但下列不适合调解的案件除外：当事人双方或一方明确表示不同意的；适用特别程序、督促程序、公示催告程序、破产程序的；涉及身份关系、权属关系、合同效力等必须由人民法院裁判确认的；其他因案件性质及特定情形不适宜商会进行调解的。"（叶柳东：《构建多元纠纷解决机制文件汇编》，东莞市人民法院印，2008年12月，第66—70页）

无几。2016 年《特邀调解规定》既总结、确认各地实践，亦有调整。

1. 启动

依司法解释等文件，启动委托调解的程序要件有二：一是当事人接受委托调解的意思表示；二是法院对委托调解必要性、可行性的判断。总体上，委托调解之启动系当事人意愿与法院判断的结合，其中，当事人意愿乃程序启动的核心要件。

当下立案阶段采取"起诉—受理"程序构造，唯立案的纠纷才系属于法院。立案前委托调解不属诉讼调解，这是主流观点。该诉讼系属起算方式的缺陷很明显，且理论上难以自圆其说（兹不赘述）。当然，不管立案结构如何抑或系属起算基准如何，即便在这颇具争议性的特定时段内，委托调解亦应考虑当事人意愿。实践中，此时当事人意愿通常指具状人意愿，而非双方意愿。

立案后，启动委托调解仍涉及当事人意愿与法院判断。此时的当事人意愿指双方调解意愿，毕竟被告已因原告起诉与法院立案而参与到诉讼中。对于解纷方式尤其合意型解纷机制，应考虑被告意愿。一些地方要求同时具备两个要件，一般要求征得当事人同意或依当事人申请，这是启动委托调解的通常情形。例外如平沙市，"人民法院对已经立案受理的民事案件、刑事附带民事诉讼的民事纠纷部分，经双方当事人同意，或者人民法院认为确有必要的，向人民调解委员会发出《委托调解函》，将案件委托给同级司法机关，由司法机关指定人民调解委员会进行调解"[①]。这实际上提供了两套启动模式：一是同时具备两个要件方可委托调解；二是法院依审理需要单方裁量。前者之所以要求具备两个要件，因为仅依当事人合意而法院认为无委托调解必要性、可行性的，当事人合意不能引发程序启动；后者则可能绕开当事人合

[①] 《关于司法调解和人民调解对接的意见》，载平沙市中级人民法院：《平沙市法院系统"大调解"工作资料汇编（一）》，2009 年 9 月，第 16—18 页。下引不再列明。

意要件。实践中法院与调解机构往往是"先上车,后买票",即力争当事人参与调解,以调解过程本身的行进来完成对当事人合意的征求。远山受访者表示,以办公室名义通知调解,当事人未必"当回事",而以法院名义通知,当事人一般会"掂量"。这种法院单方启动的做法在操作中也未遭遇太多麻烦。

更多地方采取二要件模式,即同时具备当事人合意与法院裁量之双重要件。如上海高院与上海司法局规定,"人民法院委托人民调解组织进行诉前调解的,应由立案庭在当事人咨询或向法院送交诉状时,告知当事人关于开展诉前调解的有关规定,征询当事人是否接受人民调解的意见。当事人接受人民调解的,人民法院应当登记并出具联系单或委托书,引导当事人到相关人民调解组织接受调解。人民法院委托人民调解委员会进行审前、审中调解的,应由相关业务庭在征得当事人双方同意后,填妥委托书,并将起诉状副本复印件转交人民调解组织,由人民调解组织进行调解"[①]。此时,当事人合意是程序启动的核心要件。

除了当事人意愿与法院判断,实践中往往也考虑受托人意向。虽依民诉法与 2004 年《民事调解规定》,受托人具有履行义务,且未赋予受托人拒绝权。但鲜有对受托人直接下达委托调解任务的。平沙规定,受托组织与人员应尽可能做好委托调解工作[②];有的地方表示,启动委托调解须经受托人同意。之所以调解实践与文件精神有出入,主要缘于各地委托调解通常乃法院系统与司法行政部门合作开展,故各地附设要件有其内在缘由。这也在一定程度上避免了法院将"烫手山芋"抛给受托人。

---

① 上海市高级人民法院、上海市司法局:《关于规范民事纠纷委托人民调解的若干意见》,载 http://www.pdsfxz.com.cn/conpage/conpage.aspx?info_id=4289。下引不再列明。

② 远山办公室几乎从未拒绝委托。一是基于法院在委托前通常初步估测过案件的可调性,二是既然双方合作,也没必要拒绝,充其量调解不成再转回法院。这些考量主要基于实际操作,而非学理或逻辑。

至于程序要件，依 2016 年《特邀调解规定》第十一、十二条，采取法院判断与当事人意愿结合的二要件说，既尊重当事人意愿，也须法院作必要性、可行性判断。至于个别地方实践中考虑受托人意向的做法，《特邀调解规定》未置可否。私以为，这可能与《特邀调解规定》的受托人名册制度攸关，而名册之建立、管理、培训等亦折射出"规范化""组织化"乃至科层制化意味。

此外，立案后法院当然可以启动委托调解，但如何理解长期以来的诉前委托调解实践？依传统诉讼系属理论，这类实践非议甚多。有学者认为，委托调解不宜在诉前适用。一个主要原因是诉前委托调解存在学理上难以自圆其说的困境，或法院无权委托，或一方之意思表示"代替"了双方的调解意愿，尤恐与诉权保障之观念有所出入。① 本书认为，诉前宜于委托调解。起诉时仅一方当事人"浮出水面"，这时应考虑起诉者之意向，如愿意，则委托之。这不会涉及诉权行使问题，因为是否起诉、何时起诉、提起何种诉讼、主张何种诉讼请求，均由当事人自行决定之。在起诉环节，当事人愿意委托调解且暂缓起诉（姑且如是称之），这无涉当事人诉权之行使。起诉与否、调解与否，均依当事人意愿决定之。对于委托调解，可接受亦可拒绝，甚至随时终结调解进程要求立案。在仅一方当事人明确之际，自然只需考虑该方意愿。至于相对方，对参加委托调解拥有完整且相同的选择权。在不损及诉权行使且双方同意时，诉前委托调解于法于理均为妥当。为契合"起诉—受理"程序构造，《特邀调解规定》对立案前后分取"委派""委托"表述。

2. 委托

程序启动后，通常涉及选择受托人、办理委托手续、交换文书、通知双方及利害关系人等。这些均是操作性规定，各地规范多且烦琐，

---

① 刘加良：《诉前不宜委托调解》，《人民法院报》2008 年 11 月 11 日，第 5 版。

不一一列举。仅讨论几个重要且有一定理论价值的话题。委托调解受托人包括组织与个人两类。逻辑上，受托组织、个人与邀请调解大体相同。实践中受托人基本属于组织型受托人，不仅各地较少委托个人调解，各地文件几乎均趋向组织型受托人，尤以人民调解组织居多。平沙规定，"案件委托给同级司法行政机关，由司法行政机关指定人民调解委员会进行调解；……被委托或被邀请的组织和人员应尽可能做好接受委托或协助调解工作"。上海的做法是，"人民法院委托人民调解组织进行诉前调解的，应由立案庭在当事人咨询或向法院送交诉状时，告知当事人关于开展诉前调解的有关规定，征询当事人是否接受人民调解的意见。当事人接受人民调解的，人民法院应当登记并出具联系单或委托书，引导当事人到相关人民调解组织接受调解。人民法院委托人民调解委员会进行审前、审中调解的，应由相关业务庭在征得当事人双方同意后，填妥委托书，并将起诉状副本复印件转交人民调解组织，由人民调解组织进行调解"。东莞市法院与司法局《诉调对接工作规程》规定，"对于已经立案受理的案件，认为纠纷可以调解解决或以调解解决更为适宜的，可在（再）将案件委托调解工作室、人民调解组织进行调解"。①

个别规范性文件选择其他行业性、专业性组织作受托人。如北京高院与中国互联网协会网络调解中心签订委托调解协议，法院可委托中心处理互联网环境下的知识产权纠纷、商务纠纷及客户纠纷等。②再如上海高院与中国海仲共建海事纠纷委托调解机制。③还如武汉市法院与总工会设立劳动争议调解中心，成立仅4个月，已受托调解35件，

---

① 叶柳东：《构建多元纠纷解决机制文件汇编》，东莞市人民法院印，2008年12月，第87～94页。下引不再列明。
② 《北京法院与互联网协会搭建解纷平台 网络纠纷委托调解成功率过半》，《人民法院报》2011年7月3日，第1版。
③ 《法院联合仲裁机构搭建海事纠纷委托调解平台》，《中国水运报》2011年6月29日，第1版。

调成并执行 23 件。①

虽然规范性文件很少将党委、政府列为受托人，实践中也有委托基层政府、村委会、居委会主持调解的：

> 某采石厂与千余名村民发生补偿纠纷，前者起诉，要求排除妨碍、赔偿损失。为了维稳定、促发展、保民生，法院联系乡党委政府、县国土资源局，又说服原告接受诉前调解，后委托有人熟、地熟、社情熟、了解案情诸优势的乡政府调解，并予法律政策指导。持续 5 年的采矿权纠纷终得解决。②

概言之，在各地委托调解规范性文件中，组织型受托人主要是人民调解委员会，部分专业性、行业组织也被作为受托人，个人型受托人极为少见。虽从司法解释及其他文件看，个人可以作为受托人，但各地文件极少涉及，实践中委托个人的案例也不多。即便个人担任受托人，亦易与邀请调解混淆。如宿迁村民汪某与子舅谭某等兄弟三人发生合伙纠纷，汪诉至法庭。法庭当日委托该镇"协助调解人"调解，不出 10 日，双方达成调解协议。③对于个人主持调解达成协议的审查及审查程序设置，个人型受托人与个人型协助人差别不大，纵然理论上可以作出相对严格、明晰的区分。

基于各地实践，2016 年《特邀调解规定》设置了组织型与个人型受托人。前者如人民调解、行政调解、商事调解、行业调解及其他组织，后者包括但不限于人大代表、政协委员、人民陪审员、专家学

---

① 《武汉推行劳动争议"委托调解"》，《工友》2008 年第 11 期。
② 《委托调解化解采矿权纠纷》，《乐山日报》2010 年 4 月 6 日，第 1 版。该案以基层政府、村居委员会作受托人，可能引发一系列反思：此前乡政府参与协调为何没成功？为何委托调解能成功？或因法院提供法律、政策支持？因缺乏更多细节，不予展开。
③ 《宿迁法院设立"协助调解人"制度：案结事了促和谐》，《江苏经济报》2006 年 5 月 17 日，第 B1 版。

者、律师、仲裁员及退休法律工作者。对于实践中党政机关参与委托调解，则尝试从规范层面予以规制。个案中受托人选择仍坚持当事人意愿优先。

2017年最高法院与司法部《关于开展律师调解试点工作的意见》旨在确立律师调解制度，如模式、机制及保障等。2020年《委派调解意见》坚持"纠纷解决的第三方立场"："律师调解员不得再就该争议事项或与该争议有密切联系的其他纠纷接受一方当事人的委托，担任仲裁或诉讼的代理人，也不得担任该争议事项后续解决程序的人民陪审员、仲裁员、证人、鉴定人以及翻译人员等"，还纳入实用主义理念变通处理"第三方立场"：律师调解员系一方当事人或其代理人的近亲属，或与纠纷有利害关系，或与纠纷当事人、代理人有其他关系，可能影响公正调解的，在律师调解员及时告知当事人之后，如果当事人一致同意继续调解，仍可继续主持调解。

3. 调解

一旦确定受托人，由受托人主持调解。尽管法院对受托人调解通常负有业务指导、法律咨询、政策宣讲诸职责，但解纷主导权业已移至受托人。但凡调解，通常具有反程序外观。不同于诉讼基于精细、事先业已确立的程序设计，依程式逐步开展对抗，涵摄案件事实，依制定法裁断纠纷。调解是灵活的，这是其生命力所在。如果调解像诉讼那般，纠纷"系属"调解将对当事人产生"作茧自缚"的效果，那么缺乏当事人意志的解纷措施往往不利于处理某些与规则颇有出入的权利或事实主张，也会减损调解对当事人的吸引力。调解通常由调解人视案情需要，以双方意思表示为基础，自由、灵活乃至随意地安排。

但为确保调解顺利进行尤其尊重当事人意思自治，各地文件通常设定若干程序性事宜，如当事人权利义务、调解员职责、调解原则、调解期限、诉权保障、笔录制作、调解员回避、保密事宜、法院业务指导等。规定不尽相同，但内容相仿。至于制度框架中的具体调解，因地因人因案不尽相同，却均体现了调解之灵活性、随机性：

> 2010年春节期间，三个不满7岁的小孩赵某、匡某、向某在远山市夏某的库房边玩擦炮。赵将点燃的擦炮甩到库房里爆了，接着，又用擦炮将门缝中的胶纸口袋点燃。库房随后起火，财产损失近万元。事发后，街道办事处及社区居委会多次组织调解，一直未达成协议。6月5日，夏某诉至法院，该院遂将该案委托给远山人调委。
>
> 在了解案情并分析派出所的询问笔录之后，调解员分别找当事人进行个别座谈，并于该月23日组织面商。在调解过程中，夏某要求"必须赔偿，没得商量，不然就骑驴看唱本——走着瞧"。由于夏态度坚决，三个小孩的法定代理人均矢口否认玩擦炮的事。调解员要求各方心平气和，并就本案财产损害的个案特点，给各方摆道理、说事实、谈法律。随后，三位法定代理人同意赔偿，但与夏的请求有差距。调解员马上给夏某做思想工作，建议适当让步，求得"法与情的平衡"。经几轮调解，当事人终达成协议：由赵某分两次支付5000元给夏某；匡某、向某不担赔偿责任。①

该案相对容易处理。一些案件往往需要反复调解才能有所收获，且这类情形时有发生：

> 一对残疾人夫妇要求离婚。鉴于妻子的抵触情绪很大，法院打算将案件委托给人调委处理。双方反对委托调解，认为人民调解效力不及法院。经反复做思想工作，当事人才同意。县调委会

---

① 远山市诉调对接办公室：《小孩玩擦炮起火造成财产损失，该赔！——远山市人民调解委员会诉调对接室成功处》，《诉调简报》2010年第7期。

指派了经验丰富的调解员主持工作。

获悉,夫妻二人在2002年初相识仅1个月便登记结婚,初期感情尚好。一两年过去之后,妻子未怀孕,且慢慢地身体也残疾了。丈夫带妻子四处求方问药,两三年过去不见效。经检查,妻子先天性无子宫。丈夫彻底绝望。几年来,他多次要求协议离婚均被拒。在调解室,妻子大声痛哭,哭诉自己不幸的人生、破碎的婚姻。她觉得"自己付出多年,却未能换来丈夫对自己的一丝怜爱,并指出丈夫有外遇,私下购买两处房产",因此要求丈夫支付精神损失费、扶助费8万元,分割丈夫私下购买的房产,否则坚决不离婚。丈夫矢口否认,说"一个驼背有什么外遇,虽说经营个电视修理店,但门市是租的,还借了1万块钱,哪有钱买房"。虽然提供不出任何证据,但妻子始终坚持己见。

调解员先乘摩的,又步行10余里,去调查取证,但所了解的情况均不能证实妻子的主张。取得第一手资料后,调解员再次组织调解。一直到深夜才达成意向性共识,并约定第二天办手续。第二天,双方如约到了调解室,但妻子否决了调解提案,坚持原来的主张。调解回到了原点,又是一轮耗时耗力的思想工作,直到晚上11点左右,双方终于达成一致协议:双方自愿离婚;共同债务由丈夫负责偿还;丈夫给妻子提供困难帮助7000元。调解员联系镇民政所工作人员当场办理离婚手续并当场兑现协议款项。第三天,调委会把调解协议送交法院。(引用时有修改。——引注者)①

调解是一项极具个性的活动,不会也不可能依照特定程式与次序展开。调解甚至可能适度偏离当事人意思自治。为了维系调解进程,

---

① 《不孕不育起婚变 接受委托速化解》,载《"新时期调解创新与理论"学术研讨会论文集》,2010年4月,第374页。

促进合意形成，调解者往往采取各种即时性手段确保沟通之可能。在此过程中，当事人诉诸司法的权利有可能某种程度地受限。本案从启动委托到具体调解，不同程度地体现法官、调解员的能动特征，如劝调、主动调查。适度能动往往是调解得以进行以及达成合意的保证。①许多案件有此体现：

> 丈夫因生意经常晚归，常发争吵。妻子一怒之下诉请离婚，丈夫爽快同意，但均讲不出更多矛盾。法官感觉蹊跷，遂庭审后下午赶往二人住地摸底。村干部介绍两人平时恩爱，对离婚诉讼也很疑惑。法官和村干部认为，二人是赌气上法庭。法庭委托村调委会调解。一个星期后，原告撤诉。调委会将案件退回法庭，并出具委托调解回函："经调解双方已夫妻和好，建议法院同意原告撤回起诉。"②

这几起个案与第二章20世纪70年代离婚纠纷颇为相似。该案由一位农妇提起，法官不仅"下乡"调查案情，还"动员"当地群众参与调解，甚至让大队党支书等落实调解方案。该案是马锡五审判方式在改革开放前夕的实践个案。这些实践皆揭示了一个命题：调解者的能动性似与调解具有天然联系。

对于委托调解实施环节，2016年《特邀调解规定》采纳"当事人意思自治、调解员合意促进"立场："特邀调解员应当根据案件具体情况采用适当的方法进行调解，可以提出解决争议的方案建议。"《特邀

---

① 对于婚姻纠纷、邻里纷争等与日常生活联系紧密的纠纷，调解和好往往具有暂时性，并随时可能重新爆发或转变成其他形式。这既涉及纠纷社会结构，也与调解作为合意寻求机制的构造有关。所谓"就某件事要说服别人是容易的，可是要他们对于说服的意见坚定不移，那就困难了"（马基雅维利：《君王论》，徐继业译，西苑出版社2004年版，第39页）。

② 《梅李法庭案件调解撤诉率85%》，《江苏经济报》2007年6月20日，第B1版。

调解规定》对当事人意思自治的理解略有偏颇。如第 22 条："在调解过程中，当事人为达成调解协议作出妥协而认可的事实，不得在诉讼程序中作为对其不利的根据，但是当事人均同意的除外。"此处"但书"不仅容易引发误解，且不符合调解实际。如为增强言辞说服效果，当事人可能声明所言全部属实，即使在法庭也认可所说的全部或部分事实及主张。这极可能为了追求说服效果，也完全可能在后续诉讼中被证据推翻（缺乏相应证据材料的，将更复杂）。此外，诉讼中事实发现已有自认制度，调解没必要关照之。回到调解，"但书"可能束缚调解活动。调解实践往往是多变、易变、随机的，言行前后矛盾是常有的。当事人在调解之初表示"我所说的一切可作呈堂证供"，但随后又极可能否认并辅以各种理由（或真或假）。如保留"但书"，调解者如何应对？转入庭审，法官如何处置？这些会成操作难题。依《特邀调解规定》，"原纠纷"进入诉讼环节，当事人甚至可以援引调解协议作抗辩。

无独有偶，2016 年《多元纠纷解决意见》倡导探索无争议事实记载机制。[①] 追求效率的初衷可嘉，但诉讼与调解在程序利益保障机制、制度性质及运行机制方面差异甚著，将调解环节无争议事实纳入诉讼免证事实，应慎之再慎。对此，2020 年《委派调解意见》建议，满足"权利保障""意思自治""合法性及其司法审查"等条件的妥协事实，"可以作为诉讼材料"，即"委派调解中已经明确告知当事人相关权利和法律后果，并经当事人同意的调解材料，经人民法院审查，符合法律及司法解释规定的，可以作为诉讼材料使用"。该条基于正当程序观念将实践做法提炼为建议，其审慎值得"点赞"。鉴于该建议远超妥协事实的范畴，尚待观察。

[①] "当事人未达成调解协议的，调解员在征得各方当事人同意后，可以用书面形式记载调解过程中双方没有争议的事实，并由当事人签字确认。在诉讼程序中，除涉及国家利益、社会公共利益和他人合法权益的外，当事人无需对调解过程中已确认的无争议事实举证。"

4. 终结

委托调解终结事宜往往涉及调解期限、协议制作、司法确认、诉调转换、纠纷回访、调解考核等。由于将案件交由受托组织及个人主持，为确保纠纷解决得及时、有效，尤其避免诉权遭受不当侵害，地方实践中往往设置调解期限。平沙规定，人民调解委员处理委托调解案件期限 20 日，经当事人同意，可延长，但不超过 30 日；该期限在上海为 15 日[①]，在东莞为 5 日[②]。2010 年《调判意见》规定：一般 30 日内完成；经双方同意可顺延，最长不超过 60 日；延长期间不计入审限。[③]

总体而言，委托调解期限设置体现"短—平—快"特征，强调迅速解纷，确保不被无端拖延。远山项目的调解期限基本得以遵循。之所以如此，除了明文约束，调解进程由当事人意愿决定，且当事人对诉讼进程也有一定主导权，法院在委托调解期间亦承担一定司法风险，故诸多因素综合作用下，尽可能迅速地处理纠纷是一种相对稳妥的共同选择。2016 年《特邀调解规定》有类似处理：立案前委派调解期限 30 日；立案后委托调解，适用普通程序的 15 日，简易程序 7 日；当事人可合意延长，但延长期限不计入审限。除依循"短—平—快"，也考虑立案前后不同情形，毕竟"起诉—受理"程序构造下立案前调解的环境相对宽松、风险相对较小。

---

① "人民调解组织主持审前、审中调解应当在接受委托后 15 日内完成，如在规定期间内不能调解结案的，应当终止调解，并将终止调解的事由书面告知人民法院。经当事人申请，并征得人民法院同意的，人民调解组织可以将调解的期限适当延长，但延长期限不得超过 15 日。"

② "调解工作室接受人民法院委托调解后，应于五个工作日内完成调解程序。特殊情况不能完成的，经各方当事人申请或同意，可最多延长至十个工作日。调解工作室接受人民法院委托调解不能促成当事人调解达成协议的，应于两个工作日内将案件移送回人民法院。"

③ "继续抓好委托调解……工作。在案件受理后、裁判作出前，经当事人同意，可以委托有利于案件调解解决的人民调解、行政调解、行业调解等有关组织或者人大代表、政协委员等主持调解……。调解人可以由当事人共同选定，也可以经双方当事人同意，由人民法院指定。当事人可以协商确定民事案件委托调解的期限，一般不超过 30 日。经双方当事人同意，可以顺延调解期间，但最长不超过 60 日。延长的调解期间不计入审限。人民法院委托调解人调解，应当制作调解移交函，附送主要案件材料，并明确委托调解的注意事项和当事人的相关请求。"

达成合意的，一般制作调解协议，固定合意内容。没达成的，需考虑调诉转换，确保诉权行使。平沙规定，人民调解委员会处理委托调解案件，无论成就与否，一概制作《调解情况复函》同案件材料一并送委托法院。①立案阶段委托的，"一方当事人不同意调解或者在商定、指定时间内不能达成调解协议的，人民法院应当依法及时进行立案审查"。上海规定：人调组织处理委托调解达成协议，一方不履行，对方可申请支付令；当事人要求出具民事调解书的，法院应尽快立案、审查。未达成协议，当事人持调解终结书起诉的，法院应依法及时受理，并在裁判文书中说明纠纷的调解情况。②东莞做法是，达成协议的，制作人民调解协议书；不成的，制作情况说明，指引当事人起诉，法院优先依法立案。③

不同于邀请调解，为避免反复邀请协助人导致拖延，一些地方对邀请调解适用次数有原则性规定，但委托调解不然。从诉讼流程看，委托调解可能发生于立案审查阶段，也可能立案后、开庭审理前，还可能开庭审理后、裁判做出前。某些地方还会在诉讼结束后委托调解。④2010年《调判意见》要求"从统计和考核民事案件调解情况，

---

① "人民调解委员会对接受委托调解的案件，不管调解结果如何，均应当制作《调解情况复函》，并及时将有关案件材料一并移送委托调解的人民法院。"

② "诉前经委托人民调解组织主持调解达成协议，一方当事人不履行的，对方当事人可以向人民法院申请支付令。诉前经委托人民调解组织主持调解达成协议，当事人要求人民法院审查后出具民事调解书的，人民法院应当尽快立案、审查。对于符合法律规定的，应当出具民事调解书。诉前调解未能达成协议，当事人持人民调解组织出具的调解终结书向人民法院起诉的，人民法院应当依照法律规定及时受理案件，并将该纠纷经过人民调解组织调解的情况，在裁判文书中予以说明。"

③ "经调解达成协议的，调解工作室应制作人民调解协议书送达各方当事人。调解不成的，应制作人民调解情况说明，及时引导和指导当事人到人民法院提起诉讼遵循司法途径解决。人民法院对于已经过调解工作室调解不成，当事人申请立案的纠纷，应优先依法办理。"

④ 所谓"判后委托调解"机制已非严格意义的委托调解，而是诉后平息矛盾、避免"二次冲突"的辅助机制（所谓"二次冲突"即纠纷解决过程中因纠纷解决活动本身导致纠纷各方再起或事后再起争执。参见顾培东：《社会冲突与诉讼机制》，法律出版社2005年，第173页）。此外，某些"判后委托调解"指执行过程中促进执行申请人与被申请人和解，加快实体义务履行。实践中一些判后委托调解往往具有多种功能，如避免涉诉信访、化解"二次冲突"、促进执行和解等。田野调研有遇类似个案。委托调解"多样化"实践及运用映射司法运行的复杂性。

发展到对诉前、立案、庭前、庭中、庭后、执行、再审、申诉、信访等诸环节的调解案件"。可见,"判后委托调解"不完全系地方实践产物。依既有材料,开庭前与立案审查阶段委托调解比重较大。上海长宁 2003 年 6 月至 2005 年 7 月间,诉前委托 106 件、审前委托 597 件、审中委托 16 件;2006 年,分别为 2316、90、27 件。有观点认为,从审前委托为主到诉前委托为主的实践变迁,反映了法律规则的瓶颈和相关主体利益的制约。因为人民调解委员会依《人民调解工作若干规定》不得受理法院业已受理或解决的案件[①];且委托调解在初期更注重法院主导性,但工作的深入使得受托人有了与法院讨价还价的力量,法院与司法局的主导权争夺决定着委托调解的性质变迁和制度走向[②]。实践中,如果立案审查阶段委托调解没有成功,往往不会在后续审理中适用。一个主要因素是考虑到该纠纷可能不具可调解性,即此前委托调解不成功的,可能不宜调解。

未达成调解协议的,由诉讼程序或后一阶段的法院调解予以处理;达成协议的,往往涉及司法确认;达成协议后即时履行或依法撤诉,通常不存在司法确认。对此,2011 年《最高人民法院关于人民调解协议司法确认程序的若干规定》(下称"2011 年《司法确认规定》")规定司法确认的管辖、审查、期限、确认、通报、申诉等。《司法确认规定》主要针对立案审查阶段委托调解协议的效力确认,对立案后委托调解依通常法院调解协议处理。《司法确认规定》很大程度上乃鉴于人民调解受案范围采取的过渡性措施。

《司法确认规定》发布前,各地已出台若干措施。平沙规定,人调

[①] 这或许是委托调解迄今尚未"入法"甚至无"入法"迹象的重要制度因素,还可能是 2016 年《特邀调解规定》、2020 年《委派调解意见》采取调解主体名册制度的考量因素,以缓解制度之间的掣肘。

[②] 肖建国:《司法 ADR 建构中的委托调解制度研究——以中国法院的当代实践为中心》,《法学评论》2009 年第 3 期。长宁数据亦转引自肖文。

委调解成功的，符合要件者，法院应确认协议效力。① 上海做法是诉前委托调解成功的，可尽快立案并出具民事调解书；审前、审中委托调解成功的，可出具民事调解书；审前、审中委托调解不成功，或调解协议无效、被撤销，或反悔的，法院应予审理，并在裁判文书中记明委托调解的情况。② 东莞有相似规定且广东省委政法委在《司法确认规定》出台前夕专门召开了诉前联调工作调研座谈会，广东高院出台了《关于非诉讼调解协议司法确认的指导意见》。相比《司法确认规定》，地方探索没有按阶段规范委托调解协议效力确认，大抵采取通常的法院调解协议审查模式。《司法确认规定》与地方规定的最大差别在于，其专门规定了立案前委托调解协议之司法确认。理论上，调解协议司法确认的地方规定与高层文件反映出委托调解构造：由委托调解、司法审查两个环节构成。将构造予以推演，邀请调解与一般法院调解也由这两个环节构成，但不同方式中两个环节的权力配置、效力评价有别。

2012 年修正《民事诉讼法》时增设"确认调解协议案件"程序。从"调解组织所在地基层人民法院"表述看，该程序乃司法确认传统人民调解协议。鉴于实践中传统人民调解、委托调解乃至邀请调解的界限模糊，该程序可用于司法审查委托调解。依此逻辑，2016 年《特邀调解规定》区分立案前后的委托调解，立案前委派调解达成协议，

---

① "经人民调解委员会调解达成具有民事权利义务内容，并由双方当事人签字或者盖章确认的调解协议，当事人一方或共同要求人民法院出具民事调解书或确认书的，人民法院应及时进行审查。如人民调解协议不存在可变更、可撤销或无效情形的，人民法院应及时确认人民调解协议的效力。"

② "诉前经委托人民调解组织主持调解达成协议，当事人要求人民法院审查后出具民事调解书的，人民法院应当尽快立案、审查。对于符合法律规定的，应当出具民事调解书。审前、审中经人民调解组织主持调解达成书面调解协议，当事人要求人民法院出具民事调解书的，人民法院经审查符合要求的，应当出具民事调解书。审前、审中经人民调解组织主持调解未能达成调解协议，或者达成的调解协议无效、被撤销，或当事人达成协议后反悔的，人民法院应当依法对案件进行审理，并将该纠纷经过人民调解组织调解的情况，在裁判文书中予以说明。"

可申请司法确认，立案后委托调解达成协议，原则上由法院审查并制作调解书结案。[①] 没达成合意的，若案前委派调解且当事人坚持诉讼，法院依法登记立案，若立案后委托调解则转入审判。《特邀调解规定》之一大变化在于，委派调解达成协议却未申请司法确认，若当事人以"原纠纷"起诉，对方当事人可依协议抗辩。这比《人民调解工作若干规定》《人民调解法》迈出了更大一步。

为促进合意，2016年《多元纠纷解决意见》提出探索无异议调解方案认可机制。[②] 该条适用于委派调解。未提出书面异议即视为达成协议，如果这般尝试且充分贯彻当事人意思自治，那么需在调解过程中给予恰当提醒和充分程序保障。如此又有叠床架屋之劳，且需当事人有充分警惕性。依实践视之，姑且将"马大哈"当事人暂搁一旁，许多当事人对待调解本不如对待诉讼那样谨慎，往往不把调解中类似提醒"当回事"，甚至对诉讼中类似提示尚抱侥幸心理。质言之，调解方案可以主动提供，而协议之达成仍以当事人明示为妥。

实践中委托调解后往往有一个回访过程，旨在掌握案件处理效果、避免"二次冲突"、解决"遗留问题"等。如山东日照五莲法院涉农案件"三环委托"机制：

> 第一环，诉前委托分流。审查起诉时，适合人民调解的涉农案件经当事人同意，委托分流到乡镇或村居人调组织；第二环，诉中委托调解。已受理但未经调解组织调处的，经当事人同意，

[①]《特邀调解规定》很大程度上得益于特邀调解组织及个人名册制度，从而简化委托调解与司法审查两个环节之间的衔接。这于实践有其便利性，理论上仍待商榷。这使立案后委托调解具有明显的邀请调解意涵，是将社会力量引入乃至整合进法院系统，而非将纠纷解决移至社会。

[②]"经调解未能达成调解协议，但是对争议事实没有重大分歧的，调解员在征得各方当事人同意后，可以提出调解方案并书面送达双方当事人。当事人在七日内未提出书面异议的，调解方案即视为双方自愿达成的调解协议；提出书面异议的，视为调解不成立。当事人申请司法确认调解协议的，应当依照有关规定予以确认。"

委托给人调组织；第三环，判后委托协调。委托调解不成或未经委托调解而判决的，或有上访苗头或激化现象，人民调解员及时靠上，协助法院做说服教育工作。①

此处"判后委托协调"本质上是回访，主要发挥回访功能，即扎实做好调解回访。2010年《调判意见》对此提出形式、目的、范围诸要求。②

相比邀请调解，实践更重视委托调解考核。上海规定"对人民调解委员会接受人民法院委托进行调解的工作情况，市司法局每年结合工作实绩进行考核和评比"。东莞则要求人民法院、人民调解工作室、人民调解组织按诉调对接工作领导小组和对接工作办公室的要求，根据自身工作需要，及时做好数据统计、情况汇报工作。③平沙对诉调对接工作考核制定了详细的考核办法，涉及考核指标、考核办法、奖惩措施等。④诉调对接还被纳入平沙综治年度目标考核，由协调中心出台定性定量指标，在市绩效办统筹下组织实施，且考核结果进入党政领导干部社会治安综合治理实绩档案。⑤2010年《调判意见》则将

---

① 《速解纠纷的协同战术——日照法院建立民事案件委托调解机制纪实》，《人民法院报》2010年10月8日，第4版。

② "对于已经达成调解协议的，各级法院可以通过实地见面访、远程通讯访或者利用基层调解工作网络委托访等形式及时回访，督促当事人履行调解协议。对于相邻权、道路交通事故、劳动争议等多发易发纠纷的案件，应当将诉讼调解向后延伸，实现调解回访与息诉罢访相结合，及时消除不和谐苗头，巩固调解成果，真正实现案结事了。"

③ 因资料所限，对上海与东莞具体考核情况了解不多。一份河南焦作的报道提及，该法院定期对每名调解员通过自我述职、问卷调查、案件评差予以考核，考核结果较差的专兼职调解员立即解聘，并及时向社会公示。该院对调解员建立违规调解举报调查制度，违法违纪由院纪检组调查，一经查实立即辞退，构成刑事违法的移交有司处理（《借助社会力量 完善调解制度：焦作解放委托调解化解纠纷1200件》，《人民法院报》2009年12月22日，第2版）。

④ 《平沙市中级人民法院"大调解"工作通报考核办法》《平沙市中级人民法院基层法院"大调解"工作通报考核办法》载平沙市中级人民法院：《平沙市法院系统"大调解"工作资料汇编（一）》，2009年9月，第37—39、40—42页。

⑤ 平沙市矛盾纠纷大调解工作领导小组办公室：《平沙市矛盾纠纷"大调解"工作资料汇编（一）》，2009年9月，第32、34页。

考核视为调解激励机制，以此考评各级法院调解工作成效及法官业绩。2016年《多元纠纷解决意见》与《特邀调解规定》再予强调业绩管理、考核奖惩。这些考核既促进委托调解，也导致实务部门为完成业绩而采取种种变通手段。经验表明，考核实践常常偏离制度初衷，并导致某些近乎畸形的"制度变异"，这亟需政策制定者与实施者警惕。

三、"判后委托调解"与压力型司法：后街个案 [①]

委托调解实践可谓形态各异，总体而言，有大体相仿或相近运作模式及行动逻辑。在诸多实践形态中，"判后委托调解"极为特殊。学理上，虽然法院调解乃案件系属法院后开展的调解活动，且因不同调解主体、调解资源、诉讼阶段而表现出不同调解形式。即便立案审查（登记）阶段的委托调解或多或少存在质性之争，但相比判后委托调解而言，委托调解通常指纠纷尚未以裁判或调解书形式结束程序消耗之

[①] "压力型司法"乃借用政治学研究成果分析司法实践。有学者分析中华人民共和国成立初期至改革开放以降计划体制的嬗变历程时提出"压力型体制"概念，阐述"中央将财政权和人事权逐级下放给地方，以调动各级地方政府的积极性，同时保留中央给地方规定的各项计划指标，以控制和监督各级地方官员，努力完成这些指标"（荣敬本等：《从压力型体制向民主合作体制的转变：县乡两级政治体制改革》，中央编译出版社1998年版，第27页）。压力型体制"强调地方政府的运行是对不同来源的发展压力的分解和应对"（杨雪冬：《压力型体制：一个概念的简明史》，《社会科学》2012年第11期）。对此，有学者主张在压力源、减压机制和压力向度等维度予以深化（薛泉：《压力型体制模式下的社会组织发展——基于温州个案的研究》，《公共管理学报》2015年第4期）。有学者分析立法领域的压力型立法现象（吴元元：《信息能力与压力型立法》，《中国社会科学》2010年第1期），并不同程度地影响了若干司法研究（姜涛：《道德话语系统与压力型司法的路径选择》，《法律科学》2014年第6期；韩宏伟：《公众意愿与压力型司法》，《理论月刊》2015年第3期）。这些法学成果未再沿袭压力型体制脉络，可概括为舆论与立法、舆论与司法。有必要回归压力型体制脉络，以"压力型司法"阐述司法活动的发生场域，即以"指标（指令）—考核"为基本手段的权力关系网络，且这种结构性支配关系不仅充斥整个司法活动，还弥漫至司法人员、司法体制、司法实践与党政力量、社会治理等相互关系之中。除了压力型司法的结构、过程及功能，该场域还包括该套权力关系网络在社会治理中的投效以及行动者对该投效的种种反应。前者与政治学中的压力型体制有诸多共通之处，如层级、指标、考核等，故本书侧重考察压力型司法体制的溢出效应，即对个案、当事人、社会治理的细微、隐秘影响，以及这些互动对压力型司法体制的反作用。

前开展的调解活动,而所谓判后委托调解则将时间延伸至裁判后。

依既有材料,实践中判后委托调解有三方面亟须指出:其一,在功能上,判后委托调解主要是回访,个别案件中直接承载解纷功能,而非案后回访、避免复发的辅助机制;其二,在时间上,判后委托调解并非完全因社会治理政策革新才付诸实践,应当说其诸多宣传及报道可能受治理创新影响。作为实践形式早已存在,尽管因宣传、报道需要而被冠以明确称谓,但实践本质与运作模式未发生根本转变;其三,判后委托调解往往涉及执行等系列事宜,情形更趋复杂。

当代中国民事司法两大突出之处是调解与执行。从报道及宣传看,调解主要作为一种正面形象被形塑、烘托,执行在相当长时期内则以低沉且近乎悲壮的口吻予以叙事,如"执行难""执行乱"。[①] 至于判

[①] 唐应茂:《法院执行为什么难:转型国家中的政府、市场与法院》,北京大学出版社 2009 年版;黄双全:《我国民事"执行乱"的情况与对策》,《政治与法律》1996 年第 1 期;景汉朝、卢子娟:《"执行难"及其对策》,《法学研究》2000 年第 5 期。正是这些"难"与"乱"构成近些年法院执行机制、措施及政策调整的底色。调研所获个案已然很能说明问题(《吉盛县调研笔录》,2011 年 8 月 27 日):

"我们一起十余人前往一个乡村执行一起人身损害赔偿案件。案件很简单,一个七十多岁的老太婆在与邻居家的小伙子吵架时,遭小伙子打伤了。就损害赔偿的事,两家人又争执开了,也一直得不到解决。后来,老太婆到法院起诉,案子就在他们镇上的派出法庭开的。小伙子没来开庭,一溜烟跑外地务工去了。法院缺席判决小伙子赔偿原告 1500 钱(元),这里面还包括了诉讼费用。在 2009 年的时候,这个案子就判下来了。但是,由于被告常年不在家,同时他也没有成家,是跟父母住在一起的,也没有自己的财产。法院也不可能执行他们家那矮小、破落的土墙房,而且家里也找不出值钱的东西,最重要的是这些全是被执行人父母的。由于没有财产可供执行,而且被执行人常年找不到踪影,所以案子就只能放在那里了。

"如果说大家觉得农村人法律意识不够强,不会像耶林所说的那样为权利而斗争,那就真是大错特错了。我看呀,很多人在维护自己权利方面显得无能为力,不是因为他们没有维权的意识或者说不想去维权,往往是由于他们找不到适当、有效的门路,没得办法维权。申请执行人已经七十多岁了,她老伴也是七十好几的人了吧。出人意料的是,这对老夫妻居然还能上网,并从网上把我们胡老板(院长)的手机号码找到了(根据对该地农民的了解,应该是村庄里年轻人或者其他年轻朋友帮着支的招,可以推断,他们托人上网搜索胡老板电话号码)。找到电话号码后,他们就经常给胡老板打电话,经常打,估计胡老板接电话都接烦了。所以,胡老板就指示,要对这个案子进行督办,得尽快执行掉。虽然胡老板下了命令,但是找不到被执行人,又找不到可供执行的财产,事情还不是只得拖着。老两口照样给胡老板打电话,胡老板只得一边回复,一边催促办事人员,但办事人员也只能先应承下来,然后过些天再给胡老板做无法执行的汇报。

后委托调解，既然裁判作出后实体权利义务已为有效法律文书所确定，为何还委托调解（重心在于安排实体权利义务）？这与裁判文书执行有何关系？

（接上页）"今年夏天出奇的热。天热了，收稻谷的时节也到了。这个小伙子看到天气热了跑回家来帮着收谷子。前脚刚一进屋，就被老两口发现了（老两口子一大早就出发了，也许连早饭都没有做就出门了。因为他们跟小伙子是邻居，如果一大早起来洗锅做饭，可能会让小伙子起疑心）。老两口赶了一个多小时的山路，又从镇上坐了一两个小时的长途公交车进城。他们到了法院的时候还不到八点钟，果然把执行法官堵在了办公室门外（一旦被执行人的下落有了眉目，为了抓住执行机会，老两口可能凌晨五点来钟就起床赶路了。可见，为了维护自己的利益，人们是不辞辛劳、不怕麻烦的）。由于这个案件是胡老板专门交代了的，因此，我们执行庭基本上是倾巢而出，派了三辆车，有十二个人参与这次执行。

"坐了很久的车然后又走了很久的泥泞小路才到了那个村庄。我们的人马被分成三拨，除了几个司机负责留守，先由三个人去找人，另加五个人垫后。第一拨人找到被执行人的时候，他和他母亲正在田里收稻谷。母子俩可能认为二打三还有得一拼，至少逃得掉一个，所以他们居然举起手中镰刀，摆出一副跟执行人员打斗的样子。短暂的对峙中，三个执行人倏然而动，从左、右、后三个方向同时向小伙子扑过去，将他牢牢地压在田里，并用手铐将其制住。说时迟，那时快。被执行人母亲手中的镰刀又举了起来。她的手刚一抬起，一名执行人员一把将其持镰刀的手擒住。但是，在使用手铐时，却闹了一个不大不小的玩笑，携带手铐的书记员发现自己腰上的手铐遗失了。这个书记员身材很高大，法院聘用这个人就是考虑到他的体格比较适合应付'动作'场面。但是，因为这个人不是职业的法警出身，只受过短期的技能培训，所以技能不太熟练。他们在坎上田下反复寻找，最后在一个坎下找到遗失的手铐。由于当时场面紧张，执行人员也很有压力，所以大家的动作很仓促，手铐就是在跳下田的时候被震飞的。

"母子俩被制服后，就开始大骂，把所有执行人员都骂了一顿。我觉得，好在他们不晓得我们的名字，否则，估计会把我们的祖宗十八代都翻出来骂个遍。很快，第二拨的执行人员也来了。我们也没有制止他们，让他们骂，骂累了总不会骂了。很快，他们就平静下来，一平静下来，被执行人的母亲又开始破口大骂申请人，并声称'会让这两口子的日子不好过'。没多久，村庄里一下来了好几个人来声援母子俩，尤其是其中的一个族长模样的老年人（根据对该地农村的了解，应该是一个辈分较高的人。如果遇到村里与外人发生事情时，他们的话往往还是很有号召力的。进村执行案件的法官在村民眼中也是不折不扣的'外人'）。听这个族长的口气，好像他们准备硬上，要当场收拾我们执行人员。同来的还有一个治保主任，一个中年人，穿着打扮都要出众一些，腰里还挂了一部手机。他打量了一下我们几个执行人员，见我们都穿了制服，又见田里的母子俩都是用手铐铐着的。于是，他让村里人先冷静下来。我想，如果我们不是穿了制服，如果没用手铐而母子俩被直接扑翻在地，或者我们的人数再少些，估计一场混战难免。

"弄清楚我们的来由后，治保主任要求我们先把两个人的手铐打开。领导此次执行任务的老龚立马表示反对，并明确表示'他们是持刀妨碍公务，必须得严惩！这事还得写个检讨'。这些其实全是说辞，而真正原因在于，一旦解了手铐，事情会变复杂，不好控制，也不利于促使被执行人履行义务。毕竟抓到人仅仅是处理案子的第一步，还必须得执行到位才能解决问题（笔者早年还听过吉盛县的邻近法院'执行有方'的事迹，由于被执行人拒不执行，就把他拷在电线杆上长达好几个小时，最后执行到位）。后来，这两人在烈日下晒了一个多小时，被执行人才去借钱支付给

（一）个案背景：后街房产纠纷"前传"

长天后街房产纠纷是判后委托调解之一典型个案。若说秋水何盛芙案诉讼标的额较小，案件处理业已极为棘手，那么长天后街房产纠纷则因利益关系者众多，以致事件更趋复杂。

作为平沙东部的一个县，长天民间经济相对活跃。后街企业是长天县府驻地兴隆镇的一个集体企业。20 世纪 70 年代，在"割资本主义尾巴"的浪潮之下，个人单干搞经济是不被提倡的。兴隆镇二街道为解决部分生活困难居民的生计，便由街道里有一技之长的居民成立互助合作小组，各组三五人不等。1971—1972 年间，互相合作小组相继涉及医疗、鞭炮、钟表、修理、理发、烧饼、泡粑、刻章、照相、食店等 13 个行业。1978 年初，按上级指示，正式成立企业，注册名称为"兴隆镇二街道综合组"。1983 年 9 月底，企业固定职工数达 42 人。次年，企业购买 4 个门市。1990 年，政企分家，该综合组遂与街道居委会分离，并更名"兴隆镇后街综合经营部"，由兴隆镇管理，属乡镇企业，为集体所有。其间，因国家经济政策变化、后街旧城改造等，许多互助小组自然解体。1992 年，镇政府直接任命企业领导班子成员，杜某为经理，周某为副经理，赵某为会计，王某为出纳。

1995 年，企业仅剩 5 个互助小组，工商注册中的管理人员及职工计 9 人，无法安置的职工只得自谋生计。该年 10 月，9 位在职人员商议，选举杜某、周某、汪某（原企业办主任）、余某（职工代表）组成清算小组，将旧门面以 3.5 万元、新门面 5.5 万元的单价，按工龄长

（接上页）老两口，同时向法院提交了一份书面的检讨书，但由于被执行人没有纸笔，还是借法院的一用。

"为 1500 元，还面临人身威胁，唉……（讲述人摇头叹息）。在回城的车上，我们开起了负责人的玩笑：'老大，今天你又有了 70 元出差补贴哟。'最近胡老板可能要调走了，所以特地提高了办案补贴（讲述人又开始唏嘘不已。如果不调离，或许还没有这 70 块呢）。我看这个案子还没有完，为这个事母俩被铐着烤了一个多小时的太阳，还去借了 1500 块钱，他们之间多半还会扯皮，因为他们住得太近了。"

短、贡献大小分别卖与杜某、周某、汪某、余某。11月，杜某等向镇企业办一位副主任提出口头的企业解体申请，后者口头答复"自行解体"。杜某等人当日便出具解体协议，并将门面价格各下调5000元。尔后，9名在职人员分割了全部价款。① 此后，杜某等人向镇政府递交书面解体协议，但未获书面批准。② 杜某等人随后办理房屋产权过户手续。1999年，该经营部因数年未年检被注销营业执照。③

（二）"艰难的诉讼"：依法讼争与平衡技艺

在职人员出售门面、处分房款、解散经营部之事随即引起强烈反应。依档案所载日期看，商议之事显然走漏了风声。此前，杜某、汪某曾将企业名下另外两套住房及一个门面卖与自己。在谋划企业解体之际，企业所在地居委会以杜某、汪某所购房产乃居委会资产为由，诉至长天法院，称当年旧城改造，后街企业出过资，但所售门面产权仍属居委会。法院判决杜、汪所签房屋买卖协议无效。④ 该案判决作出之日距企业解体会议尚不出一月，这对企业其他职工产生了莫大激励。⑤ 赵某、王某、蒋某、许某、田某等诉诸法院，要求判决杜某等四

---

① 《在杜某家召开全体职工会议记录》，1995年11月2日；《关于房屋价格问题的会议记录》，1995年11月2日；《关于房屋处理的问题》，1995年11月2日；《关于房屋处理给谁的问题》，1995年11月2日；《长天县兴隆镇后街综合经营部证明》，1995年11月7日；《后街综合经营部解体职工现金分配表》，1995年11月7日；《解体协议》，1995年11月7日。

② 《关于我经营部解体的报告》，1995年11月2日。在档案中发现，兴隆镇工业办公室曾出具过一份证实材料。不仅提及后街企业曾于1995年10月口头反映又于11月书面报告解体事宜，还涉及该室同意企业职工意见，自行解体并处理好善后事宜（兴隆镇工业办公室：《证实材料》，1996年6月21日）。虽有这份事后出具的证明材料，但缺乏当时的书面批准文件，且9名在职人员是不是企业全部工作人员也是后来争议的一个关键点。

③ 长天县兴隆镇后街企业终止清算领导小组办公室：《兴隆镇原后街企业基本情况》，2004年12月26日，第1—3页；平沙市中级人民法院：《平沙市中级人民法院民事判决书（2003）平法民终字第191号》，2003年11月12日，第2—3页。

④ 长天县人民法院：《长天县人民法院民事判决书（1995）长民初字第101号》，1995年10月12日，第2—4页。

⑤ 后街居委会与后街综合经营部之间的纷争在此后可谓一波三折、风云突变，后有述及。

人购买门面的行为无效,且为法院所支持。① 杜某等遂上诉平沙中院。

二审很快作出判决,事实认定与一审无根本区别,唯认为"四上诉人自行将房价降低,未经职工大会同意,不能代表该综合经营部的集体意志",故"由四上诉人每人各补5000元给后街综合经营部"。② 据称,二审是杜某等人利用余某在中院房地产庭工作的亲戚办的一个人情案。③ 职工们反应强烈,遂向县地省各级检察机关反映,要求抗诉。中院随后称"该案后经院长发现原判认定事实有误,较交审判委员会讨论,决定对本案进行再审",并判决杜某等四人购买门面的行为无效,要求经营部退还购房款并"按银行同期商业借款利率计息"。④ 如果职工们所称"人情案"属实,那么法院"自行决定再审"就不仅仅是为挽回法院颜面,还是一项从被动局势向主动势态转换的策略;以同期商业贷款利率计息,也有照顾当事人情绪之虞。据称,《平沙日报》《四川法制报》《检察日报》等媒体还报道了该次再审。执行期间,一方面,杜某等人利用中院人脉关系,抵制执行,另一方面又于1998年初向省高院申请再审,并利用在省外贸工作的人去搞"勾兑"。⑤

高院提审该案后,经审判委员会讨论,认为原告不适格,遂裁定撤销前述判决,发回长天法院重审。长天法院遂裁定驳回赵、王、蒋、许、田针对杜、周、汪、余提起的房屋买卖合同无效之诉。⑥ 实际上,

---

① 长天县人民法院:《长天县人民法院民事判决书(1996)长民初字第1290号》,1996年9月2日,第4页。

② 平沙地区中级人民法院:《平沙地区中级人民法院民事判决书(1996)平中法房终字第25号》,1996年11月15日,第5、6页。

③ 后街企业全体职工:《艰难的诉讼——关于后街企业经理杜某等四人侵吞企业集体财产达80多万元一案的情况报告》,2002年3月30日,第2页。

④ 平沙地区中级人民法院:《平沙地区中级人民法院民事判决书(1997)平中法民再字第6号》,1997年9月9日,第3、7—8页。

⑤ 后街企业全体职工:《艰难的诉讼——关于后街企业经理杜某等四人侵吞企业集体财产达80多万元一案的情况报告》,2002年3月30日,第2页。

⑥ 长天县人民法院:《长天县人民法院民事裁定书(1999)长民初字第902号》,1999年8月3日,第4页。

上诉人杜某等在二审时也曾提出原告不适格，并希望法院以此为由驳回赵某等人起诉，但二审判决认定原告适格并"顺水推舟"地判决上诉人补偿差额。①纵然赵某等职工认为高院提审该案可能受到杜某等人的庭外影响，但高院以主体不适格发回重审，这至少表明平沙中院在首次审理上诉案件时，对主体适格的判断可能的确值得怀疑，这从侧面印证了平沙中院审理该次上诉可能受案外因素不当影响的传闻。有关主体适格这一诉讼要件的评价问题揭示出，这仅仅是依据某种需要进行评判，毕竟认定原告不适格不能解决"实际问题"，一旦原告适格问题解决之后该案还会诉至法院，这反而使事情复杂化，也不利于对某种利益做倾向性保护。从既有材料看，这些质疑是可能成立的。

　　裁定公布之后，职工们采取更为激进的手段，于该年9月集体上访省高院，高院一位院长接待职工代表，并表示"我亲自过问本案，如是人情一定查处"。据称，这一情况还为省内多家媒体所报道。②长天法院一位副院长在赴省高院接办该案回来之后，曾对上访职工透露："省高院是定了性的，房产要归还集体，诉讼主体是镇企业办。"③随后，兴隆镇乡镇企业办公室将工商注册中的管理人员及职工共9人悉数告上被告席，要求"返还自买自卖经营部的财产和门市租金及资金利息"，长天法院认为杜某等人涉嫌职务侵占，应移交县公安局处理，并以"本案争议的实体和性质不属民事法律关系调整的范畴，原告诉讼请求不属人民法院管辖"为由驳回起诉。④

---

　　① 平沙地区中级人民法院：《平沙地区中级人民法院民事判决书（1996）平中法房终字第25号》，1996年11月15日，第3、5、6页。
　　② 后街企业全体职工：《艰难的诉讼——关于后街企业经理杜某等四人侵吞企业集体财产达80多万元一案的情况报告》，2002年3月30日，第2页。
　　③ 后街企业全体职工：《艰难的诉讼——关于后街企业经理杜某等四人侵吞企业集体财产达80多万元一案的情况报告》，2002年3月30日，第2页。
　　④ 长天县人民法院：《长天县人民法院民事裁定书（1999）长民初字第1045号》，2000年5月16日，第2—3页。

1999年底至2001年中，该案从经济案件审理转移到刑事案件侦查。据职工们言，该期间，长天公安机关无正当理由三度不予立案。为此，职工们向省驻长天干部反映情况，并得以由县政法委多次召集县人大、公、检、法、司、律协等七个单位召开联席会议。最终，案件被移送回县法院依民事案件审理。

2001年8月，长天法院以"本案不是平等主体之间的民事法律关系，应由兴隆镇人民政府处理"为由，向镇政府发出《司法建议》。镇领导对此大为光火："省高院要镇企业办当原告，我们镇企业办当了原告并委托了职工代表参与诉讼，还说不是主体关系把皮球又踢给我们了，该案已进入司法程序，哪里有法律规定返回行政处理。"职工们继续坚持"问题化"维权策略，随即上访市委书记，后者批示"长天人民法院处理"。据载，法院仍拒绝审理，其院长称，"莫说市委书记批转我们处理，就是周某某、江某某叫我们办此案，我们就不办"。[1] 案件再次被转交镇政府。2002年元月，镇政府向县政府请示，指出该案中买卖关系是否有效的判断权在于法院，政府无权受理及处理，并强调职工们已经多次向县地省等部门申诉，"纠纷已经长达6年之久，花去各种费用约20万元，至今无果"。[2] 据称，长天县长、常务副县长、副县长三人分别批示"请法院认真研究解决""应由县法院受理"。[3] 然而，法院仍拒审该案。职工们只得再度上访高院院长，要求"为民作主、捍卫法律的尊严"[4]。依档案与获取的信息，难以判断本次上访对长

---

[1] 后街企业全体职工：《艰难的诉讼——关于后街企业经理杜某等四人侵吞企业集体财产达80多万元一案的情况报告》，2002年3月30日，第3—4页。

[2] 兴隆镇人民政府：《关于解决兴隆镇原后街企业有关问题的请示》，2002年1月28日，第3、6页。

[3] 《长天县人民政府办公室文件处理单（第37号）》，2002年1月31日。从请示材料及文件处理单的原始记载看，仅看到常务副县长与另一位副县长的批示原文。

[4] 后街企业全体职工：《艰难的诉讼——关于后街企业经理杜某等四人侵吞企业集体财产达80多万元一案的情况报告》，2002年3月30日，第5页。

天法院产生何种影响，毕竟前一次上访时高院院长也曾明确批示。

从事态发展来看，2002年7月，镇政府向长天法院提起诉讼，法院于次月作出裁定，撤销该院（1999）长民初字第1045号裁定书（该裁定曾驳回镇乡镇企业办公室起诉），认为"兴隆镇政府作为后街综合经营部的主管部门，在企业解散后，清算组织成立前，负有保护企业财产不受侵犯的义务……应作为利害关系人向法院起诉"[①]。数月后，长天法院支持原告诉讼请求，判决杜某等四人购买后街企业门市行为无效，且为缓和对立情绪，也判决原告在退还被告购房款时按商业借款利率计息，而"案件受理和其他诉讼费用经本院院长批准免交"。杜某等上诉平沙中院，遭驳回。[②]

至此，可以初步归纳压力型司法体制中讼争、申诉（上访）的若干显著特征：其一，对于当事人，诉讼与上访的交替使用、相互影响，这中间既包含对司法的某种不信任，也有清官情结支撑下的执着；其二，在反复讼争、申诉的施压过程中，法官、官员们习惯性地尝试摆脱压力型司法的束缚，较之"迎难而上"地直面问题，更优选项往往是通过"踢皮球"以卸责；其三，在体制内压力与外部力量的交互作用下，裁决者常常希望借助某些平衡技艺甚至"模糊"手段寻找出口，在不损及体制内评价的前提下对某些利益作倾向性保护或单纯地摆脱逼仄困境。

（三）更艰难的执行：批示"落空"与"大打出手"

在终审判决作出之后，事情并没因此而变得明朗、易处理。正如

[①] 长天县人民法院：《长天县人民法院民事裁定书（2002）长民再字第13号》，2002年8月10日，第3页。

[②] 长天县人民法院：《长天县人民法院民事判决书（2002）长民初字第590号》，2003年7月26日，第11页；平沙市中级人民法院：《平沙市中级人民法院民事判决书（2003）平法民终字第191号》，2003年11月12日。

后街居委会诉杜、汪擅买另外两套住房及一个门面案的执行那样，围绕本案执行而展开的较量可谓激流涌动、风云变幻。无独有偶，恰如前案曾深深影响过本案，本案执行与前案执行几乎如出一辙。前案也曾引发过再审，虽然平沙中院在 1997 年再审判决中维持一审判决，但杜某抢先一步将涉案房产转卖他人。① 尔后，虽经平沙中院函告长天法院执行，但 6 年下来仍然无法执行到位。2002 年 7 月，当后街居委会催促长天法院执行时，执行局冯某称，企业于 1999 年注销，故要终止执行，只是法院不盖章。为此，申请执行人甚至要求冯回避。为了执行，申请人向时任县委书记上访，后者批示"此案一拖多年，反应强烈，应尽快予以解决。请法院认真研究排除一切干扰，确保法律的尊严，还居委会一个公道"。从档案记载看，就在居委会上访次日，该书记便作出批示，并从"秩序""权威""公道"等角度予以强调。② 即便如此，执行仍然不顺，该案执行后来竟与本案执行交织在一起。

正如该案"执行难"，本案也真可谓"执行乱"。自平沙中院作出终审裁判之后，纷争愈发复杂、冲突更趋剧烈：平沙中院院长曾尝试到现场考察、调解，结果被情绪激动的当事人及利害关系人围住，其间发生抓扯，院长的衣服纽扣被扯掉好几颗；执行过程中，部分社会闲杂人等也参与其中，甚至对工作人员及利害关系人进行人身威胁；一次肢体冲突中，申请人、被申请人、执行人员及其他主体纠缠在一起，甚至有一位跛脚的人被人从屋内抬起扔到大街上。③ 执行难以为继的局面持续一年有余。其间，双方不断向各级部门反映情况，你来

---

① 据称，为防止杜某等继续利用手中权力擅卖企业资产，后街综合经营部后改名为"后街商行服务社"，该名一直沿用到企业为工商行政部门所注销。后街商行服务社：《后街综合经营部与后街商行服务社关系的有关情况说明》，1998 年 10 月 26 日。书中"后街综合经营部""后街商行服务社""后街企业"乃同一实指。

② 兴隆镇后街居民委员会：《艰难的执行》，2002 年 7 月 1 日。

③ 依档案记载，该人被诊断为"外伤后血气胸"。见《长天县人民医院检验报告单》，2004 年 6 月 26 日。

我往、剑拔弩张。材料显示，该案涉及 104 人，产生各级法院的裁定书 7 份、判决书 5 份，上访接连不断，上省进京已成常事，动辄数十人乃至上百人上访，七老八十的老大爷、老太太也赫然在列。为此，平沙中院、长天县委、长天县政府相继成立三届清算办仍未能解决。①案中判决几近空文，权利迟迟无法兑现。据称，之所以如此，因为被执行人有极强的社会活动能力与广泛的社会关系网络。仅从省高院提审时被执行人一方代理人的社会身份来看，此类推测并非完全是空穴来风。②

"落空"的批示折射出，压力型司法的科层结构既是压力传导机制，也是拖沓、卸责的结构性要素。对于执行申请人等行动者而言，批示若能直接撬动压力输送机制无疑最为理想，退而求其次则可作为自身行动的合法性、正当性象征，至少可以表明下级机构及其官员行为与上级之间存在出入，而这种情形往往寓示下级机构及官员行为涉嫌"不合法"。③从反复博弈的角度出发，可以大胆猜测，或许批示者本人对于批示效用未必持有多大信心，甚至不排除某些情况下的"批示"仅是应景之作。当然，即使应景之作对于当事人等行动者而言也是急需的。但是，这却可能被下级机构及官员们所看透，或尝试拖延以观后续反应。此外，对于执行中的"大打出手"，除了泄愤、一时兴起等情绪性反应，往往也是营造体制外压力的手段。在此意义上，这与借助申诉上访对抗压力型司法体制常常殊途同归。

---

① 平沙市司法局：《长天县后街企业房产纠纷基本情况》，2006 年 5 月 18 日，第 1 页。
② 依文书记载，杜某等人的代理人或为省外经贸委干部，或为省基地进出口公司职工，或为县经委干部，而且这些人还与当事人有亲属关系。职工们的推测应该是考虑了这些代理人的社会身份以及其可能运用的关系网与社会资源。
③ 乡村政治中官员"批示"的价值分析，还可参阅 Kevin J. O'Brien and Lianjian Li, *Rightful Resistance in Rural China*, Cambridge University Press, 2006, p. 83。

（四）压力型司法的溢出效应：作为"社会问题"的"司法问题"

本案的司法过程"问题化"现象亦是多方行动的结果。一旦当事人或利害关系人诉诸"问题化"策略将案件从规范、程式化诉讼场域中"拽出"，把"不闹不解决、小闹小解决、大闹彻底解决"视作官方行动逻辑，诉讼问题肯定不再是单纯的法律技术问题，而成为关乎其他机关、部门利益的事件。此类利益关联使得司法外力量介入司法活动，从而形塑出一副截然不同的诉讼场景。该场景中纠纷解决者关注如何从"麻烦"中解脱出来，因此，某种意义上，力量对比关系在很大程度上将决定纠纷解决的内容。这与纠纷"规范性的解决"有明显出入，而与"状况性的解决"颇为接近。[①] 该状况下的调解往往忽略一方或双方意思表示。这甚至成为学人批判性检讨调解等非诉程序之一缘由。[②]

显然，案中涉及的主体已远不限于双方当事人与法院等诉讼主体，大量非司法机关牵涉其中。简单说，该案在很大程度上已从一个诉讼案件转化为一个社会问题，甚至是一个关乎地方秩序、社会稳定的具有政治意涵的事件。正是这种局面，长天县委、县政府、法院作为与纠纷最近的公权机关，最能切实感受事件带来的迫切感，也最有解决问题的动力。于是，自2003年中院终审判决作出之后，长天县党政、司法等部门开始寻求各种方式解决这个作为"社会问题"的"司法问题"。

为此，平沙中院、长天县委、县政府相继成立三届清算办，希望实现判决内容，排除可能存在的某些人为阻碍。该案执行本身也面临

[①] 棚濑孝雄：《纠纷的解决与审判制度》，王亚新译，中国政法大学出版社2004年版，第8页。当纠纷解决者自身牵涉其间，纠纷解决沦落为多元主体之间的状况性博弈。对此，有学者将当代中国"大调解"协调会之类解纷模式界定为"第二方纠纷解决机制"，认为政府主场、缺少中立第三方的解纷机制无法应对双方力量悬殊的官民纠纷，而解决问题的关键仍需从中立第三方入手（艾佳慧：《"大调解"的运作模式与适用边界》，《法商研究》2011年第1期）。

[②] 六本佳平：《日本法与日本社会》，刘银良译，中国政法大学出版社2004年版，第91—92页。

诸多技术问题。在司法、政府乃至党委协调之后，首先寄希望协助执行①，要求各级部门、相关单位及有关人员参与该案，协助、配合法院与清算办开展执行。在县委县政府推动下成立兴隆镇清算小组。在该小组清理财产、债务时，被执行人杜某四人于2004年8月提交书面异议，提出一个职工认定问题，即到底多少人有权参与企业资产之最后分配，以及分配比例是"按贡献大小还是人人有糖吃"，甚至直指时任县政法委领导"指定与企业毫无利害关系的镇政府出面当原告，指示法院判我败诉，目的是要作重新分配"。这种指责在某种程度上是一种谋求利益的策略。从已有材料看，该领导对于案件解决并无直接利害干系，如说与执行有何关联，则在于其作为地方政法工作分管领导，负有维持地方秩序、确保社会稳定的职责，这也是司法过程"问题化"得以可能的一个内在诱发机制。鉴于杜某等人对职工人数及名单有异议，清算小组曾向两位原企业会计求证，该企业的分配原则乃"除本分成，企业提了积累"，以证明各服务小组及其职工都不同程度地对企业资产有所贡献。围绕这些事项展开的争执，也在很大程度上妨碍了执行开展，及至9月，清算小组初步归纳出影响执行的问题达14项之多，需"咨询"上级部门及领导。②

除前文评述审判、执行时所揭橥的压力型司法与个案、当事人之相互影响，压力型司法的溢出效应还涉及当事人、法院、党政之间围绕社会治理而彼此相互影响。这在非司法力量有组织、有规划地介入案件处理时体现得尤为明显，也引发追问：从"司法问题"演化成关乎地方秩序、社会稳定的"社会问题"有多远？个中关键在于当事人在诉讼内、诉讼外行动引发的议程化效应，即行动、策略引发科层结构的上级机构、官员（法官）的关注进而嵌入其议事范畴。其中，压

---

① 协助执行指实施执行措施的人民法院通知有关单位或者个人协助执行生效的法律文书所确定的内容的一种方式（常怡主编：《民事诉讼法学》，中国政法大学出版社1999年版，第413页）。
② 兴隆镇清算小组：《兴隆镇原后街企业咨询问题汇集》，2004年9月8日。

力型司法与社会治理之间的细微、隐秘影响至少还体现在两个层面：一是纠纷解决与社会治理基本上乃同一实指，即司法机关乃至其他机关通过解决纠纷实施社会治理，对于法院而言二者更是同构关系；二是对于党政、法院，更深层的意义在于通过纠纷解决实现基层政权的合法性再生产。[1]

（五）判后委托调解：诱因与过程

多次尝试清算、执行未果，平沙与长天党委、政府、法院考虑以调解之名，以实现"摆平""理顺""息访"。为了"以法律的名义"开展判后委托调解，联席会议再度组建所谓的后街企业清算小组，由一位副镇长、县法院一位庭长及镇司法所负责人刘某等七人组成。其中，刘某任清算小组下设办公室主任，负责调解，并以辖下人民调解委员会名义开展工作，以处理企业资产及相关债务。这种由人民调解组织参与已生效判决之执行及协调的做法在实务与报道中称作"判后委托调解"。

当矛盾已经尖锐化，协调工作极不容易开展。2005年2月，在平沙市、长天县领导倡议召开的由县政法委牵头，县法院、检察院、公安局、劳动局及兴隆镇政府等出席的一次联席会议上，有人提议由兴隆镇某领导继续负责该案，后者拒绝并表态"宁愿不当领导也不愿办理此事"。[2] 可见，该案不仅执行难以推进、阻力甚大，且调解也不是"万能钥匙"。其实，早在1996年该案尚在长天法院诉讼时，法院就多次调解。从当时情况看，法院对案件难度已有一定认知。事实上，调解往往被作为以简单手段应对复杂疑难问题且经得起上级考核的司法机制。

---

[1] Jieren Hu and Lingjian Zeng, "Grand Mediation and Legitimacy Enhancement in Contemporary China: the Guangan' Model", *Journal of Contemporary China*, vol. 24, 2015, pp. 43-63.

[2] 平沙市司法局：《长天县后街企业房产纠纷基本情况》，2006年5月18日，第1页。

审（判长）：法庭辩论结束，法庭进行调解阶段。原告同不同意调解？

（原告）：同意。

审（判长）：被告同不同意调解？

（被告）：同意。

审（判长）：原告方提调解意见。

（原告）：房屋是集体的财产，应收回归集体所有。

审（判长）：被告同不同意原告的意见？

（被告）：不同意，我们买房合法，不应退回集体，买卖房屋有效。

审（判长）：调解达不成协议，现在休庭进行合议，下次开庭时间，另行通知。①

法院对该次调解没寄太多希望，也没做太多努力，法庭笔录看得真切。即使考虑司法实践中记录往往择其要点而载之，但该次调解笔录中，法官除征求双方调解意愿并尝试让双方发表意见外，没有在意见出现分歧时施以推进调解的努力，而是立即结束调解程序。再结合其他材料，法院当时对案件复杂程度及其社会影响缺乏充分认识，否则，不可能如此简单地结束调解。随着认识加深，法院在约一个月之后再次调解。

审（判长）：复庭。1996年7月11日下午5时。

审（判长）：根据本案案情，有些复杂。经合议庭研究和审判委员会的意见，最好是调解结案。所以再次组织你们当事人进行调解。希望双方能高姿态，在法庭的组织下，能达成协议。

审（判长）：五原告同不同意再次进行调解？

---

① 长天县人民法院：《长天县人民法院开庭笔录》，1996年6月17日，第18—19页。

（原告）：同意调解。

审（判长）：四被告同不同意调解？

（被告）：同意调解。

审（判长）：原告方提调解方案。

（原告）：田某说，我们职工大会提的是新门面5000元旧门面3500元一个（记录疑有误，应分别为"55000元""35000元"）。本来四被告买房就不合法，私自改变了房价。根据现有门市的房价，就是根据职工讨论的价，我都觉得低了。如果四被告同意调解，就每个门市补偿一万元差价，诉讼费由四被告承担。最好按市场价来决定，落低是可以的。

审（判长）：四被告的意见如何？

（被告）：杜某说，我们买屋合法。民主有集中。我四人是处理财产的领导小组成员，有权决定房价。为了调解，我们高姿态，最多按职工大会讨论的价，每个门面补5000元房款就行了，诉讼费应由双方承担。

审（判长）：五原告意见？

（原告）：按市场价落低一点可以。为了调解，原则上同意法庭意见。我们相信，法律是公道的。

审（判长）：调解达不成协议，休庭，合议庭再次进行合议，并提交审判委员会研究后，在（再）进行宣判。①

由于第一次调解未果，法院特地讨论该案，并私下做双方工作，但没达成一致意见。法官在第二次调解结束时提出将案件交审委会讨论，这透露出，所谓休庭评议其实不会产生任何实质性结果，因为前一次庭审时也进行合议并交审判委员会讨论。同时，在宣布合议时便

---

① 长天县人民法院：《长天县人民法院开庭笔录》，1996年6月17日，第19—20页。

明确表示要将案件提交给审委会，这说明该案仍然棘手。该案调解不限于这两次，此后各次庭审中几乎都尝试过，均未成功。中院院长纽扣被扯掉就发生在实地调解时。

因法院多次调解未果，且诸部门、机构均不愿涉足，这让调解工作陷入僵局。鉴于此，清算小组率先开展的工作是确认职工身份及人数。这是影响执行的重要问题。关于职工人数认定，从2002年两份判决书来看，杜某等管理人员对法院认定的职工人数颇有异议，其他职工者则认可法院认定。与召开解体会议时仅9名企业职工相比，法院认定职工数近50人。一般而言，这会消损每个人的预期利益，但由于杜某四人之外的五位职工与其他非在岗人员已在集体行动中结成利益共同体，这些未明确参与诉讼的非在岗人员也是集体行动的支撑力量，所以这些职工实际上站到杜某等人的对立面。在职工身份申报后，刘某随即在第一次职工代表大会上阐述调解方案与办事原则：

（一）尊重历史、尊重事实。

官司从黑发人打到白发人，从人间打到阴间。这就说明，诉讼艰苦、往事艰辛、困难重重、矛盾尖锐、法律无情。大家要对得起自己良心，要讲事实，要尊重历史。

（二）公开、公正、接受监督。

这一次处理，任何人均可来信来访，均可查阅、复印。任何材料都不保密，不拐弯抹角，直视问题，面对矛盾，不回避矛盾，接受任何人、所有上级机关和领导的监督。……"人在家中坐，祸从天上落"，做事对得起天地良心，不怕冷言飞语。

（三）秉公办事，不畏权势。

处理事，如谁不服，我们可以耐心细致地解释。拒绝走关系、

走后门，……除非不要我干了，否则……①

从另一份材料看，刘某在会议上还公开若干调解政策：其一，召开大会之后，"有什么事只能找调解人员，任何人不能再管此事更不能干预此事，以便稳控上访人员"②；其二，"全面重新调查掌握案件真实情况，并摒弃以前的案件材料，一切以调解人员掌握的真实情况为准，不唯上、不唯书（各种处理书、法律文书）"③。

可见，判后委托调解的功能不限于案件回访及避免"二次冲突"，在特定案件中可能涉及实体权利义务分配。综合"不唯上、不唯书（各种法律文书、处理书）""全面重新掌握案件真实情况"以及"摒弃以前的案件材料"等态度，透露出一个讯息，即本案须自此重新调查案件事实，重新确认权利、分配义务，通过调解在不同主体间寻求契合点、达成合意。换言之，为达成一种各方均可接受的方案，有必要适当抛弃此前相关法律文书，本着"尊重事实""公平公开"等朴素理念来解决。调解实践远远比会议上阐释的调解方式及办事原则复杂得多。此后两个多月，刘某等调解人员挨家挨户、走街串巷地拜访、劝说每位涉案人员。由于后街综合经营部存续时间较长，涉案人员往往年龄偏大，所以对那些子女在党委、行政、司法等部门工作的，调解人员则登门拜访其子女，通过后者给涉案人员做工作。即便如此，调解工作仍然极为艰难。譬如，不仅有人就职工人数认定问题来信来访，还就退还房款、退还租金等反复纠缠；在调解过程中，作为主办人员，刘某不仅受到过人身威胁，还多次遭到围攻，其中两次

---

① 《第一次职工大会会议记录》，2005年1月27日，第3—4页。
② 这揭示了"石头飞上天最终还要落回地""事情发生在哪儿还得归哪里解决"的基层事务运行逻辑（吴毅：《小镇喧嚣：一个乡镇政治运作的演绎与阐释》，生活·读书·新知三联书店2007年版，第372、687页）。
③ 平沙市司法局：《长天县后街企业房产纠纷基本情况》，2006年5月18日，第2页。

衣服被撕坏。此外，围绕职工身份认定、工龄核算、门市竞卖、企业债权、企业债务、财产分配等，刘某等多次向县政法委牵头的联席会议汇报、请示，这中间还包括后街居委会诉杜、汪的房屋买卖合同纠纷案的执行。自委托人民调解等组织之后，后街综合经营部房产纠纷（由于该企业被工商行政注销，所以房产纠纷最终还涉及企业资产分配等清算事宜）在历经一年左右终得解决。2005年8月，杜某等四人与清算领导小组办公室签订《房屋处理协议书》等文书；12月，企业职工领取解散处置款并签署《关于对兴隆镇后街企业终止清算结果的承诺书》。

（六）压力型司法：运行逻辑及其警示

该案之所以通过判后委托调解寻求解决很大程度上缘于当事人采取"问题化"策略。这导致诉讼偏离既有轨迹，从规范型解决状态向状况型解纷场景迈进，从而导致解纷过程及结果取决于不同力量的对比状况及各方主体的利益权衡与考量。无论审判程序抑或执行程序，这种偏离效应均极其明显。若以最能体现诉讼程序抑止社会冲突的庭审阶段为考察对象，可以发现审判仪式的五个重要维度：（1）参与者角色的仪式性定位；（2）社会关系的反结构化；（3）程序拟制下的平和；（4）司法权威的绝对化展演；（5）暂时地、仪式化地固定与隔离处于不稳定状态的社会关系并评价之。[①]

"问题化"的诉讼通常偏离这种理想的审判秩序与诉讼图景，也会

---

① 曾令健：《纠纷、仪式与权威——迈向象征主义法人类学》，《民间法》2015年第1期。司法机关依循诉讼程序解决冲突之所以是一种极为有效的形式，部分缘由在于"相对程式化的诉讼仪式与相对稳定的诉讼程序规则，有利于树立司法权威以及增加人们对司法机关的依赖"（汪祖兴、江燕：《公民诉讼权利》，中国社会科学出版社1999年版，第2页）。不囿于纠纷解决、司法审判，仪式更可谓理解人类社会生活的"钥匙"。仪式的经典研究，如阿诺尔德·范热内普：《过渡礼仪》，张举文译，商务印书馆2010年版；奥德丽·理查兹：《祈颂姑》，张举文译，商务印书馆2017年版。

对执行产生类似偏离效应。于是乎,在后街房产案的审判阶段,支持抑或驳回诉讼请求、当事人适格与否、再审与否等都不仅仅是依据既有诉讼规则可以解决的,各种司法行为及当事人诉讼行为的支配力量来自于各方所处社会结构的位置、公权力机关的即时性考量等因素之结合;在该案执行环节,是否予以执行、是否用调解方式变更法律文书的既定内容等不再仅仅是一项依据执行程序、执行名义展开的有序活动,而是一项鉴于各方主体的行动选择、利益考量而随时可能背离程序及抛却制定法的富含政治意涵的活动。利害主体、利益集团围绕审判及执行而实施影响司法的各种行动,被学者称作"审判的政治化现象"。①

当然,没有司法活动是不受司法外因素干扰的,"处于真空中的司法"只能是一种人为构筑的理想化诉讼场景。即便法治化程度较高的美国司法活动也受不同利益团体、利害主体的各种形式、不同途径的压力乃至影响。毕竟法院拥有对重大社会问题作决断的权力,且法官具有相当程度的裁量权,故而利益团体与利害主体往往企图通过各种方式、各种途径影响司法,使法官裁量向己方倾斜。②此外,司法程序本系"冲突的利益和价值搏击之场所——它们试图通过设计精巧、顺序推进、依据法治,且在某种程度上必然具有自由裁量特征并因此具备政策导向、造法过程的司法程序而获确认"③。故程序"不是纯粹的形式,它是各种矛盾的交汇点,是国家政策的接合处"④。

---

① 棚濑孝雄:《纠纷的解决与审判制度》,王亚新译,中国政法大学出版社 2004 年版,第 157—164 页。

② David B. Truman, *The Governmental Process: Political Interests and Public Opinion*, Alfred A. Knopf, 1951, p.479.

③ 莫诺·卡佩莱蒂:《比较法视野中的司法程序》,徐昕、王奕译,清华大学出版社 2005 年版,自序,第 10 页。

④ 莫诺·卡佩莱蒂等:《当事人基本程序保障权与未来的民事诉讼》,徐昕译,法律出版社 2000 年版,第 143 页。

但是，如果司法外因素对诉讼的影响超越必要边界，以致可能损及司法程序自治性，这种影响无疑逾越可容忍的限度。当下中国司法政治化被某些学者视作司法体制的一大弊病："法院的程序运作和法官的司法过程脱变为各种利益主体讨价还价、不透明、不确定、不可预测、相互交易、相互博弈的过程，而不是完全依照事实和法律来进行裁判的过程。司法裁判最终往往体现为不同利益主体运用实力博弈的结果，导致正义的失落。"[1]

当考察压力型司法体制的溢出效应，分析其对个案、当事人、社会治理的细微、隐秘影响，以及这些互动对于司法的反作用时，应当意识到，之所以会产生前述种种效应，与压力型司法的结构直接攸关。当代中国的审判与执行总体上是在一种压力型司法体制中运行。在现行权力架构中，能够对司法运行产生实质性影响的压力源大体上有两类：一种源于司法系统内，依照通行观点，中国的司法独立乃法院独立，故系统内压力主要体现在科层化的院级之间、院内不同职位之间；另一类来自司法系统外，往往源于党政部门。当然，在集中型国家权力结构、科层化法院层级构造与科层制法院职位结构之下，当事人、利害关系人的行动选择以及主张表述可能对党政部门产生某种影响，从而穿透强大的国家权力外壳，最终影响司法活动。[2]

无论系统内压力抑或系统外压力，压力型司法的直观表现是上级/党政对司法活动的评价。评价体系依据职务、业务及岗位诸因素将压力具体落实至每个个体身上，将评价与奖惩、升迁直接挂钩。在诉讼程序方面，压力型司法体制中的程序通常可以被归为政策实施型

---

[1] 当代中国司法体制弊病可概括为司法"六化"现象：司法的等级化、行政化、商业化、地方化、非职业化与政治化（徐昕：《迈向社会和谐的纠纷解决》，中国检察出版社 2008 年版，第 60—61 页）。司法等级化、行政化、商业化、地方化，见张卫平等：《司法改革：分析与展开》，法律出版社 2003 年版，第 16—45 页。

[2] 曾令健：《法院如何面对传媒：一个文本的分析》，《前沿》2010 年第 15 期。

程序：程序法具有陪衬性，像影子一样忠实地追随着相关实体法，而实体法又忠实追随国家政策；选择程序形式的总体方针是选取那些有助于产生准确结果且能够在具体案件中促进国家政策之顺利实施的形式；随着程序规制被调适到有助于国家目标之顺利实现的状态，官员们也被赋予了充分的自由行动空间；如果严格遵守规则会妨碍具体案件中的可欲结果之获得，对规则的偏离必须被允许；每当在案件的具体情景中偏离规则的害处被相关政策考虑所抵消时，忽略程序形式就是可以被允许的。[①] 于是，"搞定就是稳定、摆平就是水平、无事就是本事、妥协就是和谐"遂成压力型体制下的机构及其工作人员的行事逻辑。

由此观之，这不仅说明通过判后委托调解处理纠纷是一种受到司法外因素影响的执行政治化现象，也引发值得反思的问题：为何通过规范化的执行程序与审判程序难以有效应对的棘手案件可以运用判后委托调解之类予以处理？这种应对方式给当事人、利害关系人、司法、社会分别造成哪些影响？可以确定的是，相比长天法院1996年主持法院调解（当时立足于诉讼两造间的利益考虑），2003年采取的判后委托调解超越执行主体、执行程序等规则要素，基本意图在于强调"问题的一次性解决"。

在压力型司法体制中，司法活动最终产生的效果往往是考核内容之一，因此成功解决那些业已"问题化"的案件，往往是评价与考核司法人员及相关主体的重要内容。正是由于成功调息后街房产纠纷，兴隆镇司法所先后被评为"全国模范司法所"与"全国模范人民调解委员会"，时任所长刘某被评为该年度"平沙市首届十大法制人物"。2011年3月调研时，刘某业已迁任该县某乡乡长。追忆往昔，他还不

[①] 米尔伊安·R. 达玛什卡：《司法和国家权力的多种面孔——比较法视野中的法律程序》，郑戈译，中国政法大学出版社2004年版，第220—224页。

忘提及，有人曾向纪委举报他，怀疑他在处理该案时获取不当利益。纪委专程找他谈话，幸好还了他清白。无论如何，刘某成功调处该案对该地党委政府而言可谓真正"为党和政府分忧"。这表明，判后委托调解的实质在于现实"案结事了"中的"了"，即追求纠纷的实质性解决，而非程序意义上的终结，避免"官了民不了"，毕竟程序意义上的结案与国民对待纠纷解决的态度与认知存在莫大偏差。只要将视线稍稍移向社会生活，就可深刻地体会到这种偏离的"不可思议"。甚至可以推测，任何一种纯粹程序意义上的纠纷解决都不可能满足民众解决纠纷的真实目的，尤其在当下的法律文化氛围中。[1] 在此意义上，可以说"正义不打折"且"正义必须实现"。从该角度上讲，一国法治状况的主要检视对象是执行而非审判，否则，正义将成为一种说辞，毕竟"天平与宝剑相互依存，正义女神挥舞宝剑的力量与操作天平的技巧得以均衡之处，恰恰是健全的法律状态之所在"[2]。这种纠纷应对方式也可能埋下隐患，如"不闹不解决、小闹小解决、大闹彻底解决"的潜意识可能被强化，一旦成为普遍的社会心理，则纠纷解决将更趋艰难。换言之，个案解决却可能换来解纷体系的总体性失范。

（七）初步归纳：在压力型司法与判后委托调解之间

后街房产纠纷清晰地折射出，压力型司法的结构及其支配关系何以影响、作用于个案，且得以考察个案何以演变成社会问题，又如何在该支配关系中寻求解决，以及潜藏于纠纷解决之后的社会治理考量。在压力型司法中，讼争、申诉（上访）极可能交替使用且互相

---

[1] 私以为，程序之于纠纷解决的功能，除在审判仪式中可能实现一种"拟制的平和"之外，程序吸引冲突及不满的最有价值之处在于，当依循法定程序而建构起来的事实与纠纷真实面貌存在差异时，或裁判者需要在一定范畴内自由裁量时，程序可以为实施司法行为提供一种正当性解释依据。程序价值、程序正义的国内研究，还可见陈瑞华：《程序正义理论》，中国法制出版社2010年版；李祖军：《民事诉讼目的论》，法律出版社2000年版。

[2] 鲁道夫·冯·耶林：《为权利而斗争》，胡海宝译，中国法制出版社2004年版，第1—2页。

影响，而法官、官员们习惯于卸责，且寄希望于某些平衡技艺或"模糊"手段对某些利益作倾向性保护或以摆脱逼仄处境。压力型司法的科层结构既是压力传导机制，也是拖沓、卸责的结构性要素。在压力型司法中，"司法问题"演化成关乎地方秩序、社会稳定的"社会问题"之关键，在于当事人"问题化"策略及行为引发议程化效应，将案件、纠纷嵌入上级机构或官员的议事范畴，而此时案件、纠纷的社会影响早已扩大化。在科层制化的结构性支配关系中，纠纷解决极可能偏离程序法、实体法的规定，更多地顾及纠纷平息及其社会效果，从而呈现出状况型纠纷解决的样态，而判后委托调解等非典型法律实践正是作为社会治理措施被运用。这些均受制于压力型司法的结构及其运行逻辑。①

四、委托调解："新'第三领域'说"抑或其他

如果说邀请调解制度是新民主主义革命时期马锡五审判方式之某种形式的回归，至少是将某些积极因素吸纳至当代法院调解，那么委托调解则体现出中国传统司法的部分有益做法。根据当前研究尚难断言委托调解与传统"官批民调"等解纷机制之间存在何种历史渊源或制度传承，二者间的历史性、制度性、实质性关联极可能因新民主主义革命时期的司法制度探索及创新而被连接起来。即使费力地在二者间寻求关联，也极可能是某种间接联系，不如马锡五审判方式之于邀请调解制度紧密、明确。委托调解构造及运行与"官批民调"等颇为

---

① 放宽研究视阈，当代中国压力型司法的压力源还可能缘于政治、经济、社会诸维度。对于不同维度的压力源及其影响机制，一项相近研究提出以"千丝万缕的法院"（Embedded Courts）概括当代中国法院及其运行，尤其诸多体制性"嵌入"之于裁判过程的影响（见 Kwai Hang Ng and Xin He, *Embedded Courts: Judicial Decision-Making in China*, Cambridge University Press, 2017, pp. 83-190）。诸如此类的整体论进路阐释当代中国压力型司法，势必是更宏大的框架，也将是更广包的内容。

相似，至少形式相仿。

（一）"新'第三领域'说"批判

由是，有学者认为，委托调解是民事纠纷解决"第三领域"，系国家力量和民间力量共同介入的介于司法和非司法之间的民事纠纷解决机制。[1]将委托调解视作纠纷解决"第三领域"，似乎成为当代最常用、时尚的表达之一，人民调解、刑事和解研究也能见到类似主张。[2]学人们期待借助这些研究对话西方学界的"国家与市民社会"理论，成为业已肩负的学术使命之一。[3]这类见解可称作"新'第三领域'说"，以区别黄氏观点。

从司法解释与各地文件看，委托调解是法院将某些案件委托给社会组织及个人调解，再经法院司法审查。显然，新"第三领域"说更多立足条文表述，切换至委托调解实践则当别论：（1）法院确将部分案件委托人民调解组织；（2）受托组织还涉及其他公权机关；（3）委托案件通常依司法解释及各地规范运行，个别案件却有抛"烫手山芋"之嫌；（4）但凡具有相当社会影响的案件，受托人往往非一般调解组织、社会公众；（5）在（4）情形下，调解支撑力量往往既非受托组织或个人，也非负有司法审查职能的法院，更多源于居上而下的有权机关；（6）在（5）情形下，调解运行往往偏离通常调解构架及运作逻

---

[1] 徐胜萍：《民事纠纷解决的第三领域——法院委托调解》，《东北师大学报（哲学社会科学版）》2010年第1期。

[2] 宋明：《人民调解的现代定位：纠纷解决机制中的"第三领域"》，《法制与社会发展》2008年第3期；肖仕卫：《刑事法治的"第三领域"：中国刑事和解制度的结构定位与功能分析》，《中外法学》2007年第6期；史立梅：《刑事和解：刑事纠纷解决的"第三领域"》，《政法论坛》2007年第6期。

[3] 在黄宗智先生最初提出清代纠纷解决"第三领域"时，这种强烈的学术责任感已极明显（黄宗智：《清代的法律、社会与文化：民法的表达与实践》，上海书店出版社2001年版，第216、220页）。

辑①，呈现某种纠纷解决政治化倾向，基于社会影响而非纠纷本身选择解决策略及措施。

那么，委托调解是作为国家权力代表的审判机关与作为社会力量代表的人民调解组织之互动、对接吗？运用"国家—社会"框架时须明确"国家是什么"与"社会在哪里"。②显然，除了法院还有更多国家权力机关、载体参与委托调解实践，在个别案件中，后者甚至取代法院的主导地位，从而支配解纷过程及结果。作为社会力量代表的人民调解机构及其他组织、个人在委托调解中确也发挥作用，且以人民调解组织居多。人民调解在多大程度上可作为社会力量代表？对人民调解制度意涵的历时性考察显示，在制度性质及法律意义、社会意义、政治意义诸方面，人民调解制度及其运行一直为政府力量所推动，即"政府推动型人民调解"：在新中国成立之前，人民调解的政治意义较为明显，社会意义相对薄弱；在改革开放之前，制度的社会意义有所提升，基本形成政治意义与社会意义并重之格局；改革开放以降，初期出现重视社会意义及"去政治化"倾向，近些年又呈现强调政治意义之趋势且势头明显。即使在尝试渐进式改革的人民调解自治化过程中，在未来相当长时期内，制度实践及其改革还将坚持政府推动型制度传统。③如远山办公室的调解员身份、编制，或隶属司法行政部门，或有其他体制背景，以社会力量参与法院调解的实践意涵是极其薄弱的。④当下确已出现富有一定自治意涵的人民调解实践，如"政府购买

---

① 曾令健：《承继·契合·沟通——结构主义视角下的人民调解》，《当代法学》2009年第6期。

② 分析转型中国，这两个问题意义甚重，可避免研究成为"屠龙术"。该学者还提出，有必要在"国家/社会"中嵌入特定变量（罗兴佐：《治水：国家介入与农民合作——荆门五村研究》，华中师范大学博士学位论文，2005年，第8页）。

③ 曾令健：《政府推动型人民调解的意涵变迁（1931—2010）——法学研究的历史社会学进路》，《厦门大学法律评论》2016年第1期。

④ 曾令健：《社会变迁中的"大调解"——政府推动型人民调解的个案研究》，《厦门大学法律评论》2013年第1期。

服务型"调解工作室。① 总体上,"新'第三领域'说"忽略了"社会在哪里",而"国家与社会之互动"在很大程度上是国家权力统一行使及由此而引发的分工与配合。

在实践维度,也不全然否认社会组织受托调解的部分事实。当社会属性明显的调解组织受托调解,国家与社会之互动是否成立?此时委托调解能否构成具有独立品格与独特属性的解纷领域?无疑,在回应"社会在哪里"问题之后,二元互动构造是可能存在的。但能否构成区别于国家、社会的中间领域,不无疑虑。对于这类调解组织,大体上遵循社会调解的结构与逻辑。由于过程与结果须经司法审查,故部分内容受法院支配。这种具有双重属性的解纷活动难以构成独立实体,不过是两种解纷方式与权力支配领域的交叠,不具有独立于司法审判与社会调解的独特品质。② 总体上,这种重叠领域是国家权力与社会力量合作的结果,与"国家—社会"的联系正如物件与影子的关系。

(二)委托调解实践:纠纷解决多元主义

可以说,当代中国委托调解实践是一种斑驳、交杂的纠纷解决多元主义之体现,透露不尽相同的制度意涵。委托调解的结构认知尤需注意:一是条文与实践的"另类"背离。与其说委托调解是社会力

---

① 范愉:《社会转型中的人民调解制度——以上海市长宁区人民调解组织改革的经验为视点》,《中国司法》2004年第10期;胡洁人:《使和谐社区运作起来:当代上海社区冲突解决研究》,香港中文大学博士学位论文,2009年,第80—91页。

② 委托调解性质认知部分地受益于梁治平先生与黄宗智先生关于第三领域说的交锋(梁治平:《清代习惯法:社会与国家》,中国政法大学出版社1996年版,第9—14页)。但两氏交锋非本书焦点。质言之,委托调解与清代情况确有根本区别。清代国家与社会分划相对更为明晰。尽管清代国家权力也向下渗透,但"晚清帝国在总体上既没有能力也不想直接控制中国社会的日常运作过程(尽管它在特殊情况下集中全力予以关注的时候,能获得惊人的有效结果)。相反,鉴于实施一系列俗世统治的需要,国家反而依赖于各种各样的外在于官僚体制的社团组织"(罗威廉:《晚清帝国的"市民社会"问题》,邓正来、杨念群译,载邓正来:《国家与社会:中国市民社会研究》,北京大学出版社2008年版,第264页)。

量参与法院调解，毋宁说行政乃至政党力量介入纠纷解决。这在相当程度上形塑了纠纷解决社会化、政治化的双重面向，在应对棘手案件（即便不是重大、疑难、复杂案件）时容易呈现出解纷政治化倾向，既涉及审判政治化现象，也导致执行政治化运作。二是法律实用道德主义的继续及至极端化。调解主持者、参与者一方面强调某些公开的原则、规范、政策，实践中则采取一切利于平息纷争的手段与策略，即使与公开宣称的原则、规则、政策有出入，只要这种出入不是根本性或说不至严重损及社会治理根基。在后街房产纠纷的判后委托调解中，调解者提出且践行的"不唯书（法律文书）"策略，判决的计息标准、免收诉讼费用等，无不透露法律运行的实用道德主义。

当委托调解实践偏离条文表述时，司法活动政治化现象是一典型表征。该偏离绝非法院调解制度创新的独特际遇，诉讼及执行程序运行亦然。后街房产案的程序停滞、反复诉讼，也属司法活动政治化现象。该偏离会将委托调解引向何方，迄今尚无确切答案。这可能是委托调解尚未立法"正名"之一缘由，另一制度障碍可能是调解实践与条文表述之出入。后者显然不是问题的关键。前者蕴含一个深层问题，这与司法权归属及运行攸关或说关乎委托调解权力构造。在权力配置视角，有学者区分了"权力独享型""权力共享型""权力分享型"民事诉讼调解。其中，第三类调解权在法院审理组织有所保留的情况下再予分割，除了保留审查及确认调解协议等权限，相当部分权力赋予司法外力量。[1] 显然，委托调解属于第三类之一典型。集中型权力体制势必对这种司法权运行模式保持必要谨慎。相比邀请调解，委托调解中社会力量对纠纷解决拥有更多主导空间。故而，邀请调解一直为民诉法确认，唯便利性及有限性一度影响其适用，但委托调解立法势必审慎得多。鉴于现行委托调解规范体系是阐释邀请调解时以

---

[1] 刘加良：《民事诉讼调解模式研究》，《法学家》2011 年第 2 期。

司法解释形式创生的，这可视作司法扩张在规则创制层面之体现。其中，委托调解实践透露出加大纠纷解决中社会力量比重，以及注重国家权力与社会力量之合作、互动等讯息，可为司法制度建设提供有益启示。

第五章　迈向国家—社会互动型委托调解
——法院调解社会化的现代重构[*]

一、问题的提出

法院调解社会化是否契合现代司法的发展规律？是否具有充分的理论正当性与逻辑自洽性？社会化程度如何，或言之，是否存在必要限度及其如何理解、界定？这些是制度重构时必须直面的问题。前文业已阐明，中国司法具有社会化传统且延续至当下。但改革开放以降中国社会正经历整体性结构变迁，且司法体制的改革面向也正经历莫大变化。刻下，调解社会化传统与现代司法发展规律是否吻合、兼容，是否仍具制度生命力，亟待探讨。同时，具有时代生命力的司法制度及其实践是否当然具有正当性，尽管是另一个层面却是与制度重构密切相关的问题。

依循实践主义法学研究范式，在考察邀请调解、委托调解的基础上，本章对当代中国法院调解社会化做尝试性、总括性评价，以揭橥、反思可能存在的不足及亟待改进之处，进而探讨社会化之正当性及其限度，以及制度重构的理念及初步设想。本章仍以司法实践为研究之

---

[*] 本章第五部分以"法院调解社会化的正当性证成"为题，载《法治论坛》2018 年第 2 期；第六部分以"法院调解社会化的制度重构"为题，载《重庆社会科学》2017 年第 9 期。

出发点,以"事实为据",用"数据说话"。实践资料源自公开报道,如《人民法院报》《检察日报》《最高人民法院工作报告》等。出于甄别、补充之故,也大量援用田野调研材料,如远山办公室《案件受理登记表》、远山法院裁判文书、庭审笔录及调研笔录、录音等。

二、法院调解社会化的实践评估

本章从现实评估与论理分析两个视角评价法院调解社会化实践。所谓现实层面评价,即以法院调解社会化的实践概况尤以调解数据为切入点,基于运行效果评价制度,以揭示制度及其实践的不足。所谓论理层面评价,即通过若干理论维度分析制度实践,省视制度及其实践局限。双重视角有利于全面考察制度及其实践,却可能彼此重叠。

(一)东部法院作为"先行者"

依报道,上海法院系统作为近些年调解社会化的"先行者",势头甚旺。2003年6月到2009年5月间,上海长宁法院委托调解纠纷11025件,调解成功10548件,调解成功率95.7%。[1] 同市松江法院虽起初成绩一般,但也"迎头赶上"。2003年,松江法院委托调解20件;2008年1到5月,委托调解1676件,结案1585件,成功率95%以上。[2] 2015年11月到2017年12月间,上海市金融消费纠纷调解中心接受浦东新区法院委派、委托调解50件,并于2017年实现保险业案件委托调解成功"零"突破。[3] 相对而言,南京的情况略有不同。

---

[1] 《探索完善涉诉纠纷法院内委托调解的新模式——"中国法院附设社会调解在长宁的先行与实践"研讨会综述》,《人民法院报》2009年5月5日,第5版。
[2] 《委托调解看松江》,《人民法院报》2008年7月14日,第4版。
[3] 《以和为贵 定纷止争——上海市金融消费纠纷调解中心创新探索非诉解决机制建设》,《上海金融报》2018年1月5日,第A08版。

2005年，南京13家基层法院委托调解102件，邀请调解519件。有8家法院的委托调解案件在10件以下，个别法院为零。邀请调解案件数较多，也仍有5家法院在10件以下。① 凭协助调解人制度，江苏宿迁民商事案件调解撤诉率60.24%，撤诉率列全省第三。2006年第一季度全市委托、邀请调解1200余件，成功率约80%。这也推动民间调解组织调解率大幅提高。2005至2006年，该市民间组织协助调解结案约4500件。② 依报道，江苏、上海法院调解、"大调解"等在某种程度上具有标杆意义。

顺海而南下，浙江文成法院率先推行"特邀海外调解员"。2009年11月到2013年6月间，海外调解员协助调解176件，接受委托91件，调解成功69件。③ 2016年1月到2017年8月间，浙江西湖法院通过特邀调解员调解案件1058件，调解成功约654件，成功率约61.18%。④ 2017年2至8月，浙江江山法院特邀调解员协助诉前化解纠纷1306件、诉中187件，成功率约72%。⑤ 2017年11至12月，浙江杭州两级法院委派、委托律师调撤案件777件。12月上、中旬，中院调撤二审案件18件。⑥ 2004至2007年，福建宁德法院邀请调解纠纷1186件，执行和解127件。⑦ 2007年初，福建泉州率先推行"人大代表协助诉讼调解制度"。至2010年7月底，两级法院邀请调解案件

---

① 江苏省南京市鼓楼区人民法院课题组：《南京地区委托调解、协助调解制度运行之调查报告》，《人民司法》2007年第1期。

② 《宿迁法院设立"协助调解人"制度：案结事了促和谐》，《江苏经济报》2006年5月17日，第B1版。

③ 《浙江省文成县人民法院关于建立特邀海外调解员工作机制的调研报告》，《人民法院报》2013年6月27日，第8版。

④ 《矛盾化解在诉前——杭州西湖法院多元化纠纷解决机制建设纪实》，《人民法院报》2017年9月24日，第4版。

⑤ 《江山 引进多元解纷"外援团"》，《人民法院报》2017年9月17日，第8版。

⑥ 《"律师调解"先行的杭州特色》，《人民法院报》2018年1月6日，第6版。

⑦ 《宁德381名司法联络员协助调解》，《人民法院报》2007年4月13日，第1版。

16548 件，撤诉结案 14515 件，成功率 87.7%。①2017 年 7 至 12 月，福建惠安法院通过惠女诉讼纠纷多元化解工作室受理各类纠纷 137 件，诉前化解 47 件、立案调解 64 件。②2017 年 4 至 12 月，广东佛山各劳动争议诉调对接工作室特约律师参与诉前、诉中调解 1416 件，调成 810 件。③

从江苏、上海等地溯海北上，2009 至 2010 年，山东日照两级法院审结民事案件 18962 件。其中，诉前、诉后委托调解结案 3200 余件，成功率 71%。④2010 年前三季度，该市五莲法院审前委托调解 110 件，成功调处 83 件，调解率 75%。其中，60% 以上案件为群体性纠纷或其他复杂案件。据称，机制运行以降，该院民案调撤率 75% 以上，自动履行率 97%。⑤2016 年上半年，山东莱州法院特邀调解员参与调解案件 891 起，调成 675 起，参与执行 308 次，促成执行和解 236 起。⑥

2017 年，北京 17 家基层法院委派人民调解员调解 131265 件，占同期一审民商事新收案 29.5%，调成 44380 件，调成率 34%。作为 2015 年底北京法院系统与首都综治办共同成立的全国首家行业性专业性调解组织，北京多元调解发展促进会及其会员单位在 2017 年接受委托、委派调解 11974 件，调成 1859 件，调成率 15.5%。⑦

---

① 《引入社会力量协助调解值得推广》，《人民法院报》2011 年 3 月 9 日，第 6 版。
② 《惠安 惠女代表聚合多元解纷大能量》，《人民法院报》2017 年 12 月 23 日，第 7 版。
③ 《广东劳动争议解决新机制运行近八个月成效初显 "法院+工会"成功调解案件近千宗》，《工人日报》2017 年 12 月 16 日，第 1 版。
④ 《速解纠纷的协同战术——日照法院建立民事案件委托调解机制纪实》，《人民法院报》2010 年 10 月 8 日，第 4 版。
⑤ 《变"单打独斗"为"协同作战"——山东省五莲县法院委托调解工作侧记》，《人民法院报》2010 年 10 月 13 日，第 4 版。
⑥ 《特邀调解员助力纠纷化解——莱州法院开展"千员联调"工作侧记》，《山东法制报》2016 年 7 月 29 日，第 2 版。
⑦ 《提档提速 解忧解纷——北京法院"多元调解+速裁"机制探访》，《人民法院报》2018 年 1 月 24 日，第 1 版。

（二）中部法院的"后发优势"

综合报道及调研来看，中部对法院调解社会化浪潮的反应相对滞后。当这些法院反应过来，情况也颇为"乐观"。如2008年5月，武汉工会劳动争议调解中心在最初运行的4个月，受法院委托劳动争议案件35件。其中，23件调成并履行，占65.71%，涉案金额107964元；调解不成仅2件，占5.71%；7件尚在调解，约占20%。[①]2008年7月到2009年12月间，河南焦作解放法院诉前委托民调点化解纠纷1200件。该院2008年7月在辖内10个街道办事处成立诉前委托民调点，又依托民调点下设47个社区民调点，形成"以法院为中心、10个诉前委托民调点和47个社区民调点为基础"的调解网络。[②]2015年至2018年初，焦作两级法院委派、委托调解6906件，调成5509件，约占80%，其中司法确认2726件。[③]2016年1至10月，安徽法院系统委派调解23173件，调成11556件，调成率49.9%。[④]依报道，中部法院系统调解社会化工作似乎具有某种"后发优势"。

（三）西部法院的"迎头赶上"

西部法院反应相对"迟钝"，报道时间也较晚。从报道看，西部工作大有"迎头赶上"之势。2008至2009年，宁夏贺兰法院受理民商事案件4784件，委托调解441件，调成331件。受访者表示，委托调解不仅降低诉讼当事人维权成本和法院司法成本，缓解案多人少压力，还为人民调解工作注入活力，"按每一涉诉案件双方当事人各500元花费计算，我院委托调解成功的219件案件就为当事人节省了律师费、

[①]《武汉推行劳动争议"委托调解"》，《工友》2008年第11期。
[②]《借助社会力量 完善调解制度：焦作解放委托调解化解纠纷1200件》，《人民法院报》2009年12月22日，第2版。
[③]《医患纠纷这里有新解法——河南焦作两级法院借力非诉调解力量化解医疗纠纷探访》，《人民法院报》2018年1月19日，第1版。
[④]《安徽"齐聚"马鞍山 专看解纷多元化》，《人民法院报》2016年12月3日，第5版。

误工费、交通费等诉讼开支21.9万余元"①。2013年1至11月,云南昆明盘山法院诉前委托调解629件,调成181件,调成率28.76%,涉案标的4435.94万元。②2017年度,云南官渡法院通过非诉调解组织分流纠纷4609件,调解率43%。③作为"诉非衔接"试点单位,四川眉山两级法院2013年度通过诉调对接平台分流化解民商事纠纷10730件,2482件进入裁判环节。一位参与东坡法院调解的社会人士表示,第一次参加调解没成功,脸上有点"不光彩",觉得以后调成率有10%就不错了。一年后,其所在调解室接手71件,调成48件。④2014年,四川法院系统立案调解60890件,其中委托调解18530件,邀请调解22967件。⑤2017年9至12月,四川武侯法院诉前委派律师调解256件,其中司法确认或出具调解书结案47件,当场履结27件。⑥

(四)其他:行业调解与刑事和解社会化

2013年中国互联网协会调解中心受理全国法院委托涉互联网知识产权侵权案件2725件,调成1415件,成功率51.9%。⑦报道显示,民商事案件调解社会化潮流一浪胜一浪之际,部分刑事案件则有条件地进行调解社会化尝试,不限于法院,还涉及检察、公安系统。如山东兰山检察院检调对接机制,对于轻微刑事案件依民事赔偿"调解优先"原则,分阶段调解。2011年1至5月,委托调解17件,调解率

---

① 《贺兰委托调解减轻群众诉累》,《人民法院报》2009年4月29日,第2版。
② 《大调解促大和谐:盘龙区法院启动特邀调解员信息库》,《昆明日报》2013年11月14日,第2版。
③ 《官渡法院向社会选聘135名特邀调解员 打造多元纠纷解决机制》,《云南法制报》2018年1月24日,第5版。
④ 《法院搭台 诉非衔接——四川眉山法院设特邀调解室化解纠纷》,《人民法院报》2014年5月19日,第1版。
⑤ 《四川"诉非衔接"助力治蜀兴川》,《人民法院报》2015年3月15日,第11版。
⑥ 《武侯:律师调解迈进新时代》,《四川法制报》2018年1月23日,第12版。
⑦ 《委托协会调解一审涉互联网知识产权民事案》,《中国知识产权报》2014年9月24日,第9版。

100%,强调从委托调解向监督调解延伸法律监督职能。[①]这是刑事和解的委托调解。暂不论调解率 100% 的数据问题,刑事和解委托调解的高成功率往往与刑事诉讼属性及当事人位置、境况有莫大干系。刑事实体法、程序法对追诉、量刑设定了实体性处理与程序性制裁规范,这给当事人诉讼行为选择设置了行动框架,也一定程度上支配了当事人的行为选择。对于犯罪嫌疑人,为争取有利的刑事处理结果,有可能做必要让步,甚至不排除背离客观情况追求和解的可能。

(五)初步归纳:比翼齐飞与话语分殊

前述数据、信息源自国内公开报道。这势必存在不全面、不深入的情况,却可"管中窥豹"。综合而言,既有实践大抵呈以下特征:(1)案件数量庞大。多者则一个县区法院年均委托及邀请调解案件数超千件之巨,较少者也年均数百件。若干数量较少者还是社会化浪潮初兴时情况。(2)调解成功率高。前些年几乎难以看到调成率半百以下的,大多 70%、80%、90% 或更高。个别声称,委托调解率达 100%。(3)邀请调解案件比委托调解多。从整体来看抑或特定区域而言,大抵如此。(4)东部实践似乎更红火,中西部貌似有渐次弱化趋势。(5)东部实践较早,中西部反应相对滞后,也可能是中西部报道稍晚。(6)或许缘于"站在东部法院调解社会化的肩膀上"之故,中西部似乎有"后发优势"。不排除受某种宣传导向影响。若出于报道或宣传而形塑出"热火朝天""你追我赶"局面,则亟待严肃反思。(7)新一轮舆论"攻势"似将掀起。2012、2014 年两度法院调解社会化试点,媒体较消沉;2016 年发布《特邀调解规定》《多元纠纷解决意见》,报道也不活跃;经 2017 年积淀,2018 年初报道数量增长极快,

---

[①]《山东临沂兰山:从委托调解向监督调解延伸化解社会矛盾》,《检察日报》2011 年 5 月 26 日,第 2 版。

但报道的案件数量、案件类型、调成率、案情描述等均不可同日而语。①（8）新近报道的调解成功率，除个别地方依旧"高举""坚挺"，大体有所下降。除极少地方的调解社会化、"大调解"有100%调解率之类，调解率、调成率大多半百之下。经过长期运营、反复调试的法院调解社会化机制，其效率不升反降？缘于党政支持力度减弱？抑或表达依循新逻辑？

（六）检验与反思：基于远山项目

"方兴未艾"的"炙热化"场面可能有部分夸大之虞。2009、2010年远山办公室受理邀请调解案件分别为133、144件，调成125、132件，调成率93.98%、91.67%；委托调解案件分别为18、22件，调成8、18件，调成率44.44%、81.8%；邀请调解平均调成率约92.78%，委托调解约65%。在邀请调解与委托调解之间，前者无论在数量抑或成功率上均有较大优势。

表5.1 远山办公室调解案件概况（2009—2010年）

类型	邀请调解			委托调解		
	受理案件数（件）	调解成功数（件）	调解成功率（%）	受理案件数（件）	调解成功数（件）	调解成功率（%）
2009年	133	125	93.98	18	8	44.44
2010年	144	132	91.67	22	18	81.8
总计	277	257	92.78	40	26	65

注：数据源自2009、2010年远山办公室《案件受理登记表》。

---

① 2017年4月底，检索"中国知网"数据库收录报纸，发现2016年7月以降《人民法院报》刊载特邀调解探索新闻4篇；其他报刊6篇。2018年1、2月，委派、委托调解新闻10余篇，且内容翔实。

将远山项目与全国情况比较：其一，无论邀请调解抑或委托调解，远山案件数均难以与同时期全国情况甚至其他西部地区相比，数量差距颇为悬殊；其二，邀请调解成功率与全国情况较为接近，但委托调解成功率与全国的差距比较明显；其三，调解社会化比重与其他地方的差距明显。远山法院 2009、2010 年民商事案件受理数均接近两千件，但两年共邀请调解仅 227 件，委托调解唯 40 件，占 10% 左右。

远山项目数据与其他地方之间的差距，仅仅是地方"业绩不佳"，抑或是反思全国情况的突破口？远山的司法经费、队伍规模、人员结构、设施配备等与发达地区确有差距。但作为平沙"样板工程"，远山项目的人、财、物、事之支持力度、关注程度在相近地区处于前列。但数据显示，远山项目相比其他中西部地区也有明显差距。即便案件绝对数因地域不同而存在差距，但比重、成功率的反差不是地域差异所能简单解释的。

在远山项目中，无论案件数量、纠纷类型抑或调成率方面，邀请调解均远胜委托调解，但调研时发生一件趣事：受访者们（调解人员与负责人）乐于介绍委托调解，对邀请调解提问或避而不答，或反复追问之下略谈数句、三言两语、一带而过。机构提供 7 个典型案件，邀请调解 2 个，委托 5 个之众。既然邀请调解数量多、调成率高，为何会出现前述现象？

个中缘由可能是：其一，协助人在邀请调解中作用不明显，至少不如报道明显。2010 年 4 月 21 日，远山法院调解王某与某煤矿的劳动合同纠纷，远山办公室人员协助调解，调解在煤矿办公室举行。当日调解笔录有两处记载协助人发言。第一次在审判长宣布现场人员情况、开庭目的及希望双方考虑"双方以前是劳资关系，大家都比较熟悉，本着实事求是的原则好好协商"之后，调解人员接着表示"我今天来参与你们调解，协助法院做大家的工作，希望大家不要伤和气，协商处理这批案件"。第二次在调解未果审判长结束此次调解前让当事人表态,调解人员插了一句"希望大家尽快处理好"。尔后,准许当事人撤诉裁定书中只字未见调解人员及邀请调解的相关表述。① 有司法实践经验者能够体会,司法笔录往往择其要点而载,所以笔录不是对司法活动一字一句的完整记载。即使考虑记录因素,也可以发现调解人员在该次调解中确无实质作用。这并非个案,秋水法院那起医患纠纷调解,当事人等不认为该协助人对调解有何助益,甚至对协助人没有过多印象。② 综合调研情况,不排除某些邀请调解是法院工作人员直接将协助人添到法律文书或档案中之嫌,邀请调解的高数据也由此产生。当然,这有待深入、确切、广泛的实证材料研究为凭。

其二,调解人员在委托调解中享有主持、推动调解的权限,也利于发挥其主观能动性,故受访者更认同委托调解。相反,从与受访者交谈来看,协助人在邀请调解中似乎有"陪太子读书"之感,颇类似人民陪审员制度之"陪而不审、审而不判"等形式化现象。③ 这种心态何尝不是法院、办公室、当事人等多方行动结合之产物。

其三,法官通常倾向不邀请社会组织、团体或个人参与调解,除非"迫不得已"。一个主要顾虑是邀请调解可能使问题复杂化④;邀请调解制度长期以来的"僵尸"状态也严重影响社会力量的参与热情以及实质性参与度。综合起来可以解释,为何该院年均调解社会化率在10%左右。这些司法现状、司法心理具有普遍性,故而邀请调解实效有限却数据颇丰的矛盾图景亟待反思。这也表明,质疑报道具有合理性。相比报道,本书倾向相信田野调研。扼要归纳:委托调解在司法

---

① 远山市人民法院:《调解笔录》,2010年4月21日,第2、4页;远山市人民法院:《民事裁定书(2010)远山民初字第653号》,2010年6月17日。
② 《秋水区调研笔录》,2010年1月28日。
③ 远山市调研录音,2011年3月21日。
④ 《远山市调研笔录》,2011年3月25日。

实践中更受青睐；邀请调解的实效有限与报道的热闹场面之间存在悖论，这可能受导向性报道影响，还可能引发法律文书制作与司法档案管理的新课题。

三、重回田野："消失"的办公室与"喧嚣"的调处室

重访平沙获悉，2011年调研结束后不久，远山办公室就"摊上大事了"[①]，这得从"好的那几年"说起。办公室由司法局在法院设置，承办邀请、委托调解。办公室在平沙较显眼，亦被平沙司法局列为"样板工程"。远山司法局特地聘请一位远山公安局退休干部负责调解。

（一）为什么是"样板工程"？

2009年设置办公室时"大调解"方兴未艾，尽管平沙各法院均有类似尝试，但最终建成且运营良好者仅远山项目。平沙司法局的积极推动与负责人陈正个人经历、志向有很大关系。陈是本地人，长期在平沙任职。据说，陈不满20岁时业已任某区区长（时县下设区）。陈的直系亲属在当地担任过领导职务。家风、履历将陈塑造成一个"有志向"的人。当远山项目率先进入正轨，平沙司法局依势重新布局，各区县分抓社会型调解工作室、人民调解与交警部门调解对接等。尽管调解案件数、调解成功率并不出众，但鉴于常常仅一人在岗，应该说，办公室运行良好。

（二）为什么运行良好？

办公室较好地平衡了司法局、法院等各方利益，"大家都有好处"，

[①] 《远山市调研笔录》，2015年7月24日。

且私人因素或多或少产生了影响。远山司法局与法院关系比较融洽，其中，司法局个别负责人来自法院系统，这便于协调。一个有趣现象，即作为公权力运行基础的私人关系较好地确保机构之间的正式协作，所谓"正式权力的非正式运作"[1]。在基层司法与社会治理中，司法局（所）往往是能量较小的部门，故司法局（所）工作偶需借助人情、私交乃至"走动"来开展。有学者分析江西某镇司法所、人民法庭、派出所的互动，从司法所立场将基层司法运行逻辑归纳为"基于私人关系的协作与互惠"[2]。诚然，当代中国基层"正式权力的非正式运行"现象具有时代性。

司法局承担人力经费，法院"平白赚了一个机构"。在诉调对接中，法院除了提供场所，则是提供案源。审理案件乃法院分内之事，显然"是赚到了"。尽管司法局"出钱又出人"，但"也不吃亏"。据信息提供人所知，为较好地处理分流案件，兼顾法院减荷，法院与办公室通常事先沟通。立案庭挑选出调解可能性较大的，或案情较简单且办公室能处理的案件。无论邀请调解抑或委托调解，办公室都以法院名义通知当事人。实践中，通知双方及利害关系人，看似琐碎却极为重要。以法院名义，召集效果一般较好。以办公室或司法局名义，能否顺利召集都成问题，遑论启动调解。

调解员之于诉调对接的重要性，怎么强调也不为过。选择公安局退休干部有多重考虑。首先，这位干部自带工作资源。从公安局到派出所，从搜集当事人、案件信息到组织、动员他人参与调解都较方便。其次也极其重要的是，此人与司法局负责人关系较好，返聘不仅可以避免退休生活的"无聊、空虚、寂寞"，还可赚些报酬。因缘际会，办

---

[1] 孙立平、郭于华：《"软硬兼施"：正式权力非正式运作的过程分析——华北B镇定购粮收购的个案研究》，载《清华社会学评论》2000年特辑。
[2] 黄艳好：《河街司法：中国基层政法逻辑》，北京理工大学博士学位论文，2015年，第155—157页。

公室得以正常运作且效果尚好。然而，正是调解员环节出了差池。

（三）"摊上大事了！"

办公室颇受远山、平沙两级司法行政、法院系统青睐。未承想，退休干部两年后认为"吃了亏"，收入"对不起"贡献，要求提高报酬。信息提供人表示"原来每个月给这个退休干部一千多块钱，然后加一部分案件补贴"，补贴由法院支付但金额有限。远山法院《关于印发"大调解"工作经费管理使用办法（试行）的通知》规定："每调解成功一件补贴50元；经确认为重、特大案件的补贴200元。"享受补贴需满足一系列条件，除达成调解协议且纠纷不反复，还须满足调解卷宗规范化要求。

鉴于补贴由平沙市矛盾纠纷"大调解"工作领导小组制定且负责解释，调解员便要求提高司法局支付的那一部分报酬。尽管远山司法局很重视，但不愿提高报酬，遂安排很多人给他做工作。多次协调未果，调解员径直上访远山市委书记。"他在市委办公大楼的大厅里拉条幅，……书记办公室就在二楼，这搞得司法局很被动，紧张惨了。……经他这么一折腾，只有适当给他涨点工资。"此时，司法局决定更换调解员。

（四）替代方案"落空"

"辞退那个退休干部，司法局另外拿了一个主意，让乡镇司法所的工作人员来诉调对接办公室值班。这样子又运行了几个月，也还能够正常运行。后来出了个什么情况呢，说是上面的部门要来视察司法所的工作。司法局就怕出原则性错误，因为你乡镇司法所的工作人员为什么不在乡镇上班，待在城里是什么意思，所以又只得放回司法所。"当问到"为什么不在远山市所在镇的司法所找工作人员做事，距离近，即使'两边跑'也比较方便"，信息提供人表示："这里面有个什么问题呢，就是这个镇司法所的人平时要跟到镇的党政干部去做事。这个是有原因的，一是司法所的人和镇里的党政干部随（平）时接触多，工作联系也多，二是在镇里面做事的待遇（补贴）高，司法局不可能像镇里面那样开补贴。司法局和退休干部闹僵还不就是因为报酬问题嘛。"

替代方案落空仅是办公室运行困难之一缘由，即使一时停摆，也能找到解决办案，倘若司法局坚持推进诉调对接。这中间有其他原因。办公室是司法局主推的，司法局有意参与法院调解，而法院是被动接受。2015年，远山法院搬至新办公大楼，未再给诉调对接留办公场所，而建起"速裁室"。司法局受制于人员、经费，没再要求设置专门场所。尽管法院态度消极，如果司法局继续保持主动，仍可能推进项目。

事实上，平沙司法局负责人陈正的仕途提供了另一个分析思路。尽管平沙司法局在"大调解"、调解社会化方面做了诸多努力，如召开学术会议、设立调解课题、探索新型调解组织、树立调解员典型等，一度形成具有独特模式与个性标签的调解模式。2016年5月，笔者获知陈考虑提前退休，否则可能被调至政协或人大。

（五）"已经退化了！"①

"我去年从司法局出来就到了平沙市人大法工委，原本是想早点退休出来搞律所或者搞一个商事纠纷调解中心，结果组织不同意提前退休。"作为长期从事调解工作的行政官员，陈探索商事纠纷调解中心可谓"往小了说，利己；往大了说，利国、利社会"。他随即发现，当下开展商事纠纷调解中心存在制度障碍或说"不方便"。依《民法总则》，这类中心极可能归为社会团体法人，将导致利润分配、资产处

---

① 平沙市调研录音，2017年4月13日。

置、税收等不利于发起人，缺乏利益驱动。这也提出一个极具实践、学理意义的问题：立法如何更好地促进社会型调解组织发展。

2016年，陈到沿海某市考察法院调解社会化工作。该市政府购买调解服务享有全国性声誉。据陈观察，该市调解效果突出，这利于培育社会调解组织，尤其经费比较到位。这些工作室由人民调解委员会设立，工作室年均30—50万经费，除2—3万办公经费，剩余费用由工作室自行分配。对于该市调解社会化的总体状况，陈认为，近几年也在"走下坡路"，那些负有盛名的工作室也面临问题。这些工作室尚处于政府培育社会型调解组织的转型进程之中。

言及平沙调解，陈深感"惋惜"。许多新上任村主任将调解小组之类牌子都"摘了"。按说，在多元解纷机制中，人民调解处于基础地位，所以"下乡遇到了，会给他们说，还是把牌子挂起嘛！"目前，一个以个人命名的调解工作室尚在运转。年均案件七八十件。其中，大案约三十件。平沙市委市政府也很重视，为工作室负责人在退休前解决了副县级待遇。"这个调解工作室要一直运行，也算是平沙市在调解工作中成绩突出的证明（笑）。"此外，某县人调与交警对接项目尚在运行。远山办公室运行三年左右，之所以"关门"，陈表示，首先是经费，其次法院不重视，尤其中院。他认为，现在最高法院越来越重视诉调对接，地方法院未必如此；法院系统重视，司法行政系统却未必继续重视，人民调解难以参与对接。平沙"大调解"办公室仍在，主要是统计报表。总体上，"平沙市的调解工作已经退化了！这种退化不仅仅在平沙一个地方。……在这个体制下，离开了党委政府的支持，什么事情都做不成。有了党委政府的支持，做什么事情都顺"。

（六）作为"先进"的调处室

2012年最高法院发布《关于扩大诉讼与非诉讼相衔接的矛盾纠纷

第五章　迈向国家—社会互动型委托调解——法院调解社会化的现代重构　259

解决机制改革试点总体方案》并在全国确定 42 家试点法院，探索特邀调解制度。这次试点（包括 2014 年试点）略显"低调"。这可从媒体报道管窥一二。非试点法院也在有意无意探索法院调解社会化，个别法院甚至成绩斐然，如距远山 150 公里的吉盛法院。①

吉盛综合调处室（下称"调处室"）是隶属区政府的副局级事业单位。2008 年 8 月，时吉盛县综合调处室成立，法院代管。之所以成立调处室，资料显示，2006 到 2008 年，吉盛法院年均收案数增幅超 20%，涉法涉诉信访呈上升之势且重复访、越级访突出。2004 到 2008 年，重信、重访率 39%。时任胡院长表示"涉诉信访的原因在于社会纠纷进入司法渠道未能得到有效化解，造成'案结'而'事不了'"②，遂倡导和谐司法战略③。在旁观者眼中，这是一位有志向的院长，也是一位"优秀的年轻干部"。

调处室设立背景透露出诸多讯息：一是"抓问题，抓关键"。在谈及案件压力时，不忘强调党政部门承受的解纷压力，尤其信访，这是各级党政最头痛的问题之一。④ 仅此一点，足以吸引党政领导注意力。二是"以退为进，主动揽事"。"以退为进"是策略，"主动揽事"是目的。作为院长，主动、明确地将信访压力归因于司法系统，这既取悦信息接收者，又为"主动揽事"创造条件。三是"我办事，您放心"。鉴于涉诉信访根源在司法之"案结"而"事不了"，调处室由法院代管无疑最恰当。况且法院已有相应司法战略准备，这在 2007 年初时任法院领导班子组建时已然确立。调处室运行顺畅，纵然胡院长后来调任某区法院，继任院长依旧力推。

---

① 吉盛区调研录音，2017 年 4 月 6 日。
② 吉盛县人民法院：《吉盛县综合调处工作资料汇编》，2010 年 5 月，第 2 页。
③ 吉盛县人民法院：《吉盛县综合调处工作年度报告》，2008 年 8 月，第 5—6 页。
④ 信访压力让各级党政"费煞脑筋"。应星：《大河移民上访的故事：从"讨个说法"到"摆平理顺"》，生活·读书·新知三联书店 2001 年版，第 4、5 章；吴毅：《小镇喧嚣：一个乡镇政治运作的演绎与阐释》，生活·读书·新知三联书店 2007 年版，第 511—557 页。

以吉盛法院 2014 年 1 到 10 月为例，立案后委托调解 87 件，调成 61 件，调成率 70.11%；立案前委派调解 125 件，调成 112 件，调成率 89.6%；邀请调解 335 件，调成 312 件，调成率 93.13%，先后邀请人大代表、政协委员、人民陪审员、特邀监督员、社区干部、行业组织等参与。继任院长 2017 年初总结工作时表示，调处室牵引的多元解纷机制取得三大成效：一是为群众解困。2008 年以来，非诉解决纠纷 8000 余件，其中，标的额超 1 亿元，6000 余万元调解当场兑现。调处室依循"登记立案、免费调处"方针，为当事人累积节约 300 余万元诉讼费。二是减轻信访压力。2010 到 2016 年，吉盛信访总量逐年下降：2010 年同比下降 37.6%，2011 年 13.71%，2012 年 1.04%，2013 年 22.79%，2014 年 5.88%，2015 年 7.43%。2016 年到区政府集访下降 23%，越访下降 34%。7 年来，无一起进京非法访和市重复集访。三是为党政分忧。化解可能诱发集访、京访的事件约 200 起，缓减经济发展压力。

相比平沙，吉盛法院调解社会化实践可谓"如火如荼"。这也引发追问：一是为什么吉盛法院能取得"今日之成绩"？尽管有人认为"和其他法院也没多大区别，只是把这个事一直坚持做下来了"，但十年努力的政治溢出效应显著。此亦胡院长升迁之一缘由。二是调处室及社会化实践何以持续？若说胡院长有志向、有追求，平沙司法局陈正的情况也相仿，为何负责人对机构之影响不尽然？有信息提供人表示，吉盛继任院长"与前任院长不一样"，属于"安安稳稳过小日子的"。① 既如此，为何探索仍能持续？事实上，这在调处室建立之初已

---

① 新任院长一上任，向全院干警许诺要接续完成新办公大楼建设，给"大家修房子"。信息提供者表示："除了鼓掌，我没啥子想法。……办公大楼能不能顺利修得成对院长有意义，对我们干警能有多大意义。另外，给干警修宿舍基本上是不可能的，先不说办公大楼没有修完，就算修完了，干警宿舍也不是那么好修的。……他就是表明个态度，不折腾，让大家安心。"（吉盛县调研录音，2012 年 7 月 13 日）这位信息提供者此后通过招考离开了法院。

第五章　迈向国家—社会互动型委托调解——法院调解社会化的现代重构

显端倪。基于为党政分担社会治理压力的立场，故调处室不隶属吉盛法院。尽管工作人员由法院干警充任，但名义上归口政府。对于吉盛党政干部，"借法院之手"负责调处室日常运作，对党政干部、法院系统乃至政协、人大等均有不同程度的益处。这或许是为什么负责人变动而社会化实践依然继续之一核心缘由，这不禁令人想起陈正的感慨。

法院调解社会化对于政协委员、人大代表的意义是"搭便车式"政治溢出效应。信息提供者也有质疑，认为邀请调解在实践中有给人大代表、政协委员、社区干部"贴金"之嫌。一些案子没有（或形式上）邀请人大代表、政协委员协助，"却算在他们头上"。读者或许已经发现，近年报道委托调解的居多、邀请调解的少。如2016年《特邀调解规定》出台不久，有报道称福建罗源法院业已取得出色成绩：2016年7月组建10个特邀调解组织、57名特邀调解员，涵盖人大代表、政协委员、人民陪审员、律师、教师、工会、妇联等。3个月后，委托、委派特邀调解组织、调解员调解案件197件，调成53件。[①] 也有报道邀请调解典型案例：

> 湖北浠水法院在审理一起因修建山区道路引发的经济纠纷时，几次开庭案件事实仍难确认，由于当事人双方平时积怨很深，以致对立情绪严重。主审法官发现双方均信仰佛教，遂决定在黄梅四祖平安寺"开庭"，并邀请该寺住持参与调解，通过讲禅、释法、说理，协助法官做当事人思想工作。双方被住持的诚意所打动，对立情绪缓解，均愿意让步。最终，住持表示拿出2万元香火钱帮助双方化解矛盾。在住持义举之下，双方和解。住持的劝

---

① 《特邀调解的罗源路径》，《福建日报》2016年11月7日。

解和义举，可谓"佛法无界、共创善举"。①

尽管邀请寺院住持协助调解很大程度上是"临时起意"，也"恰到妙处"。当然，该个案尚不足以完全消解对邀请调解的质疑。但状况性、情境化地邀请适宜的协助人参与，确有合理性，也契合制度的实践逻辑。概言之，邀请调解案件数量较之委托调解的话语分殊，在很大程度上可能与司法统计、报道中的"挤水分"有关。

四、法院调解社会化的学理评价

在学理上评价法院调解社会化实践，一是理论价值尤其对审判理论、调解理论、解纷机制的启迪，二是与现代司法特性及其规律之间的张力。

（一）超越"审判—调解"结构困境的制度性出路

自我国民事司法体制确立以降，调解与审判的关系由来是一个核心问题。20世纪80年代有学者指出，即便调解政策是"着重进行调解"，但"绝不是说可以忽视判决的作用。那种为了追求调解结案的百分比，违背当事人自愿，搞强迫调解，或者久调不决的做法，同样是不对的"。②调解与审判的关系也一直困扰实务界。自"调判结合"被确立为重要的调解政策与审判工作方针，尽管出发点旨在明确调审关系，但表达过于含糊。有学者认为，虽然政策回应了转型时期法治建设之需要，但调解与判决间的矛盾性却可能使这种结

---

① 《浠水法院邀请住持参与调解成功化解一起经济纠纷》，载 http://www.hubeitoday.com.cn/huanggang/shehuinews/2016/1130/47411.html，最后访问时间2017年5月10日。
② 常怡：《我国民事诉讼法的特点》，载常怡：《民事诉讼法学研究》，法律出版社2010年版，第22页。

合偏离本意，法院也可能有意无意间倾向强化调解。[①] 随后，"调判结合、案结事了"的调解政策与审判工作方针被调整为"调解优先、调判结合"。这随即招致更多异议。[②] 有学者担心，这种政策转换不仅欠缺社会结构层面的支撑，且与社会的法治化取向相冲突。这可能对民事审判结构、司法体制、社会结构转型施加双倍的负面影响。[③] 有学者也认为，作为运行逻辑截然不同的解纷方式，调解与审判在同一个程序中运行会导致诸多问题，这是同一审判结构中势必面临的内涵冲突，调解主体社会化将与审判权行使主体发生冲突。[④] 这或许只是问题之一方面。法院调解社会化不仅不会加重"调判结合""调解优先"等政策可能导致的负面影响，通过调解主体适度社会化可以一定程度上消解调审的理论困境。[⑤] 由于调审的性质、内涵不同，主导权集于同一主体反而不利于两种解纷机制的运作。适当分离二者并通过程序设置予以衔接，是一个可选项，而社会化有助于削减审判权与调解权的过度集中。

（二）丰富纠纷解决体系之一路径

宏观上，一个社会的解纷机制大体由三个层面组成：公力救济、社会型救济与私力救济。公力救济主要涉及司法、行政救济；社会型救济涉及调解、仲裁以及部分 ADR；私力救济包括但不限于强制与交

[①] 徐昀：《"调判结合"的困境——以民事审判结构理论为分析框架》，《开放时代》2009年第6期。
[②] 李喜莲：《法院调解优先的冷思考》，《法律科学》2010年第2期；徐昀：《"调解优先"原则的反思——以民事审判结构理论为分析框架》，《学术研究》2010年第4期。
[③] 徐昀：《"调解优先"原则的反思——以民事审判结构理论为分析框架》，《学术研究》2010年第4期。
[④] 杨秀清：《反思法院调解主体的社会化》，《社会科学论坛》2008年第2期。
[⑤] 有学者也认为，"调判结合"一类政策不是司法运行不良的根本原因，而且这类政策有利于多元解纷机制之生成与发展（范愉：《"当判则判"与"调判结合"——基于实务和操作层面的分析》，《法制与社会发展》2011年第6期）。

涉。① 就一个社会而言，秩序维护与权利保障之关键在于各种解纷机制正常运行以及不同解纷机制之间良性互动。显然，法院调解属于典型的公力救济，是司法救济之一结案方式；一般意义的调解则属社会型救济，具有相当程度的民间性、自治性。这种民间性不仅应当体现在机构设置、人员配备，还应当体现在调解活动之开展以及调解结果之达成、履行等环节。法院调解导入社会力量在很大程度上拉近社会型救济与公力救济的距离，使整个社会的解纷体系更好运转。鉴于调解与审判在同一个审判结构中可能遭遇诸多问题，作为公力救济与社会型救济之结合，法院调解社会化在某种程度上能缓和前述困境，对重新正名调解的解纷属性具有重要意义。就此而言，委托调解比邀请调解也比人民陪审员参与法院调解更能体现前述价值。② 不同于立法及主流做法，本书认为，邀请调解不应当成为法院调解社会化的主打方向，同时，法院调解社会化应当采取组织化、规范化思路，但不一定是专业化。

（三）警惕司法权旁落及法治虚无主义

若依主流观点，将民事诉讼调解权视为审判权之一部分，那么法院调解社会化势必在理论上引发司法权被分割的逻辑结论，而在实践拉动下可能导致司法权的某种旁落。如将调解权与审判权分离，视作两种不同性质的权力，在既有民事法律框架中，两种权能客观上集于一体，仍然面临权力分割及旁落，且既有实践也证实了司法权被牵制的论断。在何盛芙案人大质询结束后，秦天贵找原办案法官问询，该

---

① 徐昕：《论私力救济》，中国政法大学出版社 2005 年版，第 123—124 页。
② 人民陪审员参与法院调解可谓耳熟能详，但研究不多。随着司法政策调整，陪审员参与调解成了某种潮流。相关报道卷帙浩繁，各地实践不遗余力。参见《陪审员参与巡回调解 纠纷解决亲情回归》，载 http://www.chinacourt.org/html/article/201112/08/471385.shtml；《房县的"能动陪审"》，载 http://www.chinacourt.org/html/article/201111/28/470605.shtml；《陪审员参与"卡壳"案件"说和"案结事了》，载 http://www.chinacourt.org/html/article/201112/02/470968.shtml；《陪审员悉心调解 工友握手言和》，载 http://www.chinacourt.org/html/article/201111/24/470356.shtml。

第五章　迈向国家—社会互动型委托调解——法院调解社会化的现代重构　265

法官回答"市人大黄正道批复庭外调解，这不属于我们的事情"，而另一位法官宣称"人大提出质询，到底是我们说了算还是人大说了算，如果人大说了算，要我们法院干啥子，何盛芙的案子现在还未解决，叫人大去解决嘛！"在后街房产纠纷中，市委书记批转"长天人民法院处理"，法院不仅拒绝审理，其院长声称"莫说市委书记批转我们处理，就是周某某、江某某叫我们办此案，我们就不办"。如果不将法院态度简单视作受其他机关牵制之后的"牢骚"，也不想当然地视为"伎俩败露"后的"恼羞成怒"，这些言行明显体现出法院对司法权旁落的某种态度。虽然只是个案，但在通常的法院调解社会化中，司法权旁落的可能性也是"时隐时现"，尤其当某种强力将法院调解社会化作为某种政治活动之一部分时，不同程度的旁落在所难免，至少存在诱发旁落之可能。

　　一个相关问题是，司法权旁落不仅是司法权被分割与剥离的技术事宜，也关涉法治精神培育与法治秩序建构的根本性、法理性问题。如实践中"拖字诀""推字诀"所表明，面对司法权旁落，法院并非全然消极、被动，往往凭借一些非程式化做法或某些"不作为"来缓减负面影响。在后街房产案中，法院屡屡以各种理由甚至"借口"将案件推给其他部门；在何盛芙案中，类似情形也屡有发生。抛开实体法，仅从程序法视角而言，在诉讼博弈过程中，程序法的形式主义精神已被荡涤到某个不为人注目的角落。依据解纷需要而对程序随意取舍，这是对程序法精神的最严重的背叛。其中，诉讼中"程序倒流"现象无疑是一个典型体现。[①] 与法院调解社会化有关的程序倒流现象不少，

[①] 诉讼程序倒流是一个亟待挖掘的课题，也是一个值得重视的问题。从掌握的资料看，民事诉讼法学界对此几乎没有关注；个别刑事程序法学者有过探讨。研究发现，刑事诉讼中存在大量的程序倒流现象，不仅存在于司法实践中也存在于立法中；从功能视角出发，可将程序倒流区分为程序性补救程序倒流、实体性补救程序倒流和规避错误的程序倒流。其中，部分程序倒流缺乏正当性与合法性（汪海燕：《论刑事程序倒流》，《法学研究》2008 年第 5 期）。这很大程度上缘于学者们尚不习惯将实践作为研究出发点，也从一个侧面印证实践主义法学研究范式的意义。

本书第三、四章也有描述。吊诡的是，无论何盛芙案抑或后街房产纠纷案，最终解决均不同程度地"受益"于程序倒流。从理论及司法社会化历史演变看，社会化环节通常在诉讼开始前或诉讼进程中。但当代司法社会化实践很多时候扮演"判后解决"之类"救火队员"角色。某些情形下，程序倒流不限于诉讼程序倒流，甚至涉及解纷机制间不正当流转。如后街房产纠纷，法院多次将案件推给其他机关。在向镇政府发出《司法建议》之后，镇领导大为光火，称"省高院要镇企业办当原告，我们镇企业办当了原告并委托了职工代表参与诉讼，还说不是主体关系把皮球又踢给我们了，该案已进入司法程序，哪里有法律规定返回行政处理"。所谓"程序的对立物是恣意，因而分化和独立才是程序的灵魂……通过排除各种偏见、不必要的社会影响和不着边际的连环关系的重荷，来营造一个平等对话、自主判断的场所。这就是现代程序的理想世界"[①]。认真对待诉讼程序倒流现象，就是为法治精神培育与法治秩序建构努力，毕竟与其说法的发展是从身份到契约，毋宁说是从实体法到程序法。[②]

（四）正视法院调解社会化动力机制缺失

在规则制定上，完全可以将法院调解社会化理念付诸笔端，但社会力量参与法院调解的动力机制何在？或说，法院调解社会化理论及

[①] 季卫东：《法律程序的意义》，中国法制出版社 2004 年版，第 24—25 页。
[②] 英国学者梅因指出，"所有进步社会的运动，……是一个'从身份到契约'的运动"（梅因：《古代法》，沈景一译，商务印书馆 1996 年版，第 97 页）。基于原始法研究，美国学者霍尔贝认为，"在原始法发达史中，真正的重大变迁不是人们之间经历从身份到契约的实体性变化（纵然此系尔后欧洲法之一显著特征），而是程序上的巨大转变。权力与维系法律规范之职责由个人及其亲属团体转至作为社会实体的政治机构之代理人"（E. Adamson Hoebel, *The Law of Primitive Man: A Study in Comparative Legal Dynamics*, Harvard University Press, 1967, p. 329）。将程序法作为评价法律文明程度之一标尺，霍氏观点极大地拓宽并丰富了研究者的视野。法院调解社会化的程序文明程度同样是法律发展过程中一个重要环节，其连接国家权力与社会力量，在社会发展过程中起重要作用。

制度是否包含一套常规化的参与激励机制？如说司法是国家权力之一运行方式，司法程序是国家权力的一副可感观的面孔，故而职业化的司法人员参与诉讼是源于其个人属性与社会属性的结合，是生存需求与理想企划的契合，那么非司法力量尤其普通民众参与法院调解则缺乏常规化动力机制。民众缺乏参与动力是影响制度长远、可持续运行之关键因素，这种缺失还可以解释许多制度冗余化、闲置化现象，如人民陪审员制度运行不良、支持起诉制度"休眠"等。虽然司法实践可能给参与法院调解的民众带来或多或少的收益，可能是经济性的（如调解补贴），也可能是非经济性的（如声誉、面子、名望），但总体上是即时性、状况性激励，而非常规性激励，甚至缺乏预期性收益。理论上也没给民众参与法院调解的动力提供充分解释。

有学者认为，法院调解社会化旨在有效回应社会力量参与司法之正当诉求。[1]但民众或说社会真的关心法院调解社会化？马克思言"人们奋斗所争取的一切，都同他们的利益有关"[2]。民众或社会关注热点案件，是因为对司法权行使有诉求？事实上，他们关心的是案件能否得到公正的审判。这也是为何中国民众会有"清官""青天大老爷"诸情结。利益主体甚至会为此申诉、上访，且不排除采取集体行动方式进行维权，如集体抗争。[3]但是，这些行动追求什么？显然，集体的声讨、

---

[1] 刘加良：《民事诉讼调解社会化的根据、原则与限度》，《法律科学》2011年第3期。

[2] 卡尔·马克思：《第六届莱茵省议会的辩论》，《马克思恩格斯全集》第1卷，人民出版社1956年版，第82页。

[3] 当纠纷因升级而导致烈度上升或因纠纷解决以致作为第三方的法院、政府被卷入利益冲突之中，这可能导致普通二元或者说对立主体间的利益纷争上升为关乎社会稳定、涉及政府利益的政治性事件。这种集体行动被称作集体抗争、集体抗议、社会抗争。抗争政治、抗议政治学研究，如查尔斯·蒂利、西德尼·塔罗：《抗争政治》，李义中译，译林出版社2010年版；谢岳：《抗议政治学》，上海教育出版社2010年版。当代中国集体抗争、社会抗议研究，见于建嵘：《抗争性政治：中国政治社会学基本问题》，人民出版社2010年版。这些研究有助于理解诉讼案件为何会政治化以及部分诉讼案件最后会通过带有政治意涵的方式予以处理。

抗议、对抗、关注、评论等，不是出于对纠纷解决的权力存在某种主张、诉求，而是希望纠纷解决结果契合一般社会道义、日常生活逻辑以及最终能充分维护当事者利益。这些才是民众对司法运行的诉求内容。可以说，当下中国的民众基本上不关心司法权的行使，也不关心司法权的行使主体、运行方式、运行内容，他们关心司法权的运行结果与社会公理、自身利益的契合、背离程度。所以，即使出现非司法力量介入司法，即使纠纷解决违反程序，民众也不会在意，至少不是问题的关键。除非不合法的运行方式导致不满意的结果，人们才会以司法权运行方式不合法作为争取有利的实体结果之一依据。概言之，民众对于司法权运行的诉求是利益导向的，也是实体导向的，更是结果导向的。

纵然民众参与法院调解缺乏动力机制，但既有报道似乎总能牵扯出大量的司法社会化事迹，似乎民众"络绎不绝""前赴后继"地投身法院调解社会化事业。须警惕一种"群众的眼睛是雪亮的""群众可以解决一切问题"的报道叙事！留心法院调解社会化报道背后的叙事逻辑，即一种政治性叙事：似乎邀请调解人一参与，案子立马解决，或者经三五个来回，也终能大功告成。此外，这类报道似乎隐喻（显然无心之举）司法系统、行政系统在社会秩序维护中作用不大、不甚明显，大抵上未能发挥作用，这种言说甚至体现在疑难、重大、复杂纠纷中。这纯属误解。换言之，这是当下报道中某种风格的"艺术化""导向性"体现。无论何盛芙案抑或后街房产纠纷案，党政、司法力量仍是非典型邀请调解、判后委托调解的支撑力量，绝非社会力量一旦介入遂"功德圆满"。真可谓"报道是有力量的"！这种政治叙事在司法报道中出现，意味着需要警惕制度运行与创新的政治化倾向，并尽可能地重视、突出制度运作之技术属性。这涉及通过制度设置给民众参与及关注法院调解社会化提供常规化激励。

五、法院调解社会化的正当性证成[①]

作为社会事实的法院调解社会化已然存在，但这种司法理念及其制度是否契合现代司法发展规律？是否具有充分的理论正当性与逻辑自洽性？"社会化"应否有必要限度及如何理解、界定该限度？本书立场是，法院调解社会化与现代司法特性总体上不冲突，具有充分的

[①] 此处没有使用韦伯意义上的"正当性"，后者通常基于"支配""政权""秩序"诸立场。在支配关系中，正当性具有"理性""传统""卡里斯玛"等基础，也是以纯粹方式建构的三种正当性政权类型（马克斯·韦伯：《经济与历史 支配的类型》，康乐、吴乃德、简惠美、张炎宪、胡昌智译，广西师范大学出版社 2004 年版，第 297—305、465 页）。韦伯先生认为，"任何权力……一般都为有自己之正当性辩护的必要"，并以"理性""传统""卡里斯玛"为正当性基础（马克斯·韦伯：《支配社会学》，康乐、简惠美译，广西师范大学出版社 2004 年版，第 19 页）。除了将"理性""传统""卡里斯玛"作为"秩序正当性"之基础与源泉，韦伯先生也列举了诸多例外情形（马克斯·韦伯：《社会学的概念》，顾忠华译，广西师范大学出版社 2005 年版，第 41—50 页）。行动者在描述某秩序的合法性效力时往往援引前述基础（马克斯·韦伯：《论经济与社会中的法律》，张乃根译，中国大百科全书出版社 1998 年版，第 9—11 页）。

较之前述意义，本书此处的"正当性"可称作"合理性"，或行为选择之结构、局限条件。对于韦伯意义上的正当性，Johannes Winckelmann 指出："无论如何，所谓正当化意指，在法律效力的基础上，能够自圆一己的立场（Rechtfertigung）。经验层面的正当化工作是在事实层面上不断地自圆其说；这种正当化的工作仍是在一涉及规范，并不断证实、肯定规范的形式下所展开的社会行为。"（Johannes Winckelman：《"正当性"理论的一个说明》，载马克斯·韦伯：《经济与历史 支配的类型》，康乐、吴乃德、简惠美、张炎宪、胡昌智译，广西师范大学出版社 2004 年版，第 465 页）换言之，正当性可以也应当从规范、事实两个层面展开。在方法论上，在经验层面讨论司法社会化的正当性与韦伯意义上的理解并不抵牾。本书旨在基于司法实践样态讨论制度正当性。重要的是，纯粹规范、传统或卡里斯玛意义上的正当性基础，仅仅是理解正当性的常见路径，譬如抽象学理层面分析正当性基础（司法权属性及其构成）很大程度上恰是规范、传统（意识形态）的综合路径。但这不能直观解释司法权社会化运行，还可能脱离社会事实本身，至少与生活经验的距离过于遥远，以致解释困难甚至勉强。故而，以规范为锚，回到社会事实本身，诉诸司法实践及其时代背景将更加直观。严格意义上，本书可能会扩大韦伯意义上的正当性内涵，但内容有区别而方法有关联，即方法共通。

此外，韦伯意义上的"正当性"与"合理性"并非泾渭分明。前者常与"妥当性""合理性"混用（马克斯·韦伯：《支配社会学》，康乐、简惠美译，广西师范大学出版社 2004 年版，第 18 页；马克斯·莱茵斯坦：《导论》，载马克斯·韦伯：《论经济与社会中的法律》，张乃根译，中国大百科全书出版社 1998 年版，第 16 页）。因本书以中译本为分析对象，故哪些属于韦伯本人交替使用，哪些是德译英或英译中时混用，尚待厘清。仅以支配研究为例，韦伯先生反复交替使用"正当性"与"妥当性"，并予以特别标注（马克斯·韦伯：《支配社会学》，康乐、简惠美译，广西师范大学出版社 2004 年版，第 17—20 页）。

正当性与自洽性，这亦可从理论、实践双重视角予以探讨。

（一）正当性证成的理论之维

1. 司法权的社会保留

为阐释、证成司法调解社会化的正当性，有学者主张从司法权属性出发，既然诉讼调解权被视作司法权之一部分，只需证明司法权属于社会权力范畴，则诉讼调解权亦具社会性。① 确如其言，完全可以在经典作家的著述中找到有关司法权之社会性的论述，这在黑格尔、恩格斯的著述中相对突出。当然，二者虽主张司法权具有社会性，但对司法权之社会属性的认识却有差别，甚至这种差别具有某种"质变"意味。黑格尔认为，法律适用等司法权的行使主要还是法官的专业职能，但并非法官独断享有②；恩格斯则表示，司法权不仅应当属于国民"直接所有"，还应当由国民自己的陪审员"直接行使"。③ 如果司法权的社会性得以证成，那么法院调解社会化当然具有正当性。当然，无论黑格尔还是恩格斯都主要从逻辑论证出发。二者观点在国内有所响应。④

如立足逻辑推演进路，或许社会契约理论更便于证成法院调解社会化的正当性。⑤ 社会契约理论的部分核心要义在于：人生而自由、平等，国家不过是人们自愿地、同等地交付部分自然权利而立约组建，故法律、政府、权力皆源自契约，国家只得为维护自然权利而行使权力，人们不仅保有部分自然权利，还可以在特定情形下收回业已交付

---

① 刘加良：《民事诉讼调解社会化的根据、原则与限度》，《法律科学》2011 年第 3 期。
② 黑格尔：《法哲学原理》，范扬、张企泰译，商务印书馆 1961 年版，第 233、235 页。
③ 恩格斯：《〈刑法报〉停刊》，《马克思恩格斯全集》第 41 卷，人民出版社 1982 年版，第 321—322 页；恩格斯：《集权和自由》，《马克思恩格斯全集》第 41 卷，人民出版社 1982 年版，第 396 页。
④ 刘加良：《民事诉讼调解社会化的根据、原则与限度》，《法律科学》2011 年第 3 期。
⑤ 近代社会契约理论的文献，如霍布斯：《利维坦》，黎思复、黎廷弼译，杨昌裕校，商务印书馆 2009 年版；洛克：《政府论》上篇、下篇，叶启芳、瞿菊农译，商务印书馆 2009 年版；卢梭：《社会契约论》，何兆武译，商务印书馆 2003 年版。

第五章　迈向国家—社会互动型委托调解——法院调解社会化的现代重构　271

的部分权利。但依黑格尔之观点,政府、司法"应该视为既是公共权力的义务,又是它的权利,因此它不是以个人授权与某一权力机关那种任性为其根据的"。[①] 本书认为,逻辑推演及本体论研究的重要特征在于理论自洽。如果不从历史与社会维度攻击社会契约理论,那么该说可谓近现代以降政治哲学领域中最富吸引力的观点。[②] 至于司法权之于公权力机关属于义务抑或权力,这不能否定社会契约理论对自然权利与国家权力之关系判断。基于社会契约理论的核心要义,完全可以这般认识法院调解社会化甚至司法社会化的正当性与自洽性:这是国家权力之社会保留在司法活动中的体现。[③]

[①]　黑格尔:《法哲学原理》,范扬、张企泰译,商务印书馆1961年版,第230页。

[②]　梅因直截了当地批判卢梭理论尤其社会契约论,认为"卢梭兼有了法律和通俗的错误……所谓'社会契约',是我们正在讨论的错误所形成的最有系统的一种形式。这个理论虽然为政治热情所抚育而趋于重要,但所有它的营养则完全来自法律学的纯理论……法国人的著作显示出:他们认为这个理论可以用来说明一切政治现象,同时也可以说明一切社会现象……他们可能满足于把他们的理论停留在一个巧妙假设或一个便利的口头公式的情况中。但这个时代,是在法律迷信的统治之下。'自然状态'已不再是似是而非的东西了,因此,在坚持'社会契约'是一种历史事实时,就很容易使'法律'起源于契约的理论获得一种虚伪的真实性和明确性"(梅因:《古代法》,沈景一译,商务印书馆1996年版,第174—175页)。

[③]　两个问题亟待讨论:一是作为司法活动形式,司法社会化是否涉司法权本身,以社会契约论作为论证资源是否妥当;二是司法权社会保留在学理上何以可能。对于前者,尽管司法社会化主要涉及司法权运行方式,也关乎社会化运行的正当性,即司法运行的社会介入是否妥当。换言之,社会力量凭什么介入司法权运行。依社会契约论,不当的权力(尤其立法)行使,可能导致权力被民众收回。此外,司法社会化运行将不同程度地涉及司法权之理解与配置(如下文"三阶段说")。概言之,这不是单纯的司法运行形式问题,也是关乎司法权及其运行的核心议题。对于后者,学者们对司法权保留持不同见解。霍布斯主张自然权利的无保留让渡(霍布斯:《利维坦》,黎思复、黎廷弼译,杨昌裕校,商务印书馆2009年版,第18、23章)。霍氏近乎固执地坚守授权逻辑以阐述主权者与民众的关系,实为颠覆"君权神授"观。与其说尚未摆脱时代桎梏,毋宁说氏之论述充满策略性。职是之由,氏之贡献大焉。洛克主张自然权利的部分保留且民众有协助实现公权力的义务(洛克:《政府论》下篇,叶启芳、瞿菊农译,商务印书馆2009年版,第7、9章)。卢梭认为,主权不可转让,但"权力可以转移",而权力从来在民众手中(卢梭:《社会契约论》,何兆武译,商务印书馆2003年版,第20、31页;蔡拓:《契约论研究》,南开大学出版社1987年版,第113页)。学者们对社会契约的认识因学术脉络、政治立场、时代背景而有别,有关社会契约论之发展、演进、影响的更多论述,还可见包利民:《当代社会契约论》,江苏人民出版社2008年版;莱斯诺夫:《社会契约论》,刘训练等译,江苏人民出版社2012年版;李风华:《当代社会契约论研究》,世界图书出版广东有限公司2013年版。本书认为,有必要沿着社会契约论的"主权者—民众"立场向前再迈一步,即民众保留的自然权利在国家与社会的框架中构成社会组织、个人进行自治的行动基础。

2. 并行不悖：调解权社会化与审判权运行

如从司法权属性出发，可以发现，司法权不仅在学理上具有社会性且为社会所部分保留，故即便认为审判权与法院调解之间存在包含关系（将法院调解权力视为审判权的内容之一，将调解视作审判权运行方式之一），仍可从论理层面为司法权（包括法院主持调解权力）社会化运作提供某种逻辑证成。但审判权是否必然包含法院调解权力值得反思。有学者从过程分析角度将纠纷解决分为根据合意、根据决定的纠纷解决。后者主要包括四种情形：（1）"非合理的决定过程"，即把决定委诸偶然的情况或者非人力所能控制的自然现象，诸如抽签[①]、神判[②]；（2）"实质的决定过程"，即第三者根据纠纷中各方实质上的是非曲直而作出决定；（3）"先例的决定过程"，即在与过去相类似的情况下，作出的决定也以过去的决定为样板；（4）"法的决定过程"，即与随意的决定过程截然不同，先于决定本身而存在的一般性规则以"有事实 A 则必须作出决定 B"的形式被给定，第三者的决定权限以及决定责任都缩减到对一般性规则的正确认识、把握和要件事实是否存在的判断上。第四种根据决定的纠纷解决正是审判尤其是理想的审判形式。与之相应，根据合意的纠纷解决之典型代表之一则是调解。这种中立第三者通过当事人之间的意见交换或者提供正确的信息从而帮助当事人达成合意的场面，即便在调解者自身持有特定利益且对当事人施压的"强制性合意"之中，本质上仍然属于依据合意的纠纷解决。[③] 无疑，审判权是否当然涵括调解权，答案在该理论框架中更为分明。

---

① 有关"抽签"的出色分析，见 L. M. Friedman：《法律与社会》，吴锡堂、杨满郁译，郑哲民校，台湾巨流图书公司 1991 年版，第 26—29 页。Friedman 认为，分配价值或权利的每一种方式，即使是以"机会"，至少在法律上都有某些基础，而机会在很多情形下扮演了一个权威的角色。

② 有关"神判"的研究，如夏之乾：《神判》，中华书局 1989 年版；邓敏文：《神判论》，贵州人民出版社 1991 年版；巴特莱特：《中世纪神判》，徐昕、喻中胜、徐昀译，浙江人民出版社 2007 年版。

③ 棚濑孝雄：《纠纷的解决与审判制度》，王亚新译，中国政法大学出版社 2004 年版，第 10—18 页。

在司法技术层面，审判权的本质在于判断，且这种判断不同程度地体现于诉讼指挥、事实认定、法律适用等环节，贯穿诉讼始末。① 因此，审判权与调解权（主持调解权）的本质区别是较为明显的。然而，当下中国司法因其特定历史背景及其历经的诉讼程序发达史，在审判权运行中不仅要为当事人交涉与法院裁量留有余地，还要在"法的决定过程"之理想图景下融入促进合意的解纷因素，甚至是某种"强制性合意"。② 或许正是基于此种缘由，有学者在多年前提出，调解不宜作为民事审判权的运行方式，应当将调解权从审判权中剥离出来，或从正本清源的角度出发，不应该再继续错误地将调解权作为审判权之一项权能。③ 司法的本质在于判断，而调解的本质在于合意寻求，这是两种性质区别显著的解纷方式。职是之故，法院调解社会化事实上不会对司法权构成消损或侵害。即使顾及当下中国民事审判权的主流看法，也可以通过司法程序设置之类的技术性处理来缓减、避免法院调解社会化对司法权专属性的消极影响。如注重调解协议的司法审查，将"判断"特征明显的程序环节保留在法院手中。④

---

① 审判权作用范围研究，如黄松有：《中国现代民事审判权论：为民服务型民事审判权的构筑与实践》，法律出版社 2003 年版；廖永安：《民事审判权作用范围研究：对民事诉讼主管制度的扬弃与超越》，中国人民大学出版社 2007 年版。

② 审判权与诉权之相互作用以及审判运行之结构性制约、行动资源的分析，见王福华：《民事诉讼基本结构：诉权与审判权的对峙与调和》，中国检察出版社 2002 年版。

③ 李浩：《论调解不宜作为民事审判权的运行方式》，《法律科学》1996 年第 4 期。

④ 有学者认为，法院调解社会化与审判权由人民法院行使的司法基本原则相冲突，这种冲突可能会消损司法的功能甚至影响司法的正常运行（杨秀清：《反思法院调解主体的社会化》，《社会科学论坛》2008 年第 2 期〔下〕）。也有学者认为，法院调解社会化不仅与审判权由法院行使的原则不存在紧张关系，甚至认为《民事诉讼法》与《宪法》能为审判权行使主体的多元化提供合理的解释空间，并认为以"民事审判权只能由人民法院自行行使"为推论前提的"民事审判权只能由法院的审理组织行使"的结论都将寿终正寝（刘加良：《民事诉讼调解社会化的根据、原则与限度》，《法律科学》2011 年第 3 期）。类似观点或忽略司法权社会保留，或误识审判权本质，或无视程序性设置对消解某些意识性、观念性紧张可能具有的积极功能，不排除为消除理论困境所作解释本身已然偏离现代司法属性。

（二）正当性证成的现实考量

对事物的抽象与概括通常具有智识上的愉悦感与震撼力，而一切可感知、可触摸的事物总是比抽象、高度概括的事物更容易理解。与其从抽象的哲学高度或者舶来理论中艰难地乃至勉强地为法院调解社会化寻求某种正当性，不如以中国司法的历史与现实为切入点，从中国司法及社会自身予以阐释。或许，这样更具说服力，至少更利于剖析当下及以后坚持法院调解社会化之"名正言顺"。

1. 人案"剪刀差"

一个不争的事实是，当下法院正经受巨大的解纷压力。自改革开放以降，民事案件呈持续、高速增长：1986 到 1989 年，全国年均民事一审案件受理数不到 200 万件，尔后基本逐年攀升；2010 到 2016 年，全国年均民商事一审案件审结数约 920 万件。[①] 作为重要的替代性解纷机制，人民调解委员会及其解决纠纷数自 20 世纪 90 年代以降却不断下降。1991 到 2007 年，调解员人均年处理纠纷皆不足 1 件；2008 到 2009 年，调解委员会处理纠纷量仅相当于 20 世纪 90 年代初水平。[②] 总体上，法院不仅面临"纠纷涌向法院"与"人调委受案数低迷"的双向挤压，还经受着人案"剪刀差"引发的巨大解纷压力。所谓诉讼中的人案"剪刀差"现象，即法院受理案件数增长的同时，法官数量在减少，或法官人数没有增加又或增加幅度远远低于案件同期增长率。

人案"剪刀差"现象具有普遍性。1998 到 2008 年，上海浦东新区法院受理案件数从 20287 件增长到 42652 件，增长率 110.2%；同时，法官数量从 205 人上升至 249 人，增长率 21.5%。[③]2001、2005、

[①] 数据来源见本书第 183 页脚注 2、3、4。
[②] 数据来源见本书第 165 页脚注 1、2、3。
[③] 数据源自上海市浦东新区法院研究室司法统计，转引自陈琦华、包蕾：《"调解优先"理念在法院的实践——以上海市浦东新区人民法院诉前调解制度为视角》，载《"新时期调解创新与理论"学术研讨会论文集》，2010 年 4 月，第 318 页。

2008、2009 年,东莞两级法院收案数分别为 23414、47145、83998、127929 件,法官人均结案数分别为 93.7、241.8、277.6、312.31 件。[①] 虽然部分年份的人案数不明了,但人均结案数大抵呈上行之势。人案"剪刀差"现象不限于东部、沿海地区,西部地区的情形与之相似,如重庆市(见表 5.2)。

表 5.2 重庆市法院"人案关系"概况

	1950 年	1978 年	1990 年	1998 年	2008 年
受理案件数(件)	1248	29446	103820	225038	250457
法院人员数(人)	约 1120	约 2000	约 3580	5487	5861
人均案件数(件)	11.14	14.72	29	41.01	42.73

注:数据源自钱锋主编:《和谐司法的双重建构》,法律出版社 2010 年版,第 364 页。本书增加了"人均案件数"栏。

从全国法院系统来看,人案"剪刀差"现象也很直观(见表 5.3)。

表 5.3 全国法院系统"人案关系"概况

	2006 年	2007 年	2008 年	2009 年	2010 年
审执结案件数(万件)	855.5	885.1	983.9	1054.5	1099.9
法官人数(万人)	19.0	18.9	18.9	19.0	19.3
人均审执结案件数(件)	45.0	46.8	52.1	55.5	57.0

注:2006—2010 年审执结案件数、法官人数源自《人民法院工作年度报告(2010 年)》,载 http://www.court.gov.cn/fabu-xiangqing-2729.html。

理解"人均案件数""人均审执结案件数"需注意两点。其一,长期以来,我国法院系统的"法官"不限于具体承办审判、执行工作的那部分司法人员,而是指具有"法官"头衔或称谓的司法人员。鉴于此,事实上具体办案人员的任务还要重得多。其二,当下推行的法官

[①] 数据源自陈斯、段体操:《转型期司法调解的推进路径——以东莞法院为视角》,载《"新时期调解创新与理论"学术研讨会论文集》,2010 年 4 月,第 289 页。

员额制将一定程度上加大办案人员的工作量。尽管法官员额制及司法人员分类管理可能对中国司法制度之未来发展具有举足轻重的意义，但依初步观察，由于相当一部分此前承办案件的司法人员未能入额，不能以自身名义独立办案，由是导致"入额法官"的承办案件量将有相当幅度的上扬。[1]这将突显人案"剪刀差"现象。据报道，2017 年全国法院系统法官数额减少约 9 万，年度案件增长约 300 万。[2]

  人案"剪刀差"现象常常被研究者忽视，人们往往更关注诉讼案件数增长的一个侧面，即所谓"诉讼爆炸"。[3]尽管很多国内学者认为中国业已进入一个"诉讼爆炸"时代，调解也被视作应对之策[4]，但关键问题不在于"诉讼爆炸"，而在于中国司法呈现出一个诉讼率低下的相反趋势[5]。之所以当下法院受理案件数量在高位上持续徘徊，一个流行的解释是"诉讼全能主义"诱发"案件井喷""诉讼爆炸"，也导致一种注重通过法律实现社会生活的全面控制、干预之势。[6]这种观念

---

  [1] 法官员额制及司法人员分类管理引发的人均审执率短期上扬问题在实践中已经显现出来，个别法院也对此有所反应并尝试寻求解决之道（《提升审判质效 助力员额改革——山东莒南法院要素审判运行机制调查》，《人民法院报》2017 年 5 月 25 日，第 5 版）。私以为，当下司法改革的核心问题，仍在于解纷能力的相应提升与解纷资源的合理配置。排除解纷能力因技术性质变（如法律人工智能化）等特殊情形，一个可行思路在于借助司法大数据敲定各地、各级法院年均办案量、案件类型及司法队伍规模，并在此基础上建立动态的司法队伍调整机制。这可能是一个基础却有必要甚或有效的改革思路，却可能引发法官个人生活、家庭生活诸问题。另一个应对"人案压力"的思路从案件管理出发，建立案件动态移送机制。这涉及诉权、管辖、考核等一系列理论、实践问题，也同样棘手。

  [2] 《法官减少 9 万，案件增长 300 万，人均结案 500 才能进前 15》，载 http://www.sohu.com/a/218722313_119520，最后访问时间 2018 年 2 月 24 日。

  [3] "诉讼爆炸"是指诉讼案件过多，超越司法体制的承载能力，以至影响司法体系运作，并进而影响社会生活的一种现象。对美国诉讼爆炸现象的深入分析，见 Walter K. Olson, *The Litigation Explosion: What Happened When America Unleased the Lawsuit*, Truman Talley Books, 1991。

  [4] 何兵：《纠纷解决机制之重构》，《中外法学》2002 年第 1 期；《调解优先浇灭"诉讼爆炸"引线》，《法制日报》2009 年 7 月 30 日，第 5 版；《突围"诉讼爆炸"：案结事了之禅城模式》，《人民法院报》2011 年 1 月 15 日，第 5 版。

  [5] 徐昕：《论私力救济》，中国政法大学出版社 2005 年版，第 165—167 页。

  [6] 沈恒斌主编：《多元化纠纷解决机制原理与务实》，厦门大学出版社 2005 年版，第 395 页；陈德祥、王晓方、黄金波：《偏离与回位：民事纠纷多元化解决机制之重构》，载 http://www.chinacourt.org/public/detail.php?id=233953。

很普及，或出于从一个侧面"肯定法治建设成果"之故（这至少表明民众不仅"学法""知法"，还热衷于"用法"，即使不一定"守法"），或缘于对国民智识的"另类"理解。之所以既出现人案"剪刀差"又存在诉讼率低下的反向趋势，这说明司法服务能力尚不能充分满足民众的解纷需求。换言之，与其说"诉讼全能主义"引发诉讼爆炸，不如说非诉解纷机制缺失以致纠纷涌向法院。[①] 从整个社会来看，当诉诸法院的案件数量逐步增加，人民调解等解纷机制却在相当长时期内呈能力下降之势，这种反向拉伸与双重挤压直接揭示了非讼解纷机制的运行不良。还有一个旁证，当下纠纷不仅大量涌向法院，也习惯性向政府、党委、人大席卷而去。在纠纷流动的背后掩映着当代司法解纷能力不足的事实，并由此对当事人的救济行为产生消极导向。

个中缘由很明了，没人愿意将纠纷交给那些解决不了或不能妥善解决的机关，除非别无他途。2010 年 6 月在西南某市社区调研发现，社区组织解决或说经手办理的纠纷大多属于生活琐事，争议利益较大的纠纷大多绕过社区组织而直接诉诸其他部门。对此，居民的回答是"小事找村里，大事找上面。大事找村里，找了也没用"。由此可见，解纷途径的选择逻辑在于，当事人总是试图选择更为便捷、直接、低耗、有效的途径[②]，这是实用主义理念的典型体现。解纷途径的选择逻辑有助于认识当下法院的实际功效，在此逻辑下，目前的纠纷流动状况至少表明：一是社会缺乏有效的纠纷应对手段或说自身修复能力不

[①] 有学者认为，法院承受巨大的诉讼负担肇始于近年的诉讼费之大幅度下调，自此是"真的受不了了"（苏力：《审判管理与社会管理——法院如何有效回应"案多人少"？》，《中国法学》2010 年第 6 期）。

[②] 私以为，这与物体总是沿能量消耗最小的路径运动的物理学理论极为相似，如电流、水流的运动，也与社会、经济、生活中的其他行为选择逻辑相似，如交通堵塞时的汽车、人潮拥挤中的行人、商品价格的变动等。此外，人文社会学科研究与自然科学研究之间的隔离与通约，本身也是一个重要的方法论问题。更多讨论也可见黄宗智、高原：《社会科学和法学应该模仿自然科学吗？》，载黄宗智：《实践与理论：中国社会、经济与法律的历史与现实研究》，法律出版社 2015 年版，第 636—672 页。

足；二是法院解纷能力及其效果有限，民众对司法解纷的可接受性不高。质此之故，人案压力越大，往往法院调解社会化的动力越大。研究也表明，法院的案件负担情况与委托调解的意愿呈正比。①

2. 成本转嫁与外部性②

向司法体系外寻求助力、整合解纷资源是应对人案"剪刀差"现象之一有效措施，也是一种比较经济的选择。从功利主义立场出发，法院调解社会化不仅有助于缓减人案"剪刀差"，还较为实惠，毕竟法院规模扩张与法官队伍建设涉及法学教育、司法培训、薪酬待遇、人事考核、档案管理诸问题，而将社会力量尤其调解组织的解纷能力整合到司法活动之中或说将司法与其他解纷方式组合起来，这类安排可能呈现的"双赢""多赢"局面是容易预见的。

司法成本与收益是诉讼中不能回避的问题。本书关注法院调解社会化中法院的司法成本转嫁与收益的外部性。所谓司法成本转嫁，即将法院、当事人等司法参与者所应承担之总诉讼成本借助制度安排在彼此间予以全部或部分转移，或转移至其他组织及个人。对于司法成本转嫁的基本出发点，有学者基于当事人诉讼成本负担，认为"通过对当事人负担的诉讼成本进行调整来影响人们利用审判＝购买正义的行动，以达到使正义的生产与社会投入的总资源之间实现最佳配置的目的"，并将成本转嫁机制区分为"第一次转嫁"与"第二次转嫁"：前者指"根据一定的政策目的，把本来由法院负担的一部分审判成本转嫁给当事人，变成诉讼成本或诉讼费用，或者相反把诉讼成本转化为审判成本"；后者指"经过这样的第一次转嫁后，再把当事者负担的

---

① 刘加良：《委托调解原论》，《河南大学学报》2011 年第 5 期。
② 有学者认为，外部性理论是"胡说八道""无知""无聊玩意"（张五常：《经济解释》，中信出版社 2015 年版，第 754—760、828、833 页）。私以为，张氏所言乃着眼于外部性理论蕴含的政府干预意涵，职是之故，方有斯言。不同于张氏从合约结构的视角看待外部性理论，本书旨在将外部性与成本—收益尤其司法成本转嫁结合起来考察，分析法院调解社会化之溢出效应及现实意义。

第五章 迈向国家—社会互动型委托调解——法院调解社会化的现代重构

成本在一定条件下向第三者或对方当事者转嫁"。[①] 从整体论视角观之，司法成本转嫁的基本目的在于实现诉讼效益最大化；此处诉讼成本的二次转嫁机制显然是基于西式司法体制建构的理论模型。这种二次转嫁机制有助于理解中国的诉讼成本转移，但仍有相当的不足。譬如，前文业已显示，中国司法中的成本负担很多时候不限于当事人之间或其与法院之间的转换与流动，许多成本转嫁无规则可循，系状况性成本分配。职是之由，本书对司法成本转嫁作更具广包性的界定。

对于法院，调解社会化过程也是一个成本转嫁过程，甚至可以称作司法成本社会化转移。这个成本转移主要针对通常意义的法院调解而言，将原由法院支付的司法成本转移给当事人、协助人、受托人或其他组织及个人。法院司法成本主要指为审理案件而投入的人、财、物。这些物质性投入既包括对一套常设性司法机构、司法队伍的通常性开支，如设施建设及维护费用、司法人员的薪金福利，也包括具体办案中的人、财、物消耗。在法院调解社会化情形下，被转移至其他组织及个人的司法成本主要是具体办案中的人、财、物投入。[②] 当然，根据目前法院调解社会化的主要形式来看，仅仅是部分司法成本被转嫁出去。一般意义上，各种形式中被转嫁出去的司法成本份额有所区别。其中，转嫁份额最大者为委托调解，邀请调解次之，而陪审员参与调解几乎不发生明显的成本转嫁。在委托调解中，由于法院保留着对调解活动及结果的司法审查权，故不可能将司法成本悉数转嫁给受托人与当事人，司法审查的消耗及相应信息交换费用仍由法院承担；

[①] 棚濑孝雄：《纠纷的解决与审判制度》，王亚新译，中国政法大学出版社 2004 年版，第 283、284 页。

[②] 有学者指出，法院的司法成本主要属于经济性投入，通常不会直接注入非经济性成本（顾培东：《社会冲突与诉讼机制》，法律出版社 2004 年版，第 38 页）。与其说法院的司法成本通常不涉及非经济性成本，毋宁说非经济性投入不易被观察，尤其不易被度量（"度量"一词在此并不理想）。在每一次诉讼中，势必有一定"量"的司法权威、公信力被投入乃至"押注"在具体诉讼中，随诉讼而实现"再生产"或"消散"。

在邀请调解中，司法人员与协助人共同实施调解，但因协助人类型复杂，故而不同类型协助人参与调解的成本转嫁有所区别。在很多地方的规定中，普通民众参与邀请调解通常会得到一定数额的补贴。但是，当事人亲友、代理人、政府职能部门及其工作人员参与调解，往往没有补贴。推动调解活动及促进调解协议的成本投入则转嫁给协助人与受托人。基于此，法院司法成本也部分转嫁给当事人，当事人为寻求合意所做一切努力都相应地避免了法院的人、财、物支出。

一个问题接踵而至，即协助人、受托人、当事人及其代理人为什么接受司法成本转嫁？这些组织及个人接受成本转嫁通常基于利益获取，或说投入成本以换取收益。以委托调解的成本转嫁为例，如人民调解等受托组织之所以承受、分担法院司法成本，主要缘于此种参与可以给人民调解组织带来收益。前文指出，在相当长时期内，人民调解一直处于停滞状态，参与法院调解对激活人民调解的制度能量具有不可估算的价值。当然，这种分析是基于整个解纷体系而言，对于具体每个人民调解组织而言，很大程度上是与行政业绩考核有关。人民调解的管理机构是司法行政部门，对该部门考核是近些年各地力倡人民调解参与法院调解社会化的重要动因。司法行政部门对法院调解社会化的积极反应是业绩考核的"大棒"与负责人升迁晋级的"胡萝卜"之双重作用的产物。其他组织及个人也往往基于不同情形而分别获取不同形式的利益。这就触及法院调解社会化的实效问题，之所以部分组织及个人在调解中没发挥出显性功能，或许与利益预期有限或缺失有关。对于当事人，最基本的收益是通过调解让受损权利可以全面或部分恢复，或因纠纷平息所产生的精神慰藉，或因调解而少支出的费用。对于法院，案件得以解决尤其通过调解终结诉讼程序，减少程序运行成本消耗。在法院调解社会化中，尤其委托调解也包括非典型邀请调解，法院还可能获取某种规避司法风险的收益。显然，这种风险规避主要体现为躲避错案追究与应对棘手案件。其中，棘手案件不一定是复杂、疑难、重大案件,只要法院认为难以通过正常诉讼程序处理,那么无论多么简单、明确、琐碎的案件均可能被标识为棘手案件。何盛芙案从诉讼法理及实体法层面看,很难被归为复杂、疑难、重大案件,却是一桩典型的棘手案件。相对而言,后街房产纠纷案尚可算作重大案件,毕竟涉案人数众多、对抗手段激烈、抗争规模宏大。对于法院,通过调解社会化规避司法风险,不仅转移风险成本,规避本身也是收益的一种体现。

通常而言,与受托人、协助人不同,法院不会也不可能投入非经济性成本,却可能换来非经济性收益,如纠纷解决之于社会秩序维系的价值。这种收益具有外部性特质。外部性(externality)即因交易而给第三方施予成本或赋予收益,也称溢出效应、外部影响等。[①] 当案件得以解决从而对社会秩序的冲击得以缓减,这种价值对于其他社会主体具有积极意义。

务须提及,如果说案件解决对社会秩序维护产生积极意义属于法院调解社会化的正外部性,那么也可能产生负外部性,即法院调解社会化对当事人、法院、协助人、受托人之外的主体产生消极影响。这种负外部性可能反映在解纷途径选择方面,也可能是权利维护方面的消极影响,还可能是义务人过度承担责任,最深远的负外部性可能是对民众日常行为的负面导向。但负外部性的产生根源不在于法院调解社会化本身,而主要受制两大因素:一是调解这种合意性纠纷解决机制的运行特征,即当事人各方的实力对比会影响合意,如社会地位、文化教育、经济实力;二是调解社会化运行中的政治化现象会助长负外部性,毕竟这种政治化倾向往往偏离正常路径。

有学者认为:"诉讼具有负价值,……错误成本与直接成本大于程

---

① 外部性界定及其认知谬误,还可参阅张维迎:《经济学原理》,西北大学出版社2015年版,第302—312页。

序利益。尽管个别的原告能够获得损害赔偿和其他救济，从而从诉讼中受益，但全面地看，诉讼纯粹是一种损失。因此，从社会的立场或从潜在的原告或被告的立场来看，应避免打官司。"① 这可以一定程度地支持法院调解及其社会化。但本书认为，与其说诉讼具有负价值，毋宁说纠纷本身具有负价值。② 纠纷解决势将不同程度地消耗社会财富，任何一种解纷措施都有成本付出，即使单方躲避、忍让也会产生成本，个中差别仅在于成本大小。但是，对具有"反社会性"的纠纷不予反应，后果可能不堪设想。有学者指出："即使一个政权决心不惜代价地实现司法正义，它将这种决心变成现实的能力仍然受到资源限制：法官、法庭是有限的，维持或者增加法官、法庭的财政预算也是有限的。"③ 甚至大量付出也不意味诉讼一定会实现司法正义。在此意义上，调解机制产生的负外部性并非完全不可接受。基于法院调解化的外部性，更利于认识调解、诉讼等解纷机制的价值。

至此，可以清晰洞察法院对待调解社会化的基本态度：一是将司法成本部分转嫁给其他组织与个人；二是获取大量收益。在逻辑上，法院有足够的动力参与、支持、推动法院调解社会化，只要受托人、协助人有足够能力应对纠纷。因此，现实中法官不欢迎社会力量参与法院调解，主要基于社会力量能否真正产生作用并给法院带来前述收益。故而，法院排斥的不是社会力量介入法院调解，而是反感社会力量的勉强介入没有带来实质性方便。在此，所谓社会力量介入可能产生权力分享，这或许仅是影响法院态度之一方面，甚至不是核心因素，毕竟法律实用道德主义历来活力澎湃。

---

① 迈克尔·D. 贝勒斯：《法律的原则——一个规范的分析》，张文显译，中国大百科全书出版社 1996 年版，第 37 页。

② 即便这种委婉提法也为许多学者所反对。科塞认为，冲突具有正功能，是社会运动、进步的原动力，有助于消除分立而重建统一。L. 科塞：《社会冲突的功能》，孙立平等译，华夏出版社 1989 年版，前言、第 2、4、5、7 章。

③ 方流芳：《民事诉讼收费考》，《中国社会科学》1999 年第 3 期。

3. 法院调解社会化与转型时代

当代中国正处于结构性转换阶段。在改革开放之前的总体性社会结构中，社会资源和结构性活动空间基本由国家控制，民众对于国家高度依附，社会自治空间被极度压缩，任何独立（含倾向）于国家的社会力量，或遭抑制，或成为国家机构之一部分。这种国家与社会的关系重组，直接目的在于增强国家能力，以应对近代中国被拽入世界性结构之后遭遇的总体性危机，以及在总体性危机结束之后达至富国强兵。改革开放之后，社会资源的自由流动度和社会空间的自由活动度加大，社会自治始有存在空间并开始扩张，且改革伊始就已明确将调整国家与社会的关系作为改革的目标之一。[①] 虽然改革以降呈现某种"结构断裂""权利失衡"以致制度框架难以容纳、整合那些破碎部分的局面[②]，但当代中国社会—政治之基本特征是"政治基本稳定，社会矛盾突出"。即便那些对社会秩序冲击力度最大的群体性事件也"主要源于利益分化和分化了的利益之间的矛盾，政治化和意识形态化的程度很低，对政治稳定的影响相对有限"。当下冲突主要属于利益型冲突，即一种理性化冲突，冲突内容非常简单，就是利益问题。[③] 这类冲突不包含也不涉及政治因素与意识形态。同时，突破总体性社会结构的社会变迁过程仍在继续。[④]

在发展机遇与矛盾凸显并存之际，法院系统提出"能动司法""司

[①] 孙立平、王汉生、王思斌、杨善华、林彬：《改革以来中国社会结构的变迁》，《中国社会科学》1994年第2期；孙立平、晋军、何江穗、毕向阳：《动员与参与——第三部门募捐机制个案研究》，浙江人民出版社1999年版，第6—11页。

[②] 孙立平：《断裂：20世纪90年代以来的中国社会》，社会科学文献出版社2003年版，第1—19页；孙立平：《失衡：断裂社会的运作逻辑》，社会科学文献出版社2004年版，自序，第5—6页。

[③] 孙立平：《博弈：断裂社会的利益冲突与和谐》，社会科学文献出版社2006年版，第278、281、283页。

[④] 改革开放以降国家与社会的关系变迁，以及社会冲突与社会稳定的分析，见孙立平：《转型与断裂：改革以来中国社会结构的变迁》，清华大学出版社2004年版。

法能动"等响亮口号,相关报道及论述可谓汗牛充栋。法院调解社会化在很多时候被整合或说结合到能动司法运动之中。但是,这些口号显然与"司法能动"原旨出入甚大。从世界范围来看,考察司法能动主要集中于法官造法与司法审查:前者是无规则或者无适当规则可循时,寻找或创制规则;后者在于确定既有规则的合法性及合理性等。①

---

① 奥利弗·W. 霍姆斯在《普通法》开篇警示世人:"普通法的生命不在于演绎,而是经验"(The life of the law has not been logic: it has been experience)。见 Oliver Wendell Holmes, *The Common Law*, Little, Brown and Company, 1923, p. 1(对霍氏论断的解读,受益与宋雷先生的交流,特致谢意! 霍氏这一论断时常被解读为"法律的生命不是逻辑,而是经验"。但通读 *The Common Law* 一书会发现:其一,霍氏所言的 the law 系"普通法",而非通常意义上的法律;其二,霍氏所言的 logic 译作"演绎"比译为"逻辑"更恰当,因为该书开篇就指出"本书旨在概述普通法。为此,演绎之外的其他研究方法同样亟需"。所谓法律的含义,即"对于法院实际上将要做什么的预测(prophecies),而不是什么其他的自命不凡"(霍姆斯:《法律的道路》,载霍姆斯:《法律的生命在于经验——霍姆斯法学文集》,明辉译,清华大学出版社 2007 年版,第 211 页)。对霍姆斯法律理念存在诸多不同解读,以至各个霍姆斯主义者之间常有不同持论。其中,与本书联系最为紧密的是,认为霍氏秉持司法克制理念。有文章认为,霍姆斯在"Lochner v. New York"一案中提出了司法克制理论("司法克制"的表述乃后人概括)。见马聪:《司法克制理论的内涵及其现实意义》,《华南师范大学学报(社会科学版)》2008 年第 5 期。本书以为,与其说霍氏在该案中提倡了司法克制观念,毋宁说,其批驳斯宾塞式自由主义,进而转向对公共利益维护和社会正义的关注。在 10 余年后"Coppage v. Kansas"和"Hammer v. Dagenhart"诸案中,霍氏再度展示了其对法的社会向度的关注。有文献指出,"霍姆斯及其追随者认为,宪法和普通制定法提供了审案的原则,但要把这些原则运用到具体的案件中则与适用先例一样具有很大的不确定性……需要在法律空隙处进行立法"。但对于司法权扩张问题,霍氏却秉持有限的司法权观(见克里斯托弗·沃尔夫:《司法能动主义——自由的保障还是安全的威胁?》,黄金荣译,中国政法大学出版社 2004 年版,第 33—34、207—208 页)。除却经济管制问题,在涉及宪法第 1 修正案所保障的表达自由案件时,霍氏又表现出对立法机关侵犯公民权利的担心(见伯纳德·施瓦茨:《美国最高法院史》,毕洪海、柯翀、石明磊译,中国政法大学出版社 2005 年版,第 243 页)。概言之,姑且不论是否将这位"最伟大的异议者"视作司法能动主义的持论人,霍氏对法律形式主义的批判及从经验出发的现实主义法律观等的确使将其归为司法克制主义始作者的努力变得艰难。

本杰明·卡多佐则旗帜鲜明地指出:"与宣告法律的权力伴随的就是——在法律不存在之际,并在法官义务的限度之内——制定法律的权力",而且"司法过程的最高境界并不是发现法律,而是创造法律"(本杰明·卡多佐:《司法过程的性质》,苏力译,商务印书馆 1998 年版,第 77、105 页)。在对待先例及制定法方面,卡尔·N. 卢埃林极富激情地呼吁:"司法奴性不仅产生不正义,而且产生了日复一日的不可估量性",所以在司法裁判时,"除了先例,法官还像陶工一样有创造性的双手"(卡尔·N. 卢埃林:《普通法传统》,陈绪刚、史大晓、仝宗锦译,中国政法大学出版社 2002 年版,第 35、139 页)。该书主要着力点在于上诉法院是如何开展司法活动的。本书以为,考察上诉法院的司法活动是理解普通法系司法特征的一个极好窗口。毕竟审判中的"立法"因素在上诉法院中表现得更明显(见米尔伊安·R. 达玛什卡:《司法和国家权力的多种面孔——比较视野中的法律程序》,郑戈译,中国政法大学出版社 2004 年版,第 209 页注 75)。

显然，中国能动司法与其原旨有本质区别。能动司法既不是强调"法官造法"，也不是通过"司法审查"扩张政治影响力。所谓"能动司法"不过是服务于经济社会发展、社会和谐有序的中心任务，通过在司法实践上进行方法创新与突破（从报道来看，司法能动口号下的司法创新很多属于对传统或既有司法方式的回归），以追求在社会治理创新中的发言权与政治地位。

（接上页）前述研究从不同角度、不同程度上涉及法官造法问题：缘于法律与社会生活并非总是一致，故而法官需要在具体司法活动中能动地创造规则。较之法官造法，严格意义的司法能动主义主要体现在司法审查方面。约翰·哈特·伊利在其代表作《民主与不信任：美国司法违宪审查理论》中主张，应突破既往宪法辩论时的两分法思维脉络（即，须亦步亦趋地追随那些撰写宪法里关键用语之制宪先贤们的思想，且唯有在想必制宪先贤们也会对某些争议措施加以非难的情形下，才能宣告该争议措施为违宪；或，除对立法者所做的价值选择进行再度推测 [second-guessing] 之外，没有其他方法可提供法院据以审查系争立法），进而尝试建构有关司法审查第三种理论：将关注重点转移到如何规范立法机关及其程序方面，从而回避司法审查针对实体价值进行判断时可能衍生出来的弊病，转而在程序层面着力（约翰·哈特·伊利：《民主与不信任：美国司法违宪审查理论》，刘静怡等译，商周出版社2005年版，前言，第14页。在第1、2章中，伊利对解释主义 [探寻制宪先贤意图] 进行了分析；在第3章中，伊利考察价值分析诸问题；在第4章中，伊利分析了"参与导向" [Participation-Oriented] 和"强化代议制" [Representation-Reinforcing] 的司法审查进路，并建构出程序主义的司法审查理念；在第5、6章中，伊利运用前述理念分析了选举、立法和少数群体等问题；在结论部分，伊利指出，应将司法审查限制在宪法的开放性条款之下，仅仅关注参与问题，而非关注受抨击之政治选择的实体价值）。

与伊利的司法审查观及其论证风格迥然不同的是克里斯托弗·沃尔夫在《司法能动主义——自由的保障还是安全的威胁？》中的努力。该书一方面沿着司法审查的历史进路界定并描述司法能动主义及其实践："最不危险部门" —— "Marbury v. Madison" —— "Lochner v. New York" —— "1937年宪法革命" —— "沃伦法院及其继承者"（关于"沃伦法院"及司法能动主义实践的更详尽描述，见莫顿·J. 霍维茨：《沃伦法院对正义的追求》，信春鹰、张志铭译，中国政法大学出版社2003年版。该书记载了厄尔·沃伦担任首席大法官期间 [1953—1969]，联邦最高法院对法律平等保护范围的扩大、对言论和新闻自由保障的强化、对立法机关中不平等分配议席做法的改变、扩大刑事被告人的宪法保护等重大事件，并展现沃伦法院"改变并创造历史"的伟大业绩。关于"伯格法院"及其司法审查问题，还见鲍勃·伍德沃德、斯科特·阿姆斯特朗：《最高法院的兄弟们：美国联邦最高法院要案审理纪实》，吴懿婷、洪俪倩译，当代中国出版社2009年版。该书涉及联邦最高法院在该时期的运作内幕，特别揭示了民主政治与司法审查的紧张）。另一方面运用辩论式手法以据实展示在司法能动主义问题上的各方观点及其论证。虽然有关司法能动主义的探讨在美国尚是一场没有结束的论辩，但该书作者仍采取并表达了其固定立场——"司法能动主义是一个不幸的现象，如果没有它美国将会变得更美好"；作者还试探性地主张，在司法能动主义问题上寻求中间立场及路线（克里斯托弗·沃尔夫：《司法能动主义——自由的保障还是安全的威胁？》，黄金荣译，中国政法大学出版社2004年版，第4页 [前言]，第197页）。

应当说，转型期法院系统倡导能动司法的初衷是可以理解的。同时，虽然法院调解社会化与司法能动没有太过紧密的联系，但正如通过倡导能动司法以在转型社会中争取某种政治性或政策性利益一样，法院调解社会化的确可以对社会转型产生积极意义，且同时受社会转型的深刻影响。如学者言："整个现代社会司法的政治功能其实在增强，而不是在削弱。"[1] 尽管许多调研表明，当下中国司法在某种程度上仍受党政等诸多部门的不同形式的影响，但总体而言，个案实践中的政治性影响因素却呈减弱之势（尽管未必是"逐次递减"）。法院系统围绕中心工作任务而采取诸多即时性措施仍然保持并强化着法院的政治功能。至少可以说，在司法体系整体运行方面，司法仍然拥有相当分量的"话语权"并呈增强之势。本书认为，司法体系应当通过其整体运行对政治有所作为，但在具体个案中应与政治保持足够充分的距离。个中缘由很清楚，如果司法在社会整体秩序维护及权利保障方面功能卓著，那么其在整个国家权力体系中的权重自然会增长。虽然法院调解社会化与严格意义上的司法能动无甚关联，但在司法活动中引

（接上页）在美国之外，法官造法和司法审查等司法能动主义问题也被学者们论及，即使在侧重点、切入度诸方面有所迥异。皮罗·克拉玛德雷认为"司法过程的典型体貌不是程序法赋予的，而是那些实施它的人的心灵习惯赋予的。成文法只是框架；它的形貌，连同色调和明暗度，是由习惯和常例（usages）构成的"。当法官不能在法律中找到现成答案时，"他必须从内在的正义感中寻求解决手头案件的方法。判决并不是预制的（prefabricated）；它必须被制作，以供宣布"。毕竟"事先制定的法律是刺激法官心智的因素之一，但它并不是唯一因素"。此外，克氏还指出，司法制度应充分适应自由社会的要求（皮罗·克拉玛德雷：《程序与民主》，翟小波、刘刚译，高等教育出版社2005年版，第9、17、24、38页）。就"司法过程—法官造法""司法过程—社会需求"诸问题，克氏高足莫诺·卡佩莱蒂作了进一步研究：在探讨法官造法的正当性、法官造法的权力及其限度、司法权扩张诸问题后，卡氏提倡一种回应型司法责任模式；在司法审查问题上，卡氏批判伊利倡导的程序主义的司法审查理念，主张重新关注司法审查中的价值保护问题；卡氏还探讨了实现司法与社会需求互动的若干制度，并分析法院（譬如欧洲法院）在社会生活和政治过程中的积极作用（莫诺·卡佩莱蒂：《比较法视野中的司法程序》，徐昕、王奕译，清华大学出版社2005年版）。通过探讨司法能动及其他问题，该书旨在阐释一种司法观念："当代民主社会中司法程序的性质……能促使司法机构发现和表达一个多元社会中的普遍价值"）。

[1] 朱苏力：《中国司法的规律》，《国家检察官学院学报》2009年第1期。

入社会力量却与社会转型的方向保持着高度一致。当下中国仍是一种"强国家—弱社会"模式，社会转型的核心要义在于解放、激发社会力量，通过重建社会来建构强大的民族国家。如恩格斯言："决不是国家制约和决定市民社会，而是市民社会制约和决定国家。"① 社会转型的一个主要目标在于建构公民社会，毕竟市民社会与政治国家的矛盾发展，构成了法治运行的基础与界限。② 将社会力量导入法院调解无疑与这一宏大时代背景相吻合。毕竟诉讼、司法是纠纷解决"最后防线"，却不是也绝不应当是纠纷解决"前沿阵地"。当纠纷在基层社会中发生、运动（纠纷烈度的上行与下行）时③，社会自身有反应及应对的过程。当然，纠纷诉诸法院总有诸多原因，绝不可能仅仅是因为纠纷烈度达到某种程度以致必须借助诉讼方可平息、缓和。此外，还可能在达到足够烈度之后寻求其他解决途径。社会救济是市民社会应当具有的一项重要的修复功能，否则市民社会难以建成更难以维系——在某种意义上，纠纷解决的社会救济过程与市民社会的自身建构是同一的，彼此同构。所以，社会救济机制是市民社会保持相对稳定状态的必要装置。与其法院力量能动地伸向基层社会，不如切实地将社会力量导入（而非整合进）法院调解，并借助更合理的制度框架适应社会转型的时代背景。

（三）法院调解社会化的限度：两重视角、三项原则

法院调解社会化具有理论正当性与逻辑自洽性，但不意味"社会化"是一个无限制且无条件的范畴。法院调解社会化中的"社会化"应当且必须保持必要的限度。这个"限度"既是社会化的正当性边界，

---

① 恩格斯：《关于共产主义者同盟的历史》，《马克思恩格斯全集》第21卷，人民出版社1965年版，第247页。
② 马长山：《国家、市民社会与法治》，商务印书馆2005年版，第127—201页。
③ 纠纷运动的一个理论范式，见徐昕：《纠纷运动的理论框架》，2009年，未刊稿。

也是其可行性保障。当然，明确界定社会化限度是一个难题。这不仅是因为语言表述本身无法避免的模糊性，也是缘于问题本身的棘手。因此，将社会化边界明确地定格于某一点或某一层面，无疑是非常困难的。质此之故，本书之期望莫过于做尝试性努力，通过"两重视角、三项原则"以概括分析法院调解社会化之限度。所谓"双重视角"指制度构建、个案适用的角度；所谓"三项原则"指有限性、适宜性、优先性原则。无疑，双重视角、三项原则的共同作用只是为社会化限度设置一个大致范畴（试将"双重视角"融入"三项原则"论之）。

1. 有限性原则

依制度建构视角观之，有限性原则主要体现为两个方面：一是指案件范围之有限，即通过法院调解社会化处理的案件范围有限；二是指解纷功能之有限，即作为解纷制度之一种，其在整个解纷体系中仅具有限的功能。制度建构之有限原则的意义在于，这决定了法院调解社会化不可能成为法院调解之唯一运行方式，至少在当下诉讼体制及司法实践中如此。依个案适用视角观之，有限性原则强调在通过调解社会化处理案件时充分考虑当事人之意愿及案件处理的具体情境，将功能有限的原则贯彻始终，不可为了社会化而固执地坚持社会化处理方式。

2. 适宜性原则

在制度建构层面，将适宜法院调解社会化处理的案件作为主要适用对象。在个案适用层面，具体个案是否通过调解社会化方式进行处理，除受当事人意思自治这一核心原则的支配、制约外，案件是否予以法院调解社会化处理的裁量权由法院行使，依据可行性与必要性予以裁定。对于可以通过法院调解社会化进行处理的案件还须具有予以社会化处理之必要，方可如是处置。在个案适用中，这种适宜性就体现为当事人对案件是否适合、是否愿意、是否予以社会化处理的意思表示，以及法院对案件是否可以、是否有必要予以社会化处置的综合判断。

3. 优先性原则

在制度建构时,应尽可能将法院调解社会化设置在其他公力救济程序之前,甚至可以考虑将其作为某些案件的前置程序,但程序启动之决定权必须由当事人掌控。[①] 相对于一般意义上的法院调解而言,法院调解社会化具有公力救济向社会型救济过渡的影子,且法院调解社会化尤其委托调解体现国家权力与社会力量双重作用的制度属性。在程序设置上将社会自我管理优先于国家介入且由后者支撑前者,这与迈向市民社会的时代转型也极为吻合。当然,这以社会自我管理不违反法律法规之强制性规定且又契合社会风尚与道德习俗为前提。在个案适用时,鉴于调解社会化这种解纷方式具有较强的社会属性,因此,可以坚持"社会自治在先、国家强制在后"的解纷思路,这对培育社会解纷力量以及打造"司法作为最终纠纷解决方式"的整体性格局极为重要。职是之故,个案适用时,应尽可能将调解社会化置于公力救济之前,或在可能的情况下将该种解纷方式置于公力救济的程序罅隙之中。尤其避免将调解社会化或其"变种"作为后司法解纷手段,如判后委托调解之类。

六、法院调解社会化的制度重构

(一)制度重构的态度与立场

在立法论层面探讨法院调解社会化制度重构,则有必要对制度重

[①] 有学者指出,"调解优先"的司法政策并不意味"调解万能",其意义在于进一步促进调解在民事诉讼中的作用,并适应社会需求,在刑事、行政领域引进协商性因素。在民事诉讼中,"调解优先"符合私法自治原则,当事人处分权优先于公共利益考量,除法律明确禁止或限制的情形外,调解与协商和解是当事人的权利,也是法官的义务和责任,一般不能因公共利益而否定或限制调解(范愉:《"当判则判"与"调判结合"——基于实务和操作层面的分析》,《法制与社会发展》2011年第6期)。

构之立场与态度做些交代。笔者一贯主张：首先，具体制度设计尤其程序事宜的琐碎制度性安排，大抵"仁智相见"。如调解期限设为10天，抑或20天，还是30天，不同设置之间往往不存在根本性、本质性区别，或者均可以找到充足的理由以证成该设置之必要、可行。问题之关键在于，类似理论证成与逻辑自洽分析常常无法被证伪。但凡不能被证伪的命题皆需小心对待。此意义上，这些具体以至琐碎的制度安排通常重要却未必关乎宏旨。

其次，对于法院调解社会化之具体制度尤其邀请、委托调解的实践缺陷，既有成果业已不同程度涉猎且详细、充实[1]，故不赘述。这些构成探讨法院调解社会化制度重构的智识参考。

再次，制度建构在某种程度上是研究的较高层次。一方面，本书尝试实践主义法学研究范式，从繁复、琐碎、庞杂的法律实践中提炼出具有学术生命力与理论张力的问题，遂分析之，以避免学术研究与立法实践的混淆。学术之核心要义在于实现智识增量、追求理论贡献，尽可能避免出现法学研究之"环大会堂现象"。[2] 学者之使命在于提出有批判力、洞察力的命题，如果可能则建构具有思想深度的理论体系，而非"立法草案"执笔者。另一方面，从立法论视角研究制度又是极其重要的，且应在理论探讨之深度、广度达至相当程度后方宜进行，也才可能顺利开展。此亦理论成果的现实转换。当学术界尚未对法院调解社会化完成通透研究之前，任何期图提供一整套通盘制度设计的想法，往往只是某种激情使然。充分、透彻的理论证成及"理论—实

---

[1] 如李浩：《法院协助调解机制研究》，《法律科学》2009年第4期；李浩：《委托调解若干问题研究——对四个基层人民法院委托调解的初步考察》，《法商研究》2008年第1期；李浩：《调解的比较优势与法院调解制度的改革》，《南京师大学报（社会科学版）》2002年第4期；肖建国：《司法ADR建构中的委托调解制度研究——以中国法院的当代实践为中心》，《法学评论》2009年第3期；范愉：《诉前调解与法院的社会责任——从司法社会化到司法能动主义》，《法律适用》2007年第6期。

[2] 中国法学研究状况评价，见本书导论。还见陈瑞华：《论法学研究方法》，北京大学出版社2009年版，第113—116、177—179页。

践"之反复应照、修正及耦合,是制度设计及其研究的前提。[①]

最后,对于连续性极强的研究,从制度建构之核心环节或基本思路、原则、框架等角度出发,是一种相对谨慎的制度建构分析策略。一个基本观点是,即便在特定制度建构思路之下,也会产生不尽相同的制度构造,所谓"仁者见仁、智者见智"。故而,可以将研究重心与分析切入点置于那些有可能影响或支配制度构造、发展面向的基本思路及框架。在理论上,这类研究可以保持论述应当具备的学理性,不会陷入一般、琐碎的制度细节;在实践上,这类研究有可能影响并决定制度命运,并不同程度地影响具体制度设计。毕竟,支撑制度与引领制度重构的思路与原则,以及遵循这些原则与思路所建构的基本构架/框架最能起到"提纲挈领""牵一发而动全身"之功效。

(二)一项原则的反思:作为解纷方式的法院调解

相当长时期以来,法院调解被视为一项民事诉讼基本原则,这也是学界主流看法。[②] 实践中更是将调解以司法实务基本原则(乃至司法政策)对待,由是,制度实践遂成"调解审判化"与"审判调解化"共生。反思调解原则不仅关乎正确对待法院调解,尤其与法院调解社会化的正当性及制度重构攸关。由于调解与审判的本质存在区别,所以二者并存于同一审判结构中往往影响司法活动的顺利开展或者说依法、依程序开展。但是,如果调解一直被视作民事诉讼基本原则,那

[①] 一个经典性、深入人心的例证无疑是两百年前围绕德国民法典编纂展开的那场旷日持久的学术论战。其中,萨维尼旗帜鲜明地主张,法乃"民族精神"之体现,非立法者可任意创造,也非纯粹的理性产物,法典编纂依赖诸多主、客观条件。此间,法学研究与法典编纂也有重要关联(见弗里德里希·卡尔·冯·萨维尼:《论立法与法学的当代使命》,许章润译,中国法制出版社2001年版,第35—40页)。

[②] 如一些重要的教科书,柴发邦主编:《民事诉讼法学》,北京大学出版社1998年版,第70—73页;常怡主编:《民事诉讼法学》,中国政法大学出版社1999年版,第117—119页;江伟主编:《民事诉讼法》,高等教育出版社2007年版,第32—33页;谭兵主编:《民事诉讼法学》,法律出版社2004年版,第110页。

么调解可以适用于任何诉讼阶段。因为基本原则就意味其于民事诉讼之立法及司法活动的全过程具有指导意义,且贯穿诉讼始终,并对诉讼活动产生根本性影响。众所周知,中国法院调解制度具有相对独特的发展历程,是不同时期相对复杂的历史背景与社会文化综合作用的产物。虽然立法将其视为一项民事诉讼基本原则,但显而易见的是,法院调解更多是一种解纷机制或说结案方式,不具备指导诉讼活动的功能。除了在立法层面被视作基本原则,制度缘起及其发达史也清晰地表明,法院调解与仲裁、私力救济一样,只是解纷机制而已。即使不说法院调解与审判截然不同、"水火不容",但二者的确是两套不同的解纷机制。①

法院调解不再被视为诉讼原则而作为解纷机制,这利于法院调解社会化的制度重构。个中原因有二:其一,在逻辑上,对于诉讼原则的重构或修正,势将涉及整个诉讼机制,工作之巨可想而知。刻下,法院调解并没对整个诉讼活动产生指导作用,也不是诉讼立法的基本出发点。此意义上,法院调解社会化制度重构不牵涉诉讼基本原则问题,也不影响整个诉讼架构及其程式。通俗地说,法院调解社会化制度重构仅是一场"局部战斗"。其二,将法院调解视为与审判、仲裁、和解、私力救济等并行的解纷机制,对于建构一套体现公力救济与社会型救济相衔接、互动的解纷机制则显得名正言顺。否则,一项诉讼基本原则何以与作为解纷方式的审判衔接、互动?但凡说衔接、互动,各者在逻辑上应具有同质性、相似性,如相互衔接的几种事物均是具体的解纷机制。如前所言,狭义司法权实为一种判断权,这主要针对裁判者功能而言,这与调解者促进合意的功能定位相距甚殊。因此,

---

① 早有学者对法院调解是否适宜作为一项诉讼原则予以反思。邵俊武:《民事诉讼中法院调解原则的再认识》,《政法论坛》2000年第1期。近年著述大抵在逐步抛却原则说,如常怡主编:《民事诉讼法学》,中国法制出版社2008年版,第342页;张卫平:《民事诉讼法》,法律出版社2019年版,第349页。

将两种不同思路的解纷方式组合起来，无疑是"一加一大于二"的系统论在法院调解制度改革中之运用，而法院调解社会化正是此种努力。当然，从世界范围来看，也不应当截然割裂调解与审判，尤忌将二者全然对立起来，毕竟司法权内涵也在悄然发生变化，尽管这种变化极不明显。即便在奉行法治主义传统的国度，调解（包括和解）也越来越为司法程序、审判法官所认同、接受，并在一定程度上改变着既有司法理念及模式。[1]

（三）法院调解社会化的定位：以委托调解为主线[2]

毋庸讳言，调解具有一副反程序的外观，而法院调解社会化实践更是将该种外观演绎到了极致。但法院调解及其社会化的形式外观不应成为制度实践中随意、拖沓、冒进的借口。作为解纷方式，法院调解社会化应当具有明确、恰当的定位。前文从"国家—社会"出发界定了委托调解：首先，当参与委托调解的非司法力量不具有足够充分、显著的社会属性时，其制度实践的定位当属国家权力统一行使及其引发的分工、配合；其次，当社会属性较明显时，国家与社会之二元互

---

[1] 研究表明，美国民事诉讼案件数及审判结案数在相当长时期内呈下降之势，且调解、和解等业已为司法所接受，并重塑着美国司法格局。见 Marc Galanter, "'...A Settlement Judge, not a Trail Judge:' Judicial Mediation in the United States", *Journal of Law and Society*, vol. 12, 1985, pp. 1-18; Marc Galanter, "The Emergence of the Judge as a Mediator in Civil Cases", *Judicature*, vol. 69, 1986, pp. 257-262; Marc Galanter, "The Vanishing Trial：An Examination of Trials and Related Matters in Federal and State Courts", *Journal of Empirical Legal Studies*, vol. 1, 2004, pp. 459-570。

[2] 近年两度试点及司法解释似乎在很大程度上验证了 2011 年本书初稿中已提出的"以委托调解为主线""渐进式变革"等一系列主张，尤其 2016 年《特邀调解规定》旨在引导规范委托调解，但尚不能据此断言委托调解将成为法院调解社会化唯一形式。原因有三：一是迄今为止司法解释没有任何明文表示特邀调解系法院调解社会化之唯一形式；其二，司法解释更没有明文否定邀请调解。相反，《特邀调解规定》给邀请调解保留了空间，可以在委托调解过程中适用邀请调解。其中，第 17 条规定："特邀调解员应当根据案件具体情况采用适当的方法进行调解，可以提出解决争议的方案建议。特邀调解员为促成当事人达成调解协议，可以邀请对达成调解协议有帮助的人员参与调解。"三是司法解释毕竟不是法律，且《民事诉讼法》对法院调解社会化的表述较粗疏，具有倡导性、促进性立法之意味。综言之，唯经大量司法实践，且经实践而反复叠加、证成、调整，才可能掀开"牌底"。

动说是可能成立的，但这时的委托调解亦尚未能构成一个具有独立品格与特有属性的解纷领域。概言之，当代中国委托调解实践实为一种斑驳、交杂的纠纷解决多元主义之体现，透露不尽相同的制度意涵。这是基于集中型权力体制展开的分析。无论社会转型进程及结果如何，委托调解中透露出的注重社会力量与法院力量之交接、互动、协作，以及适当加大社会力量的调解权重，均是一些富有价值的启发。故而，将法院调解社会化的地位界定为一种国家力量与社会力量互动、共存的解纷方式，将拥有广袤的制度发展空间与旺盛的理论生命力。在立法论上，委托调解可以作为法院调解社会化之长远、主打方向。

对法院调解社会化作必要、明确的定位，不仅利于探索制度重构方向（也在很大程度上明确了委托调解的制度定位），且有助于弥补司法实务的不足。法院调解社会化之所以如火如荼，在很大程度上是因制度及其实践契合"司法能动""大调解""司法社会治理创新"等潮流。在这些浪潮中，司法突破被动、消极等传统特征，抛弃作为"社会正义之最后一道防线"的应有姿态，于是乎"马路上的法庭"或说"送法上街"成为中国司法的一道景观：法院常常超越司法的被动性、消极性原则，针对纠纷、主动出击、尽快入手、及早解决，以达到纠纷解决之法律效果与社会效果的统一。[①] 在此场景中，法院调解社会化正好"大展身手"，这为许多个案所佐证。但是，当这类做法遭遇"不闹不解决、小闹小解决、大闹彻底解决"的社会心理，从长远而言，不仅无助于纠纷解决，还将损及法秩序。即便在前述潮流中，法院既

---

① 如劳动者通过集会、游行表达诉求，法院、政府会主动与之接洽并寻求解决之道，而党政方面也常常会指示政府部门主持劳动者与企业之间的调解；前述情形不仅与现行解纷程序大相径庭（在一起个案中，聚众上街的劳动者们甚至可以不经过劳动争议仲裁程序，由法院工作人员现场办理诉讼案件的受理手续，从而绕开劳动争议仲裁程序，以便"便捷地""高效地"维护其权益；或重复查封、冻结企业之设备、账户，通过给"企业施加更多的压力"，从而使劳动者在调解中处于有利地位），且此类集体维权行动的效果往往比劳动者各自依程序寻求权利救济要方便、快捷、有效得多。个中关键在于法院会迎合这些纠纷。见 Yang Su and Xin He, "Street as Courtroom: State Accommodation of Labor Protest in South China", *Law and Society Review*, vol. 44, 2010。

无法发挥主导作用，更不宜充当"排头兵"。[①] 同理，法院调解社会化应当是一种相对温和、持久的制度实践，需要定位为常规性解纷机制，而非应急性处理手段。此外，明确法院调解社会化的定位可以避免"程序倒流"。该现象也一定程度上透露出制度的命运：在集中型权力体制之下，制度极可能被选择性适用，且常常可能"变脸"，以满足即时性需要。此意义上，对法院调解社会化的定位不是限制其功能发挥，而是对制度良性运作的一种保护。

（四）制度发展面向：规范化、组织化

长远而言，法院调解社会化应当秉持规范化、组织化道路，但不一定遵循专业化发展方向。规范化几乎是所有制度建构、制度改革的一个风向标，法院调解社会化的规范化重在强调具体制度的明确、细化。众所周知，法院调解社会化实践相当长期间以来不同程度地存在缺乏具体操作规则的硬伤。基于此，调解社会化研究通常是对不同地区、层级之不同实践、文件予以概括、归纳，本书亦概莫能外（依实践主义法学研究范式，本书之一基本思路是"条文结构—制度框架—司法实践—学理探讨"）。所谓法院调解社会化之组织化，即通过设置机构、厘定规程，使法院调解社会化更加具体、明确、易操作。广义上，组织化可以划归规范化范畴。组织化视角对于法院调解社会化制度重构具有重要意义。从既有实践看，委托调解的组织化程度最高，仍需加强规范化建设；邀请调解与人民陪审员参与法院调解的组织化程度相对较低，几乎依附于法官以及常规司法活动，社会化属性相对较弱。这种比较也一定程度上揭示规范化、组织化重构法院调解社会化时需要直面的抉择。

另外，作为国家权力与社会力量共同作用的场域，法院调解社会

[①] 有学者认为，法院在现有制度环境下很难真正地扮演起"大调解"中的主导角色。王禄生：《地位与策略："大调解"中的人民法院》，《法制与社会发展》2011 年第 6 期。

化的性质决定专业化或说职业化不是主要的发展面向。在逻辑上，如果受托组织实施市场化运作，也可能引发专业化、职业化的法院调解社会化形式。这将面临两个问题：一是只有在市场化运作极度发达的社会，这种理念才有付诸实践之可能。诚然，非市场化社会的解纷机构也可能是职业化、专业化的。然而，在非市场化社会尤其凭借自上而下的权力运作模式来配置、调整解纷资源的情况下，职业化、专业化可能形成的界限极易被逾越。在此情形下，一般存在各式各样的监督机制，以钳制、掣扯过度的职业化、专业化倾向。否则，很难对机构活动实施监督，以确保在特定框架中运行。二是市场化运行中的"利益追逐"与纠纷解决中的"公正执法""妥善解纷"可能发生冲突。君不见，许多公用企业在市场化运行之后都产生了或多或少的问题，何况是作为社会秩序维系手段的纠纷解决权？当然，有一种限制"恣意""不公"的力量来自当事人的调解决定权。姑且搁置专业化、职业化不表。法院调解社会化不仅不排斥专业技术人员参与，且作为重要的解纷资源，专业技术力量应当被规范化、组织化地吸引至法院调解社会化之中。

（五）制度重构的渐进性思路

法院调解社会化制度重构应当坚持渐进式改革，逐步推进、渐次展开，以减少剧烈的制度变革可能诱发的社会"阵痛"。但凡具有成文法传统的制度体系，往往具有强烈的变革色彩。[1] 成文法传统正是中国

---

[1] 一些比较法成果可以说明此问题。在很大程度上，1804年《法国民法典》是"法国大革命精神的一个产物，这场革命旨在消灭往昔的封建制度，并在其废墟上培植财产、契约自由、家庭以及家庭财产继承方面的自然法价值。1789年后的年代里所发生的一系列革命事件对于该法典的形成极为重要"（K. 茨威格特、H. 克茨：《比较法总论》，潘汉典、米健、高鸿钧、贺卫方译，潘汉典校订，贵州人民出版社1992年版，第144页）。社会主义国家的法总被视作脱离罗马日耳曼法所构成的另外一个法系，"在苏联……自1917年革命以来，一种独具一格的法发展了起来"。法典制订也具有政权更迭的表征功能。"自从共产党人取得政权以来完成了大量的

法律体系之一重要特征。即便如此，仍有渐进式改革的空间。事实上，这种渐进式变革的法制变迁对于中国而言并不陌生，甚至可从当代制度变迁中找寻例证。如前所述，中国民事诉讼法明文规定的社会化形式是邀请调解制度。但经司法解释的阐释，一种将案件托付非司法力量调解的做法悄然成形，并在"横空出世"之后"迅速蹿红"，且少了邀请调解制度在条文中多年的"沉默""潜伏""蛰居"。当然，从立法论层面讲，委托调解仍是一宗尚未事功的制度探索，但其借助司法实践土壤得以"生根发芽"并"茁壮成长"。在此意义上，司法实践是制度变革包括法院调解社会化制度重构的滋生地[①]，这也为渐进式制度重构提供可能。

在渐进式变革中，成文法传统本身也能为这种温和、有序的改革创新提供制度性"庇护空间"。若自上而下地推进法院调解社会化改革，应有序地、克制地、温和地、渐进地、分步骤地重构，譬如"通过试点推进重构"。一个不争的事实是，当代中国法院调解社会化必须正视社会力量的解纷能力有限，"多—快—好—省"的思路极可能酿成"欲速则不达"的苦果。克制、温和、渐进地展开重构步骤，可避免社会"力有不逮"。最为重要的是，无论如何论证司法权与调解权的关系，在既有司法框架下推行规范化、组织化的法院调解社会化，最终都将触及纠纷调解权分割、让渡给社会调解组织的敏感一刻。对于尚需在权力架构中努力争取话语权的法院系统而言，这无疑需要顽强

（接上页）法典制订工作，特别是在像波兰、捷克斯洛伐克及南斯拉夫这样一些以前不曾在全国范围内实现法的统一的国家"（勒内·达维德：《当代主要法律体系》，漆竹生译，上海译文出版社1984年版，第28、228—229页）。维阿克曾言："法典编纂的目的，是通过体系性的和包罗万象的新秩序对社会进行总括性设计"（Franz Wieacher, *Privatrechtsgeschichte der Neuzeit*, 1. Aufl., 1952, S. 197 [2. Aufl., 1967, S. 323]. 转引自大木雅夫：《比较法》，范愉译，朱景文审校，法律出版社1998年版，第154页注5）。

① 中国司法改革中一个值得关注的问题是，往往改革的思想（或说思想渊源）出自高层，而具体的制度探索与实践则源于地方的能动与突破。这方面证可谓不胜枚举，如20世纪后期"一步到庭"之庭审制度改革、21世纪初期人民监督员制度试点，如是种种。

的毅力与极大的勇气。职是之故，坚持渐进式制度重构之路就显得益发紧要。

（六）制度重筑的"三阶段"构想

对法院调解社会化制度重构的立场和观点作概括式描述：在渐进式制度重构过程中，贯彻规范化、组织化的制度发展面向，将法院调解社会化定位为国家权力与社会力量交接、互动的作用场。为实现该理想企划，本书认为，大抵上可将整个进程分成三阶段依次推进。

第一个阶段，慎用并逐步减少适用邀请调解，而将委托调解界定为法院调解社会化的主要形式。依报道，邀请调解适用频率高、成功率高，但田野调研表明，该制度既缺乏运行动力，也容易偏离司法运行规律，还与规范化、组织化的制度发展方向相悖。相对而言，委托调解应作为制度重构主要方向，故而，第一阶段应当调适二者比重，为进一步重构打下基础。虽然现行立法未正名委托调解，但不损及制度重构的可行性。一个便利的例证是，委托调解在许多国家、地区都是重要、正式的诉讼与非诉讼之衔接制度，或有近似的制度安排。如中国台湾地区"法院移付调解"，即法院或法官将进入诉讼系属的案件委托给乡镇市调解委员会。"在判决确定前，调解成立，并经法院核定者，诉讼终结。原告得于送达法院核定调解书之日起三个月内，向法院声请退还已缴裁判费三分之二。告诉乃论之刑事事件于侦查中或第一审法院辩论终结前，调解成立，并于调解书上记载当事人同意撤回意旨，经法院核定者，视为于调解成立时撤回告诉或自诉"。调解不成则退回法院，继续诉讼。[①] 此外，"法院移付调解"案件范围还包括涉刑案件。该制度例可为制度重构提供信心。

[①] 转引自范愉：《诉讼与非诉讼程序衔接的若干问题——以〈民事诉讼法〉的修改为切入点》，《法律适用》2011年第9期。

第二阶段，除家事纠纷等特定案件外[1]，可将法院调解制度从诉讼中剥离且以诉讼上之和解替代[2]，并加大委托调解的制度建设及适用力度。一旦条件成熟，则以诉讼上之和解彻底取代法院调解。至此，邀请调解及人民陪审员参与法院调解这两种情形在制度层面将不存在，而委托调解虽然名义上可以称为法院调解，鉴于后者业已为诉讼上之和解取代，故此时委托调解实已经在无形中转变身份，成为一种典型的法院附设调解，成为坚持法治中心主义的诉讼活动之补充性机制。无疑，该阶段是制度变革中最艰巨一环，也是具有决定意义的一步。这种秉持法治中心主义下的诉讼活动与委托调解之交相辉映在世界范围内有成功范例，纵然个中经由、路径不同。一般认为，美国现代司法 ADR 可溯及 1976 年庞德会议，其间提出成立"多门法院"（Multi-Door Courthouse），将小案子从法院移至社区法律中心。[3] 20 世纪 80

---

[1] 特定案件范围可依两种方式限定：一是列举案件类型，如家事、邻里、房屋租赁、劳务、劳动合同纠纷及其他案情简单且法律关系明确的案件（如交通肇事案件，因交通事故责任认定书对事实认定、责任划分有极大帮助，且行政诉讼处理事故责任认定分歧，故便于开展和解）；二是以纠纷与民众生活的关联性为标准进行概括性规定，具体由法官裁量。两种方式可结合使用。

[2] 以诉讼上之和解改造法院调解制度的早期观点，见李浩：《民事审判中的调解分离》，《法学研究》1996 年第 4 期；李浩：《关于建立诉讼上和解制度的探讨》，《清华法律评论》1999 年第 2 期；张晋红：《法院调解的立法价值探究》，《法学研究》1998 年第 5 期。

[3] Laura Nader, *The Life of the Law: Anthropological Projects*, University of California Press, 2002, pp. 47-54, 144; 詹姆斯·E. 麦圭尔、陈子豪、吴瑞卿：《和为贵：美国调解与替代诉讼纠纷解决方案》，法律出版社 2011 年版，第 11—12 页。其中，调解、仲裁等纠纷机制从共同体意识转变为外部社会控制机制、司法效益助推机制可依南北战争为界。自 1912 年罗斯科·庞德先生批判美国司法昂贵、低效、僵化，司法变革之一路径是寻找替代机制，如 1913 年现代调解运动先驱之 Cleveland 计划、纽约州律师公会批准调解作为"诉讼地狱"（The Hell of Litigation）的替代机制。有趣的是，美国官方也"追认"这些"庞德会议"前业已存在的调解、仲裁项目，视为法院体系的延伸部分（见 Jerold S. Auerbach, *Justice without Law?*, Oxford University Press, 1983, pp. 57, 95-98, 131）。这从纠纷解决变迁角度展示了"历史书写"与"意义建构"。Nader 女士将庞德批判美国司法的时间点溯至 1906 年向美国律师协会作题为"民众不满意司法运行的原因分析"的演讲（见 Laura Nader, "The Recurrent Dialectic between Legality and Its Alternatives: The Limitations of Binary Thinking", *University of Pennsylvania Law Review*, vol. 132, 1984, p.624）。放宽视阈，有学者将 ADR 源起溯至公元前 1800 年马里王国（今日叙利亚）通过调解、仲裁处理国际纷争（见 Jerome T. Barrett and Joseph P. Barrett, *A History of Alternative Dispute Resolution: The Story of a Political, Cultural, and Social Movement*, Jossey-Bass, 2004, p.xxv）。

年代末，Galanter 先生指出，美国民事诉讼经历过一个重大转变，不仅唯法治中心主义观念被"捅破"，司法活动业已开始接纳和解：1983年修改的《美国联邦民事诉讼规则》允许法官在审判中尝试诉讼和解；实践中，越来越多的法官投身于诉讼和解，和解业已成为审判之一部分；调解范围发生变化，从琐碎、小额纠纷扩展至通常的案件；和解与对抗的对立界限已被打破，它们被视作为同一事物之不同阶段；法院调解在审判中的地位业已稳固，并将被更广泛地运用。①1990年美国《民事司法改革法》、1998年美国《ADR法》倡导、规范替代性解纷机制，鼓励每个联邦地区法院设置 ADR 项目。通过法院附设调解助益司法的做法，不限于美国。总体而言，调解及附设性调解业已成为当今世界纠纷解决中颇具活力与魅力的制度。②

第三阶段，从公权合作型委托调解迈向国家—社会互动型委托调解。本书反复指出，当代中国委托调解更多属于行政力量与司法力量的配合、协作。这对发挥社会力量之解纷潜能无甚助益。当然，这与当下中国社会自身能量有限存在莫大关系。毕竟在相当长时期内，"传统的社会自生功能几乎被完全铲除了。于是，使社会自组织程度骤然下降到一个空前的低点，所以我们对于'自生社会'的良性机能只能越来越陌生"③。质此之故，在社会转型期，自上而下的国家力量在培育、吸纳、开发纠纷解决的社会资源方面仍大有可为。通过政府推动，完全有可能打造出真正具有民间属性的社会解纷组织。④培育社会力

---

① Marc Galanter, "The Emergence of the Judge as a Mediator in Civil Cases", *Judicature*, vol. 69, 1986, pp. 257-262.

② 娜嘉·亚历山大主编：《全球调解趋势》，王福华等译，中国法制出版社 2011 年版，第 4—8 页。

③ 王毅：《中国走向公民社会的困难、可能与路径选择》，载资中筠：《启蒙与中国社会转型》，社会科学文献出版社 2011 年版，第 197 页。

④ 缘于社会转型出自总体性社会之故，当下诸多所谓的民间解纷机制都存在属性不明确尤其民间性成色不足的问题，如仲裁、人民调解。业师认为，可将仲裁机构挂靠在纯粹民间性的商

量不仅对完善委托调解意义重大，而且社会力量增强对于社会自身应对纠纷解决也有重要意义。唯如此，司法才可能成为终局性解纷机制。本书认为，高度发达的司法体系不意味受理、处理案件数量越来越多，甚至不一定是司法效率最高的法院，也不大可能是人案"剪刀差"突显的法院。司法系统之发达甚至不完全在于司法系统本身，而在于社会自身解纷能力之高下。如果社会型救济体系足够发达，则有限的司法负载便可引领社会规范运作，实现社会正义生成。

这种社会型救济与司法救济之互助、共济局面在美国有所体现。研究表明：（1）联邦法院受理案件数持续下降，自20世纪80年代中期以来大幅下降，降幅甚至达60%；（2）联邦民事案件审判结案率也呈下降趋势，1962年审判结案率11.5%，2002年仅1.8%；（3）州法院存在类似情况。[①]美国法院系统受案数与审判数之所以持续下降，其中一个缘由是法院附设ADR（包括法院附设调解）的开展。这对司法体系甚有裨益，当大量纠纷通过社会型救济甚至私力救济予以解决[②]，法院可以抽出足够的人、财、物来"作好"判决，从而树立行为规范、引导社会风气、维系社会秩序。[③]总体上，司法ADR对提升司法体系

（接上页）会内，二者保持某种程度的合作与联系，但仲裁机构独享仲裁权限（汪祖兴：《仲裁机构民间化的境遇及改革要略》，《法学研究》2010年第1期；汪祖兴：《中国仲裁制度的境遇及改革要略》，法律出版社2010年版，第138—143页）。有学者主张"让人民调解回归民间"（范愉：《〈人民调解法〉：让人民调解回归民间》，《中国法律》2010年第6期）。

① Marc Galanter, "The Vanishing Trial: An Examination of Trials and Related Matters in Federal and State Courts", *Journal of Empirical Legal Studies*, vol. 1, 2004, pp.459-570.

② 现代美国社会的私力救济，见罗伯特·C.埃里克森：《无需法律的秩序——邻人如何解决纠纷》，苏力译，中国政法大学出版社2003年版；唐纳德·布莱克：《正义的纯粹社会学》，徐昕、田璐译，浙江人民出版社2009年版；唐·布莱克：《社会学视野中的司法》，郭星华等译，法律出版社2002年版；布莱克：《法律的运作行为》，唐越、苏力译，中国政法大学出版社1994年版。

③ 除了费斯先生发表著名的"Against Settlement"，还有很多学者对纠纷被体制化、成规模地非讼化处理表达担忧。如Hazel G. Genn, *Judging Civil Justice*, Cambridge University Press, 2010; Laura Nader, *The Life of the Law: Anthropological Projects*, University of California Press, 2002。本书认为，强化非诉处理能力与增强司法能力不矛盾，两者可谓殊途同归、相辅相成。

形象、助长司法体系权威可谓功不可没。因此,培育、吸纳及开发纠纷解决的社会资源,实现从公权合作型委托调解迈向国家—社会互动型委托调解,是中国法院调解社会化制度重构的根本性环节。

第六章　纠纷解决合作主义[*]

一、作为"中层理论"的纠纷解决合作主义

在整项研究的基础上，本书旨在尝试提炼一个具有"中层理论"意涵的学术假说。所谓中层理论（Theories of the Middle Range），发轫于培根的中间原理（Middle Axioms）甚至可溯至柏拉图[①]，即摈弃超越具体时间条件限制的理论建构，倡导理论建构的经验特质，注重理论与经验之结合；强调提供一系列有限的理论假定，且这些假定能够经受实证的检验，同时各个假定之间并非孤立，彼此具有可整合性；率先发展能接受经验检验的假设性具体理论，然后建构综合性概念框架。[②] 本书尝试用"纠纷解决合作主义"学术假说描述一种纠纷解决运行模型。所谓纠纷解决合作主义，即纠纷解决机制以力量整合面目出现，强调不同解纷力量的参与、协作；不同力量的作用结果旨在实现

---

[*] 本章以"纠纷解决合作主义：法院调解社会化的解释框架"为题，载《法律科学》2020年第4期。

[①] Robert K. Merton, *On Theoretical Sociology: Five Essays, Old and New*, The Free Press, 1967, pp. 56-57.

[②] 这种观念被美国社会学家罗伯特·金·默顿系统论述，以避免社会学研究的两种极端趋向——要么过度注重社会行为的微观、操作性假定，要么动辄提出包容万象的宏大理论（Grand Theory）——以探寻利于指导经验探索的中间理论（见 Robert K. Merton, *On Theoretical Sociology: Five Essays, Old and New*, The Free Press, 1967, ch. 2）。

一种强制性平衡与整合性均衡，最终达至社会的有序与协调；基于价值考量，特定力量参与应当保持严格限度；当事人之间、当事人与纠纷解决者之间通过合作寻求纠纷解决。[1] 该假说既是基于整项研究顺其自然的理论提升，也为回应本书开篇倡导的学术担当：在当下法学跨学科研究趋势中，遵循实践主义法学研究范式，强调"问题中心"、关注"中国问题"、注重"理论关怀"、寻求"理论建构"。赘言之，学术发展的未来方向与生命所系在于研究的反思性与创造性。

纠纷解决合作主义具备解释法院调解社会化实践逻辑的涵盖力。该表述之早期源流可溯至政治学、社会学、经济学诸领域。1970 年代，Schmitter 先生概括"合作主义"，旨在描述社会结构、体制类型，提供某些关乎社会结构的理想类型，该种利益代表系统的作用旨在将公民社会中的组织化利益整合至国家决策结构之中。依据国家力量与社会力量之对比，"合作主义"被分为"国家合作主义"与"社会合作主义"。[2] 此后，该观念被广泛用于政治学、社会学研究。总体上，对"合作主义"的理解更多立足于结构主义立场，视阈恢宏，偏向于概括。从行动主义立场看待"合作"的杰出研究始于 Axelrod 先生对"囚徒困境"的分析[3]，且激发此后许多领域的大量研究成果。[4] 近些年，

---

[1] 纠纷解决合作主义早期研究，见曾令健：《社区调解中的合作主义——基于西南某市调研的分析》，《法制与社会发展》2012 年第 2 期。

[2] Pilippe C. Schmitter, "Still the Century of Corporatism?", *The Review of Politics*, vol. 36, 1974, pp. 85-131. 有学者将"合作主义"分为"权威合作主义"与"自由合作主义"（Gerhard Lehmbruch, "Liberal Corporatism and Party Government", *Comparative Political Studies*, vol. 10, 1977, pp. 91-126），个中差异主要在表述上：权威合作主义、国家合作主义均指自上而下的组织合作；自由合作主义、社会合作主义均指自下而上的组织合作。有学者认为，"合作主义的核心关怀是社会利益的集结和传输结构，它力图描述一种制度化的利益集合秩序，通过它来化解原来的结构性冲突。……有理由把合作主义理解为：关于社会结构性冲突及秩序的学说"（张静：《"合作主义"理论的中心问题》，《社会学研究》1996 年第 5 期）。

[3] Robert M. Axelrod, *The Evolution of Cooperation*, Basic Books, 2006. 该书 1984 年初版，其早期论文（与 W. D. Hamilton 合著）发表于 1981 年。

[4] 如罗伯特·C. 埃里克森：《无需法律的秩序——邻人如何解决纠纷》，苏力译，中国政法大学出版社 2003 年版；约翰·梅纳德·史密斯：《演化与博弈论》，潘春阳译，复旦大学出版社

业师将博弈论作为解释私力救济中合作逻辑的分析工具[①]；从诉讼模式出发，有学者在分析刑事和解时提出一个与传统对抗性司法不同的"私力合作模式"，强调以被告人—被害人关系作为刑事诉讼的中心，打破刑事与民事诉讼、犯罪与侵权的理论界限。[②] 与"合作主义"最初含义相比，这些研究的视角不同程度地经历了从结构主义到行动主义的切换。当然，在法学研究中，这种转换是极其必要的，毕竟法律体系的作用对象是行为，而行动背景及行为所依循的观念、思想之类并非法律评价的直接对象。

从跨学科路径出发并将制度运行及制度背后的社会结构、政治影响纳入考察范畴，而不局限于交叉学科的分析视角，那么，不仅应当剖析法律规则与主体行动之间的"限制—激励"何以产生、运作，还需洞察运行的社会实效以及规则实施者对运行效果的反应。这些问题在利用"纠纷解决合作主义"概括、描述、评价解纷机制运作时不宜忽视。故而，既需考察当事人、纠纷解决者及其他参与者在解纷过程中如何依循规则、利用规则乃至违反规则，还需关注解纷背后的社会性、体制性因素。这要求研究者将行动主义视角与结构主义视角整合起来，分析法院调解社会化则须关注制度运行背后党政力量的推动等。本书不仅旨在提供某种"中层理论"或者回应"什么是你的贡献"[③]，也意欲从一个侧面证成理论所应当具有的解释力与穿透力。本章拟从"国家—纠纷解决—社会""当事人—纠纷解决—调解者"两个维度展开，分析不同主体如何围绕纠纷解决展开合作以及合作的结构与外

（接上页）2008 年版。张五常先生对博弈论能否有效解释行为持有莫大质疑。氏认为，博弈论之兴起是新制度经济学的不幸，乃至灾难。尽管不否认人会博弈，但难以用可观察的行为或现象来验证博弈假说（见张五常：《经济解释》，中信出版社 2015 年版，第 725 页）。

① 徐昕：《论私力救济》，中国政法大学出版社 2005 年版，第 4 章。

② 陈瑞华：《刑事诉讼的私力合作模式——刑事和解在中国的兴起》，《中国法学》2006 年第 5 期。

③ 苏力：《法治及其本土资源》，中国政法大学出版社 1996 年版，自序，第 v 页。

部性制约因素。

作为一个贯穿整项研究的分析工具,"国家—社会"对阐述纠纷解决合作主义假说极为重要。本书以纠纷解决为切入点,将政府与社会通过"纠纷解决"这一生活事实连接起来。借助该框架探讨法院调解社会化,从而洞察政府与社会、政府与民众以及民众之间围绕纠纷解决展开的互动过程,该互动乃纠纷解决合作主义之部分内涵,即围绕法院调解社会化过程,法院及党政力量与社会力量之间的制度化整合,法院及党政行为与民众行为达至规范化互动,以及民众行为之间的习惯性合作等。此外,"行动者—结构"也是阐释纠纷解决合作主义的重要工具,尤其是考察解纷机制之外的结构性因素,毕竟纠纷解决合作主义涉及解纷实践逻辑及解纷机制构造等。从"行动者—结构"视角观之,制约行动者的结构性要素及资源与行动之相互作用、耦合等,通常对解纷具有支配意义;同时,纠纷解决合作主义在多数情况下更接近状况性纠纷解决而非规范性纠纷解决。这凸显了考察解纷机制构造之外的结构性因素之重要性。当然,诉讼与人民调解之对接、司法调解与人民调解之对接、社区调解之推行及改进等,皆为法院调解社会化之重要手段,亦系纠纷解决合作主义之重要实践形式,而合作主义内涵可在组织运作、解纷活动诸层面找到其影子。

二、法院调解社会化的外部视角:国家—纠纷解决—社会

无论法院调解社会化运行采取哪种形式,均不同程度地涉及国家力量与社会力量的对接、互动。尽管现行司法环境中许多所谓的社会力量事实上"社会成色"不足,但这种多重力量对接、互动的思路仍然在制度设置、实践操作等不同层面具有不同程度的展示。事实上,国家治权与社会自治的不同比重在几种解纷机制中均有体现。

(1)审判。无疑,在通常的审判程序中,国家权力居于绝对地位,

但留有当事人自治空间,这体现在事实与法律、实体与程序诸方面,相应制度如自认、认诺等。①

(2)一般意义的法院调解。这是裁断与合意的结合。其中,审判权在两个方面发挥作用:一是推动调解过程;二是审查、确认实体协议,且以消极排除为主。其中,有关调解实体内容的建议在本质上旨在推动调解过程之继续,以寻求合意之可能,并非确立实体内容,毕竟实体内容源于当事人合意。②

在(1)(2)情形下,人民陪审员参与调解也具有一定的社会属性。按照主流看法,陪审员能将社会一般观念与认知导入司法活动,从而使裁判更具"可接受性"。

(3)邀请调解。相比一般意义的法院调解,其社会化程度有所增加,或说,纠纷解决的社会属性较为明显。但是,关于调解过程的推动及调解协议的审查、确认,仍由审判权主导。

(4)委托调解。相比邀请调解,调解过程的推动主要由社会力量实施,具有高度的社会化属性;在实体内容的审查与确认方面,法院仍然占有主导地位。无论邀请调解抑或委托调解,调解协议的审查与确认均由法院保留,否则不成其为法院调解。

(5)社会调解,如人民调解。原则上,社会调解具有高度的社会自治性。但是,人民调解的背后受着并且一直受着政府力量的推动。社会调解达成的调解协议,如欲取得强制执行力,通常需要借助司法确认制度,而法院可以行使其独有的司法确认权来认可或否认之。

通过列举不同解纷方式中社会自治与国家权力之比重可以发现,法

---

① 除了案件事实与诉讼请求,学者们甚至将当事人自治立场推及至权利自认(即承认"法的效果存在与否")层面。高桥宏志:《民事诉讼法:制度与理论的深层分析》,林剑锋译,法律出版社2003年版,第408—418页。

② 在某种意义上,法院调解本质上仍属于当事人和解的范畴。常怡主编:《民事诉讼法学》,中国法制出版社2008年版,第325—326页。

院调解社会化中二者比例相对均衡，至少是社会力量与国家力量相互交集最多之所在。鉴于当下审判中经常出现"官了民不了"现象，即所谓"案结事未了"，程序业已结束，纠纷依旧存在。单独依靠法院难以做到"案结事了"，职是之由，需要整合更多力量参与其中。作为国家力量与社会力量互相协作的制度化形式，法院调解社会化的制度设置在很大程度上旨在尽可能地终结纠纷，这在许多个案中有体现。其中，那些特殊个案往往是国家力量在法院调解社会化中过度发挥的结果，以致案件被拽出司法领域从而演化成一个又一个所谓的"事件"，被迫通过非规范手段寻求解决。这是制度实践时亟须反思、警惕的。

三、法院调解社会化的内部视角：调解者—纠纷解决—当事人

在具体、内部、微观层面，法院调解社会化的合作主义观念体现为，调解者介入纠纷解决，当事人寻求合意，从而在解纷过程中实现合作。对于当代法院调解社会化中的调解者，其参与、推动调解会带来声誉、名望或经济收益；对于纠纷当事人，属于典型的通过利益算计寻求合意的过程，无论权利人的让步或者义务人的退却，均是利益权衡的结果；在调解者与当事人之间，社会化之于合意促进的意义除了"社会一般观念"等因素被制度性地纳入调解，还在于社会性因素介入当事人的利益衡量过程，诸如调解者的"个人情面""社会声望"。在一些社会属性较明显的调解（如委托、邀请社区调解组织介入法院调解）中，往往是基于长远交往的预期[①]；在彼此缺乏交往预期的主体之间，这种合作往往是基于即时性利益考量，如撤诉、和解可能节约的时间、精力、金钱投入，以及诉讼风险、执行风险等。

[①] 这中间甚至包含互惠的部分内涵。互惠通常在相对紧密、封闭的社群关系中体现得更加突出。马林诺夫斯基：《原始社会的犯罪与习俗》，原江译，云南人民出版社2002年版，第13—15页。

事实上,"调解者—纠纷解决—当事人"维度上的利益获取与行动制约是互构的。无论存在抑或缺乏交往预期,各主体立足于自身利益考量实施行为选择,该行为选择本身亦构成他方予以利益考量、利益获取的制约因素,彼此作用、交互影响。唯此意义上,才易阐释调解中"权利打折"之类流行言说。形式上,调解存在"权利打折"弊端,但实质上,调解具有利益补偿机制。除调解本质上乃权利救济机制这一层含义之外,对于所谓"折损"的权利,则通过前述种种利益算计予以平衡。尽管调解过程中也存在隐瞒、扭曲乃至虚构信息的情况,但对调解者与当事人而言,相当多数的利益衡量因素是信息对称的。尤其鉴于法院调解社会化的合意促进机理、中立且能动的调解者、当事人之于调解过程及结果的决定权诸因素,在常见解纷机制中调解的信息公开程度可能是最高的。可以说,调解是最易实现利益平衡的解纷机制,动态且富有弹性。申言之,调解中的权利保障具有多样性,不囿于实体权利之及时、充分、有效救济,更多地指向调解过程层面的权利维护,尤其利益衡量、行为选择自由之保障。消解权利保障之误读,不仅有助于重新认知法院调解社会化,还将极大地拓展合作主义理论的中国意义。正是基于权利保障话题,有学者从政治社会学立场上主张,合作主义之产生、发展背景主要是欧洲社会,应对其中国适用有所保留。[①] 此类担忧不无道理,但并不意味合作主义理论及实践对中国社会没有学理、操作启发。倘若理论之运用全然受制其产生、发展之社会环境,那么理论本身的意义将大打折扣。不必执拗于理论产生及发展之社会环境(并非全然忽视理论背后的结构性、时代性因素),当从"是否可能"切换至"何以适用"。权利保障恰是从政治社会学维度分析合作主义理论作用于中国社会的价值障碍,也是当代中国纠纷解决中一直强调却最易忽略(或说"被实践掉")且亟待解决的

[①] 张静:《法团主义》,东方出版社 2015 年版,第 180—183 页。

话题。解纷机制本质上是利益整合机制,而权利保障之于当代中国法律实践(包括法院调解社会化)的重要性,可谓不言而喻。[1] 拓展视阈,合作主义之于纠纷解决的一个重大意义,恰在于消解政治社会学意义上合作主义在中国适用的价值难题。故而,消解权利保障误读并将其作为纠纷解决合作主义之一根本性价值取向,善莫大焉!如果说权利保障乏力的自由主义注定是空洞的,那么权利保障缺位的合作主义势必是悲剧性的。倘若合作主义在解纷领域取得持续性成功,其意义势将逾越法律及法学的藩篱。

此外,从社会变迁角度看,当事人之间具有长远交往预期的纠纷数量会逐步减少;熟人之间的诉讼案件却可能增加。前者是因为社会转型引发的人际关系原子化、离散化,这在原本认同度较高的乡村业已有所体现。[2] 后者在于法律社会化进程的深入[3],作为一种社会控制机制,法律已随着数十年法治建设之巨大推动力向基层社会渗透,熟人之间诉诸公堂已然不是个别情形。这两种趋势表明,法院调解社会化既具社会基础,也拥有较为广阔的发展空间。[4]

四、纠纷解决合作主义的四重面向

在"调解者—纠纷解决—当事人"维度,调解者与当事人的合作

---

[1] 程燎原、王人博:《权利及其救济》,山东人民出版社1993年版;夏勇主编:《走向权利的时代:中国公民权利发展研究》,中国政法大学出版社1999年版。

[2] "半熟人社会"的分析,如贺雪峰:《新乡土中国:转型期乡村社会调查笔记》,广西师范大学出版社2003年版,第1—4页。

[3] 所谓法律社会化,即个体形成社会所要求的特定法律观念的过程。见郭榛树:《法律社会化问题导论》,宁夏人民出版社2006年版,第30—39页。

[4] 有学者认为,应当重新认识社会结构在转换过程中的演进规律和逻辑,构造新的熟人社会(见贺海仁:《无讼的世界:和解理性与新熟人社会》,北京大学出版社2009年版,第5章)。尽管贺书对熟人社会的判断与本书有所出入,但在和解、调解等非讼解纷机制发展空间上,两者可谓殊途同归。

主义实践不仅为法院调解社会化厘清运作机理,也提供若干攸关纠纷解决的理论启示。这些理论启示可以通过四对关系予以表述:"判断型司法—合意型司法""对抗型司法—协作型司法""封闭型司法—开放型司法""介入型司法—自治型司法"。由于法院调解社会化中调解活动及协议内容之合法性、正当性审查均为法院保留,故整体上言,社会化调解与司法审查均属广义的司法范畴。倘若完成"三阶段"制度重构,那么委托调解与审判将成为两种重要解纷方式。这四对关系旨在说明一个转换过程,即法院调解社会化意味着司法正从"判断型司法"迈向"合意型司法",从"对抗型司法"走向"协作型司法",从"封闭型司法"转向"开放型司法",以及从"介入型司法"趋向"自治型司法"。这些转变也揭橥司法社会化运作背后潜藏的解纷机制之属性变迁。

"判断型司法—合意型司法"论断主要基于纠纷解决的推动形式与处理结果的作出方式。法院调解社会化暗含从判断型司法向合意型司法转变的过程。在审判活动中,诉讼之推进及处理结果之作出,在很大程度上受司法权支配,这在结果作出方面尤为明显[1];调解过程及结果主要受当事人意思自治支配。在此意义上,调解之核心原则在于当事人意思自治,其他所谓的调解原则均不是根本性的,如保密原则之类。[2] 与其说保密原则是调解原则,毋宁说是为了促进当事人合意而采取的一种技术性保障机制。保密原则从来不是贯穿、指引调解实践及其立法的元规则,这只需略略顾首即可证成。调解历史久远,故而,

---

[1] 虽然在当事人主义诉讼模式中,当事人对程序推进有一定的决定权,但由于受到诉讼程序的"作茧自缚"效应以及法官诉讼指挥权的双重冲抵,当事人对程序的影响相比调解中当事人的权能仍有较为明显的差别。诉讼程序之"作茧自缚"效应,见季卫东:《法律程序的意义》,中国法制出版社2004年版,第28—31页。

[2] 现代调解理论通常将保密原则视作调解基本原则。如David Spencer and Michael C. Brogan, *Mediation Law and Practice*, Cambridge University Press, 2006, pp. 84-87; Ellen Waldman, ed., *Mediation Ethics: Cases and Commentaries*, Jossey-Bass, 2011, pp. 227-254。

具体调解实践的发生场合、形式乃至评价亦不尽相同,可能是即兴地把冲突各方训斥一顿了事①,也可能在茶馆中娓娓道来,理出个"前因后果"、道出个"子丑寅卯"②。作为社会公共空间,茶馆调解无所谓保密。但当事人意思自治原则决定了是否调解、是否继续、达成何种协议以及能否履行等,自然也包括是否保密以及如何保密。纠纷解决中的"合意"特性,依一般意义的法院调解、法院邀请调解、法院委托调解之顺序而更趋强化、显现。类似趋势亦存在于以下三组关系之中。

"对抗型司法—协作型司法"论断主要基于当事人之间的关系状况。在审判中,无论当事人主义诉讼模式抑或职权主义诉讼模式,对抗均广泛、不同程度地存在于各个环节,且对抗程度可能会受到诉讼模式的影响。③ 除了纠纷本身具有利益冲突的内容实质与行为对立的形式外观,解纷机制本身的构造对解纷状态也有重要影响。诉讼是第三方裁断机制,因此,当事人势必采取一切合法、非法、明地、暗里的手段,以影响第三方判断,从而谋取利己裁判。调解则大相径庭,本质上是纠纷各方在调解者的介入、主持、推动之下寻求合意的解纷过程,更是基于各方意愿才可能解决纠纷的机制。因此,对各方当事人

---

① 费孝通:《乡土中国 生育制度》,北京大学出版社 1998 年版,第 56 页;Kung-Chuan Hsiao, *Compromise in Imperial China*, University of Washington, 1979.

② 小说《茶馆》有类似描述,也有文章分析《茶馆》中的调解,以探寻"制约调解型法律生活背后的各种社会因素"(孟瑶:《茶馆里的调解——评〈茶馆〉》,载徐昕主编:《正义的想象:文学中的司法》,中国法制出版社 2009 年版,第 397—402 页)。田野调研发现,川西地区以及川东地区的茶馆常常是调停解纷的主要场所之一,这在传统中国尤其突出。当地对茶馆调解有一些本土味十足的说法,唤作"坐茶馆""评理""一张桌子四只脚、说得脱来走得脱"。从一些记载来看,茶馆调解在传统中国具有普遍性,甚至在当下也不时见诸报端。河南叶县某镇的"普法茶馆",既是社交娱乐之处,也是调解纠纷的场所(《四老义办"普法茶馆"十余载 解决纠纷 2000 多件》,《新天地》2003 年第 8 期)。

③ 民诉中主要依据诉权与审判权这一对基本关系进行模式划分;在刑诉中则依诉讼之发起作为区分标准之一。前者见张卫平:《转换的逻辑:民事诉讼体制转型分析》,法律出版社 2007 年版,第 1—3 章;后者见米尔伊安·R. 达玛什卡:《司法和国家权力的多种面孔——比较法视野中的法律程序》,郑戈译,中国政法大学出版社 2004 年版,第 4—9 页。

而言，找到对方当事人同意且又尽可能最大化己方利益的和解方案才是最佳选择。其中，己方利益最大化总是受制于对方当事人同意这一程序兼实体要件。反复权衡、计量、修正己方主张的结果，只在于希望通过合作，以达成一项双方均可接受的方案。从对抗型司法向协作型司法的转换，大抵上与社会力量之于法院调解的介入程度呈正相关，毕竟从一般意义的法院调解到法院邀请调解、法院委托调解，司法社会参与的程度呈逐步增加之势，亦加大当事人通过协作解决纠纷的空间及可能性。

"封闭型司法—开放型司法"论断乃基于司法活动受非司法因素之影响程度。[1]正常、理想的诉讼势必具有较高封闭型，司法权为特定主体行使，诉讼运行过程与日常生活具有一定间隔性。有学者也指出："现代各种诉讼制度都以一定程度的相对封闭来维系相对的司法独立，同时又在相对独立的前提下保证诉讼或审判的相对开放。"[2]换言之，诉讼势必具有不同程度的封闭性，此乃诉讼运作机制所决定。法院调解社会化运行意味着不仅司法权向社会适度回归，调解活动也将具有相当程度的开放性。尽管为了促进调解往往要借助保密手段来加大合意可能性，但调解保密毕竟不是根本性问题。法院调解社会化的开放程度远远高于诉讼，也高于一般意义上的法院调解。

"介入型司法—自治型司法"论断主要依据国家权力介入纠纷解决的程度。质此之故，这一对关系其实主要立足法院调解社会化的外部视角，即"国家—纠纷解决—社会"维度。与国家在诉讼中或者在一般意义上的法院调解（不包括人民陪审员参与法院调解）所具有的

---

[1] 有学者将这个问题推得更深入，延伸到社会变革与法制发展的关系。为了树立法制威信，要么形成开放的法制体系，允许民众的广泛参与，要么强调法制体系的闭锁性与自治性（P. 诺内特、P. 塞尔兹尼克：《转变中的法律与社会：迈向回应型法》，张志铭译，中国政法大学出版社2004年版，第6—9页）。本书认为，该问题难以得到明确、一劳永逸的答案。

[2] 顾培东：《社会冲突与诉讼机制》，法律出版社2004年版，第191页。

垄断地位相比，法院调解社会化中的国家介入相对有限。但是，即便在社会自治程度较高的委托调解中，不仅党委、政府、法院会通过非规范途径对纠纷调解有所指示或暗示，而且法院还会对调解过程及结果保留相对完整的司法审查权。可以说，即便抛开司法审查权（司法最终解决原则以及司法审查乃法治基本理念），那么，这一组关系所承载的解纷机制的性质变迁实际上仍未完成，且远远落后前三组关系中蕴含的性质变化，步伐也缓慢得多。

五、纠纷解决合作主义的实践图景

融合行动主义与结构主义视角，可以借助结构主义视角观察国家力量与社会力量围绕法院调解社会化进行资源整合，通过行动主义视角洞析法院调解社会化中各方主体的合作或说调解何以可能，尤其随着法院调解社会化的深入，解纷机制在四个不同面向展示其性质变迁。这些对理解制度变迁具有重要意义。

是时候对纠纷解决合作主义的实践逻辑作必要预测。不否认，转型期中国纠纷解决之所以包含如此复杂的互动过程，既有不同力量之间的排斥，也有不同力量之间的协作，主要原因乃源于社会转型本身。可以说，正是社会转型使纠纷解决合作主义的具体运行变得愈发复杂。恰如前述，邀请调解虽在立法中"潜伏"了很长一段时期，转型期社会治理观念及措施调整给了制度一次"出镜"机会，也正是由于激活方式是自上而下、由外及内的冲击式启动，所以，实践中邀请调解不仅超越自身规则，某种程度上也随时可能超越司法本身。当然，这仅仅是制度运行的面貌之一。另一方面，在社会转型过程中，当国家力量尚对社会保持较高介入度时，通过国家力量培育、拓展及推广社会调解组织，有助于促进法院调解社会化之迅速、有序转换：从"判断型司法"向"合意型司法"、从"对抗型司法"至"协作型司法"、从

"封闭型司法"到"开放型司法"的切换,尤其从"介入型司法"向"自治型司法"发展。

社会转型是制度变迁之一根本性力量。有学者指出:

> 社会控制首先是国家的职能,并通过法律来行使。它的最后效力依赖专为这一目的而设立的或遴选的团体、机构和官员所行使的强力。它主要地通过法律发生作用,这就是说,通过被任命的代理人系统的和有秩序的使用强力。可是,如果假定政治组织社会和它用来对个人施加压力的法律,对完成目前复杂社会里的社会控制的任务来说已经绰绰有余,那是错误的。法律必须在存在着其他比较间接的但是重要的手段——家庭、家庭教养、宗教和学校教育——的情况下执行其职能。①

这表明法律本身对于社会控制的有限性,也意味着需要社会力量更多地参与社会控制,包括社会力量参与司法以沟通社会公众的一般价值、观念与法律精神。所谓"经济基础决定上层建筑",一个社会的形态将在很大程度上决定其司法制度与法律实践。换言之,"在当代以及任何其他的时代,法的发展的重心既不在于立法,也不在于法学或司法判决,而在于社会本身"②。

在未来一个相当长时期内,作为纠纷解决合作主义理念的典型代表,法院调解社会化机制仍将以力量整合的面目出现,强调不同调解力量的参与及协作,但社会转型尤其法治化程度提升将逐步改变力量

---

① 罗斯科·庞德:《通过法律的社会控制》,沈宗灵译,楼邦彦校,商务印书馆 2010 年版,第 14—15 页。
② 欧根·埃利希:《法社会学原理》,舒国滢译,中国大百科全书出版社 2009 年版,作者序。

比重。[①]当事人之间、当事人与调解者之间仍将继续通过合作方式寻求纠纷解决,且可能仍然受制于当事人之外的力量,不得不接受一种强制性平衡与整合性均衡[②],但这仍然有助于社会秩序维系与社会正义生成。尤需注意,国家力量介入务必保持必要限度,且国家力量完全有能力通过自上而下的方式在社会调解组织培育方面做出贡献。

六、纠纷解决合作主义的学术意义

纠纷解决合作主义是一个拥有理论包容力的假说,除了用以考察法院调解社会化,还可以分析其他解纷机制。譬如,纠纷解决合作主义还可以概括强制、交涉等私力救济形式。但并非所有私力救济形式均可通过纠纷解决合作主义予以解释,如躲避、忍让。另外,社会型救济形式也并非全部属于合作主义纠纷解决模式。譬如,尽管仲裁原本颇具民间性,但总体上属于"判断型"而非"合意型",属于"对抗型"而非"协作型"。当然,在其民间性得以充分展现之后,仲裁仍属于"封闭型"而非"开放型",属于"自治型"而非"介入型"。无疑,仲裁活动中的调解属于典型的合作主义解纷模式。

另外,诉讼制度与司法体系的基本目的决定了纠纷解决合作主义理论的价值。诉讼制度与司法体系具有诸多目标,关于司法功能、诉

---

① 从更长远角度上看,中国法治化程度属于整体上逐步向好。此处仅强调两点:一是务必对法律社会化过程保持足够的耐心;二是法治化蓝图有赖法律实践、法学教育的点滴积累。对此,笔者感受过"后"官司岁月秦氏夫妇的日常生活:2015年8月,秦天贵来电,据说他家已经搬离方山乡,在秋水城安家。来电没有太多寒暄,遂过渡到开发商违约案子上,问说二审已经结束,如何依法寻求救济,"扯皮的事情,我不干"。2017年10月,在秦家吃午饭,说是新近又看中一套商品房,但开发商不按时签约,问如何计算直接损失,"得有把凭(依据)"。闻知笔者职业,同桌一位方山的党员干部也问,该乡党委书记违规,"按规定该怎么处理呢"。

② 受张五常先生反思经济学"均衡"概念的影响(张五常:《经济解释》,中信出版社2015年版,第72—73页),本书拟对此处的"平衡""均衡"略作说明。恰如经济学引入"均衡"概念,"平衡""均衡"亦援引自物理学,以描述当事人、调解者乃至其他法律主体、行动单位受制于国家—社会互动生成的结构安排以及依循特定社会秩序、社会正义的状态。

讼目的诸研究业已清楚地表明了这一点。但是，无论如何认识诉讼制度与司法制度之目标，其中一个目标不能遗漏，即解决纠纷，这甚至可能先于规则之维系及生成。诚如学者所言："毫无疑问，有关司法的将来的概念和观念必须考虑现代社会的现实要求，尤其是促进社会和平和协调的要求，而且，也不能忽视自由利用裁判的基本原则首先被视作对个人利益的公正处理。就这一点而言，程序不仅仅是为了达到某种司法秩序，同时也必须帮助有矛盾的双方公正解决纠纷。尽管不期望司法制度如同正义之神。"[1] 有理由相信，纠纷解决合作主义假说所富含的现实主义关怀将为理论插上飞翔的翅膀。

或许，"合作主义"表述会引发某些担忧，即纠纷系利益冲突之内在属性与行为对抗之外在表征的综合体。该表述是否忽略了纠纷属性，无视纠纷运动中的催发力以及解纷过程中的对抗性，或者，该种表述是否夸大了纠纷抑制、缓减及平息过程中的合作力量及其客观可能性。这当中固然涉及言辞表述的天然局限性，更多则出于研究侧重之故。从法律社会学视角分析法律现象，常以"共识论"[2]（Consensus）与"冲突论"（Conflict）两种理想社会类型语境为出发点：前者将法律视为确保社会的有机、稳定、有序之结构；后者将法律视作处理、裁断、压制社会冲突甚至用以实现特定阶层之利益的工具。[3] 对此，拉尔夫·达伦多夫先生指出："稳定与变迁、整合与冲突、有效与失范、合作与紧张，似乎是所有已知社会的两大类面向。"[4] 故而，无论侧重哪个方面均会诱发类似担忧。本书无意声称，本项研究在基本出发点

---

[1] 小岛武司等：《司法制度的历史与未来》，汪祖兴译，法律出版社 2000 年版，第 206 页。

[2] 笔者一直尝试在保存"Consensus"的社会学原义的前提下，选择一个更易于法学领域接受、理解的译法，先后考虑"团结论""和谐论"，最终出于术语首在方便交流之故，仍选择业已较为常见的"共识论"。

[3] Steven Vago, *Law and Society*, Pearson Education, Inc., 2006, pp. 23-26.

[4] Ralf Dahrendorf, "Toward a Theory of Social Conflict", *Journal of Conflict Resolution*, no. 2, 1958, pp. 174-175. 转引自 Steven Vago, *Law and Society*, Pearson Education, Inc., 2006, p. 23。

上业已成功整合共识论与冲突论。但在探讨调解等非对抗性解纷机制、手段及策略时，本项研究没有忽视纠纷作为利益冲突与行动对抗之综合体的基本属性。

依某种学究式眼光，或许以"合作主义"概括某些纠纷解决的机制构造及其实践逻辑颇为通俗，但无论作为概念性工具抑或视作对中国法律实践之归纳，该提法大抵上清晰、明确且富有解释力。正所谓"科学不过是经过组织了的常识"[①]。进言之，没有先天、先在的理论，只有先在的实践及其引发的认知，而且"凡人类之觉悟一种道理都是因为一种小事，由一种直接经验，非由学理得来的"[②]，此亦实践主义法学研究范式之一应有之义。

[①] 林耀华：《金翼：中国家族制度的社会学研究》，庄孔韶、林宗成译，生活·读书·新知三联书店 2008 年版，第 227 页。

[②] 林语堂：《论土气与思想界的关系》，《语丝》1924 年 12 月 1 日，第 4 版。

附　录

一、调研材料

1.《长天县调研笔录》，2011年3月28日。

2.《长天县兴隆镇后街综合经营部证明》，1995年11月7日。

3.《长天县人民医院检验报告单》，2004年6月26日。

4.《长天县人民政府办公室文件处理单（第37号）》，2002年1月31日。

5.《重庆调研笔录》，2011年11月15日。

6.《答平沙市中级人民法院通知书》，2005年8月29日。

7.《第一次职工大会会议记录》，2005年1月27日。

8.《公正办案　执法为民：平沙市中级人民法院认真办理市人大常委会信访办交办件》，载平沙市人大常委会信访办公室编：《信访工作动态》第5期，2002年11月20日。

9.《关于房屋处理的问题》，1995年11月2日。

10.《关于房屋处理给谁的问题》，1995年11月2日。

11.《关于房屋价格问题的会议记录》，1995年11月2日。

12.《关于我经营部解体的报告》，1995年11月2日。

13.《后街综合经营部解体职工现金分配表》，1995年11月7日。

14.《解体协议》，1995年11月7日。

15.《吉盛县调研笔录》，2010年6月24日。

16.《吉盛县调研笔录》，2010年12月3日。

17.《吉盛县调研笔录》，2011年8月27日。

18.《平沙市第二届人民代表大会常务委员第十一次会议常务委员组成人员质询案处理笺》，2005年7月26日，载平沙市人大内务司法委员会、平沙市人大常委会人事代表工作委员会：《平沙市人大常委会质询案材料》，2005年9月20日。

19.《平沙市第二届人民代表大会常务委员质询案》，2005年7月26日，载平沙市人大内务司法委员会、平沙市人大常委会人事代表工作委员会：《平沙市人大常委会质询案材料》，2005年9月20日。

20.《平沙市秋水区人民法院民事判决书（2001）秋水民字第1721号》，2002年7月17日。

21.《平沙市秋水区人民法院民事判决书（2003）秋水民字第1101号》，2004年2月10日。

22.《平沙市秋水区人民法院通知》，2002年4月15日。

23.《平沙市秋水区人民法院通知》，2003年12月10日。

24.《平沙市中级人民法院关于何盛芙人身损害赔偿质询案的答复（书面）》，2005年9月27日。

25.《平沙市中级人民法院民事判决书（2002）平法民终字第342号》，2002年10月9日。

26.《平沙市中级人民法院通知书（2003）平法民监字第14号》，2003年5月13日。

27.《平沙市中级人民法院通知》，2005年8月23日。

28.《秋水区调研笔录》，2010年1月28日。

29.《秋水区调研笔录》，2012年1月27日。

30.《远山市调研笔录》，2010年3月23日。

31.《远山市调研笔录》，2011年3月25日。

32.《远山市调研笔录》，2015 年 7 月 24 日。

33.《在杜某家召开全体职工会议记录》，1995 年 11 月 2 日。

34. 长天县兴隆镇后街企业终止清算领导小组办公室：《兴隆镇原后街企业基本情况》，2004 年 12 月 26 日。

35. 长天县人民法院：《长天县人民法院民事判决书（1995）长民初字第 101 号》，1995 年 10 月 12 日。

36. 长天县人民法院：《长天县人民法院开庭笔录》，1996 年 6 月 17 日。

37. 长天县人民法院：《长天县人民法院民事判决书（1996）长民初字第 1290 号》，1996 年 9 月 2 日。

38. 长天县人民法院：《长天县人民法院民事裁定书（1999）长民初字第 902 号》，1999 年 8 月 3 日。

39. 长天县人民法院：《长天县人民法院民事裁定书（1999）长民初字第 1045 号》，2000 年 5 月 16 日。

40. 长天县人民法院：《长天县人民法院民事裁定书（2002）长民再字第 13 号》，2002 年 8 月 10 日。

41. 长天县人民法院：《长天县人民法院民事判决书（2002）长民初字第 590 号》，2003 年 7 月 26 日。

42. 方山乡五谷村人民调解委员会：《人民调解协议书》，2007 年 1 月 5 日。

43. 何盛芙：《申诉状》，2002 年 11 月 22 日。

44. 何盛芙：《申诉状》，2004 年 6 月 30 日。

45. 后街企业全体职工：《艰难的诉讼——关于后街企业经理杜某等四人侵吞企业集体财产达 80 多万元一案的情况报告》，2002 年 3 月 30 日。

46. 后街商行服务社：《后街综合经营部与后街商行服务社关系的有关情况说明》，1998 年 10 月 26 日。

47. 吉盛县调研录音，2012 年 7 月 13 日。

48. 吉盛区调研录音，2017年4月6日。

49. 吉盛县人民法院：《吉盛县综合调处工作年度报告》，2009年8月。

50. 吉盛县人民法院：《吉盛县纠纷综合调处资料汇编》，2010年5月。

51. 秦天贵：《答平沙市中级人民法院通知书》，2005年10月20日。

52. 平沙地区中级人民法院：《平沙地区中级人民法院民事判决书（1996）平中法房终字第25号》，1996年11月15日。

53. 平沙地区中级人民法院：《平沙地区中级人民法院民事判决书（1997）平中法民再字第6号》，1997年9月9日。

54. 平沙市调研录音，2017年4月13日。

55. 平沙市矛盾纠纷大调解工作领导小组办公室：《平沙市矛盾纠纷"大调解"工作资料汇编（一）》，2009年9月。

56. 平沙市秋水区人民代表大会常务委员会：《秋水区人大常委会关于研究处理纠访户秦天贵为其妻人身损害索赔一案的报告》，2005年3月21日，载平沙市人大内务司法委员会、平沙市人大常委会人事代表工作委员会：《平沙市人大常委会质询案材料》，2005年9月20日。

57. 平沙市人大常委会人事代表工作委员会：《关于办理市二届人大常委会组成人员所提质询案的通知》，2005年8月9日。

58. 平沙市人大内务司法委员会：《关于对何盛芙人身损害一案进行审查的通知》，2005年6月21日。

59. 平沙市人大内务司法委员会：《阅卷笔录》，2005年9月5日。

60. 平沙市司法局：《长天县后街企业房产纠纷基本情况》，2006年5月18日。

61. 平沙市中级人民法院：《驳回申请再审通知书》，2005年10月18日。

62. 平沙市中级人民法院：《关于何盛芙与何仕文、何仕武等人人身损害赔偿一案的情况报告》，2005年7月22日。

63. 平沙市中级人民法院:《平沙市中级人民法院民事判决书（2003）平法民终字第191号》，2003年11月12日。

64. 平沙市中级人民法院:《询问笔录》，2005年7月19日。

65. 平沙市中级人民法院:《询问笔录》，2005年7月21日。

66. 平沙市中级人民法院:《询问笔录》，2005年8月25日。

67. 平沙市中级人民法院:《平沙市法院系统"大调解"工作资料汇编（一）》，2009年9月。

68. 平沙市中级人民法院:《平沙市中级人民法院民事判决书（2003）平法民终字第191号》，2003年11月12日。

69. 兴隆镇后街居民委员会:《艰难的执行》，2002年7月1日。

70. 兴隆镇清算小组:《兴隆镇原后街企业咨询问题汇集》，2004年9月8日。

71. 兴隆镇人民政府:《关于解决兴隆镇原后街企业有关问题的请示》，2002年1月28日。

72. 袁公明:《法官的职业道德何在：法官枉法面面观》，2006年。

73. 袁公明:《法律的尊严何在：法院的错误判决》，2006年。

74. 袁公明:《徒劳的辩解：评姚院长在人大质询会上的发言》，2006年。

75. 袁公明:《致平沙市人大领导书》，2006年。

76. 远山市调研录音，2011年3月21日。

77. 远山市人民法院:《调解笔录》，2010年4月21日。

78. 远山市人民法院:《民事裁定书（2010）远山民初字第653号》，2010年6月17日。

79. 远山市诉调对接办公室:《案件受理登记表》，2009年。

80. 远山市诉调对接办公室:《案件受理登记表》，2010年。

81. 远山市诉调对接办公室:《调解档案（2009.16［一］）》。

82. 远山市诉调对接办公室:《调解档案（2009.24［二］）》。

83. 远山市诉调对接办公室：《调解档案（2009.56［四］）》。

84. 远山市诉调对接办公室：《调解档案（2009.92［五］）》。

85. 远山市诉调对接办公室：《调解档案（2009.101［六］）》。

86. 远山市诉调对接办公室：《调解档案（2010.03［九］）》。

87. 远山市诉调对接办公室：《调解档案（2010.68［十二］）》。

88. 远山市诉调对接办公室：《调解档案（2010.125［十五］）》。

89. 远山市诉调对接办公室：《调解档案（2010.158［十八］）》。

90. 远山市诉调对接办公室：《调解档案（2010.161［十八］）》。

91. 远山市诉调对接办公室：《"诉调对接"典型案例一：王某与于某不当得利纠纷案》，2009年7月25日。

92. 远山市诉调对接办公室：《"诉调对接"典型案例二：刘某与唐某、某财产保险公司道路交通事故人身损害赔偿纠纷案》，2009年9月20日。

93. 远山市诉调对接办公室：《"诉调对接"典型案例三：一起民间借贷纠纷案在人民调解员的组织下双方当事人握手言和》，2009年11月12日。

94. 远山市诉调对接办公室：《"诉调对接"典型案例四：夫妻起纷争 调解速化解——远山市人民调解委员会"诉调对接"室成功调解一起离婚纠纷案》，2010年1月22日。

95. 远山市诉调对接办公室：《"诉调对接"典型案例五：王某与黄某劳务合同纠纷案》，2010年4月8日。

96. 远山市诉调对接办公室：《"诉调对接"典型案例六：近3小时成功化解赵某与丁某离婚纠纷案》，2010年4月18日。

97. 远山市诉调对接办公室：《小孩玩擦炮起火造成财产损失，该赔！——远山市人民调解委员会诉调对接室成功调处》，载《诉调简报》2010年第7期。

二、规范性文件缩写对照表

全称	简称
2004年《最高人民法院关于人民法院民事调解工作若干问题的规定》	2004年《民事调解规定》
2007年《最高人民法院关于进一步发挥诉讼调解在构建社会主义和谐社会中积极作用的若干意见》	2007年《诉讼调解和谐意见》
2009年《最高人民法院关于进一步加强司法便民工作的若干意见》	2009年《司法便民意见》
2010年《最高人民法院关于进一步贯彻"调解优先、调判结合"工作原则的若干意见》	2010年《调判意见》
2011年《最高人民法院关于人民调解协议司法确认程序的若干规定》	2011年《司法确认规定》
2016年《最高人民法院关于人民法院进一步深化多元化纠纷解决机制改革的意见》	2016年《多元纠纷解决意见》
2016年《最高人民法院关于人民法院特邀调解的规定》	2016年《特邀调解规定》
2020年《最高人民法院关于进一步完善委派调解机制的指导意见》	2020年《委派调解意见》

参考文献

一、中文著作

1. 包利民：《当代社会契约论》，南京：江苏人民出版社，2008年。
2. 蔡斐：《1903年：上海苏报案与清末司法转型》，北京：法律出版社，2014年。
3. 蔡拓：《契约论研究》，天津：南开大学出版社，1987年。
4. 柴发邦主编：《民事诉讼法学》：北京：北京大学出版社，1998年。
5. 常怡主编：《中国调解制度》，重庆：重庆出版社，1990年。
6. 常怡主编：《民事诉讼法学》，北京：中国政法大学出版社，1999年。
7. 常怡主编：《民事诉讼法学》，北京：中国法制出版社，2008年。
8. 常怡：《民事诉讼法学研究》，北京：法律出版社，2010年。
9. 陈柏峰：《乡村江湖：两湖平湖"混混"研究》，北京：中国政法大学出版社，2011年。
10. 陈会林：《地缘社会解纷机制研究——以中国明清两代为中心》，北京：中国政法大学出版社，2009年。
11. 陈瑞华：《论法学研究方法》，北京：北京大学出版社，2009年。
12. 陈瑞华：《程序正义理论》，北京：中国法制出版社，2010年。
13. 陈世松：《大迁徙："湖广填四川"历史解读》，成都：四川人民出版社，2010 年。

14. 陈映芳：《城市中国的逻辑》，北京：生活·读书·新知三联书店，2012 年。

15. 成伯清：《走出现代性：当代西方社会学理论的重新定向》，北京：社会科学文献出版社，2006 年。

16. 程燎原、王人博：《权利及其救济》，济南：山东人民出版社，1993 年。

17. 池子华：《中国流民史》近代卷，合肥：安徽人民出版社，2001 年。

18. 春扬：《晚清乡土社会民事纠纷调解制度研究》，北京：北京大学出版社，2009 年。

19. 邓经武：《六百年迷雾何时清："湖广填四川"揭秘》，成都：四川大学出版社，2010 年。

20. 邓敏文：《神判论》，贵阳：贵州人民出版社，1991 年。

21. 邓正来：《谁之全球化？何种法哲学？——开放性全球化观与中国法律哲学建构论纲》，北京：商务印书馆，2009 年。

22. 邓正来：《中国法学向何处去——建构"中国法律理想图景"时代的论纲》，北京：商务印书馆，2011 年。

23. 董磊明：《宋村的调解：巨变时代的权威与秩序》，北京：法律出版社，2008 年。

24. 范愉：《非诉讼纠纷解决机制研究》，北京：中国人民大学出版社，2000 年。

25. 范愉：《纠纷解决的理论与实践》，北京：清华大学出版社，2007 年。

26. 费孝通：《乡土中国 生育制度》，北京：北京大学出版社，1998 年。

27. 冯卫国：《行刑社会化研究：开放社会中的刑罚趋向》，北京：

北京大学出版社，2003 年。

28. 付子堂：《法之理在法外》，北京：法律出版社，2003 年。

29. 郭榛树：《法律社会化问题导论》，银川：宁夏人民出版社，2006 年。

30. 顾培东：《社会冲突与诉讼机制》，北京：法律出版社，2004 年。

31. 何兰阶、鲁明健主编：《当代中国的审判工作》上，北京：当代中国出版社，1993 年。

32. 何智亚：《重庆湖广会馆历史与修复研究》，重庆：重庆出版社，2006 年。

33. 贺海仁：《无讼的世界：和解理性与新熟人社会》，北京：北京大学出版社，2009 年。

34. 贺雪峰：《新乡土中国：转型期乡村社会调查笔记》，桂林：广西师范大学出版社，2003 年。

35. 侯欣一：《从司法为民到人民司法——陕甘宁边区大众化司法制度研究》，北京：中国政法大学出版社，2007 年。

36. 胡昭曦：《"张献忠屠蜀"考辨：兼析湖广填四川》，成都：四川人民出版社，1980 年。

37. 黄松有：《中国现代民事审判权论：为民服务型民事审判权的构筑与实践》，北京：法律出版社，2003 年。

38. 季卫东：《法律程序的意义》，北京：中国法制出版社，2004 年。

39. 江立华、孙洪涛：《中国流民史》古代卷，合肥：安徽人民出版社，2001 年。

40. 江伟主编：《民事诉讼法》，北京：高等教育出版社，2007 年。

41. 强世功编：《调解、法制与现代性：中国调解制度研究》，北京：中国法制出版社，2001 年。

42. 金观涛、刘青峰：《兴盛与危机：论中国封建社会的超稳定结构》，北京：法律出版社，2010 年。

43. 金吾伦：《托马斯·库恩》，台北：远流出版公司，1994 年。

44. 里赞：《晚清州县诉讼中的审断问题：侧重四川南部县的实践》，北京：法律出版社，2010 年。

45. 李风华：《当代社会契约论研究》，广州：世界图书广东出版公司，2013 年。

46. 李文海主编：《民国时期社会调查丛编（社会组织卷）》，福州：福建教育出版社，2005 年。

47. 李文海主编：《民国时期社会调查丛编（乡村社会卷）》，福州：福建教育出版社，2005 年。

48. 李祖军：《民事诉讼目的论》，北京：法律出版社，2000 年。

49. 林端：《儒家伦理与法律文化——社会学观点的探索》，北京：中国政法大学出版社，2002 年。

50. 林端：《韦伯论中国传统法律：韦伯比较社会学的批判》，北京：中国政法大学出版社，2014 年。

51. 廖永安：《民事审判权作用范围研究：对民事诉讼主管制度的扬弃与超越》，北京：中国人民大学出版社，2007 年。

52. 林耀华：《金翼：中国家族制度的社会学研究》，庄孔韶、林宗成译，北京：生活·读书·新知三联书店，2008 年。

53. 龙宗智：《理论反对实践》，北京：法律出版社，2003 年。

54. 陆春萍：《转型期人民调解机制社会化运作》，北京：中国社会科学出版社，2010 年。

55. 马长山：《国家、市民社会与法治》，北京：商务印书馆，2005 年。

56. 那思陆：《清代州县衙门审判制度》，范忠信、尤陈俊勘校，北京：中国政法大学出版社，2006 年。

57. 彭小龙：《非职业法官研究：理念、制度与实践》，北京：北京大学出版社，2012 年。

58. 瞿同祖：《中国法律与中国社会》，北京：中华书局，1981 年。

59. 瞿同祖：《清代地方政府》，范忠信、晏锋译，何鹏校，北京：法律出版社，2003 年。

60. 荣敬本等：《从压力型体制向民主合作体制的转变：县乡两级政治体制改革》，北京：中央编译出版社，1998 年。

61. 苏力：《法治及其本土资源》，北京：中国政法大学出版社，1996 年。

62. 苏力：《送法下乡——中国基层司法制度研究》，北京：中国政法大学出版社，2000 年。

63. 苏力：《也许正在发生：转型中国的法学》，北京：法律出版社，2004 年。

64. 孙立平、晋军、何江穗、毕向阳：《动员与参与——第三部门募捐机制个案研究》，杭州：浙江人民出版社，1999 年。

65. 孙立平：《断裂：20 世纪 90 年代以来的中国社会》，北京：社会科学文献出版社，2003 年。

66. 孙立平：《失衡：断裂社会的运作逻辑》，北京：社会科学文献出版社，2004 年。

67. 孙立平：《转型与断裂：改革以来中国社会结构的变迁》，北京：清华大学出版社，2004 年。

68. 孙立平：《博弈：断裂社会的利益冲突与和谐》，北京：社会科学文献出版社，2006 年。

69. 谭兵主编：《民事诉讼法学》，北京：法律出版社，2004 年。

70. 唐应茂：《法院执行为什么难：转型国家中的政府、市场与法院》，北京：北京大学出版社，2009 年。

71. 汪祖兴、江燕：《公民诉讼权利》，北京：中国社会科学出版社，1999 年。

72. 汪祖兴：《中国仲裁制度的境遇及改革要略》，北京：法律出版社，2010年。

73. 王福华：《民事诉讼基本结构：诉权与审判权的对峙与调和》，北京：中国检察出版社，2002年。

74. 王俊祥、王洪春：《中国流民史》现代卷，合肥：安徽人民出版社，2001年。

75. 王铭铭、〔英〕王斯福主编：《乡土社会的秩序、公正与权威》，北京：中国政法大学出版社，1997年。

76. 王锡三：《民事诉讼法研究》，重庆：重庆大学出版社，1996年。

77. 吴思：《潜规则：中国历史中的真实游戏》，上海：复旦大学出版社，2011年。

78. 吴欣：《清代民事诉讼与社会秩序》，北京：中华书局，2007年。

79. 吴毅：《小镇喧嚣：一个乡镇政治运作的演绎与阐释》，北京：生活·读书·新知三联书店，2007年。

80. 武红羽：《司法调解的生产过程：以司法调解与司法场域的关系为视角》，北京：法律出版社，2010年。

81. 夏勇主编：《走向权利的时代：中国公民权利发展研究》，北京：中国政法大学出版社，1999年。

82. 夏之乾：《神判》，香港：中华书局，1989年。

83. 谢岳：《抗议政治学》，上海：上海教育出版社，2010年。

84. 徐昕：《论私力救济》，北京：中国政法大学出版社，2005年。

85. 徐昕：《迈向社会和谐的纠纷解决》，北京：中国检察出版社，2008年。

86. 闫庆霞：《法院调解制度研究》，北京：中国人民公安大学出版社，2008年。

87. 叶孝信主编：《中国法制史》，北京：北京大学出版社，2000年。

88. 应星：《大河移民上访的故事：从"讨个说法"到"摆平理顺"》，北京：生活·读书·新知三联书店，2001年。

89. 应星:《村庄审判史中的道德与政治——1951—1976 年中国西南一个山村的故事》,北京:知识产权出版社,2009 年。

90. 应星:《"气"与抗争政治:当代中国乡村社会稳定问题研究》,北京:社会科学文献出版社,2011 年。

91. 于建嵘:《当代中国农民的维权抗争》,北京:中国文化出版社,2007 年。

92. 于建嵘:《抗争性政治:中国政治社会学基本问题》,北京:人民出版社,2010 年。

93. 袁方主编:《社会研究方法教程》,北京:北京大学出版社,2004 年。

94. 曾代伟主编:《中国法制史》,北京:法律出版社,2003 年。

95. 张冠梓:《论法的成长:来自中国南方山地法律民族志的诠释》,北京:社会科学文献出版社,2007 年。

96. 张静:《基层政权:乡村制度诸问题》,杭州:浙江人民出版社,2000 年。

97. 张静:《法团主义》,北京:东方出版社,2015 年。

98. 张鸣:《乡村社会权力和文化结构的变迁(1903—1953)》,西安:陕西人民出版社,2008 年。

99. 张仁善:《司法腐败与社会失控(1928—1949)》,北京:社会科学文献出版社,2005 年。

100. 张维迎:《经济学原理》,西安:西北大学出版社,2015 年。

101. 张卫平等:《司法改革:分析与展开》,北京:法律出版社,2003 年。

102. 张卫平:《转换的逻辑:民事诉讼体制转型分析》,北京:法律出版社,2007 年。

103. 张卫平:《民事诉讼法》,北京:法律出版社,2013 年。

104. 张五常:《经济解释》,北京:中信出版社,2015 年。

105. 张希坡：《马锡五审判方式》，北京：法律出版社，1983年。

106. 张晓蓓：《冕宁清代司法档案研究》，北京：中国政法大学出版社，2010年。

107. 郑秦：《清代司法审判制度研究》，长沙：湖南教育出版社，1988年。

108. 周雪光：《组织社会学十讲》，北京：社会科学文献出版社，2003年。

109. 朱晓阳：《罪过与惩罚：小村故事（1931—1997）》，北京：法律出版社，2011年。

110. 朱勇主编：《中国法制通史》第9卷，北京：法律出版社，1999年。

111. （民）金绶：《民事诉讼条例详解》，王铭章校订，北京：中华印刷局，1923年。

112. （民）罗文干：《狱中人语》上编，北京：北京民国大学，1925年。

113. （民）石志泉：《民事诉讼条例释义》中卷，北京：国立北平大学法学院出版课，1930年。

114. （民）孙中山：《孙中山全集》第2卷，北京：中华书局，1982年。

115. （民）闻钧天：《中国保甲制度》，汉口：直学轩，1933年。

116. （民）谢振民编著：《中华民国立法史》下册，张知本校订，北京：中国政法大学出版社，2000年。

117. （民）郑爱诹编著：《民事诉讼条例汇览》，朱鸿达校订，上海：世界书局，1923年。

118. 〔奥〕欧根·埃利希：《法社会学原理》，舒国滢译，北京：中国大百科全书出版社，2009年。

119. 〔澳〕娜嘉·亚历山大主编：《全球调解趋势》，王福华等译，北京：中国法制出版社，2011 年。

120.〔德〕K. 茨威格特、H. 克茨：《比较法总论》，潘汉典、米健、高鸿钧、贺卫方译，潘汉典校订，贵阳：贵州人民出版社，1992 年。

121.〔德〕弗里德尼希·卡尔·冯·萨维尼：《论立法与法学的当代使命》，许章润译，北京：中国法制出版社，2001 年。

122.〔德〕盖奥尔格·西美尔：《社会学：关于社会化形式的研究》，林荣远译，北京：华夏出版社，2002 年。

123.〔德〕黑格尔：《法哲学原理》，范扬、张企泰译，北京：商务印书馆，1961 年。

124.〔德〕鲁道夫·冯·耶林：《为权利而斗争》，胡海宝译，北京：中国法制出版社，2004 年。

125.〔德〕马克斯·韦伯：《论经济与社会中的法律》，张乃根译，北京：中国大百科全书出版社，1998 年。

126.〔德〕韦伯：《经济与历史 支配的类型》，康乐、吴乃德、简惠美、张炎宪、胡昌智译，桂林：广西师范大学出版社，2004 年。

127.〔德〕韦伯：《支配社会学》，康乐、简惠美译，桂林：广西师范大学出版社，2004 年。

128.〔德〕韦伯：《法律社会学》，康乐、简惠美译，桂林：广西师范大学出版社，2005 年。

129.〔德〕韦伯：《社会学的概念》，顾忠华译，桂林：广西师范大学出版社，2005 年。

130.〔法〕阿诺尔德·范热内普：《过渡礼仪》，张举文译，北京：商务印书馆，2010 年。

131.〔法〕古斯塔夫·勒庞：《乌合之众：大众心理研究》，戴光年译，北京：新世界出版社，2010 年。

132.〔法〕勒内·达维德：《当代主要法律体系》，漆竹生译，上海：上海译文出版社，1984 年。

133. 〔法〕列维-施特劳斯:《人类学讲演集》,张毅声、张祖建、杨珊译,北京:中国人民大学出版社,2007年。

134. 〔法〕卢梭:《社会契约论》,何兆武译,北京:商务印书馆,2003年。

135. 〔加〕卜正民:《明代的社会与国家》,陈时龙译,合肥:黄山书社,2009年。

136. 〔美〕C. 赖特·米尔斯:《社会学的想象力》,陈强、张永强译,北京:生活·读书·新知三联书店,2005年。

137. 〔美〕L. 科塞:《社会冲突的功能》,孙立平等译,北京:华夏出版社,1989年。

138. 〔美〕L. M. Friedman:《法律与社会》,吴锡堂、杨满郁译,郑哲民校,台北:巨流图书公司,1991年。

139. 〔美〕P. 诺内特、P. 塞尔兹尼克:《转变中的法律与社会:迈向回应型法》,张志铭译,北京:中国政法大学出版社,2004年。

140. 〔美〕爱德华·W. 萨义德:《文化与帝国主义》,李琨译,北京:生活·读书·新知三联书店,2003年。

141. 〔美〕爱德华·W. 萨义德:《东方学》,王宇根译,北京:生活·读书·新知三联书店,2007年。

142. 〔美〕鲍勃·伍德沃德、斯科特·阿姆斯特朗:《最高法院的兄弟们:美国联邦最高法院要案审理纪实》,吴懿婷、洪俪倩译,北京:当代中国出版社,2009年。

143. 〔美〕本杰明·卡多佐:《司法过程的性质》,苏力译,北京:商务印书馆,1998年。

144. 〔美〕伯纳德·施瓦茨:《美国最高法院史》,毕洪海、柯翀、石明磊译,北京:中国政法大学出版社,2005年。

145. 〔美〕布莱克:《法律的运作行为》,唐越、苏力译,北京:中国政法大学出版社,1994年。

146.〔美〕查尔斯·蒂利、西德尼·塔罗：《抗争政治》，李义中译，南京：译林出版社，2010年。

147.〔美〕费正清、赖肖尔：《中国：传统与变革》，陈仲丹等译，南京：江苏人民出版社，1992年。

148.〔美〕费正清：《美国与中国》，张理京译，北京：世界知识出版社，1999年。

149.〔美〕韩丁：《翻身——中国一个村庄的革命纪实》，韩倞等译，邱应觉校，北京：北京出版社，1980年。

150.〔美〕黄仁宇：《中国大历史》，北京：生活·读书·新知三联书店，2010年。

151.〔美〕黄宗智：《清代的法律、社会与文化：民法的表达与实践》，上海：上海书店出版社，2001年。

152.〔美〕黄宗智：《法典、习俗与司法实践：清代与民国的比较》，上海：上海书店出版社，2003年。

153.〔美〕黄宗智：《过去和现在：中国民事法律实践的探索》，北京：法律出版社，2009年。

154.〔美〕黄宗智：《经验与理论：中国社会、经济与法律的实践历史研究》，北京：中国人民大学出版社，2007年。

155.〔美〕黄宗智：《实践与理论：中国社会、经济与法律的历史与现实研究》，北京：法律出版社，2015年。

156.〔美〕卡尔·N.卢埃林：《普通法传统》，陈绪刚、史大晓、仝宗锦译，北京：中国政法大学出版社，2002年。

157.〔美〕卡尔迪纳、普里勃：《他们研究了人》，孙恺祥译，北京：生活·读书·新知三联书店，1991年。

158.〔美〕克里斯托弗·沃尔夫：《司法能动主义——自由的保障还是安全的威胁？》，黄金荣译，北京：中国政法大学出版社，2004年。

159.〔美〕孔飞力：《中华帝国晚期的叛乱及其敌人：1796—1864

年的军事化与社会结构》，谢亮生、杨品泉、谢思炜译，北京：中国社会科学出版社，1990年。

160.〔美〕孔飞力：《叫魂：1768中国妖术大恐慌》，陈兼、刘昶译，上海：上海三联书店，2014年。

161.〔美〕孔飞力：《他者中的华人：中国近现代移民史》，李明欢译，黄鸣奋校，南京：江苏人民出版社，2016年。

162.〔美〕柯文：《在中国发现历史——中国中心观在美国的兴起》，林同奇译，北京：中华书局，2002年。

163.〔美〕罗伯特·C.埃里克森：《无需法律的秩序——邻人如何解决纠纷》，苏力译，北京：中国政法大学出版社，2003年。

164.〔美〕罗斯科·庞德：《通过法律的社会控制》，沈宗灵译，楼邦彦校，北京：商务印书馆，2010年。

165.〔美〕克利福德·格尔茨：《文化的解释》，韩莉译，南京：译林出版社，1999年。

166.〔美〕克利福德·格尔茨：《地方知识——阐释人类学论文集》，杨德睿译，北京：商务印书馆，2016年。

167.〔美〕马丁·夏皮罗：《法院：比较法上和政治学上的分析》，张生、李彤译，北京：中国政法大学出版社，2005年。

168.〔美〕迈克尔·D.贝勒斯：《法律的原则——一个规范的分析》，张文显译，北京：中国大百科全书出版社，1996年。

169.〔美〕米尔伊安·R.达玛什卡：《司法和国家权力的多种面孔——比较法视野中的法律程序》，郑戈译，北京：中国政法大学出版社，2004年。

170.〔美〕莫顿·J.霍维茨：《沃伦法院对正义的追求》，信春鹰、张志铭译，北京：中国政法大学出版社，2003年。

171.〔美〕萨利·安格尔·梅丽：《诉讼的话语——生活在美国社会底层人的法律意识》，郭星华、王晓蓓、王平译，北京：北京大学出版社，2007年。

172.〔美〕斯蒂芬·B.戈尔德堡、弗兰克·E. A.桑德、南希·H.罗杰斯、塞拉·伦：《纠纷解决：谈判、调解和其他机制》，蔡彦敏、曾宇、刘晶晶译，北京：中国政法大学出版社，2005年。

173.〔美〕唐·布莱克：《社会学视野中的司法》，郭星华等译，北京：法律出版社，2002年。

174.〔美〕唐纳德·布莱克：《正义的纯粹社会学》，徐昕、田璐译，杭州：浙江人民出版社，2009年。

175.〔美〕托马斯·库恩：《科学革命的结构》，金吾伦、胡新和译，北京：北京大学出版社，2003年。

176.〔美〕约翰·哈特·伊利：《民主与不信任：美国司法违宪审查理论》，刘静怡等译，台北：商周出版社，2005年。

177.〔美〕詹姆斯·E.麦圭尔、陈子豪、吴瑞卿：《和为贵：美国调解与替代诉讼纠纷解决方案》，北京：法律出版社，2011年。

178.〔日〕大木雅夫：《比较法》，范愉译，朱景文审校，北京：法律出版社，1998年。

179.〔日〕高见泽磨：《现代中国的纠纷与法》，何勤华、李秀清、曲阳译，北京：法律出版社，2003年。

180.〔日〕高桥宏志：《民事诉讼法：制度与理论的深层分析》，林剑锋译，北京：法律出版社，2003年。

181.〔日〕六本佳平：《日本法与日本社会》，刘银良译，北京：中国政法大学出版社，2004年。

182.〔日〕棚濑孝雄：《纠纷的解决与审判制度》，王亚新译，北京：中国政法大学出版社，2004年。

183.〔日〕小岛武司等：《司法制度的历史与未来》，汪祖兴译，北京：法律出版社，2000年。

184.〔日〕小岛武司、伊藤真编：《诉讼外纠纷解决法》，丁婕译，北京：中国政法大学出版社，2005年。

185.〔日〕寺田浩明：《权利与冤抑：寺田浩明中国法史论集》，王亚新等译，清华大学出版社，2012年。

186.〔日〕滋贺秀三、寺田浩明、岩本美绪、夫马进，王亚新、梁治平编：《明清时期的民事审判与民间契约》，王亚新、范愉、陈少峰译，北京：法律出版社，1998年。

187.〔瑞士〕皮亚杰：《结构主义》，倪连生、王琳译，北京：商务印书馆，1984年。

188.〔匈〕阿尔帕德·绍科尔采：《反思性历史社会学》，凌鹏、纪莺莺、哈光甜译，李康校，上海：上海人民出版社，2008年。

189.〔意〕马基雅维利：《君王论》，徐继业译，北京：西苑出版社，2004年。

190.〔意〕莫诺·卡佩莱蒂等：《当事人基本程序保障权与未来的民事诉讼》，徐昕译，北京：法律出版社，2000年。

191.〔意〕莫诺·卡佩莱蒂：《比较法视野中的司法程序》，徐昕、王奕译，北京：清华大学出版社，2005年。

192.〔意〕皮罗·克拉玛德雷：《程序与民主》，翟小波、刘刚译，北京：高等教育出版社，2005年。

193.〔英〕E. E. 埃文思－普里查德：《阿赞德人的巫术、神谕和魔法》，覃俐俐译，商务印书馆，2006年。

194.〔英〕K. R. 波珀：《科学发现的逻辑》，查汝强、邱仁宗译，北京：科学出版社，1986年。

195.〔英〕安东尼·吉登斯：《社会的构成：结构化理论大纲》，李康、李猛译，北京：生活·读书·新知三联书店，1998年。

196.〔英〕奥德丽·理查兹：《祈颂姑》，张举文译，北京：商务印书馆，2017年。

197.〔英〕巴特莱特：《中世纪神判》，徐昕、喻中胜、徐昀译，杭州：浙江人民出版社，2007年。

198.〔英〕丹尼斯·史密斯：《历史社会学的兴起》，周辉荣、井建斌、赵怀英、徐瑞芝、刘玉群译，上海：上海人民出版社，2000年。

199.〔英〕霍布斯：《利维坦》，黎思复、黎廷弼译，杨昌裕校，北京：商务印书馆，2009年。

200.〔英〕杰西·洛佩兹、约翰·斯科特：《社会结构》，允春喜译，长春：吉林人民出版社，2007年。

201.〔英〕卡尔·波普尔：《猜想与反驳——科学知识的增长》，傅季重、纪树立、周昌忠、蒋戈为译，上海：上海译文出版社，1986年。

202.〔英〕莱斯诺夫：《社会契约论》，刘训练等译，南京：江苏人民出版社，2012年。

203.〔英〕洛克：《政府论》上篇、下篇，叶启芳、瞿菊农译，北京：商务印书馆，2009年。

204.〔英〕马林诺夫斯基：《原始社会的犯罪与习俗》，原江译，昆明：云南人民出版社，2002年。

205.〔英〕梅因：《古代法》，沈景一译，北京：商务印书馆，1996年。

206.〔英〕维克多·特纳：《象征之林：恩登布人仪式散论》，赵玉燕、欧阳敏、徐洪峰译，北京：商务印书馆，2006年。

207.〔英〕休谟：《人性论》上册，关文运译，北京：商务印书馆，1996年。

208.〔英〕约翰·梅纳德·史密斯：《演化与博弈论》，潘春阳译，上海：复旦大学出版社，2008年。

二、中文论文

1. 艾佳慧：《"大调解"的运作模式与适用边界》，《法商研究》

2011年第1期。

2. 巴哈提牙尔·米吉提：《黄岩诉讼档案状词真实性研究》，《社会科学辑刊》2013年第3期。

3. 毕玉谦：《民事诉讼起诉要件与诉讼系属之间关系的定位》，《华东政法学院学报》2006年第4期。

4. 陈柏峰：《"迈向实践"的法学——读黄宗智著〈过去和现在〉》，《学术界》2010年第3期。

5. 陈瑞华：《刑事诉讼的私力合作模式——刑事和解在中国的兴起》，《中国法学》2006年第5期。

6. 陈斯彬：《人大代表不适合参与纠纷解决——以泉州市为中心的考察》，《法学》2011年第4期。

7. 陈慰星：《法院调解"内卷化"与调解资源外部植入——以Q市两级法院人大代表协助诉讼调解实践为例》，《现代法学》2013年第3期。

8. 邓建鹏：《讼师秘本与清代诉状的风格——以"黄岩诉讼档案"为考察中心》，《浙江社会科学》2005年第4期。

9. 邓建鹏：《清代州县讼案的裁判方式研究——以"黄岩诉讼档案"为研究对象》，《江苏社会科学》2007年第3期。

10. 范愉：《诉前调解与法院的社会责任：从司法社会化到司法能动主义》，《法律适用》2007年第11期。

11. 范愉：《诉讼调解：审判经验与法学原理》，《中国法学》2009年第6期。

12. 范愉：《〈人民调解法〉：让人民调解回归民间》，《中国法律》2010年第6期。

13. 范愉：《"当判则判"与"调判结合"——基于实务和操作层面的分析》，《法制与社会发展》2011年第6期。

14. 范愉：《诉讼与非诉讼程序衔接的若干问题——以〈民事诉讼

法〉的修改为切入点》,《法律适用》2011 年第 9 期。

15. 范愉:《社会转型中的人民调解制度——以上海市长宁区人民调解组织改革的经验为视点》,《中国司法》2004 年第 10 期。

16. 方流芳:《民事诉讼收费考》,《中国社会科学》1999 年第 3 期。

17. 高鸿钧:《法律移植:隐喻、范式与全球化时代的新趋向》,《中国社会科学》2007 年第 4 期。

18. 高鸿钧:《比较法研究的反思:当代挑战与范式转换》,《中国社会科学》2009 年第 6 期。

19. 顾培东:《也论中国法学向何处去》,《中国法学》2009 年第 1 期。

20. 何兵:《纠纷解决机制之重构》,《中外法学》2002 年第 1 期。

21. 何勤华:《清代法律渊源考》,《中国社会科学》2001 年第 2 期。

22. 洪冬英:《当代中国调解制度的变迁研究:以法院调解与人民调解为中心》,华东政法大学博士学位论文,2007 年。

23. 侯欣一:《陕甘宁边区高等法院司法制度改革研究》,《法学研究》2004 年第 5 期。

24. 胡洁人:《使和谐社区运作起来:当代上海社区冲突解决研究》,香港中文大学博士学位论文,2009 年。

25. 黄双全:《我国民事"执行乱"的情况与对策》,《政治与法律》1996 年第 1 期。

26. 黄艳好:《河街司法:中国基层政法逻辑》,北京理工大学博士学位论文,2015 年。

27. 黄正林:《1937—1945 年陕甘宁边区的乡村社会改造》,《抗日战争研究》2006 年第 2 期。

28. 金吾伦:《范式概念及其在马克思主义哲学研究中的运用》,《中国特色社会主义研究》2009 年第 6 期。

29. 景汉朝、卢子娟:《"执行难"及其对策》,《法学研究》2000

年第 5 期。

30. 雷明贵：《法院调解的实践逻辑——以湖南 C 县基层法院民事司法为例的考察》，上海大学博士学位论文，2010 年。

31. 李贵连、俞江：《清末民初的县衙审判——以江苏省句容县为例》，《华东政法大学学报》2007 年第 2 期。

32. 李浩：《论调解不宜作为民事审判权的运行方式》，《法律科学》1996 年第 4 期。

33. 李浩：《民事审判中的调审分离》，《法学研究》1996 年第 4 期。

34. 李浩：《关于建立诉讼上和解制度的探讨》，《清华法律评论》1999 年第 2 期。

35. 李浩：《调解的比较优势与法院调解制度的改革》，《南京师大学报（社会科学版）》2002 年第 4 期。

36. 李浩：《委托调解若干问题研究——对四个基层人民法院委托调解的初步考察》，《法商研究》2008 年第 1 期。

37. 李浩：《法院协助调解机制研究》，《法律科学》2009 年第 4 期。

38. 李猛：《迈向关系/事件的社会学分析：一个导论》，《国外社会学》1997 年第 1 期。

39. 李喜莲：《法院调解优先的冷思考》，《法律科学》2010 年第 2 期。

40. 李艳君：《从冕宁县档案看清代民事诉讼制度》，中国政法大学博士学位论文，2008 年。

41. 林语堂：《论土气与思想界的关系》，《语丝》1924 年 12 月 1 日，第 4 版。

42. 刘加良：《民事诉讼调解模式研究》，《法学家》2011 年第 2 期。

43. 刘加良：《民事诉讼调解社会化的根据、原则与限度》，《法律科学》2011 年第 3 期。

44. 刘加良：《论委托调解的功能》，《中外法学》2011 年第 5 期。

45. 刘加良：《委托调解原论》，《河南大学学报》2011 年第 5 期。

46. 刘能：《怨恨解释、动员结构和理性选择——有关中国都市地区集体行动发生可能性的分析》，《开放时代》2004年第4期。

47. 刘旺洪：《国家与社会：法哲学研究范式的批判与重建》，《法学研究》2002年第6期。

48. 刘昕杰：《以和为贵：民国时期基层民事纠纷中的调解》，《山东大学学报》2011年第4期。

49. 刘学在：《略论民事诉讼中的诉讼系属》，《法学杂志》2002年第6期。

50. 刘忠：《"从华北走向全国"——当代司法制度传承的重新书写》，《北大法律评论》2010年第1期。

51. 罗兴佐：《治水：国家介入与农民合作——荆门五村研究》，华中师范大学博士学位论文，2005年。

52. 罗兴佐：《"行动者/结构"视野下的农民合作》，《贵州师范大学学报（社会科学版）》2007年第3期。

53. 卢晖临：《迈向叙述的社会学》，《开放时代》2004年第1期。

54. 卢晖临、李雪：《如何走出个案：从个案研究到扩展个案研究》，《中国社会科学》2007年第1期。

55. 马显德：《社会法学派与法律之社会化》，《政治月刊》1923年第1期。

56. 马锡五：《新民主主义革命阶段中陕甘宁边区的人民司法工作》，《政法研究》1954年第1期。

57. 毛泽东：《抗日根据地的政权问题》，《毛泽东选集》第二卷，北京：人民出版社，1965年。

58. 孟瑶：《茶馆里的调解——评〈茶馆〉》，载徐昕主编：《正义的想象：文学中的司法》，北京：中国法制出版社，2009年。

59. 钱弘道：《中国法治实践学派正在形成》，《中国社会科学报》2013年2月6日，第A07版。

60. 钱弘道：《中国法治实践学派的基本精神》，《浙江大学学报（人文社会科学版）》2015年第4期。

61. 邵俊武：《民事诉讼中法院调解原则的再认识》，《政法论坛》2000年第1期。

62. 施芸卿：《机会空间的营造——以B市被拆迁居民集团行政诉讼为例》，《社会学研究》2007年第2期。

63. 宋明：《人民调解的现代定位：纠纷解决机制中的"第三领域"》，《法制与社会发展》2008年第3期。

64. 苏力：《语境论——一种法律制度研究的进路和方法》，《中外法学》2000年第1期。

65. 苏力：《审判管理与社会管理——法院如何有效回应"案多人少"？》，《中国法学》2010年第6期。

66. 孙立平、王汉生、王思斌、杨善华、林彬：《改革以来中国社会结构的变迁》，《中国社会科学》1994年第2期。

67. 孙立平：《"过程—事件分析"与中国国家—农民关系的实践形态》，《清华社会学评论》2000年特辑。

68. 孙立平、郭于华：《"软硬兼施"：正式权力非正式运作的过程分析——华北B镇定购粮收购的个案研究》，《清华社会学评论》2000年特辑。

69. 孙立平：《实践社会学与市场转型过程分析》，《中国社会科学》2002年第2期。

70. 孙立平：《迈向实践的社会学》，《江海学刊》2002年第5期。

71. 佟季：《新中国成立60年人民法院诉讼调解情况分析——马锡五审判方式在我国的当代司法价值》，《人民司法·应用》2010年第7期。

72. 汪海燕：《论刑事程序倒流》，《法学研究》2008年第5期。

73. 汪祖兴：《仲裁机构民间化的境遇及改革要略》，《法学研究》

2010 年第 1 期。

74. 王禄生：《地位与策略："大调解"中的人民法院》，《法制与社会发展》2011 年第 6 期。

75. 王朔柏、陈意新：《从血缘群到公民化：共和国时代安徽农村宗族变迁研究》，《中国社会科学》2004 年第 1 期。

76. 王毅：《中国走向公民社会的困难、可能与路径选择》，资中筠：《启蒙与中国社会转型》，北京：社会科学文献出版社，2011 年。

77. 吴元元：《信息能力与压力型立法》，《中国社会科学》2010 年第 1 期。

78. 吴泽勇：《〈民事刑事诉讼暂行章程〉考略》，《昆明理工大学学报（社会科学版）》2008 年第 1 期。

79. 肖建国：《司法 ADR 建构中的委托调解制度研究——以中国法院的当代实践为中心》，《法学评论》2009 年第 3 期。

80. 肖仕卫：《刑事法治的"第三领域"：中国刑事和解制度的结构定位与功能分析》，《中外法学》2007 年第 6 期。

81. 谢立中：《结构—制度分析，还是过程—事件分析？——从多元话语分析的视角看》，《中国农业大学学报（社会科学版）》2007 年第 4 期。

82. 徐胜萍：《民事纠纷解决的第三领域——法院委托调解》，《东北师大学报（哲学社会科学版）》2010 年第 1 期。

83. 徐昀：《非正式开庭视角下的程序与法官》，《开放时代》2006 年第 6 期。

84. 徐昀：《"调判结合"的困境——以民事审判结构理论为分析框架》，《开放时代》2009 年第 6 期。

85. 徐昀：《"调解优先"原则的反思——以民事审判结构理论为分析框架》，《学术研究》2010 年第 4 期。

86. 徐昕：《纠纷运动的理论框架》，2009 年，未刊稿。

87. 徐昕、徐昀：《非正式开庭研究》，《比较法研究》2005 年第 1 期。

88. 徐忠明：《明清诉讼：官方的态度与民间的策略》，《社会科学论坛》2004 年第 10 期。

89. 徐忠明：《清初绅士眼中的上海地方司法活动——以姚廷遴〈历年记〉为中心的考察》，《现代法学》2007 年第 3 期。

90. 许少波：《社会转型的司法 还是司法变革的政策——人大代表协助诉讼调解实践的考察》，《法学评论》2011 年第 4 期。

91. 薛泉：《压力型体制模式下的社会组织发展——基于温州个案的研究》，《公共管理学报》2015 年第 4 期。

92. 熊易寒：《人民调解的社会化与再组织：对上海市杨伯寿工作室的个案分析》，《社会》2006 年第 6 期。

93. 杨秀清：《法院调解主体社会化的思考》，张卫平、齐树洁主编：《司法改革论评》第 7 辑，厦门：厦门大学出版社，2008 年。

94. 杨雪冬：《压力型体制：一个概念的简明史》，《社会科学》2012 年第 11 期。

95. 易平：《日美学者关于清代民事审判制度的论争》，《中外法学》1999 年第 3 期。

96. 曾令健：《纠纷解决仪式的象征之维——评维克多·特纳的〈象征之林〉》，《社会学研究》2008 年第 4 期。

97. 曾令健：《法人类学视野中的纠纷解决仪式——一个象征主义的分析》，西南政法大学硕士学位论文，2009 年。

98. 曾令健：《承继·契合·沟通——结构主义视角下的人民调解》，《当代法学》2009 年第 6 期。

99. 曾令健：《法院如何面对传媒：一个文本的分析》，《前沿》2010 年第 15 期。

100. 曾令健：《司法实践中的"隐性代理"》，《南昌大学学报（人文社会科学版）》2012 年第 1 期。

101. 曾令健：《社区调解中的合作主义——基于西南某市调研的分析》，《法制与社会发展》2012 年第 2 期。

102. 曾令健：《帝国司法的黄昏——〈1903 年：上海苏报案与清末司法转型〉中的叙事、审判与政治》，载徐昕主编：《司法》第 7 辑，厦门：厦门大学出版社，2012 年。

103. 曾令健：《社会变迁中的"大调解"——政府推动型人民调解的个案研究》，《厦门大学法律评论》2013 年第 1 期。

104. 曾令健：《迈向集约型司法的民事审前调解》，《安徽大学学报（哲学社会科学版）》2013 年第 4 期。

105. 曾令健：《纠纷、仪式与权威——迈向象征主义法人类学》，《民间法》2015 年第 1 期。

106. 曾令健：《政府推动型人民调解的意涵变迁（1931—2010）——法学研究的历史社会学进路》，《厦门大学法律评论》2016 年第 1 期。

107. 曾宪义：《关于中国传统调解制度的若干问题研究》，《中国法学》2009 年第 4 期。

108. 翟学伟：《人情、面子与权力的再生产——情理社会中的社会交换方式》，《社会学研究》2004 年第 5 期。

109. 张嘉军：《社会化：法院调解的新走向》，《北大法律评论》2012 年第 1 期。

110. 张晋红：《法院调解的立法价值探究——兼评法院调解的两种改良观点》，《法学研究》1998 年第 5 期。

111. 张晋藩：《清朝法制史概论》，《清史研究》2002 年第 3 期。

112. 张静：《"合作主义"理论的中心问题》，《社会学研究》1996 年第 5 期。

113. 张吕好：《转型时期行政权力的社会化》，北京大学博士学位论文，2004 年。

114. 张卫平：《回归"马锡五"的思考》，《现代法学》2009 年第 5 期。

115. 张文显、于宁：《当代中国法哲学研究范式的转换——从阶级斗争范式到权利本位范式》，《中国法学》2001 年第 1 期。

116. 郑保华：《法律社会化论》，《法学季刊》1930 年第 7 期。

117. 周道鸾：《华北人民政府司法制度之研究》，《人民司法·应用》2009 年第 7 期。

118. 朱苏力：《中国司法的规律》，《国家检察官学院学报》2009 年第 1 期。

119. 朱晓阳：《延伸个案与一个农民社区的变迁》，张曙光、邓正来主编：《中国社会科学评论》第 2 卷，北京：法律出版社，2004 年。

120. 朱晓阳：《纠纷个案背后的社会科学观念》，《法律与社会科学》2006 年第 1 期。

121. 朱晓阳：《"语言混乱"与法律人类学的整体论进路》，《中国社会科学》2007 年第 2 期。

122. 竺效：《生态损害的社会化填补法理研究》，中国人民大学博士学位论文，2006 年。

123.（民）江庸：《法律评论发刊词》，《法律评论》1923 年创刊号。

124.（民）石志泉：《民事调解制度》，《法学专刊》1935 年第 5 期。

125.〔德〕弗·恩格斯：《关于共产主义者同盟的历史》，《马克思恩格斯全集》第 21 卷，北京：人民出版社，1965 年。

126.〔德〕弗·恩格斯：《集权和自由》，《马克思恩格斯全集》第 41 卷，北京：人民出版社，1982 年。

127.〔德〕弗·恩格斯：《〈刑法报〉停刊》，《马克思恩格斯全集》第 41 卷，北京：人民出版社，1982 年。

128.〔德〕卡尔·马克思：《第六届莱茵省议会的辩论》，《马克思恩格斯全集》第 1 卷，北京：人民出版社，1956 年。

129.〔德〕卡尔·马克思：《对民主主义者莱茵区域委员会的审

判》,《马克思恩格斯全集》第 6 卷,北京:人民出版社,1961 年。

130.〔美〕霍姆斯:《法律的道路》,〔美〕霍姆斯:《法律的生命在于经验——霍姆斯法学文集》,明辉译,北京:清华大学出版社,2007 年。

131.〔美〕黄宗智:《认识中国——走向从实践出发的社会科学》,《中国社会科学》2005 年第 1 期。

132.〔美〕罗威廉:《晚清帝国的"市民社会"问题》,邓正来、杨念群译,邓正来:《国家与社会:中国市民社会研究》,北京:北京大学出版社,2008 年。

133.〔美〕玛格丽特·玛斯特曼:《范式的本质》,载〔美〕伊姆雷·拉卡托斯、艾兰·马斯格雷夫编:《批判与知识的增长》,周寄中译,北京:华夏出版社,1987 年。

134.〔美〕徐欣吾:《权力网络与民国时期的国家—社会关系》,李彤译,尤陈俊校,载〔美〕黄宗智、尤陈俊主编:《从诉讼档案出发:中国的法律、社会与文化》,北京:法律出版社,2009 年。

135.〔日〕寺田浩明:《清代民事审判:性质及意义——日美两国学者之间的争论》,王亚新译,《北大法律评论》1998 年第 2 期。

三、外文著作

1. Auerbach, Jerold S., *Justice without Law?*, New York: Oxford University Press, 1983.

2. Axelrod, Robert M., *The Evolution of Cooperation*, New York: Basic Books, 2006.

3. Barrett, Jerome T. and Joseph P. Barrett, *A History of Alternative Dispute Resolution: The Story of a Political, Cultural, and Social Movement*, San Francisco: Jossey-Bass, 2004.

4. Boulle, Laurence, Virginia Goldblatt, Phillip Green, and Phillip Green, *Mediation: Principles, Process, Practice*, Wellington: LexisNexis NZ Limited, 2008.

5. Burawoy, Michael, Alice Burton, Ann Arnett Ferguson, Kathryn J. Fox, Joshua Gamson, Nadine Gartrell, Leslie Hurst, Charles Kurzman, Leslie Salzinger, Josephs Schiffman, and Shiori Ui, *Ethnography Unbound: Power and Resistance in Modern Metropolis*, Berkeley: University of California Press, 1991.

6. Burawoy, Michael, Josephs Blum, Sheba George, Zsuzsa Gillf, Teresa Gowan, Lynne Haney, Maren Klawtier, Steven H. Lopez, Sean O Riain, and Millie Thayer, *Global Ethnography: Forces Connections and Imaginations in a Postmodern World*, Berkeley: University of California Press, 2000.

7. Burawoy, Michael, *The Extended Case Method: Four Countries, Four Decades, Four Great Transformations, and One Theoretical Tradition*, Berkeley: University of California Press, 2009.

8. Bush, Robert A. Baruch and Joseph P. Folger, *The Promise of Mediation: The Transformative Approach to Conflict*, Hoboken: John Wiley & Sons, 2005.

9. Campos, Paul F., *Jurismania: The Madness of American Law*, New York: Oxford University Press, 1998.

10. Chunn, Dorothy, *From Punishment to Doing Good: Family Courts and Socialized Justice in Ontario, 1880-1940*, Toronto: University of Toronto Press, 1992.

11. Duara, Prasenjit, *Rescuing History from the Nation: Questioning Narratives of Modern China*, Chicago: The University of Chicago Press, 1995.

12. Genn, Hazel G., *Judging Civil Justice*, Cambridge: Cambridge

University Press, 2010.

13. Gluckman, Max, *The Judicial Process among the Barotse of Northern Rhodesia (Zambia)*, Manchester: Manchester University Press, 1973.

14. Gulliver, Philip H., *Social Control in an African Society: A Study of the Arusha*, London: Routledge & Kegan Paul, 1963.

15. Hayden, Robert M., *Social Courts in Theory and Practice: Yugoslav Workers' Courts in Comparative Perspective*, Philadelphia: University of Pennsylvania Press, 1990.

16. Head, John W., *China's Legal Soul: The Modern Chinese Legal Identity in Historical Context*, Durham: Carolina Academic Press, 2009.

17. Hoebel, E. Adamson, *The Law of Primitive Man: A Study in Comparative Legal Dynamics*, Cambridge: Harvard University Press, 1967.

18. Holmes, Oliver Wendell, *The Common Law*, Boston: Little, Brown and Company, 1923.

19. Hsiao, Kung Chuan, *Rural China: Imperial Control in the Nineteenth Century*, Seattle: University of Washington Press, 1960.

20. Hsiao, Kung-Chuan, *Compromise in Imperial China*, Seattle: University of Washington, 1979.

21. Kagan, Robert A., *Adversarial Legalism: the American Way of Law*, Cambridge: Harvard University Press, 2003.

22. Lieberman, Jethro K., *The Litigious Society*, New York: Basic Books, 1981.

23. Merry, Sally Engle and Neal Milner, eds., *The Possibility of Popular Justice: A Case Study of Community Mediation in the United States*, Ann Arbor: University of Michigan Press, 1993.

24. Merton, Robert K., *On Theoretical Sociology: Five Essays, Old and New*, New York: The Free Press, 1967.

25. Mitchell, Clyde, *The Yao Village: A Study in the Social Structure of a Nyasaland Tribe*, Manchester: Manchester University Press, 1956.

26. Moore, Christopher W., *The Mediation Process: Practical Strategies for Resolving Conflict*, San Francisco: Jossey-Bass, 2003.

27. Nader, Laura ed., *No Access to Law: Alternatives to the American Judicial System*, New York: Academic Press, 1980.

28. Nader, Laura, *The Life of the Law: Anthropological Projects*, Berkeley: University of California Press, 2002.

29. Ng, Kwai Hang and Xin He, *Embedded Courts: Judicial Decision-Making in China*, New York: Cambridge University Press, 2017.

30. O'Brien, Kevin J. and Lianjian Li, *Rightful Resistance in Rural China*, New York: Cambridge University Press, 2006.

31. Olson, Walter K., *The Litigation Explosion: What Happened When America Unleased the Lawsuit*, New York: Truman Talley Books, 1991.

32. Pizzi, William T., *Trials without Truth: Why Our System of Criminal Trials Has Become An Expensive Failure and What We Need to Do to Rebuild It*, New York and London: New York University Press, 1999.

33. Ritzer, George, *Sociology: A Multiple Paradigm Science*, Boston: Allyn and Bacon, 1975.

34. Spencer, David and Michael C. Brogan, *Mediation Law and Practice*, New York: Cambridge University Press, 2006.

35. Tarrow, Sidney, *Power in Movement: Social Movements and Contentious Politics (Revised and Updated Third Edition)*, New York: Cambridge University Press, 2011.

36. Teng, Ssu-yü and John King Fairbank, eds., *China's Response to the West: A Documentary Survey, 1838-1923*, Cambridge: Harvard University Press, 1979.

37. Truman, David B., *The Governmental Process: Political Interests and Public Opinion*, New York: Alfred A. Knopf, 1951.

38. Turner, Victor W., *Schism and Continuity in an African Society: A Study of Ndembu Village Life*, Manchester: Manchester University Press, 1957.

39. Vago, Steven, *Law and Society*, Upper Saddle River: Pearson Education, Inc., 2006.

40. Velsen, J. van, *The Politics of Kinship: A Study in Social Manipulation among the Lakeside Tonga*, Manchester: Manchester University Press, 1964.

41. Waldman, Ellen, ed., *Mediation Ethics: Cases and Commentaries*, San Francisco: Jossey-Bass, 2011.

42. Weber, Max, *The Methodology of the Social Sciences*, Translated and Edited by Edward A. Shils and Henry A. Finch, Glencoe: the Free Press, 1949.

43. Willrich, Michael, *City of Courts: Socializing Justice in Progressive Era Chicago*, New York: Cambridge University Press, 2003.

44. Zhao, Dingxin, *The Confucian-Legalist State: A New Theory of Chinese History*, New York: Oxford University Press, 2015.

45. Zhou, Xueguang, *The State and Life Chances in Urban China: Redistribution and Stratification, 1949-1994*, New York: Cambridge University Press, 2004.

46. 森本益之『行刑の現代的展開—監獄法改正と行刑の社会化』（成文堂，1985年）。

四、外文论文

1. Barton, R. F., "Procedure among the Ifugao", in Paul Bohannan ed.,

Law and Warfare: Studies in the Anthropology of Conflict, New York: The Natural History Press, 1967.

2. Chen, Feng, "Between the State and Labor: The Conflict of Chinese Trade Unions' Double Identity in Market Reform", *The China Quarterly*, no. 176, 2003.

3. Chen, Feng, "Union Power in China: Source, Operation, and Constraints", *Modern China*, vol. 35, 2009.

4. Chen, Feng, "Trade Unions and the Quadripartite Interactions in Strike Settlement in China", *The China Quarterly*, no. 201, 2010.

5. Dayton, Kim, "The Myth of Alternative Dispute Resolution in the Federal Courts", *Iowa Law Review*, vol. 76, 1991.

6. DeAngelis, Richard C., "People's Republic of China", in A. N. Katz, ed., *Legal Traditions and Systems: An International Handbook*, New York: Greenwood Press, 1986.

7. Eaton, Sarah, "Mandatory Mediation and Summary Jury Trial: Guidelines for Ensuring Fair and Effective Processes", *Harvard Law Review*, vol. 103, 1990.

8. Eisinger, Peter K., "The Conditions of Protest Behavior in American Cities", *The American Political Science Review*, vol. 67, 1973.

9. Eriksson, B., "Small Events-Big Events: A Note on the Abstraction of Causality", *European Journal of Sociology*, vol. 31, 1990.

10. Erichson, Howard M., "Foreword: Reflections on the Adjudication-Settlement Divide", *Fordham Law Review*, vol. 78, 2009.

11. Fiss, Owen M., "Against Settlement", *Yale Law Review*, vol. 93, 1984.

12. Fiss, Owen M., "The History of an Idea", *Fordham Law Review*, vol. 78, 2009.

13. Galanter, Marc, "'...A Settlement Judge, Not a Trial Judge:' Judicial Mediation in the United States", *Journal of Law and Society*, vol. 12, 1985.

14. Galanter, Marc, "The Emergence of the Judge as a Mediator in Civil Cases", *Judicature*, vol. 69, 1986.

15. Galanter, Marc, "The Vanishing Trial: An Examination of Trials and Related Matters in Federal and State Courts", *Journal of Empirical Legal Studies*, vol. 1, 2004.

16. Gluckman, Max, "Ethnographic Data in British Social Anthropology", *The Sociological Review*, vol. 9, 1961.

17. Gluckman, Max, "Limitations of the Case-Method in the Study of Tribal Law", *Law and Society Review*, vol. 7, 1973.

18. Grillo, Trina, "The Mediation Alternative: Process Dangers for Women", *Yale Law Journal*, vol. 100, 1991.

19. Gulliver, Philip H., "Case Studies of Law in Non-Western Societies: Introduction", in Laura Nader, ed., *Law in Culture and Society*, Berkeley: University of California Press, 1997.

20. Hu, Jieren and Lingjian Zeng, "Grand Mediation and Legitimacy Enhancement in Contemporary China: the Guangan' Model", *Journal of Contemporary China*, vol. 24, 2015.

21. Korobkin, Russellb B., "Psychological Impediments to Mediation Success: Theory and Practice", *Ohio State Journal on Dispute Resolution*, vol. 21, 2006.

22. Landsman, Stephan, "ADR and the Cost of Compulsion", *Stanford Law Review*, vol. 57, 2005.

23. Lande, John, "Using Dispute System Design Methods to Promote Good-Faith Participation in Court-Connected Mediation Programs", *UCLA Law Review*, vol. 50, 2002.

24. Lehmbruch, Gerhard, "Liberal Corporatism and Party Government", *Comparative Political Studies*, vol. 10, 1977.

25. Macfarlane, Julie, "Culture Change? A Tale of Two Cities and Mandatory Court-Connected Mediation", *Journal of Dispute Resolution*, no. 2, 2002.

26. McAdam, Doug, "Tactical Innovation and the Pace of Insurgency", *American Sociological Review*, vol. 48, 1983.

27. McAdam, Doug and Yang Su, "The War at Home: Antiwar Protests and Congressional Voting, 1965 to 1973", *American Sociological Review*, vol. 67, 2002.

28. Menkel-Meadow, Carrie, "For and Against Settlement: Uses and Abuses of the Mandatory Settlement Conference", *UCLA Law Review*, vol. 33, 1985.

29. Nader, Laura, "A User Theory of Law", *Southwestern Law Review*, vol. 38, 1984.

30. Nader, Laura, "The Recurrent Dialectic between Legality and Its Alternatives: The Limitations of Binary Thinking", *University of Pennsylvania Law Review*, vol. 132, 1984.

31. Nader, Laura, "A User Theory of Law Change as Applied to Gender", in Gary B. Melton, ed., *The Law as a Behavioral Instrument*, Lincoln: University of Nebraska Press, 1985.

32. Posner, Richard A., "The Decline of Law as an Autonomous Discipline: 1962-1987", *Harvard Law Review*, vol. 100, 1987.

33. Ryan, Erin, "ADR, the Judiciary, and Justice: Coming to Terms with the Alternatives", *Harvard Law Review*, vol. 113, 2000.

34. Rosenberg, Joshua D. and H. Jay Folberg, "Alternative Dispute Resolution: An Empirical Analysis", *Stanford Law Review*, vol. 46, 1994.

35. Schmitter, Pilippe C., "Still the Century of Corporatism?", *The Review of Politics*, vol. 36, 1974.

36. Stipanowich, Thomas, "ADR and the Vanishing Trial: The Growth and Impact of Alternative Dispute Resolution", *Journal of Empirical Legal Studies*, vol. 1, 2004.

37. Su,Yang and Xin He, "Street as Courtroom: State Accommodation of Labor Protest in South China", *Law and Society Review*, vol. 44, 2010.

38. Thornburg, Elizabeth G., "Saving Civil Justice", *Tulane Law Review*, vol. 85, 2010.

39. Velsen, J. van, "The Extended-case Method and Situational Analysis", in A. L. Epstein, ed., *The Craft of Social Anthropology*, London: Tavistock Publications, 1969.

40. Weston, Maureen A., "Confidentiality's Constitutionality: The Incursion on Judicial Powers to Regulate Party Conduct in Court-Connected Mediation", *Harvard Negotiation Law Review*, vol. 8, 2003.

41. Welsh, Nancy A., "The Thinning Vision of Self-Determination in Court-Connected Mediation: The Inevitable Price of Institutionalization?", *Harvard Negotiation Law Review*, vol. 6, 2001.

42. Welsh, Nancy A., "Making Deals in Court-Connected Mediation: What's Justice Got to Do with It?", *Washington University Law Quarterly*, vol. 79, 2001.

43. Welsh, Nancy A., "Disputants' Decision Control in Court-Connected Mediation: A Hollow Promise without Procedural Justice", *Journal of Dispute Resolution*, no. 1, 2002.

44. Welsh, Nancy A., "The Place of Court-Connected Mediation in a Democratic Justice System", *Cardozo Journal of Conflict Resolution*, vol. 5, 2004.

五、工具书、古籍文献、资料汇编

1.《大清律例》，田涛、郑秦点校，北京：法律出版社，1999年。

2.《国民政府公报》（第375号），南京：国民政府文印铸局印行，1931年1月22日。

3.《中国法律年鉴（1987—1997）》，北京：中国法律年鉴社，1998年。

4.《中国法律年鉴（1999）》，北京：中国法律年鉴社，1999年。

5.《中国法律年鉴（2000）》，北京：中国法律年鉴社，2000年。

6.《中国法律年鉴（2001）》，北京：中国法律年鉴社，2001年。

7.《中国法律年鉴（2002）》，北京：中国法律年鉴社，2002年。

8.《中国法律年鉴（2003）》，北京：中国法律年鉴社，2003年。

9.《中国法律年鉴（2004）》，北京：中国法律年鉴社，2004年。

10.《中国法律年鉴（2005）》，北京：中国法律年鉴社，2005年。

11.《中国法律年鉴（2006）》，北京：中国法律年鉴社，2006年。

12.《中国法律年鉴（2007）》，北京：中国法律年鉴社，2007年。

13.《中国法律年鉴（2008）》，北京：中国法律年鉴社，2008年。

14.《关于彻底改造和整顿各级人民法院的报告》，载武延平、刘根菊编：《刑事诉讼法学参考资料汇编》中册，北京：北京大学出版社，2005年。

15.《法部奏地方审判厅内增设民刑两庭折》，载上海商务印书馆编译所编纂：《大清新法令（1901—1911）》第5卷，李秀清、王捷点校，北京：商务印书馆，2010年。

16.《法部奏考核私立临时法官养成所暨附设监狱专修科章程折并单》，载上海商务印书馆编译所编纂：《大清新法令（1901—1911）》第11卷，王兰萍、马冬梅点校，北京：商务印书馆，2010年。

17.《奏报天津地方试办审判情形折》，载天津图书馆、天津社科院历史出版社研究所编：《袁世凯奏议》下册，廖一中、罗真容整理，天津：天津古籍出版社，1987年。

18.（民）胡次威编著：《地方自治实施方案法规汇编》上册，上海：大东书局，1947年。

19.（民）司法行政部统计室编辑：《中华民国二十一年度司法统计》，南京：京华印书馆，1935年。

20.（民）司法行政部统计室编辑：《中华民国二十五年度司法统计》下册，出版者不详（扫描版载 http://www.cadal.zju.edu.cn/book/singlePage/08007540）。

21.（清）徐文弼编：《吏治悬镜》上，台北：广文书局，1977年。

22.（清）王又槐：《小案要略》，载（清）张廷骧编：《入幕须知五种》，台北：文海出版社，1968年。

23. 包伟民主编：《龙泉司法档案选编·第一辑·晚清时期》上、下，北京：中华书局，2012年。

24. 包伟民主编：《龙泉司法档案选编·第二辑·1912—1927》全44册，北京：中华书局，2014年。

25. 包伟民主编：《龙泉司法档案选编·第三辑·1928—1937》全16册，北京：中华书局，2018年。

26. 蔡鸿源主编：《民国法规集成》第31册，合肥：黄山书社，2001年。

27. 蔡鸿源主编：《民国法规集成》第39册，合肥：黄山书社，2001年。

28. 蔡鸿源主编：《民国法规集成》第65册，合肥：黄山书社，2001年。

29. 蔡鸿源主编：《民国法规集成》第66册，合肥：黄山书社，2001年。

30. 蔡鸿源主编：《民国法规集成》第90册，合肥：黄山书社，2001年。

31. 郭成伟主编、(清)吴坤修等编撰:《大清律例根原》叁,上海:上海辞书出版社,2012年。

32. 上海商务印书馆编译局编纂:《大清新法令(1901—1911)》第1卷,李秀清、孟祥沛、汪世荣点校,北京:商务印书馆,2010年。

33. 四川省档案馆编:《清代巴县档案汇编(乾隆卷)》,北京:档案出版社,1991年。

34. 四川省高级人民法院编:《四川法院"大调解"典型案例》,成都:四川省高级人民法院印,2009年10月。

35. 田涛、许传玺、王宏治主编:《黄岩诉讼档案及调查报告》上卷,北京:法律出版社,2003年。

36. 杨永华等:《陕甘宁边区法制史稿(诉讼狱政篇)》,北京:法律出版社,1987年。

37. 叶柳东:《构建多元纠纷解决机制文件汇编》,东莞:东莞市人民法院印,2008年12月。

38. 中国社会科学院法学研究所民法研究室民诉组、北京政法学院诉讼教研室民诉组编:《民事诉讼法参考资料》第1辑,北京:法律出版社,1981年。

39. 中国第一历史档案馆等:《清代土地占有关系与佃农抗租斗争》下册,北京:中华书局,1988年。